LONELY PLANETS

1000

EINMALIGE ERLEBNISSE

INHALT

VORWORT

Ich habe immer Listen in Sachen Reisen geführt: über Dinge, die ich auf jeden Fall noch tun muss, Erfahrungen, die ich vielleicht noch machen will, und Orte, bei denen ich einfach nicht sagen kann, warum ich sie nicht schon längst abgehakt habe. Wie die Transsibirische Eisenbahn – mehrfach bin ich quer durch Asien und Europa gereist, warum habe ich noch nie den großen roten Zug genommen? Ich bin froh, dass er auf unserer Liste der *1000 Einmaligen Erlebnisse* steht, eine sanfte Ermahnung, dass ich endlich mal einsteigen sollte. Meine eigenen Reiselisten sind also eine Mischung aus „Wow, das würde ich gern mal machen" und „Warum in aller Welt habe ich das nicht gemacht – bis jetzt?" *1000 Einmalige Erlebnisse* greift diese Art von Listen auf und erweitert sie in jede Richtung.

Sollte ich fünf interessante „Must-do-Projekte" aus der Aufzählung in diesem Buch – neben der Transsib natürlich! – herauspicken, würde ich vermutlich mit einigen Punkten von meinen eigenen Listen beginnen. Ich wollte schon immer auf den Spuren Paul Gauguins mit einem Frachtschiff zu den Marquesas-Inseln in Französisch-Polynesien fahren. Auch die Busfahrt auf dem Karakorum-Highway von Pakistan bis nach China ist auf meiner Wunschliste schon viel zu lange unerledigt. Neun der zehn besten Essen-und-Ort-Kombinationen habe ich abgehakt, allerhöchste Zeit also, dass ich Gumbo in New Orleans probiere. Nachdem mich Radfahren begeistert, ist es an der Zeit, die Tour de France endlich vor Ort zu erleben. Und ich fand es großartig, die wunderschönen Inseln vor der Küste Kroatiens zu erkunden, deshalb melde ich mich schon mal für einen Segeltörn durch die Adria an.

Fünf denkwürdige Erlebnisse, die mich noch im Nachhinein glücklich machen? Der Pilgerweg am Berg Kailash, bei dem dich deine Wegbegleiter stets daran erinnern, dass kein Lächeln größer ist als ein tibetisches. Oder bei der Ultimate Banger Challenge die afrikanische Westküste herunterzufahren – eine Spaßrallye mit viel Gejohle, auf dem ganzen Weg von London bis Banjul in Gambia, wo wir unser Auto zurückließen. Nordkorea ist definitiv auf meiner ultimativen Liste, ohne Frage das bizarrste Land, in dem ich jemals gewesen bin. Spontanes Inselhüpfen in Griechenland ist für mich der ultimative Boottrip. Und obwohl ich nur eine Zwei-Wochen-Etappe der viermonatigen Tour d'Afrique per Fahrrad von Kairo nach Kapstadt geradelt bin, halte ich es für ein ultimatives Afrika-Erlebnis, den Kontinent in seiner gesamten Länge abzufahren. Natürlich gibt es auch ein paar ultimative Erlebnisse, bei denen ich froh bin, sie abgehakt zu haben. Weil es bedeutet, dass ich nicht noch eine Nacht in einem japanischen Kapselhotel zubringen muss.

Tony Wheeler
Gründer von Lonely Planet

4

Blick aufs Meer über die Glockentürme des mittelalterlichen Rab in Kroatien

DAS BESTE VOM BESTEN

▶ DIE TOP FIVE DER TIERWELT AFRIKAS

Lemuren sind Madagaskars größter Publikumsmagnet, aber es warten auch farbenfrohe Vögel und Chamäleons. **S. 37**

Seien Sie mutig – und kommen Sie auf einer Safari zu Fuß durch den Serengeti-Nationalpark Raubkatzen nah. **S. 162**

Die Napi-Route im Krüger-Nationalpark ist die beste, um Nashörner, Elefanten, Leoparden und Löwen zu sehen. **S. 25**

Beobachten Sie aus einem Ballon über dem Serengeti-Park riesige Herden umherziehender Gnus und Zebras. **S. 227**

Die Shark Alley südlich von Kapstadt ist eine schmale Wasserstraße, in der es von Haien nur so wimmelt. Das ultimative Taucherlebnis! **S. 160**

▶ AUSTRALIENS GRÖSSTE OUTDOOR-ABENTEUER

Der tasmanische Overland Track führt vom Cradle Mountain zum Lake St. Clair, Australiens tiefstem Süßwassersee. **S. 68**

Queenslands tropische Landschaft, die entspannten Strände von New South Wales und abgelegene Ecken von Victoria: ein Roadtrip entlang der Ostküste. **S. 46**

Bewundern Sie die uralten Malereien der Aborigines an den Ubirr-Felsen vor der Kulisse eines roten Sonnenuntergangs. **S. 234**

Der großartige *Ghan* zuckelt auf Schienen durch Australiens abgeschiedenes Red Centre. **S. 87**

Australiens menschenleeres Outback erstreckt sich zwischen der Südspitze des Kontinents und Darwin im Top End. **S. 55**

AKTIV IN NORDAMERIKA

Kein Wunder, dass Parasailing in Acapulco erfunden wurde; es ist der perfekte Platz, um durch die Luft zu gleiten. **S. 15**

Ein Roadtrip auf dem Cabot Trail bietet Nationalparks, Whalewatching, lange wie kurze Wanderungen und entspanntes Dorfleben. **S. 46**

In Alaskas Gebirgen sinken die Temperaturen schon mal bis auf - 50° C. In der extremen Umgebung gibt es Gletscher zu bestaunen. Und bei Schlechtwetter Dosenfleisch zu essen. **S. 55**

In der Nähe des Supervulkans Yellowstone im ältesten Nationalpark der Welt kann es einem mulmig werden. **S. 65**

Kajakfahrer können in Alaskas Glacier-Bay-Nationalpark nach Herzenslust im Schatten von Gletschern und an zahllosen großen wie kleinen Eisbergen vorbeipaddeln. **S. 25**

FÜNF ASIATISCHE ABENTEUER

Die 3000 winzig kleinen Inseln in der Halong-Bucht sind übersät mit grandiosen Stränden und Grotten – der Bootstrip Ihres Lebens durch smaragdgrünes Wasser. **S. 345**

Bhutan ist das letzte buddhistische Königreich der Welt, rund 70 Prozent dieses Kleinods (dessen erklärtes Staatsziel „Glück" heißt) sind von Wald bedeckt. **S. 202**

Das entlegenen Ladakh auf Indiens höchster Hochebene ist mit buddhistischen Klöstern gesprenkelt und von riesigen Canyons und schneebedeckten Gipfeln umgeben. **S. 53**

Sie brauchen ein Fahrrad? Oder ein Pferd? Auf dem Markt im chinesischen Kashgar gibt es alles mögliche, praktische Dinge und komplett verrückte. **S. 49**

Wetten Sie im Stadion bei einer Runde Thaiboxen (Muay Thai) – oder steigen Sie bei einem Kurs selbst in den Ring. **S. 336**

WUNDERSCHÖNES NEUSEELAND

Hätten Sie gedacht, dass Sie jemals einen Song von Elvis summen würden, um einen Delfin anzulocken? Denn Tümmler, so heißt es, sind Fans vom King. **S. 17**

Schwarze Strände und Dschungel-spaziergänge machen Waitakere zur perfekten Ausrede, um der Stadt zu entkommen. **S. 209**

Der Gott Tu Te Raki Whanoa soll die Fjorde um den Milford Sound mit seiner magischen Axt aus dem Fels geschlagen und ihnen so ihre überirdische Schönheit verliehen haben. **S. 195**

Nach dem Bombenanschlag liegt die *Rainbow Warrior I* auf dem Grund der Matauri Bay, friedliche Heimat von Korallen, Fischen und farbenprächtigen Algen. **S. 57**

Die Wanderung auf dem Milford Track ist die Tour Ihres Lebens. Sie führt durch Regenwald und einen wilden Fluss entlang zum spektakulären Milford Sound. **S. 159**

▶ FÜNF ULTIMATIVE EUROPÄISCHE REISEN

Schottlands Westküste: Seen und Täler, Berge und Burgen. Und hübsche Dörfer, in denen die fröstelnden Reisenden von einem Whisky erwartet werden. **S. 44**

Steigen Sie in die Transsib und picken Sie sich Ihr eigenes Abenteuer heraus – auf dem langen Weg von Europa nach Asien, von Moskau nach Wladiwostok. **S. 88**

Der Fernwanderweg 20 führt Sie in 15 Tagen durch Korsikas vielfältige Natur, von dichten Wäldern bis hin zu kargen Mondlandschaften. **S. 68**

Legen Sie die 140 km zwischen den Skigebieten von Chamonix und Zermatt je nach Jahreszeit zu Fuß oder auf Skiern zurück. **S. 24**

Schmuggeln Sie sich an Bord eines Binnenschiffs und lassen Sie sich mit einem Weinglas in der Hand gemächlich den Canal de Bourgogne hinuntertreiben. **S. 159**

▶ FANTASTISCHE INSELPARADIESE

Wer vor den Galapagosinseln kreuzt und bloß faul an Deck liegt, verpasst eines der unberührtesten und außerordentlichsten Ökosysteme der Welt. **S. 347**

Natürlich versteht man sich auf Ko Phangan auf Partys. Setzt aber der Kater ein, gibt es kein besseres Heilmittel als ein schönes Plätzchen unter Kokospalmen an einem der einsamen Strände der Insel. **S. 13**

Die seichten Gewässer vor der zu Papua-Neuguinea gehörenden Insel Samarai sind ein Traum für Taucher. **S. 56**

Konstante Winde gepaart mit minimalen Strömungen und geschützten Buchten? Das bietet nur ein Segeltörn rund um die idyllischen Britischen Jungferninseln. **S. 228**

Entdecken Sie die Schönheiten der Kapverden: Der urtümliche Archipel vereint westafrikanische und portugiesisch-koloniale Kultur. **S. 247**

▶ ERLEBEN SIE EUROPAS GEWÄSSER

In Grönlands Diskobucht kreuzen Sie zwischen dümpelnden Eisbergen. **S. 345**

Mit einem Kajak kommen Sie den Schwertwalen in Norwegens Tysfjord sehr nah. Und noch näher, wenn Sie zwischen ihnen schnorcheln. **S. 26**

Segeln Sie die Küste Kroatiens entlang, erkunden Sie die kristallklare Adria und ihre 1244 Inseln. **S. 229**

Fahren Sie im Stocherkahn den Fluss Cam hinunter. Aber achten Sie auf die richtige Abstoßtechnik, sonst mühen Sie sich stundenlang ab und kommen doch nicht ans Ziel. **S. 307**

Griechisches Inselhüpfen der individuellen Art: Schwimmen Sie im flachen azurblauen Wasser von Strand zu Strand und entdecken Sie dabei die einsamsten Buchten. **S. 309**

DIE TOLLSTEN FESTIVALS

Das Jazz Fest ist New Orleans pur. Erleben Sie das Beste aus Gospel, Funk, Zydeco, Rock, karibischer Musik und natürlich Jazz. **S. 243**

Feiern Sie Weihnachten in der Sonne Puerto Ricos – einen ganzen Monat lang Spanferkel und Salsa satt. **S. 201**

Besuchen Sie Stonehenge zur magischen Sommersonnenwende, wenn sich Druiden an der mysteriösen historischen Steinformation einfinden. **S. 141**

Werfen Sie sich in New York City für die Village Halloween Parade in Schale, die 2 Mio. Besucher und 50 000 ausgefallen kostümierte Teilnehmer anzieht. **S. 154**

Beim japanischen Hadaka Matsuri (Nacktfest) ziehen Tausende Männer blank, tauchen in eiskaltes Wasser und rennen herum, um all denen, die sie berühren, Glück fürs neue Jahr zu bringen. **S. 240**

UNSCHLAGBAR GUT ESSEN MAL FÜNF

Richmond Eel Pie (Aalpastete) mit Kartoffelbrei gehört zum Besten der englischen Küche. Mögen Sie nicht? Dann vielleicht lieber Aal in Aspik? **S. 291**

Matzeknödelsuppe, Pastrami auf Roggenbrot und sauer Eingelegtes mögen aus Osteuropa kommen, schmecken heute aber eindeutig nach New York. **S. 266**

In fast jeder Chinatown der Welt gibt es leckere Variationen, doch die Dumplings in Shanghai sind kaum zu übertreffen. **S. 138**

Lust auf einen Imbiss in Tel Aviv? Dann ist ein *sabich* genau das Richtige: Pitabrot, gefüllt mit einer unglaublichen Mischung aus Salat, Gemüse und Soßen. **S. 223**

Er mag bitter schmecken, aber eine Tasse frisch gebrühter Kokatee – und der Blick auf Machu Picchu – werden all Ihre Wehwehchen auf dem Inca Trail kurieren. **S. 94**

9

DAS BESTE VOM BESTEN

DIE BESTEN STRÄNDE ZUM ABHÄNGEN

AHH, IHR EIGENER PLATZ AN DER SONNE. SCHNAPPEN SIE SICH IHRE HÄNGEMATTE UND SPANNEN SIE SIE AN EINER DIESER IDYLLISCHEN ZUFLUCHTEN AUF.

01 DAHAB, ÄGYPTEN

Dahab bedeutet „Gold" auf Arabisch – ihren Namen verdankt die Gegend ihrem goldfarbenen Sand. Dank der einzigartigen Lage am Rand der Wüste Sinai ist Dahab bisher ein fast ungeschliffenes Juwel geblieben. Eine preisgünstige Unterkunft in Strandnähe bedeutet hier, dass Sie sich praktisch aus Ihrem Schlafsack direkt ins Wasser rollen können. Geschützt von einer Gebirgskette, ist die Beduinensiedlung Assalah mit ihrem unverfälschten Charme und den chilligen Cafés populärer Treffpunkt für Strandfans, während sich entlang der Küste ebenso beliebte wie berühmte Tauch-Spots aneinander reihen.

02 KURISCHE NEHRUNG, LITAUEN

Dieser knapp 100 km lange Landstreifen ist ein wundersamer Mix aus Dünen (manche sind bis zu 60 m hoch) und Wald – und so wird der Geruch von Kiefern und Fichten Ihrer Auszeit einen fast schon übernatürlichen Charakter verleihen. Bereits Wilhelm von Humboldt glaubte fest daran, dass eine Reise zur Kurischen Nehrung pures Futter für die Seele ist. Und auch Thomas Mann ließ sich von diesem zeitlosen Zauberland in den Bann schlagen. Es heißt, auf der Nehrung seien 14 Dörfer unter den schier endlosen Wanderdünen begraben, die aus der Halbinsel quasi eine baltische Sahara machen.

03 JAMBIANI, TANSANIA

An diesem Strand, den die Zeit, so scheint's, vergessen hat, setzen Männer in ihren Daus zum Sonnenuntergang die Segel Richtung Riff, sammeln Frauen jeden Tag Meeresalgen – und braten Menschen wie Du und ich unaufhörlich in der heißen Sonne. Hier gibt es nicht viel zu tun (schon gar nicht schwimmen, dafür ist das Wasser zu flach), außer herumzulümmeln und ein paar Kokosnüsse zu knacken. Denken Sie daran: Sie befinden sich in der Region Sansibar, im mythischen Afrika, also spannen Sie einfach aus und saugen Sie dieses Gefühl (oder eben Ihre Kokosnussmilch) genüsslich in sich auf.

Auf Keralas versteckten Backwaters schipperst du zu traumhaften Stränden, die noch keiner kennt.

04 KERALAS KÜSTE, INDIEN

Eingefleischte Strandliebhaber reagieren in der Regel nicht gerade begeistert, wenn von Indien die Rede ist. Doch diejenigen, die sich wirklich auskennen, sind hingerissen, von der 600 km langen Küste des indischen Bundesstaats Kerala, an der sich mit Kokospalmen bestandene Strände samt sanfter Brandung und tiefblauem Wasser aneinanderreihen. Es gibt zwar auch größere Ferienorte wie Kovalam, aber ebenso viele unberührte Fleckchen. Hier macht Ihre Hängematte Überstunden, während Sie auf sichelförmige Buchten oder über Sandflächen schauen, die so endlos wirken, dass Sie denken, es handle sich um eine Fata Morgana. Das Fantastische: Es wird niemand kommen, um Sie zu zwicken und Ihnen zu sagen, dass Sie träumen.

05 PERHENTIAN-INSELN, MALAYSIA

Um die mit tropischem Regenwald bewachsenen Perhentian-Inseln ziehen sich von Palmen gesäumte Strände, die genauso ursprünglich sind, wie sie aussehen: ruhig, stressfrei und fast ohne jede Anzeichen von touristischem Kommerz. Schnorcheln, tauchen oder schwimmen, im Sand herumtollen, sonnenbaden und sich vorstellen, man wäre Brooke Shields oder Christopher Atkins in „Die Blaue Lagune" (1980) – mehr gibt es hier nicht zu tun. Mehr chillen geht nun wirklich nicht.

11

06 KAI-INSELN, INDONESIEN

Dass diese abgelegenen weißen Sandstrände zu den schönsten gehören, die die Welt zu bieten hat, scheint sich immer weiter rumzusprechen. Da sich die Infrastruktur auf dem Kai-Archipel nur langsam entwickelt, ist er noch unerschlossen und naturbelassen. Wer also blütenweißen Pulversand, azurblaues Meer, seltene und farbenprächtige Vögel, faszinierende Fische und beeindruckende Korallenriffe nicht mag, bleibt einfach weg. Für alle anderen gilt: Genießt es in vollen Zügen!

07 ISLA MUJERES, MEXIKO

Dieses unprätentiöse, nur 7 km lange und kaum 1 km breite Eiland vor der Küste Cancúns trennen Lichtjahre von der schillernden Szenerie des Festlands. Seine tropischen Strände machen es zu einer Kultdestination, besonders die auf der Südseite gelegenen Sandstreifen sind für ihr ruhiges, türkisfarbenes Wasser bekannt. Wer auf karibischen Feierspaß steht, besucht am besten die Playa Norte, einen beliebten Strand mit Beachbars und Getränkeservice „frei Handtuch". Etwas weniger trubelige Alternativen sind die Playa Paraiso und die Playa Indios.

08 NORTH STRADBROKE ISLAND, AUSTRALIEN

„Straddie" ist eine der größten Sandinseln der Welt. Und „Sand" bedeutet doch auch nichts anderes als „Strand", oder? Der 30 km lange, weiße Main Beach der zu Queensland gehörenden Insel wird von großen Dünen gesäumt, weshalb er bei Allradfahrern sehr beliebt ist. Rund um den Point Lookout scharen sich noch weitere abgeschiedene Orte. Alles, was es hier zu tun gibt, ist surfen, sich sonnen und vielleicht in einem der Meerwassertümpel voller Seetierchen paddeln. Oder nach Walen und anderen Aussie-Tieren Ausschau halten.

12

Das Leben ist königlich, in den von Palmen umgebenen Bungalows des Resorts von Thong Nai Pan auf Koh Phangan.

09 KO PHANGAN, THAILAND

Eine reizende Insel mit meist menschenleeren Stränden, wie geschaffen für frisch verliebte Pärchen und alle, die es einsam mögen ... Einzige Ausnahme: die Halbinsel Haad Rin, wo am Sunrise Beach jeden Monat die berühmten Vollmondpartys steigen, perfekt für Hedonisten und Vergnügungshungrige. Die inmitten von Kokosnusspalmen und vor einem Bergmassiv gelegenen Zwillingsstrände von Thong Nai Pan gehören zu den Lieblingsplätzen der thailändischen Königsfamilie. Das erklärt wohl auch, warum die touristische Erschließung hier nicht ausgeufert ist. Das Glücksgefühl, auf dieser Insel zu sein, ist so überwältigend, dass es (fast) unerträglich erscheint.

10 PUNALU'U, USA

Hawaiis Wunderland des schwarzen Sandes bekam in jüngster Zeit mehrfach den „Bester Strand"-Preis, und tatsächlich kommt man aus dem Staunen nicht heraus: Punalu'us ungewöhnlich blaues Meer wogt gegen einen rabenschwarzen Strand, der im Hintergrund von Reihen dunkelgrüner Kokospalmen gesäumt wird. Das ist wirklich einer jener Orte, an denen Ihnen die Hängematte gerade recht kommen sollte: Strecken Sie sich aus, geben Sie sich ganz und gar der prächtigen Kulisse hin – und vielleicht sichten Sie sogar eine Karettschildkröte. Hier kommen die Tiere nämlich an den Strand, um ihre Eier abzulegen. Aber berühren Sie sie bitte nicht: Die Art ist vom Aussterben bedroht und anfällig für Bakterien. Und wer weiß, wo Sie vorher Ihre Hände hatten ...

SIME/STADLER OTTO / 4 CORNERS IMAGES

DIE BESTEN STRÄNDE ZUM ABHÄNGEN

DER GRÖSSTE ADRENALINRAUSCH

ATMEN SIE TIEF DURCH, SCHNALLEN SIE SICH AN UND LASSEN SIE SICH VON DER BEGEISTERUNG MITREISSEN. HIER KOMMT SIE, DIE WUNSCHLISTE GEBALLTER ACTION FÜR ALLE, DIE DEN KICK SUCHEN.

11 BIG SHOT RIDE, USA

Klar, fantastische Ausblicke bietet diese Attraktion auf der Spitze des 350 m und 110 Stockwerke hohen Stratosphere Tower in Las Vegas – doch Sie werden sich vor allem auf das Verhalten ihres Magens konzentrieren müssen. Der Big Shot wird nämlich mit Druckluft betrieben, und die katapultiert Sie mit unglaublicher Kraft von einer Plattform am Turmmast in 280 m Höhe in knapp zwei Sekunden weitere 49 m nach oben. Und wieder runter. Und wieder rauf … Während Sie in Ihrem Sitz wie eine Stoffpuppe hin- und hergeschüttelt werden, danken Sie Ihrer Intuition, die Sie an diesem Morgen zur doppelten Menge Deo greifen ließ.

13 FELSENKLETTERN, USA

Unter Kletterern gilt das Yosemite Valley als Mekka, voll heißgeliebter Routen mit Schwierigkeitsgraden, die der Technik des Kletterns jede Menge Schub verpasst haben. Obwohl die anspruchsvollsten Aufstiege längst verwittert und nicht mehr gangbar sind, schwärmen Kenner auch heute noch vom El Capitan, dessen 915 m hohe Granitwände als großartigste Kletterrouten der Welt gelten. Dass der Fels bereits bezwungen wurde, bedeutet aber nicht, dass er nun kinderleicht zu erklettern wäre – immer wieder sterben auch erfahrene Kletterer, weil das Wetter überraschend umschlägt. Aber wenn Sie's geschafft haben, dann dürfen Sie sich mit Stolz geschwellter Brust zu den Besten zählen.

12 MOTORRADTAXI-FAHRT, THAILAND

Eine der gefährlichsten Fahrten der Welt: Durchschnittlich fordert Bangkoks Verkehr in der Stunde drei Menschenleben. Motorradtaxi-Fahrer scheren mit alarmierend hoher Geschwindigkeit zwischen langen Autoschlangen ein und aus und benutzen dazu oft noch die Bürgersteige, sodass es mit schockierender Regelmäßigkeit zu schweren Unfällen kommt. Oft wird der verletzte Fahrer oder sein Fahrgast von einem vorbeikommenden Tuk Tuk ins Krankenhaus transportiert (was nicht gerade der bequemste Weg ist, um zum Arzt zu kommen). Halten Sie sich also gut fest, pressen Sie Ihre Beine eng ans Motorrad, damit Sie mit den Knien nicht gegen vorbeifahrende Autos stoßen, beten Sie und hoffen Sie das Beste.

14 PARASAILING, MEXIKO

Dass Parasailing in Acapulco erfunden wurde, ist nun wirklich keine Überraschung: Dank des spektakulären Panoramablicks auf die City, die Berge und die Inseln, die vor der Acapulco Bay liegen, ist die Stadt die absolute Toplocation, um am Fallschirm durch die Luft zu gleiten. Abgehoben wird am Strand und dort auch wieder gelandet; und obwohl es sich kribbelig und gefährlich anfühlt, ist es absolut sicher. Abgesehen natürlich von den kläffenden Hunden, die nach Ihnen schnappen, wenn Sie wieder landen.

15 RAFTING AUF DEM SAMBESI, SAMBIA & SIMBABWE

Von der British Canoe Union (BCU) wird diesem Wildwasserlauf der Schwierigkeitsgrad 5 verliehen: reißende Stromschnellen, steile Gefälle, gewaltige Höhenunterschiede. „Oblivion" – „Vergessen" – heißt eine der Stromschnellen. Sie soll mehr Kanus zum Kentern gebracht haben als jeder andere Katarakt auf der Welt. Vielleicht schaffen Sie es ja, ihr die Stirn zu bieten und sie zu bezwingen. Aber danach müssen Sie sich auf „Devil's Toilet Bowl", die „Gnashing Jaws of Death" und „Commercial Suicide" gefasst machen. Es braucht also schon einen besonderen Schlag Mensch, um über den Sambesi zu rauschen; das werden Sie spätestens dann merken, wenn Sie von diesen Stromschnellen immer wieder aufs Korn genommen, verschluckt und wieder ausgespuckt werden wie eine Flipperkugel.

15

Schauen Sie nie nach unten. Den El Capitan im Yosemite-Nationalpark zu besteigen, ist kein Kinderspiel.

16

Hinauf auf die Sydney Harbour Bridge am Morgen: Die Sonne über dem Wasser aufgehen zu sehen, ist ein spektakulärer Start in den Tag.

16 STIERRENNEN, SPANIEN

Gibt es einen überzeugenderen Beweis für Wahnsinn, als den Anblick Tausender Irrer, die vor einer Herde schnaubender, tobender Stiere durch die engen Gassen von Pamplona davonlaufen? Genau genommen, ja: den Anblick eines Mannes nämlich, der von den Hörnern eines dieser Stiere aufgespießt wird. Seit Ernest Hemingway das Spektakel bekannt gemacht hat, ist das Stierrennen von Pamplona zu einem Inbegriff des Machismo geworden. Die, die Jahr für Jahr wiederkommen, sind übrigens leicht zu erkennen – an ihrem unsicheren Gang wegen ihrer künstlichen Hüfte und wegen anderer Blessuren, die sie stolz zur Schau stellen.

18 MIT HAIEN SCHWIMMEN, SÜDAFRIKA

Sie halten sich für einen knallharten Typen und Delfine sind Ihnen nicht aufregend genug? Dann schwimmen Sie doch mal mit einem Großen Weißen Hai vor Dyer Island. Dafür müssen Sie sich bloß in einem Käfig zu einem Schwarm hungriger Haie hinabsenken lassen. Wenn die Tiere Sie mit ihren schwarzen ausdruckslosen Augen anstarren, werden Sie vielleicht denken „Das ist ja lässig!" Aber falsch gedacht. Kleinere Haie sind dafür bekannt, dass sie ihren Kopf durch die Gitterstäbe stecken – und genau darin liegt der Adrenalinrausch. Einige Anbieter locken die Tiere sogar an, bevor sie Touristen runterschicken, was heftige Debatten ausgelöst hat. Treffen Sie also eine wohlüberlegte Entscheidung, bevor Sie abtauchen.

19 „EDGE OF SPACE"-FLUG, RUSSLAND

Das ultimative Highlight für alle Hardcore-Adrenalinjunkies: Steigen Sie in einen MiG-29 Kampfjet und rasen Sie in einer Höhe von 25 km mit Geschwindigkeiten von bis zu Mach 2,3 am Rand des Weltraums entlang. Hier ist der Himmel schwarz und die Erde dehnt sich gekrümmt ins All. Möglicherweise lässt der Pilot Sie sogar die Kontrolle übernehmen, aber passen Sie auf, dass Sie nicht zu nervös sind und zu stark eindrehen. Sie möchten ja schließlich nicht auf das Schleudersitz-Training zurückgreifen müssen, das Sie vorab durchlaufen haben.

20 MIT DELFINEN SCHWIMMEN, NEUSEELAND

Jeder, der das Glück hat, diesen anmutigen Meeressäugern mit ihrer unbestrittenen Intelligenz und ihrem quirligen Wesen ganz nahe zu kommen, spürt, wie sein Herz zu klopfen beginnt. Ausgelassen und verspielt zeigen sich Delfine aber nur dann, wenn sie sich auch entsprechend fühlen (logisch, ginge uns ja nicht anders). Weshalb es einen neuen Trend gibt: Die Schwimmer singen nun nicht mehr nur, um die Tiere anzulocken, sondern auch, um sie richtig in Stimmung zu bringen. Elvis-Songs sollen sich dafür übrigens ausgesprochen gut eignen.

17 BESTEIGUNG DER SYDNEY HARBOUR BRIDGE, AUSTRALIEN

Bevor er berühmt wurde, arbeitete der australische Komiker Paul Hogan („Crocodile Dundee") als Gerüstbauer an der „Coat Hanger", der weltweit größten Stahlbogenbrücke, deren höchster Punkt 134 m über der Meeresoberfläche liegt. Treten Sie in seine Fußstapfen und machen Sie sich an den mehr als drei Stunden dauernden Aufstieg, der ein ganz schön haariger Nervenkitzel ist: Autos und Menschen wirken von oben wie Ameisen, während sich vor Ihnen Sydneys wunderschöner Hafen ausbreitet. Trotzdem steigen Großmütter ebenso hinauf wie kleine Kinder (begleitet von Erwachsenen). Selbst die Pop-Sängerin Kylie Minogue soll es schon getan haben, und für manche Leute ist es Thrill genug, es ihrem Idol gleichzutun.

DER GRÖSSTE ADRENALIN-RAUSCH

DIE SCHÖNSTEN MARKTPLÄTZE

DIE BISTROTISCHE WARTEN UNTER FREIEM HIMMEL, DIE SINNE FÜRS „LEUTE GUCKEN" SIND GESCHÄRFT – HIER SIND DIE ANGESAGTESTEN PLÄTZE IN ALLEN VIER HIMMELSRICHTUNGEN.

21 HAUPTMARKT, KRAKAU, POLEN

Es muss ein Schutzzauber gewesen sein, der Krakaus zentralen Marktplatz Rynek Główny den Zweiten Weltkrieg unbeschadet überstehen ließ. Die Perle mittelalterlicher Baukunst inmitten Polens alter Königsstadt wird an der nordöstlichen Ecke von der eindrucksvollen Marienkirche flankiert. Dominiert aber wird der Platz von den Tuchhallen aus dem 16. Jh. – einst das Zentrum des Tuchhandels. Heute stehen hier Verkaufsstände mit Kunsthandwerk und Souvenirs. Blumenhändler und Straßenkünstler halten die Magie des Platzes lebendig. Besuchen Sie ihn am besten zum Internationalen Festival der Straßentheater im Juli. Oder zu den Krippenspielen im Dezember.

23 ROTER PLATZ, MOSKAU

Den Roten Platz (Krasnaja Ploschtschad) zu betreten, ist etwas ganz Besonderes – mit Russlands Kultbauten rings um diese riesige freie Fläche ganz aus Kopfsteinpflaster. Jedes Gebäude für sich ist schon beeindruckend, aber zusammen sind sie regelrecht elektrisierend (vor allem nachts, wenn sie angestrahlt werden). Die rote Backsteinmauer und die Türme des gewaltigen Kreml-Ensembles begrenzen den Roten Platz im Westen. Vor der Kreml-Mauer können Sie dem einbalsamierten Lenin die letzte Ehre erweisen, danach durchs GUM, Moskaus historische Shoppingmall, schlendern, das Historische Museum besuchen und schließlich beim Anblick der bunten Zwiebeltürme und der überbordenden Gestalt der Basilius-Kathedrale ins Schwärmen geraten – was für eine Pracht! Diese Kirche „ist" Russland schlechthin.

22 MARKUSPLATZ, VENEDIG

Nur, wer ein Herz aus Stein hat, wird dem romantischen Charme von „La Serenissima" nicht zumindest ein bisschen erliegen. Im Herzen der Stadt verkörpert die Piazza San Marco die Pracht der Vergangenheit Venedigs und seine touristenreiche Gegenwart: Den größten Teil des Tages machen sich Scharen von Besuchern und Schwärme von Tauben den Markusplatz gegenseitig streitig. Aber aller Augen sind auf den beeindruckenden Markusdom gerichtet. Die exorbitant hohen Preise in den Cafés am Platz werden Ihnen egal sein – solange Sie nur dort bleiben können, während Sie sich satt sehen an dem architektonischen Mischmasch aus verzierten Türmchen, byzantinischen Kuppeln, den Mosaiken und dem Marmor des Doms. Und an seinem erlesenen rosa-weißen Nachbarn, dem Dogenpalast.

Das imposante Historische Museum an Moskaus Rotem Platz eröffnete 1894 . Sseine Türme und Simse machen es zu einem klassischen Beispiel des russischen Historismus.

24 PLACE STANISLAS, NANCY, FRANKREICH

Nancy umgibt ein gewisser vornehmer Hauch, wie es sich für eine Stadt mit solch lieblichem, femininem Namen gehört. Und das Covergirl unter ihren Sehenswürdigkeiten ist die Place Stanislas. Der neoklassizistische Platz geht zurück auf die Zeit, als Nancy noch Hauptsitz der Herzöge von Lothringen war. Ihm eilt der Ruf außergewöhnlicher Schönheit voraus – und das will in einem so wunderschönen Land wie Frankreich wirklich etwas heißen. Rokoko-Brunnen, vergoldete schmiedeeiserne Tore und opulente Gebäude (inklusive des Hôtel de Ville und des Theaters) bilden eines der schönsten städtebaulichen Ensembles, das die Architektur des 18. Jhs. in Frankreich zu bieten hat. *C'est magnifique!*

25 PLAZA MAYOR, SALAMANCA, SPANIEN

In Salamanca weiß man, wie man eine Party schmeißt – und ein wichtiger Anlaufpunkt dafür ist die stets geschäftige Plaza Mayor, die allgemein als Spaniens schönster Platz gilt. Ob beleuchtet in der Nacht oder um die Mittagszeit im Sonnenlicht: Das „goldene Wohnzimmer" Salamancas, das von dreistöckigen Barockgebäuden aus dem 18. Jh. umrahmt wird, hat immer etwas Faszinierendes. An den vielen Tischen unter freiem Himmel kann man's prima aushalten, während man den Flaneuren hinterherschaut oder die berauschende Schönheit der Architektur bestaunt. Die lebhafte Studentenszene (die lieber Bars statt Bücher studiert), sorgt allerdings dafür, dass das Ganze nicht allzu gediegen vonstatten geht.

26 ALTSTÄDTER RING, PRAG

Eine pastellfarbene Pracht umgibt Prags Staroměstské náměstí (Altstädter Ring), der zu den schönsten innerstädtischen Plätzen Europas zählt und über Jahrhunderte zentraler Markt der Stadt war. Die Magie dieses Ortes – von den Türmen der gotischen Teyn-Kirche bis hin zur wie eine barocke Hochzeitstorte wirkenden Nikolaus-Kirche – wird Sie in ihren Bann ziehen. Die beste Aussicht haben Sie vom Uhrenturm des Altstädter Rathauses: Schauen Sie auf die Touristen herab, die die astronomische Uhr nicht aus dem Auge lassen, weil ihre Figuren jede Stunde zum Leben erwachen. Klar, natürlich ist hier alles furchtbar kommerziell und überlaufen. Aber es ist auch umwerfend schön – und völlig unmöglich, dieses Spektakel nicht zu genießen.

Bühne der besonderen Art: Stärken Sie sich an einem Imbissstand auf dem Djeema el Fna für die lange Nacht des Zuschauens und Zuhörens.

27 GROTE MARKT, ANTWERPEN, BELGIEN

Eigentlich nimmt Brüssel für sich den Titel „schönster Platz in Belgien" in Anspruch. Aber jetzt ist es an der Zeit, dass auch Antwerpen etwas vom Kuchen abbekommt. Der Grote Markt ist nämlich mindestens genauso hübsch und lebendig wie die Grand-Place, allerdings auf intimere Art. Publikums-Hit auf dem annähernd dreieckigen Platz ist das aus dem 16. Jh. stammende und im Renaissancestil erbaute *stadhuis* (Rathaus). Weitere Schätze sind der etwas makabere Brunnen, die prunkvollen Zunfthäuser (das größte und fotogenste Gebäude ist die Nummer 7) und der hoch aufragende Turm der gotischen Kathedrale. Ein typisch europäisches Panorama eben, das Sie am besten von einem Tisch unter freien Himmel und bei einem leckeren Belgischen Ale genießen sollten. Oder bei Waffeln …

28 ZÓCALO, MEXIKO-STADT

Vermutlich taucht dieser riesige Betonplatz nur selten auf den Listen der schönsten Plätze auf, aber er wird trotzdem geliebt: wegen der lebensfrohen Passanten, seiner Vielseitigkeit und dem Nationalstolz, der hier mit wehenden Fahnen zur Schau gestellt wird. Als historisches Herzstück von Mexiko-Stadt diente die Plaza de la Constitución (oder: El Zócalo) als Ort für Kundgebungen und Konzerte, als Schachbrett mit menschlichen Figuren oder als Galerie für die Altäre bei den Festlichkeiten zum Tag der Toten. Volle Punktzahl gibt es auch für die monumentale Architektur rund um den Platz (Präsidentenpalast, Kathedrale, vornehme Hotels, sogar ein freigelegter aztekischer Tempel) und für das stete Stimmengewirr. Hier trifft man vom Cocktail schlürfenden Großstädter bis hin zum von Trommeln berauschten aztekischen Tänzer wirklich jeden.

29 PLATZ DES IMAMS, ISFAHAN, IRAN

Persiens Juwel ist der unvergleichliche „Platz des Imams" (Naqsch-e Dschahān) aus dem 17. Jh., umgeben von den eindrucksvollsten Bauten der islamischen Welt. Er ist unglaublich groß (mehr als 500 m lang) und gespickt mit türkisfarbenen Kostbarkeiten: Als Prunkstück des Platzes gilt die blau gekachelte Königsmoschee am südlichen Ende. Wahrzeichen auf der Nordseite ist die Qeysarieh-Pforte, ein hohes Portal, durch das man Isfahans Großen Basar betritt. Dazwischen liegen die schöne Scheich-Lotfollāh-Moschee und der Ali-Qapu-Palast. Genießen Sie diese großartige Kulisse am besten zusammen mit den Einheimischen am frühen Abend, wenn das Licht weicher wird, die Fassaden beleuchtet sind und die Springbrunnen in den Wasserbecken zum Leben erwachen.

30 DJEMAA EL FNA, MARRAKESCH, MAROKKO

Auf dem „Platz der Gaukler" erwachen Marokkos Legenden und mündlich überlieferten Geschichte Nacht für Nacht zum Leben. Dehalb wurde er auch in die Liste des Unesco-Welterbes aufgenommen. Ein Besuch auf Marrakeschs zentralem Marktplatz und Open-Air-Theater ist wie Zappen beim Fernsehen: Wo Sie auch hinschauen – Drama! Da machen Schlangenbeschwörer, Geschichtenerzähler, Henna-Maler und Wasserverkäufer Geschäfte, Rucksacktouristen und Promis schlürfen frisch gepressten Orangensaft und Gnawa-Musiker stehlen allen die Show, wenn sie bei fröhlich-bluesigen Rhythmen ihre Fes-Quasten wirbeln lassen und ein Lächeln auf alle Gesicht zaubern. Auf „La Place" ist immer was los, von der Dämmerung bis weit nach Mitternacht – die beste Zeit ist bei Sonnenuntergang, wenn Hunderte kleiner Restaurants im Auge des Sturms ihre Verkaufsstände aufbauen.

DIE SCHÖNSTEN MARKT-PLÄTZE

DIE COOLSTEN FERIENJOBS

SIE WOLLEN WISSEN, WIE SICH DAS WIRKLICHE LEBEN AN IHREM REISEZIEL ANFÜHLT? UND BRAUCHEN NOCH GELD, UM IHRE NÄCHSTE ETAPPE IN ANGRIFF ZU NEHMEN? DANN GEHEN SIE DOCH ARBEITEN!

31 REISEN LEITEN

Das Beste daran, eine Reisegruppe zu leiten? Sie werden dafür bezahlt, in einem fremden Land Sehenswürdigkeiten zu besuchen. Und weil Sie jeden Tag mit Einheimischen zusammenarbeiten, schauen Sie zudem unter die Oberfläche des jeweiligen Landes. Als Reiseleiter sind Sie für den reibungslosen Ablauf einer Tour und die Zufriedenheit innerhalb der Gruppe verantwortlich. Die meisten Anbieter erwarten von ihren Guides, dass sie eine Fremdsprache sprechen und einen Vertrag für zwei oder mehr Saisons unterschreiben. Die Bezahlung ist nicht üppig, aber was immer Sie auch verdienen: freie Kost, Logis und die Flugkostenerstattung kommen obendrauf.

32 ENGLISCH UNTERRICHTEN

Sie beherrschen Englisch fast so gut wie ein *native speaker*?

Wunderbar! Die englische Sprache ist in vielen Ländern der Welt enorm populär, die Nachfrage an entsprechenden Lehrern hoch. Leute mit offizieller Lehrbefähigung und Erfahrung können an Fremdsprachenschulen, die auch die Reisekosten übernehmen und sich um die Arbeitserlaubnis sowie anderen Papierkram kümmern, eine echte Karriere hinlegen. Englisch zu unterrichten kann sogar gewinnbringend sein: Möglicherweise kommen Sie nach einem Jahr in Japan oder Südkorea sogar mit Ersparnissen nach Hause.

33 AUPAIR

Es gibt kaum eine bessere Gelegenheit, sich mit einer Kultur vertraut zu machen, als in einer Familie zu leben und für sie zu arbeiten. Aupairs mögen zwar nicht gut bezahlt werden, doch viele nutzen den Job als Möglichkeit, eine Sprache zu lernen. Sie fließend zu beherrschen ist unbezahlbar. Im Wesentlichen

müssen Sie natürlich Kinder lieben. Viele Gastfamilien legen jedoch auch Wert darauf, Singles im Alter von 17 bis 27 Jahren ohne anderweitige Verpflichtungen zu beschäftigen. Sie werden nachweisen müssen, dass Sie sich bereits um Kinder gekümmert haben, denn der Job bringt eine Menge Verantwortung mit sich.

34 IN SKIGEBIETEN JOBBEN

In einem Skigebiet zu arbeiten, ist fast mehr Lifestyle als Job. Sie stehen den ganzen Tag auf den Brettern und machen nachts Party. Es gibt sicher eine Menge Bewerber, aber auch viele Beschäftigungsmöglichkeiten, ob Sie nun Neulingen auf den Pisten das Carven beibringen oder hinter den Kulissen in einer Skihütte tätig sind. Um als Skilehrer zu arbeiten, dessen Bezahlung zwar bescheiden, der Coolnessfaktor dafür aber extrem hoch ist, brauchen Sie eine international gültige Ausbildung. Das Personal in einer Skihütte kocht und macht sauber. Und auch wenn diese Arbeit nicht so hoch angesehen ist und noch schlechter bezahlt wird, besteht meist ein großer Kameradschaftsgeist zwischen den Angestellten.

35 SCHREIBEN

Mal abgesehen von der Traumvorstellung, sich an einer exotischen Destination für einen Bestseller inspirieren zu lassen, zählt Journalismus vermutlich zu den bekanntesten „vernünftigen Jobs", bei denen etwas Geld aufs Konto fließt. Wenn Sie ein Näschen für relevante Nachrichten besitzen und einen guten Schreibstil haben, reichen Sie doch eine Geschichte bei einem der verantwortlichen Ressortleiter einer Tageszeitung oder eines Magazins ein. Sie sollten vor allem kontaktfreudig und in der Lage sein, auf den Punkt zu überzeugen.

36 KELLNERN / IN EINER BAR ARBEITEN

Egal, ob Sie Bestellungen in einem vollen Café entgegennehmen oder Bier in einem Dorfpub zapfen – bei diesem Job geht es in erster Linie um Menschen: Nicht umsonst heißt es auch Gastgewerbe. Zwar können die Arbeitszeiten lang werden und man schuftet oft genug für einen Hungerlohn, dafür kommen Sie aber wahrscheinlich mit vielen Einheimischen in Kontakt. Außerdem bessert das Trinkgeld unter Umständen den Verdienst auf. Die meisten Betriebe erwarten Erfahrung, insbesondere, was die Arbeit in einer Bar betrifft (Bierfässer wechseln und Cocktails mixen).

37 KOCHEN / ALS KÜCHENHILFE ARBEITEN

Wenn Sie ein Meister am Herd (und qualifiziert) sind, können Sie sich als Koch in einem Restaurant oder Hotel bewerben. Auch diejenigen, die keine entsprechende Ausbildung besitzen, können in der Küche arbeiten: Essen vorbereiten, Burger wenden oder den Abwasch machen. Bei der Arbeit in Restaurants und Hotels lernen Sie häufig auch andere Reisende kennen. Und auch wenn Sie mit Abwaschen nicht reich werden, so haben Sie doch immerhin stets saubere Hände.

38 AUF EINER FARM ARBEITEN

Sie haben nichts dagegen, sich die Hände schmutzig zu machen? Dann gibt es eine Menge Jobs, bei denen Sie im Freien arbeiten und gleichzeitig Ihre Bräune auffrischen dürfen. Vielleicht helfen Sie bei der Obsternte oder pflanzen Feldfrüchte an; in jedem Fall bringt die Tätigkeit lange Arbeitszeiten und körperliche Anstrengung mit sich. Die Gehälter sind auf Farmen generell recht niedrig, dafür ist die Unterbringung meist inklusive und Sie werden nur wenige Möglichkeiten haben, ihr Geld zu verplempern. Sie brauchen keine speziellen Fähigkeiten, nur Ausdauer und Entschlossenheit.

39 FREIWILLIGEN-DIENST

Verschaffen Sie sich das gute Gefühl, etwas für jemanden getan oder sich für eine Sache eingesetzt zu haben – während Sie Einblick in eine fremde Kultur gewinnen und Erfahrungen sammeln. Es gibt so viele verschiedene Möglichkeiten, sich ehrenamtlich zu engagieren: eine ganze normale berufliche Tätigkeit, die Teilnahme an einen Expedition oder Verwaltungsarbeit in NGOs (Nichtregierungsorganisationen). Die Kosten, die auf freiwillige Helfer zukommen, variieren je nach Tätigkeit und Länge des Aufenthalts, aber setzen sich aus den Ausgaben für Essen und diversem anderem zusammen.

40 AUF EINER JACHT ANHEUERN

Als Crewmitglied auf einer Jacht werden Sie Ecken und Winkel der Erde kennenlernen, von denen die meisten Menschen nur träumen können – etwa die Inseln im Ägäischen Meer, im Pazifischen Ozean oder in der Karibik. Sie sollten Seemannsknoten knüpfen, gut im Team und unter Druck arbeiten können. Die Aufgaben variieren je nach Schiff, umfassen in der Regel aber Takeln, Saubermachen und die Wartung. Es ist üblich, dass Crewmitglieder einen kleinen Betrag beisteuern, der Verpflegungskosten und andere Ausgaben abdeckt.

DIE BESTEN ABENTEUERREISEN

WENN SIE AUF EIN OUTDOOR-ABENTEUER AUS SIND, BRAUCHEN SIE NICHT LÄNGER ZU SUCHEN. HIER KOMMEN DIE AUFREGENDSTEN IDEEN VON SECHS KONTINENTEN.

43 BUNGEESPRINGEN AM VERZASCASTAUDAMM, SCHWEIZ

Man nennt ihn den „Golden-Eye-Sprung", weil sich James Bond, gespielt von Pierce Brosnan, an diesem Staudamm im Tessin in die Tiefe gestürzt hat. Aus der Filmszene ist der mit 220 m höchste kommerzielle Bungeesprung der Welt geworden. Ob klassischer Schwalbensprung oder einfach nur rückwärts von der Plattform kippen, man muss 7,5 Sekunden freien Fall überstehen, die einem wie eine Ewigkeit vorkommen. Erst später wird einem dann bewusst, dass man jenen Stunt durchlebt hat, der einst zum besten der Filmgeschichte gewählt wurde. Die Sprünge werden zwischen Ostern und Oktober angeboten.

41 SKITOUREN GEHEN AUF DER HAUTE ROUTE, FRANKREICH UND SCHWEIZ

Schnallen Sie die Felle unter für eine der großartigsten Skierfahrungen der Welt: die Tour zwischen den berühmten Alpenorten Chamonix und Zermatt. Die meisten Skiläufer benötigen für die komplette 140 km lange Route von Hütte zu Hütte eine Woche; dabei passieren sie 20 Gletscher und genießen Ausblicke auf viele der höchsten und schönsten Alpengipfel. Gemütlich wird der Ausflug aber nicht: Das Gelände ist schwierig und ein Anstieg von insgesamt mehr als 10 000 Höhenmetern zu bewältigen. Wer lieber zu Fuß als auf Skiern unterwegs ist, kann auch bis zum Sommer warten und erwandert sich die Haute Route.

42 AUF DEM ICEFIELDS PARKWAY RADELN, KANADA

Der Icefields Parkway, der sich über 230 km zwischen Jasper und dem Lake Louise erstreckt und einem von Seen gesäumten Tal zwischen zwei Bergketten der Rocky Mountains folgt, zählt zu den malerischsten Wanderwegen der Welt. Radfahrer kennen ihn auch als großartige Mountainbike-Strecke. Ungeduldige Biker schaffen die Tour in zwei Tagen, aber dank der großzügig angelegten Campingplätze und Hostels lässt sich die Tour auch auf vier oder fünf Tage verlängern. Freuen Sie sich auf Berge, Seen und viele Tiere, darunter Ziegen, Dickhornschafe, Rothirsche, Elche und vielleicht sogar Schwarz- oder Grizzlybären.

44 MOUNTAINBIKEN IN MOAB, USA

Moab ist die Mutter aller Mountainbike-Ziele. Das Fahren auf den berühmten *slickrocks*, den vom Wind glatt geschliffenen Felsen, macht das Mountainbiken rund um die Stadt in Utah so einzigartig. Platz eins der Hitparade belegt der Slickrock Trail, die wohl berühmteste Mountainbike-Strecke der Welt. Dieser 20 km lange Rundkurs führt oberhalb der Stadt über Höhenrücken aus Sandstein und kommt wie eine Achterbahnfahrt mit supersteilen Steigungen und starkem Gefälle daher. Sie fragen sich, ob Sie gut genug für den Slickrock Trail sind? Dann testen Sie doch erst mal Ihren Mut auf der 3 km langen Übungsstrecke.

Erklimmen Sie die Kalksteinwände oberhalb des Strands auf der thailändischen Halbinsel Rai Leh.

46 KAJAK FAHREN, GLACIER BAY, USA

Der Name allein reicht schon aus, um jeden Kajakfahrer anzulocken, der am liebsten auf dem Meer paddelt. In Wirklichkeit sieht dann alles noch toller aus: In die Glacier Bay in Alaska fließen gleich mehrere Gletscher in die Bucht und füllen sie mit Eisbergen. Das Ausflugsboot „MV Spirit of Adventure" setzt Kajakfahrer an verschiedenen Stellen in der Bucht ab, die so praktisch überall paddeln können, wo es ihnen gefällt. Die wirklich harten Sportler verzichten sogar ganz auf die Anfahrt per Boot und paddeln von Bartlett Cove aus zu den Gletschern von Muir Inlet (was ca. zwei Wochen dauert). Die großartigsten Eisberge liegen im West Arm, allerdings sind die Campingmöglichkeiten hier limitiert.

47 WANDERN IM KRÜGER-NATIONALPARK, SÜDAFRIKA

Die beste Art, sich einem hungrigen Rudel Löwen, sich Geparden, Nashörnern, Elefanten und Giraffen zu nähern, ist auf einer Wanderung durch Südafrikas berühmtesten Park. Der Krüger-Nationalpark bietet sieben Trails durch die Wildnis, auf denen geführte Nachtwanderungen mit bewaffneten Wildhütern angeboten werden. Der Napi Trail ist dafür bekannt, dass man hier den „Big Five" begegnet: Spitzmaulnashorn, Kaffernbüffel, Elefant, Leopard und Löwe. Die meisten Touren dauern zwei Tage und drei Nächte, etwa 20 km pro Tag werden zurückgelegt. In gemächlichem Tempo ... es sei denn, plötzlich taucht ein Löwe auf.

45 FELSENKLETTERN BEI KRABI, THAILAND

Lust auf tropische Strände, an denen es mehr ums Klettern als ums Braunwerden geht und wo das, was einem Tanga am nächsten kommt, der Klettergurt ist? Dann auf nach Krabi! Die Stadt an Thailands Andamanen-Küste ist sogar bis in die Mitte des Krabi-Flusses mit spektakulären Karstformationen gesegnet, die sie zu einer der weltweit großartigsten Kletterdestinationen machen. Wer also ernsthaft eine Felswand erklimmen möchte, macht sich auf nach Rai Leh, westlich der Stadt. Die steilen, schroffen Kalksteinfelsen der Halbinsel bieten eine bunte Wundertüte an Klettermöglichkeiten mit schönen Überhängen und vereinzelten Stalagtiten.

48 DEN LARAPINTA TRAIL WANDERN, AUSTRALIEN

Sie wollen den Wundern der Wüste begegnen? Nehmen Sie sich 14 Tage Zeit für den 223 km langen Larapinta Trail durch die MacDonnell Ranges in Zentralaustralien, eine der ältesten Gebirgsketten der Welt. Der Fernwanderweg zwischen Alice Springs und Mount Sonder im Northern Territory windet sich durch grüne Schluchten, über karge Ebenen und spitze Bergrücken aus Quarzit. In regelmäßigen Abständen erwarten Sie Campingplätze und Wassertanks, die zwar den Eindruck von Wildnis schmälern, der Schönheit der Wüste aber nichts anhaben können – hier zeigt sich das Red Centre von seiner feinsten Seite. Sie können Essensübergabepunkte arrangieren, damit Ihr Rucksack nicht zu schwer wird.

49 WANDERN IM NATIONALPARK TORRES DEL PAINE, CHILE

Wie abgebrochene Finger ragen die Torres del Paine mehr als 2000 m aus der Patagonischen Steppe in Chile in die Höhe. „Echte" Trekker erkennen die „Türme des blauen Himmels" sofort, gehören sie doch zu den charakteristischen Landmarken unseres Planeten. Die klassische Route ist der sogenannte W Trek, der in etwa fünf Tagen zu bewältigen ist. Der Weg startet an der Laguna Armaga und steigt hinauf bis zum spektakulären Torres-del-Paine-Aussichtspunkt, direkt unterhalb der Türme, bevor er über Los Cuernos und Lago Pehoé zum Lago Grey weiterführt, der für seine Eisbergflotte bekannt ist – manche davon so groß wie Häuser.

50 MIT ORCAS SCHWIMMEN, NORWEGEN

Schließen Sie Ihre Augen und denken Sie an freundliche Delfine, damit es Ihnen leichter fällt, sich über Bord in das eisige Wasser des Tysfjord in Norwegen gleiten zu lassen. Jedes Jahr ziehen für drei Monate Orcas auf der Jagd nach Heringen in den Fjord, dicht gefolgt von Booten zur Walbeobachtung und einigen kernigen Schnorchlern, die gewillt sind, sich mutig sowohl dem arktischen Meer als auch den Orcas zu stellen. Wer es etwas wärmer mag, mietet sich ein Kajak und paddelt zwischen den Tieren hindurch.

Die aufgehende Sonne taucht die Torres del Paines in goldenes Licht.

RICHARD I'ANSON / LPI

DIE BESTEN ABENTEUER-REISEN

DIE GLÜCKLICHSTEN ORTE DER WELT

LÄCHLE UND DIE WELT LÄCHELT MIT DIR, SO HEISST ES. MACHEN SIE DEN PRAXISTEST AN DIESEN VOR LEBENSFREUDE STROTZENDEN ORTEN.

51 VANUATU

Ein glückliches Leben bedeutet für viele, in einer Hängematte zwischen zwei Palmen zu schaukeln, während sich die Wellen sanft am weißen Sandstrand brechen. Kein Wunder, dass der südpazifische Inselstaat Vanuatu den „Happy Planet Index" der New Economics Foundation anführt. Das Wasser ist unglaublich blau und voller Leben; das Hinterland üppig grün und vulkanischen Ursprungs, ideal, um es inmitten von Brotfruchtbäumen zu erkunden. Doch es ist das Gemeinschaftsgefühl, das Vanuatu zum Ort echter Glückseligkeit macht. Der erweiterte Familienkreis kommt regelmäßig zu Festen zusammen, die schon seit Urzeiten gefeiert werden. Deshalb findet auf dieser Insel eigentlich auch immer irgendwo eine Party statt.

52 MONTRÉAL, QUÉBEC, KANADA

Sauber, gastfreundlich, erfrischend multikulturell – Montréal präsentiert sich das ganze Jahr über ziemlich glücklich. Und kommt der Juli, ist die Stimmung sogar regelrecht ausgelassen. Denn „Just For Laughs" bringt das Publikum mit dem Besten zum Lachen, was die englisch- und französischsprachige Comedyszene zu bieten hat. Das Festival ist eins der größten Comedytreffen der Welt und hat erstklassige Scherzkekse zu Gast. Die Shows sind schnell ausverkauft, weil auch die unbekannteren Acts urkomisch sind. Auch wer keine Karten ergattern konnte, wird seinen Spaß haben – jede Nacht gibt es Straßenkünstler, Riesenmarionetten oder Feuerwerk im Uni-Viertel Quartier Latin zu sehen.

53 HAPPY, TEXAS, USA

Willkommen in der selbst ernannten „Stadt ohne Stirnrunzeln": Happy im Lone-Star-Staat Texas ist allerdings offen gesagt eine eher enttäuschende Ansammlung von Silos und rechtwinkligen Straßenzügen. Aber auf den, der über die Grenzen der „Stadt" hinausschaut, wartet das Beste, was Texas zu bieten hat: wandern oder reiten zwischen den roten Felsen des Palo Duro Canyons, dem zweitgrößten Canyon der USA, Bisons beobachten und atemberaubende Sonnenuntergänge im wenig bekannten Caprock Canyon erleben. Oder den Wilden Westen auf der „Amarillo Livestock Auction" erleben, einer Viehauktion, die wie ein Stück pures Amerika wirkt. Aber unbedingt aus Spaß einen Stetson-Hut aufsetzen!

Typisch: Ein fröhlicher bhutanischer Junge dreht Gebetsmühlen nahe dem Kloster Taktsang Dzong.

54 BHUTAN

Klöster, die der Legende nach nur von Engelshaar auf den Felsen gehalten werden, riesige Phalli an fast jeder Häuserwand, Socken mit Schottenmuster als Nationaltracht und das völlige Fehlen von Verkehrsampeln – gibt es etwas, was in Bhutan keine gute Laune macht? Tatsächlich ist dieses Shangri-La im Himalaya so heiter eingestellt, dass das nationale Glück erklärtes Staatsziel ist; damit soll sichergestellt werden, dass die allmähliche, aber immer noch kaum erkennbare Modernisierung die buddhistische Spiritualität nicht beeinträchtigt. Versuchen Sie doch mal, nicht glücklich zu lächeln, während Sie auf einem Bergpass im höchsten Gebirge der Welt stehen, um sie herum Schneeflecken und im Wind flatternde Gebetsfahnen, die wie ein dankbar applaudierendes Publikum klingen.

29

Laternen in den Bäumen und eine chinesische Pagode lassen Kopenhagens idyllischen Erholungspark Tivoli leuchten.

55 KOLUMBIEN

Ob es am Kaffee liegt oder an der Karnevalsatmosphäre, die Menschen Kolumbiens strahlen rund um die Uhr lateinamerikanische Lebenslust aus – von der karibischen Küste bis in die hintersten Ecken Bogotás. Während sich manche wundern, dass ein von politischen Unruhen und Drogenhandel geplagtes Land wie dieses an zweiter Stelle des „Happy Planet Index" stehen kann, berichten die, die es in den vergangenen Jahren besucht haben, nicht nur von einer viel besseren Sicherheitssituation. Sondern auch von einer nicht zu bändigenden Energie, die ansteckt und aufbaut. Wer ein Fußballspiel – die nationale Leidenschaft schlechthin – besucht, ein für Kolumbien typisches Cumbia-Konzert mit viel Gesang und Tanz oder eins der vielen katholischen Festivals, wird diese Nation von ihrer leidenschaftlichsten Seite erleben.

56 WUYI SHAN, CHINA

Ungeachtet seines charmanten Namens wird Tian Xing Yong Le („Der immer glückliche Tempel") von Getränkeverkäufern und einem unromantischen Parkplatz belagert. Dennoch wirkt das Gebäude heiter und fröhlich. Denn der Tempel liegt im rauen Norden der Provinz Fujian in einer Welt aus verborgenen Tälern voller Wasserfälle und geheimnisvoller Höhlen. Auf aus dem Fels geschlagenen Stufen geht es, an Teesträuchern und Bambuswäldchen vorbei, zur „Höhle des Wasservorhangs" und zum Aussichtspunkt am „Gipfel der Himmelsreife". Und auf dem „Fluss der Neun Windungen" treiben einfache Flöße mit Stühlen aus Rattan stromabwärts, während Fremdenführer auf die viertausend Jahre alten, hoch oben in den Fels gehauenen Bestattungshöhlen zeigen.

57 MALAWI

Ein breites, vorwitziges Grinsen erwartet Sie in Malawi, dem „freundlichen Herz Afrikas". Die Einheimischen sind für ihre überschwängliche Gastfreundschaft bekannt, und das, obwohl sie in einem der ärmsten Länder der Welt leben. Von den Märkten mit Holzhandwerk der Hauptstadt Lilongwe bis hin zu den sandigen Stränden des Lake Malawi und der Buschsavanne des Liwonde-Nationalparks, in dem Elefanten grasen, begegnet man Ihnen überall mit einem Lächeln. Damit dieses Glück auf Gegenseitigkeit beruht, nehmen Sie an einem freiwilligen Hilfsprojekt teil. Wenn Sie Ihren Teil dazu beitragen, den Einheimischen, von denen 85 Prozent in traditionellen Siedlungen leben, zu helfen, wird dies ein Lächeln auf das Gesicht *aller* Beteiligten zaubern.

IZZET KERIBAR / LPI

60 DÄNEMARK

Nun ist es offiziell: Dänemark ist das zufriedenste Land der Welt. Die kleine Nation steht an oberster Stelle der meisten Statistiken zum Thema Glück, und das mit skandinavischer Zuverlässigkeit. Warum? Ganz einfach: Der Lebensstandard ist turmhoch, öffentliche Verkehrsmittel sind pünktlich, jeder hat ein Sommerhaus an einem der unzähligen Strände, Fahrradwege durchziehen die Städte, Wälder, Täler und Moore, Restaurants servieren mit das beste und frischeste Essen in ganz Europa. Was es mit dem Lächeln der Dänen auf sich hat, entdeckt man am beseten bei einer Kaffeefahrt im entspannten Kopenhagen, im Kanu auf den Fjorden Nordjütlands oder radelnd auf einer der elf offiziellen Fahrradrouten des Landes.

58 ANDORRA

Wenn Gesundheit ein Indikator für Glück ist, dann müssten die Menschen dieses winzigen Fürstentums zwischen Frankreich und Spanien am breitesten lächeln. Haben sie doch mit beneidenswerten 83,5 Jahren die längste Lebenserwartung der Welt. Vielleicht liegt's an der Luft in den Pyrenäen (Durchschnittshöhe: 1996 m) oder am Outdoor-Spaß: Skifahren im Winter, Wandern und Mountainbiken im Sommer. Außerdem kommt wohl innerer Frieden von äußerem, denn Andorra hat seit etwa 700 Jahren keinen Krieg mehr geführt. Und nicht zuletzt ist da noch das Essen: Wer in einem *borda,* einem der traditionellen Steinhäuser, Wildpilze, Flussforelle oder Wildschwein aus dem Hochland in Bioqualität verspeist, fühlt sich gleich um Jahre jünger.

59 HIDAKAGAWA, WAKAYAMA, JAPAN

Was für ein Spaß: Als die Göttin Niutsuhime-no-mikoto ein Treffen der *kami,* der Geister, verschlief, amüsierten sich die anderen etwa 8 Mio. pünktlicheren Gottheiten prächtig auf ihre Kosten. Auf dieser Geschichte beruht eine Tradition in Hidakagawa: Jedes Jahr ziehen die Einwohner auf dekorierten Umzugswagen und angeführt von einem Spaßmacher durch die Straßen. Sie läuten Glocken und rufen der versammelten Zuschauermenge „Warau! Warau!" („Lacht! Lacht!") zu. Und so sind tatsächlich alle schnell am Kichern und den ganzen Weg bis zu Niutsuhimes Schrein bester Laune. Natürlich hat das alles absolut nichts mit dem Reiswein zu tun, der dabei in Strömen fließt. Rein gar nichts!.

DIE GLÜCKLICHSTEN ORTE DER WELT

SO KOSMO-POLITISCH IST AFRIKA

FEIERN SIE DEN KONTINENT UND TAUCHEN SIE IN EINIGE DER ÜBERRASCHENDSTEN STÄDTE DER WELT EIN.

61 WINDHOEK, NAMIBIA

Männer in Lederhosen stoßen mit Krügen voll süßlichem Bier an, der Duft von langsam gegarten Würsten erfüllt die Luft und die schwungvoll aufspielende Blasmusik bringt die Menge dazu, beseelt zu schunkeln. Das klingt, riecht und schmeckt wie das Oktoberfest in Deutschland, stimmt's? Doch eigentlich befinden wir uns Tausende von Kilometern entfernt, in Windhoek. Die kleine Hauptstadt Namibias ist ein eigenartiger Außenposten deutscher Kultur, ein Überbleibsel aus Kolonialzeiten. Die Atmosphäre in der blühenden und von Gärten durchzogenen Metropole unterscheidet sich radikal von dem anderer Städte in Afrikas. Und auf jeden Fall ist Windhoek der einzige Ort des Kontinents, in dem man herzhaft in ein authentisches Schnitzel beißen kann.

62 MINDELO, KAPVERDISCHE INSELN

An einem halbmondförmigen Hafen gelegen, ist Mindelo die Antwort der Kapverdischen Inseln auf die Französische Riviera – komplett mit Kopfsteinpflaster, bonbonfarbenen Gebäuden aus der Kolonialzeit und schaukelnden Jachten im Hafen. Die feuchtheißen Tage verbringen die Einheimischen am liebsten in den Cafés, bei einem Glas Bier, Zeitung lesend und Lotterietickets kaufend. Die schwülen Nächte werden gegen 23 Uhr noch heißer, dann nämlich, wenn die Bewohner der Stadt auf den Hauptplatz strömen, wo Bands ihnen mit lateinamerikanischen Rhythmen einheizen und das allnächtliche Treiben beginnt.

63 MAPUTO, MOSAMBIK

Tropisch genug, um in Brasilien zu sein, dazu koloniale Elemente, die an Portugal und Europa erinnern: Die Mischung, die Maputo bietet, macht die Stadt zu einer der unbeschwertesten Afrikas. Tagsüber nippen die Leute Espresso in Straßencafés, am Abend bestellen sie in Strandrestaurants scharfe Tigergarnelen, und wenn es Nacht wird, schlürfen sie Caipirinhas, während sie treibenden Salsarhythmen und Jazz in den Bars lauschen. Palmenreiche Badestrände, mit Flammenbäumen gesäumte Straßen und unzählige Märkte runden das Bild ab – das umso ungewöhnlicher ist bedenkt man Maputos bis 1992 vom Bürgerkrieg geprägte Geschichte.

64 ALEXANDRIA, ÄGYPTEN

Diese einladende, von Cafés und Promenaden geprägte Stadt wirkte schon auf Alexander den Großen, Cäsar, Napoleon und andere Berühmtheiten äußerst anziehend. Vielleicht haben sie auch damals schon, genau, wie es die Einwohner heute tun, die kühle Brise beim Spaziergang entlang der Corniche genossen, der langen kurvigen Seepromenade. Oder sie wollten jenen Ort in sich aufnehmen, der von Literatur geradezu durchtränkt ist, schließlich besaß Alexandria einst die größte Bibliothek der Welt. Mit dem eleganten, modernen Neubau des klassischen Bücherhorts – mit auf 14 Terrassen verteilten Lesesälen und einem weitläufigen Rundbau mit Platz für 8 Mio. Bücher –erinnert die Stadt heute an die Pracht der Vergangenheit.

65 ACCRA, GHANA

Es ist wieder Wochenende, also Zeit, um sich in Ghanas Küstenhauptstadt auf die Suche nach der einen oder anderen Beachparty zu machen. Die Sterne glitzern über dem von Palmen gesäumten Strand, und unter der pulsierenden Reggaemusik der DJs hört man das Rauschen der Wellen, die vom Atlantik her anrollen. Partygäste knabbern mit Salz, Ingwer und Cheyennepfeffer gewürzte, frittierte Kochbananenstücke und spülen sie mit einem kühlen Guinness herunter. Dies ist Afrika von seiner angenehmsten Seite! Und in der Zwischenzeit schießen schicke Resorts mit Meeresblick scheinbar aus dem Nichts aus dem Boden.

66 KAMPALA, UGANDA

Nachdem es im Bürgerkrieg Idi Amins weitgehend zerstört wurde, hat sich Kampala am eigenen Schopf aus dem Sumpf gezogen – und ist unerwartet weltläufig geworden, voller Vielfalt und Offenheit. Seine Wirtschaft gilt als Tiger auf dem Kontinent und die Stadt trägt eine stete Betriebsamkeit zur Schau. Überall schießen moderne Gebäude aus dem Boden und die alten, heruntergekommenen werden renoviert. Diese junge, in die Zukunft gerichtete Stimmung wird beflügelt durch die Makerere University, die zu den besten Ausbildungszentren Afrikas zählt. Ihre Studenten prägen die lebhafte Nightlife-Szene. Kampalas durchaus beachtliche asiatische Bevölkerung fügt dem Ganzen eine internationale Dimension hinzu.

67 ANTANANARIVO, MADAGASKAR

Das fröhlich gefärbte Tana (so der weniger zungenbrecherische Name der Stadt) ist wahrscheinlich Afrikas unafrikanischste Metropole. Gepflasterte Straßen winden sich an Holzhäusern mit bemalten Rollos vorbei steil an Felshügeln hinauf. Wenn die violetten Jacaranda-Bäume zu blühen beginnen, lassen sie Nektar auf die Köpfe von seilhüpfenden Kindern und flanierenden Pärchen regnen. Kirchturmspitzen ragen in den Himmel, in den Teestuben gibt es Tee, Kaffee, heiße Schokolade und Sahnegebäck in Hülle und Fülle. Wenn es Nacht wird, schwärmen die Bewohner aus, um in lokalen Varietés Jazz zu hören oder zu madagassischen Charthits in Antananarivos Clubs abzufeiern.

68 DAKAR, SENEGAL

Rau, chaotisch und elektrisierend wie es ist, verkörpert Dakar das urbane Afrika. Am hellsten strahlt es während der Nacht – spät, spätnachts, weit nach Mitternacht. Dann, wenn die Musik liebende Bevölkerung der Stadt sich in ihren besten Fummel schmeißt und geradewegs auf die Nachtclubs von Youssou N'Dour oder Thione Seck – internationale Stars, die sich zu Hause die Ehre geben, wenn sie nicht gerade durch die Welt touren – oder auf einen der hundert anderen Clubs zusteuert. Wenn die stampfenden Rhythmen und mitreißenden Gesänge in den frühen Morgenstunden an Schwung gewinnen, dann schütteln sich, tanzen und schwitzen die Dakarer bis zum Sonnenaufgang.

69 LIBREVILLE, GABUN

Lasst uns das Champagnerglas erheben auf diese Stadt, die mehr Miami Beach ähnelt als einer großen afrikanischen Metropole. Hoch aufragende Hotels erheben sich an den vom Atlantik umspülten Stränden, in verglasten Bürogebäuden wird um Öl geschachert, protzige Autos rasen die breiten Prachtstraßen hinunter und stylish gekleidete Menschenmassen füllen die edlen Shops und Restaurants. Wie zum Beweis, haben auch die Preise Weltniveau: Libreville ist eine der teuersten Städte der Erde. Die Einheimischen, die ordentlich zu feiern wissen, versuchen diese Tatsache zu vergessen, wenn sie sich bei einem Bier oder beim oben erwähnten Champagner treffen.

70 MARRAKESCH, MAROKKO

Der Name der Stadt beschwört exotische Bilder von Schlangenbeschwörern, Feuerspuckern und Verkäufern von fliegenden Teppichen herauf. Und tatsächlich, da sind sie, mitten im Rummel auf dem Marktplatz der Altstadt, und verzaubern die Massen. Aber nur einen schattigen Boulevard entfernt liegt Gueliz, die von Art déco geprägte Neustadt, die an ein Mini-Paris erinnert (wenn denn Orangenbäume die Champs-Élysées mit ihrem Duft erfüllen würden). Gut frisierte Matronen gehen mit ihren Hunden an den Straßen entlang Gassi, Pärchen nippen in luftigen Bistros an *café au laits* und Handy-verrückte Jugendliche stehen für die neuesten Hollywood-Blockbuster am neonbeleuchteten Kino Schlange.

DIE BESTEN PLÄTZE, UM WILDE TIERE ZU SEHEN

DIE SCHÖNSTEN GESCHÖPFE DER WELT IN IHREM NATÜRLICHEN LEBENSRAUM.

71 BELIZE

Belize bietet jede Menge gut erreichbarer Wildnisgebiete, drunter geschützte Parks voller wilder Tiere und vor der Küste gelegener Inselchen, umgeben von einer Fülle marinen Lebens. Um seltenere Spezies wie den Mittelamerikanischen Tapir oder Hellrote Aras zu erspähen, ist ein Führer erforderlich. Sie werden aber auch garantiert viele Tiere auf eigene Faust entdecken. Schwimmen Sie mit Haien und Stachelrochen oder halten Sie im Cockscomb Basin Wildlife Sanctuary nach Landtieren wie Pakas (Riesenmeerschweinchen) und Jaguaren Ausschau.

34

Ein Schnorchler am Great Barrier Reef verhindert nur knapp den Zusammenstoß mit einem Gefleckten Adlerrochen.

72 BOLIVIEN

Es ist Boliviens abwechslungsreicher Topografie, seiner niedrigen Bevölkerungszahl und der mangelnden Erschließung zu verdanken, dass die Nationalparks des Landes einige der weltbesten Plätze für die Beobachtung von wilden Tieren bieten. Der Nationalpark Madidi etwa ist eins von Südamerikas intaktesten Ökosystemen. In diesem wilden Utopia lebt eine unglaubliche Vielfalt an Wildtieren des Amazonas: 44 Prozent aller Säugetiere der Neuen Welt, 38 Prozent aller tropischen Amphibienarten, mehr als zehn Prozent aller Vogelarten, die der Wissenschaft bekannt sind, und mehr geschützte Spezies' als in irgendeinem anderen Park der Welt leben hier.

73 BOTSWANA

Eine Safari („wir gehen" auf Suaheli) ist der beste Weg, um die schönsten von Botswanas wilden und unberührten Parks zu besuchen. Da etwas mehr als ein Drittel des Landes als Naturschutzgebiet ausgcwiesen ist, gibt es eine Menge Plätze, an denen man Löwen, Nilpferden, Elefanten, Zebras, Giraffen und Antilopen begegnet. Außerdem bieten sich viele Gelegenheiten, um das Leben im Kleinen zu bewundern wie zum Beispiel Mistkäfer oder herumwuselnde Zauneidechsen.

75 COSTA RICA

Die üppigen Urwälder Costa Ricas sind Heimat für verspielte Affen, träge Faultiere, Krokodile, unzählige Eidechsen, Baumsteigerfrösche und jede Menge exotische Vögel, Insekten und Schmetterlinge. Vom Aussterben bedrohte Seeschildkröten nisten an beiden Küsten, und unzugängliche Nebelwälder dienen als Schutz für scheue Vögel und Raubkatzen. In Sachen Naturschutz zeigt sich Costa Rica aufgeklärt: Mehr als 27 Prozent des Landes werden der Wildnis überlassen. Die Naturparks des Landes sind für Individualreisende leicht zu erreichen, allerdings werden die Besucherzahlen und –zeiten reguliert.

76 EVERGLADES, USA

Die größte subtropische Wildnis der kontinentalen USA, der Everglades-Nationalpark, ist ein Feuchtland-Wunderland. Es ist ein Ort, an dem Vogelexperten zusammenkommen, um große Schreitvögel wie Löffler, Reiher und Waldstörche zu beobachten. Und es ist der einzige Ort der Welt, an dem Alligatoren und Krokodile nebeneinander leben. Auf den Wegen innerhalb des Parks kann man beim Rundgang oder bei einem Fahrradausflug unzähligen Alligatoren begegnen – nur 45 Minuten Fahrt vom Stadtzentrum Miamis entfernt.

77 KENIA

Hier gibt es so dermaßen viele Tieren, dass man aufpassen muss, sich nicht den Hals zu verrenken, während man sich ständig nach ihnen umdreht. Safaris sind die gängigste Art, um wilde Tiere zu beobachten, Sie können aber auch auf eigene Faust losziehen. Viele schließen sich während ihres Parkbesuchs jedoch einer Safari an, da die Chance so deutlich höher ist, die „Big Five" zu sehen: Elefant, Nashorn, Leopard, Löwe und Büffel. Allerdings ist es ebenso sicher, dass man auf diese Weise nicht allein, sondern mit vielen anderen „Wildtierbeobachtern" unterwegs ist.

74 GREAT BARRIER REEF, AUSTRALIEN

Die Natur hat alle Farben ihrer breiten Palette zusammengerührt und sie großzügig und mit viel vorzüglichem Geschmack übers Great Barrier Reef verteilt. Das Riff ist eines der sieben Naturwunder der Welt, es erstreckt sich über 200 km und besteht gänzlich aus lebenden Organismen. Das großflächigste Riffsystem der Welt ernährt eine atemberaubende Vielzahl an Meereslebewesen, darunter Schildkröten, Haie, Fische und Korallen. Eine Armada von Tourbooten findet sich entlang der Küste von Queensland, die Taucher und Schnorchler hinaus zum Riff bringt.

35

Viele Meerechsen und eine rot leuchtende Krabbe: tierisches Leben auf den Galápagos-Inseln.

MANFRED GOTTSCHALK / LPI

78 GALÁPAGOS-INSELN, ECUADOR

Diese Inselkette bietet Ihnen die Wildtiererfahrung Ihres Lebens: Eine Handvoll Exemplare, die irgendwie die 1000 km vom ecuadorianischen Festland überwunden hat, lebt hier seit Ewigkeiten isoliert und hat jegliche Angst vor Fressfeinden verloren. Treten Sie in die Fußstapfen von Charles Darwin, dessen Evolutionstheorie in den 1830er-Jahren mit seinem Besuch hier ihren Anfang nahm, und unternehmen Sie eine Bootstour entlang der Vulkaninseln. Sie werden Leguane, Seelöwen und Blaufußtölpel sehen, um nur einige der Tiere zu nennen. Seien Sie bei ihrem Besuch aber bitte vorsichtig: Der Tourismus kann dieses empfindliche Ökosystem zerstören.

79 MADAGASKAR

Die Nationalparks Madagaksars haben unter Wildtier-Fans aus aller Welt zu Recht einen ganz besonderen Ruf. Die wohl bekanntesten Publikumsmagneten sind die Lemuren, ob sie nun zur rotbäuchigen oder zur ringschwänzigen Art gehören. Aber es gibt auch eine Schar von bizarren und faszinierenden Vögeln und Reptilien – zum Beispiel sollten Sie nach Chamäleons Ausschau halten. Die vielfältigen und nicht selten gebirgigen Parks des Landes erreicht man am besten mit dem Mietwagen. Mit ihm ist man komplett unabhängig, allerdings sind auch organisierte Touren durchaus eine Option.

80 BORNEO, MALAYSIA

Wenn Sie Affen in freier Wildbahn erleben möchten, dann ist der Nationalpark Bako genau das Richtige: der beste Ort, um die seltenen Nasenaffen oder um Makaken zu sehen. Am besten besichtigen Sie den Park auf den 30 km langen, gut gekennzeichneten Wanderwegen. Es lohnt sich auch, in Borneos Orang-Utan-Schutzgebieten vorbeizuschauen, im Semenggoh Wildlife Rehabilitation Center in Sarawak und im Sepilok Orangutan Rehabilitation Center in Sabah..

DIE BESTEN PLÄTZE, UM WILDE TIERE ZU SEHEN

KUNST FÜR ALLE!

WARUM VOR EINER GALERIE ANSTEHEN, WENN ES DOCH GROSSARTIGE KUNST AUF DER STRASSE ZU BEWUNDERN GIBT? UND DAS AUCH NOCH VÖLLIG UMSONST!

81 ENGEL DES NORDENS, ENGLAND

Diese bizarre Stahlskulptur thront oberhalb von Tyneside auf einem Aussichtspunkt auf einer Bergkuppe. Das meilenweit sichtbare Kunstwerk ist gewaltig, groß wie vier Doppeldeckerbusse und fast so breit wie ein Jumbo Jet. Der „Engel" steht mit ausgebreiteten „Flügeln" da, die die Skulptur eher wie einen maschinenartigen Cyborg als wie einen Engel wirken lassen. Dennoch ist sie unglaublich eindrucksvoll.

82 EAST SIDE GALLERY, BERLIN

Die Berliner Mauer, die im November 1989 unter dem politischen Druck des Volkes fiel, war stets Zielscheibe des Berliner Zorns gegen das kommunistische System. Die sogenannte East Side Gallery ging aus dem längsten erhaltenen Abschnitt der Mauer hervor und wurde von Künstlern mit mehr als hundert Mauerbildern und Graffitis überzogen. Obwohl Vandalismus und die Witterung

der Gallery viel von ihrer Energie genommen haben, ist sie mit ihren Kunstwerken von daliesken Freakshows bis hin zu Pink-Floyd-artigen Ziegelsteinen immer noch ein eindringliches Mahnmal gegen das frühere Regime. Immer wieder wurde saniert, Denkmalschützer fordern die Aufnahme in die Unesco-Liste des Weltkulturerbes.

83 MANNEKEN PIS, BRÜSSEL

Diese bronzene Statue von einem kleinen pinkelnden Kind wirkt reichlich skurril – aber so ist er nun mal, der belgische Humor. Das Original stammt aus dem Jahr 1388, wurde aber zum Zorn der Brüsseler zerstört. 1616 schließlich gab es einen Ersatz. An Feiertagen

84 GRAFFITIS VON BANKSY

Die Arbeiten des geheimnisumwobenen Künstlers Banksy finden sich weltweit, ob in New York oder in seiner mutmaßlichen Heimatstadt Bristol in England. Banksys Werke, meist satirische Kommentare zu Politik und Kultur, kombinieren Schablonenkunst mit Graffiti und haben – zum Amüsement des Künstlers – street art in höchsten Kunstkreisen etabliert. Banksy sagte einmal, er habe zu Schablonen gegriffen, weil normale Graffitis zu lange dauerten. Um Banksys Werke auf der Straße zu sehen, muss man schnell sein, sonst sind sie von den Behörden übermalt oder bei Sotheby's versteigert worden.

Dieses Werk von Banksy tauchte in London an einem Wochenende im April 2008 auf.

85 FREIHEITSSTATUE, NEW YORK

Da wir schon über Kunst im „öffentlichen" Raum sprechen – es scheint, als würde die Öffentlichkeit mit der Freiheitsstaue tun und lassen können, was sie will! Als vielleicht das herausstechendste Symbol für die USA (vor allem, nachdem das World Trade Center nicht mehr existiert), musste Lady Liberty unzählige Demütigungen über sich ergehen lassen. So wurde sie 1916 bei einem Angriff deutscher Saboteure fast in die Luft gejagt, in „Planet der Affen" (1968) halb von radioaktivem Sand begraben, vom Magier David Copperfield 1983 in Luft aufgelöst, in „Ghostbusters 2" (1989) zum Leben erweckt, in „Independence Day" (1996) zerstört und in „The Day after Tomorrow" (2004) von Schnee und Eis überschwemmt.

und bei speziellen Anlässen wird der kleine Junge verkleidet, als Elvis, Samuraikrieger oder Mozart. Zudem ist er dafür bekannt, statt Wasser auch mal Bier oder Wein zu pinkeln.

86 MUTTER-HEIMAT-STATUE, WOLGOGRAD

Die aus Beton konstruierte Rodina Mat (deutsch: „Das Mutterland ruft!") zählt zu den weltgrößten Statuen. Sie steht auf dem Mamajew-Hügel (einer Gedenkstätte für die Gefallenen des Zweiten Weltkriegs), wiegt rund 8000 t und ist 85 m hoch. Es

Auch wenn Hollywoods Actionregisseure ihr Bestes gaben – sie konnten der Freiheitsstatue und ihrer Würde nichts anhaben.

gibt einen guten Grund für diese gigantischen Ausmaße: Russland hatte im Zweiten Weltkrieg schätzungsweise 25 Mio. Tote zu beklagen. Verglichen mit der ruhigen Schönheit der Freiheitsstatue strahlt Rodina mit jedem Zentimeter Macht und Zorn aus. Ein 33 mr langes Schwert schwingend und mit ihrem vor Wut verzogenen Mund ist sie ein Ehrfurcht gebietender Anblick.

87 GÜELL-PARK, BARCELONA

Spaniens heißgeliebter Architekt Antoni Gaudì ist der Visionär hinter dem Park Güell, der zwischen 1900 und 1914 erbaut wurde und ursprünglich als Wohnanlange

konzipiert worden war, auch wenn diese Idee ziemlich schnell wieder verworfen wurde. Gaudìs seltsamer organischer Stil zaubert unterirdische Passagen hervor, die wie der gigantische Brustkorb einer außerirdischen Lebensform gebaut sind, geschwungene Säulen, die Stalaktiten ähneln und aus vielfarbigem Keramikbruch zusammengesetzt wurden, eine lange Bank, die wie eine Schlange geformt ist, dazu reichlich Grotten, Ecke und Winkel. Ganz klar: Dieser Park ist unübertroffen.

88 FEDERATION BELLS, MELBOURNE

Am Ufer des Yarra, dem Fluss im Zentrum Melbournes, zeigt sich *public art* in Form einer Klangskulptur. Die 39 auf dem Kopf stehenden, unterschiedlich großen Glocken im Tempelstil sind auf Stahlstangen montiert und so aufgestellt, dass die Besucher zwischen ihnen hindurchspazieren können. Sie werden computergesteuert geläutet und sind so programmiert, dass sie abwechselnd sieben verschiedene fünfminütige Stücke lokaler Komponisten spielen. Und ein bisschen Demokratie ist auch mit im Spiel: Jeder, Musikgenie oder nicht, kann seine eigene Komposition einreichen – vielleicht wird sie ja berücksichtigt.

89 WANDGEMÄLDE IM MISSION DISTRICT, SAN FRANCISCO

Die weltberühmten Mauerbilder verzieren im lateinamerikanisch geprägten Mission District die Wände Dutzender Gebäude. Diese rührenden Beispiele für Straßenkunst gründen sowohl auf

der mexikanischen Mauerbild-Bewegung der 1920er-Jahre, als auch auf einer guten Portion des von den 1960er-Jahren übrig gebliebenen Hippie-Idealismus. Die häufigsten Malereien zeigen unter anderem spanische, aztekische und Maya-Motive und behandeln Themen wie Menschenrechte, Fußball, Karneval und das mexikanische Kino. Das übergreifende Thema jedoch lautet „Gemeinschaft", und die ist hier so präsent, dass man sie praktisch mit Händen greifen kann.

90 MOUNT RUSHMORE, SOUTH DAKOTA

Die gigantischen Reliefs der Köpfe von vier Präsidenten (Washington, Jefferson, Lincoln und Roosevelt), die in die Felswand des Mount Rushmore geschlagen wurden, tauchen in allen Bereichen der Popkultur auf, von Hardrock bis hin zu den „Simpsons". An Mächtigkeit haben sie dadurch aber nicht verloren: Hätten die Köpfe zugehörige Körper, wären die steinernen Kerle fast 150 m groß. Manche sehen das Denkmal aber auch als ein rassistisches Monument: Mount Rushmore liegt mitten im Gebiet der Sioux, und die dargestellten Ex-Präsidenten hatten großen Anteil an der Dezimierung der Indianer. Außerdem werden dem Bildhauer Verbindungen zum rassistischen Ku-Klux-Klan nachgesagt.

KUNST FÜR ALLE!

ANGUS OBORN / LPI

DIE BESTEN PLÄTZE, UM ZU SINNIEREN

GROSSE GEISTER DENKEN UNTERSCHIEDLICH – EIN PAAR HINWEISE ZUM TIEFGRÜNDIGEN DENKEN.

91 EXISTENZIALISMUS, RIVE GAUCHE, FRANKREICH

In den Cafés am linken Seine-Ufer in Paris lässt sich heute zumindest noch ein Hauch der skandalumwitterten Gedankenwelt des frühen 20. Jhs. erschnuppern. Der Schick der Bohème, abgewetzte Böden und abgenutzte Holztische sind das perfekte Bild für die existenzialistische Welt von Jean-Paul Sartre und Simone de Beauvoir. Die beiden argumentierten, dass wir selbst unserem Leben eine Bedeutung geben („Mach deine eigenen Regeln!") und waren dafür berühmt, das „freie Denken" auch auf ihre persönliche Beziehunge zu übertragen. Früher stilecht von Zigarettenrauch vernebelt, werden die Cafés und die individuelle Freiheit nun von Gesundheitsgesetzen reglementiert: Wenn Sie eine Gauloise rauchen möchten, müssen sie nach draußen gehen.

92 FRIEDEN, WASHING-TON, DC, USA

Washingtons Lincoln Memorial Reflecting Pool steht für seichtes Wasser und tiefe Gedanken.

Das Becken ist 610 m lang, das Wasser klar und an manchen Stellen nur 46 cm tief. Es liegt zwischen dem Lincoln Memorial und dem Washington Monument und verbindet damit zwei der größten Denker der USA. Hier hielt Martin Luther King seine mitreißende „I-Have-a-Dream"-Rede und hier fanden heftige Anti-Vietnam-Demonstrationen statt. Ein kurzer Spaziergang führt zum schlichten, aber eindrücklichen Vietnam Veterans Memorial, dessen spiegelnder schwarzer Granit sich bis in die Ferne erstreckt und auf dem 58 200 Namen eingraviert sind.

93 KARL MARX, HIGHGATE-FRIEDHOF, ENGLAND

Obwohl er in Preußen geboren wurde und Revolutionär in Russland war, ist Karl Marx auf dem wohl englischsten aller Friedhöfe beerdigt worden. Londons Highgate-Friedhof ist die letzte Ruhestätte für mehr als 850 berühmte Persönlichkeiten. Der überwachsene, leicht unheimliche westliche Teil des Friedhofs ist voller Mausoleen, gotischer Kreuze, viktorianischer Gewölbe und von Efeu überwucherten Katakomben. Die auf der östlichen Seite zu findende, massige Büste von Karl Marx trägt die Inschrift: „Proletarier aller Länder, vereinigt euch!". Wer damit nichts anfangen kann, besucht seine „Mitbewohner" Douglas Adams („Per Anhalter durch die Galaxis") und die viktorianische Autorin George Eliot. Highgate ist auch „Heimat" für einen neuzeitlichen Russen: den Ex-KGB-Agenten Alexander Litvinenko, der vergiftet wurde.

94 WLADIMIR LENIN, ROTER PLATZ, RUSSLAND

Nach Jahrzehnten im erbarmungslosen Griff des Kalten Kriegs taut Russland, wenn überhaupt nur langsam auf. Die Ideologie der Betonriege, die vor dem westlichen Denken kapitulieren musste, manifestiert sich am ehesten in Lenins massivem Granitmausoleum am Roten Platz. Hier stehen immer noch Tausende Schlange, um am wachsartigen einbalsamierten Körper jenes Mannes vorbeizulaufen, der die bolschewistische Revolution angeführt und viele Staatsoberhäupter weltweit inspiriert hat. Aber der Kreml, Symbol des Kommunismus schlechthin, steckt auch voller Insignien viel älterer Ideologien: die Ikonen, Giebel und goldenen Kuppeln der Erzengel-Michael-, der Uspenski- und der Mariä-Verkündigungs-Kathedrale.

95 MAHATMA GANDHI, DELHI, INDIEN

Delhis ungemein reiche Kultur macht die berühmt-berüchtigte Verschmutzung und das Chaos mehr als wett. Die Altstadt ist voll verwinkelter Straßen, Basars und strenger Gerüche, die begrünten, offenen Sichtachsen in Neu Delhi dagegen sind von Relikten der ehemaligen britischen Kolonialherren gesäumt. Eingebettet zwischen herrschaftlicher Architektur liegt das Ghandi Smriti, das ehemalige Zuhause von Mahatma Gandhi. Der Mann, der Indiens Unabhängigkeit initiierte und Menschenrechtsbewegungen weltweit zur Friedlichkeit inspirierte, flanierte hier jede Nacht in den Gärten. In den Räumen des Hauses, in dem der Mann des Friedens nach einem Attentat 1948 starb, sind seine mageren Besitztümer zu sehen.

96 SURREALISMUS, BRÜSSEL, BELGIEN

Denker aufgepasst, jetzt wird's hart für Euer Gehirn. Am besten durch René Magrittes kultiges Gemälde „Ceci n'est pas une pipe" repräsentiert, begann der Surrealismus als Antikriegs-Kunstbewegung, die Antikunst produzierte: Werke, die die Natur und den Zweck von Kunst in Frage stellten. Warum? Exzellente Frage! Oder besser, schlechte Frage: Die Surrealisten widersetzen sich konventionellen Gedankenprozessen und argumentierten, dass der Rationalismus zum schrecklichen, zerstörerischen Grauen des Ersten Weltkriegs geführt habe. Stattdessen waren sie der Überzeugung, dass unser Handeln auf Glauben und Emotionen basieren sollte. Wen diese Art des Denkens überzeugt, besucht in Brüssel das reichlich skurrile Haus, das einmal Magrittes Heim war. Hier kann man Lokomotiven entdecken, die scheinbar aus dem Kamin kommen, und herausfinden, ob ein „Fenster" tatsächlich ein Fenster ist. Ein Tipp: am besten den Besuch nicht planen, sondern ganz spontan hingehen.

97 FUSSBALL ALS PHILOSOPHIE, STADE DE FRANCE, FRANKREICH

Für den launenhaften französischen Philosophen Albert Camus („Der Fremde") wurde das Herumkicken eines Balls zur Gedankenarbeit. Eines der berühmten Zitate des begeisterten Torwarts lautet: „Alles, was ich über Moral und Verpflichtungen weiß, verdanke ich dem Fußball." Der perfekte Platz, um über diese Worte nachzudenken, ist die Heimat des französischen Fußballs, das Le Stade de France in Paris. Und wenn hier 80 000 Kehlen die „Marseillaise" anstimmen, sinniert man am besten über die kryptischen Worte des französischen Manchester-United-Stürmers Eric Cantona: „Die Möwen folgen dem Fischkutter, weil sie glauben, dass die Sardinen wieder ins Meer geworfen werden."

98 MAO TSE-TUNG, PEKING, CHINA

Die Mischung aus Kapitalismus und Kommunismus im modernen Peking des 21. Jhs. muss man erstmal begreifen – in einem Land, das mit seiner Kulturrevolution die Bourgeoisie bekämpfen wollte. Die Skyline aus Wolkenkratzern, die Hochstraßen und schillernden Einkaufszentren liegen ganz in der Nähe der traditionellen Säulen rund um die Gedenkhalle für den Vorsitzenden Mao am „Platz des himmlischen Friedens" – und sind doch so weit entfernt. Keine leichte Aufgabe, die Hammer-und-Sichel- und anderen kommunistischen Symbole, die den einbalsamierten Führer umgeben, mit der Shopping-Mall Wangfujing Dajie in Einklang zu bringen; hier, wo Maoismus auf MTV trifft.

99 SIGMUND FREUD, WIEN, ÖSTERREICH

Wiens Architektur ist monumental. Überall führen einem die wuchtigen Bauwerke die Neigung der Habsburger zur eigenen Glorifizierung vor Augen. Freud mochte das: Jeden Nachmittag spazierte der Mann, der uns den Ödipuskomplex und den Penisneid beschert hat, die komplette Wiener Ringstraße entlang. Wer genung von der Bildhauerkunst in sich aufgesaugt hat, verkrümelt sich am besten in eines der vielen gemütlichen, eleganten Kaffeehäuser, wo Intellektuelle am Kaffee nippen, Gebäck knabbern und Zeitung lesen. Danach springt man auf eine ratternde Straßenbahn zur Staatsoper auf. Manche Opernfreunde investieren hunderte Euros, um in der rot-goldenen Üppigkeit zu sitzen. Kenner ziehen es dagegen vor, für ein paar Euros zu stehen.

100 DIE GROSSEN PHILOSOPHEN, ATHEN, GRIECHENLAND

Die alten Griechen gaben den Startschuss für unsere moderne Welt: Demokratie, Mathematik, Politik, Theater. In der Ära von Platon, Aristoteles und Sokrates wurde viel und tiefgründig nachgedacht, Athens Reichtum an Friesen und Säulen kann ein Lied davon singen. Greifen Sie sich eine Ausgabe von Platons „Politeia", steigen Sie zur Akropolis hinauf und, wenn Sie vom Buch hochschauen, begeistern Sie sich an den schimmernden dorischen Kolonnaden des Parthenon-Tempels. Bleiben Sie, bis die Besuchermassen verschwunden sind, und schauen Sie durch den Nebel des frühen Abends auf ein Panorama herunter, das 2400 Jahre Geschichte umspannt; eine riesige, geschäftige Stadt, gesprenkelt mit Tempeln.

EINMALIGE REISEN MIT DEM AUTO

MACHEN SIE SICH AUF DEN WEG. IHR EINZIGER BEGLEITER: DIE EHRFURCHT GEBIETENDE LANDSCHAFT UM SIE HERUM.

101 VON KAPSTADT, SÜDAFRIKA, NACH KAIRO, ÄGYPTEN

Für diese afrikanische Odyssee braucht es mindestens zehn Wochen Zeit. Startpunkt der Reise, die durch elf Länder und an vielen eindrucksvollen Stopps am Straßenrand entlangführt, ist das weltoffene Kapstadt. Und als ob die Victoria-Fälle, der Kilimandscharo und die Nubische Wüste mit den größten Sanddünen der Welt noch nicht genug wären, führt die Mammutstrecke auch noch durch die Heimat praktisch jeder Spezies afrikanischer Wildtiere. Die Straßenverhältnisse sind dürftig, und als Individualreise definiert dieser Trip den Begriff „schwierig" neu.

102 ENTLANG DER KÜSTE, SCHOTTLAND

Einspurige Straßen säumen Schottlands überraschend schöne Westküste. Von den langen Lochs und durch Gletscher entstandenen Tälern im Süden durch das zentrale, von Bergen gesäumte Küstenflachland bis hin zu den engen Grenzen des wilden Nordens, ist das Reisen entlang der schottischen Küste eine prächtige Sache. Burgen sind Teil der Landschaft, und jede Menge schöne Dörfer bieten sich als perfekte Etapenziele an. Schottland ist auch Whisky-Land – was bedeutet, dass die vom Fahren geprägten Tage auf höchst erfüllende Art und Weise ausklingen.

103 VON AMSTERDAM NACH ISTANBUL

Luftlinie sind es gerade mal 2200 km, aber mit dem Auto scheint die Strecke endlos. Es hängt nämlich davon ab, wie viele Länder Sie links und rechts der Straße besuchen möchten. Mit Sicherheit werden Sie jedenfalls Deutschland, die Tschechische Republik, die Slowakei, Ungarn, Rumänien und Bulgarien durchqueren. Da kommt eine große Menge an verschiedenen Verkehrsregeln, Straßenverhältnissen und „Ich-sehe-was-was-du-nicht-siehst"-Spielen gegen die Langeweile auf der Fahrt zusammen.

104 VON DELHI NACH AGRA, INDIEN

Wer für Indiens verrückten Verkehr bereit ist, für den ist dies *die* Reise (man kann aber auch einen Fahrer mieten und sich entspannt zurücklehnen). Der Trip startet in der Hauptstadt Delhi, einem verwirrenden Durcheinander von 11 Mio. Menschen und Tor zum Rest des Landes. Fahren Sie 240 km nach Südosten und Sie werden belohnt, wenn sie Agra erreichen – hier steht der überwältigenden Taj Mahal.

44

Mit Fahrer oder auf eigene Faust – aufregend bleibt die Autoreise durch den indischen Norden auf jeden Fall.

105 OSTKÜSTE, AUSTRALIEN

Gesäumt von atemberaubenden Stränden und einer Reihe grandioser Nationalparks, führt diese klassische Route durch drei verschiedene Bundesstaaten. In Victoria finden sich sowohl die weltoffene Stadt Melbourne als auch die Äcker und Felder und die abgeschiedenen Wildnisgebiete im Südosten des Staats. Das umwerfend schöne Sydney gibt sich zum einem dem kapitalistischen Kommerz hin und geht zum anderen weiter nördlich in die Zufluchtsorte der letzten Hippies über. In Queensland hat man dann den Eindruck, Las Vegas wäre nach Down Under verpflanzt worden – obwohl die wahre Schönheit des Bundesstaats in seiner tropischen Küste liegt. Auf den exzellenten Straßen fliegen die Meilen nur so davon.

106 CABOT TRAIL, KAP-BRETON-INSEL, KANADA

In Nova Scotia an Kanadas Ostküste führt der Cabot Trail auf 298 km Länge um die nördliche Spitze der Kap-Breton-Insel herum. Entlang der Strecke gibt es viele Möglichkeiten, sich die Beine zu vertreten. Der Cape-Breton-Highlands-Nationalpark etwa bietet sich für jede Menge Spaziergänge an. Ein beliebter Zeitvertreib ist in diesen Teilen Kanadas zwischen Mai und Oktober das *whale watching*, für die Walbeobachtung gehört das Fernglas ins Gepäck. Der Cabot Trail ist einfach zu bereisen, zumal die an der Strecke liegenden kleinen Städtchen Pausen geradezu herausfordern.

46

Es ist nicht leicht, sich aufs Fahren zu konzentrieren, wenn man gleichzeitig die Amalfi-Küste bestaunen muss.

107 WESTKÜSTE DER SÜDINSEL, NEUSEELAND

Von der malerischen Umgebung rund um Nelson geht es hinunter an Neuseelands südlichsten Punkt. Vorbei an der Stadt Westport, an die man sich gern erinnern wird und die idealer Ausgangspunkt für einen Ausflug zu den sagenhaften Höhlen des Oparara-Beckens ist. Weitere Höhepunkte auf der Fahrt sind der Milford und der Doubtful Sound. Der Milford Sound, ein windstiller, 22 km langer Fjord, der von blanken, verwitterten Felswänden umgeben ist, zieht jährlich mehr als 14 000 Besucher an. Im Kontrast dazu steht der Doubtful Sound, der zwar weniger frequentiert wird, der aber in einer ebenso eindrucksvollen Wildnis liegt. Sie ist geprägt von zerklüfteten Bergkuppen, dichtem Wald und – wegen des vielen Regens in dieser Gegend – von tosenden Wasserfällen.

109 VON KAPSTADT NACH HERMANUS, SÜDAFRIKA

Wer diesen südlichen Küstenstreifen entlangfährt, erlebt charmante Küstenörtchen und das eine oder andere einzigartige südafrikanische Naturwunder. Nach einem Aufenthalt im farbenfrohen, von Weinbergen und Stränden umgebenen Kapstadt geht die Fahrt entlang der False Bay in Richtung Süden. Die 122 Kilometer lange Strecke nach Hermanus ist eigentlich eine Tagesreise – aber sie ist es wert, ganz langsam erkundet zu werden. An der Strecke: Naturreservate in Form von hinreißenden Stränden und Feuchtgebieten, bevölkert von Nilpferden. In Hermanus richten Sie dann die Augen von der Straße aufs Wasser: Zwischen Juni und November tauchen Wale vor der Küste auf.

110 ROUTE 66, USA

Man kann sie immer noch kriegen, die *kicks* auf der *route sixtysix*, wie es in dem berühmten Song heißt. Am besten ist es zum Beispiel, in einem alten Pontiac oder Chevrolet unterwegs zu sein. Denn auch der 4000-km-Trip von Chicago nach Kalifornien – durch Kansas, Texas und Arizona – ist eine Reise in die Vergangenheit. Und natürlich wird man sich ausschließlich von Burgern, Pommes und *pie* (verschiedene Sorten von Kuchen, ausgesprochen „pahr"), ernähren und Limonade aus Pappbechern trinken müssen. Auch wenn die Route 66 liebevoll „Amerikas Hauptstraße" oder „Mother Road" genannt, wird, wird sie doch langsam aber sicher durch neuere Highways ersetzt. Aber eins ist klar: Die Legende lebt weiter.

108 AMALFI-KÜSTE, ITALIEN

Die Amalfi-Küste (Costiera Amalfitana) erstreckt sich über 50 km von Sorrent nach Salerno und bietet derart atemberaubende Panoramen, dass es Ihnen schwerfallen wird, die Augen auf der Straße zu halten. Das schmale Asphaltband windet sich an Klippen entlang, die aus kristallklarem, blauem Wasser ragen, und führt an den schönen Städten Positano und Amalfi vorbei. An dieser Küste Auto zu fahren, kann eine nervenaufreibende Angelegenheit sein, da viele Busfahrer die engen Haarnadelkurven allzu lässig nehmen. Im Sommer entsteht hier oft ein 50 km langer Stau – was Ihnen wiederum viel Zeit gibt, die Ausblicke zu genießen.

EINMALIGE REISEN MIT DEM AUTO

DIE GROSS-ARTIGSTEN MÄRKTE

SHOPPEN NACH HERZENSLUST AUF DER GANZEN WELT. ES ERWARTEN SIE: ESSEN, SCHNÄPPCHEN – UND MENSCHENMENGEN.

111 CHAN EL-CHALILI, ÄGYPTEN

Der Chan existiert bereits seit dem Jahr 1382, und zu den Herrlichkeiten, die in seinen 900 Läden angeboten werden, gehören Glas- und Messingwaren, Parfüm und Schmuck. Einige der Kunsthandwerker zeigen ihr Können auch vor den Augen der erwartungsvollen Kunden. Auf der Straße der Zeltmacher erwartet einen etwas komplett anderes: ein Markt innerhalb des Marktes, der obendrein Kairos letzter noch verbliebener überdachter Basar aus der Zeit des Mittelalters ist. Die Zeltmacher stellen hier wunderschön verzierte Zelte her.

112 CHATUCHAK, THAILAND

Diesen Wochenendmarkt in Bangkok (eigentlich eine „Ministadt") muss man gesehen haben, um es glauben zu können. Auf dem 14 ha großen Chatuchak finden sich zwischen 9000 und 15 000 Stände (es kommt darauf an, was gerade los ist und wer zählt), täglich zieht er 200 000 Besucher an. Wer hierher kommt, findet Kunsthandwerk der Thai, Antiquitäten und viele andere schöne Dinge. An schwülheißen Tagen aber sollte man dem Markt keinen Besuch abstatten – es könnte sein, dass einem in der drückenden Enge der vielen Menschen schwindlig wird und man in Ohnmacht fällt.

113 TEMPLE STREET, HONGKONG

Auf diesem berühmten Nachtmarkt in Yau Ma Tei ist jede Menge los. Hier können Sie gegen lokale Schachgenies antreten oder ein Stück der überall erhältlichen Jade kaufen, von der die Chinesen glauben, dass sie das Böse abhält. Nicht zu vergessen, die riesige Auswahl an Open-Air-Restaurants – und an wahrsagenden Papageien. Die Temple Street ist auch als „Men's Street" bekannt: weil hier so viel Herrenbekleidung zum Verkauf steht, weil hier eine großen Anzahl an Gangsterfilmen spielt und wegen der ... nunja ... äh ... Auswahl an Dingen, die Männer glücklich machen und die an den Ständen angeboten werden.

114 KASCHGAR, CHINA

Oh Mann, dieser Markt ist ebenfalls riesig – wie Chatuchak in Bangkok zieht er am Tag 200 000 Menschen an. Auf dem Markt von Kaschgar können Sie alles kaufen und verkaufen, von einem Pferd bis hin zu Möbeln, Fahrrädern und wahrscheinlich sogar Ihre Großmutter. Sie können sich sicher vorstellen, dass man in diesem Umfeld unübertroffen gut Leute beobachten kann. Sperren Sie also die Ohren auf, behalten Sie die Menge im Blick, bleiben Sie im Hintergrund, tun Sie nichts und genießen Sie die Show.

115 CHIANG MAI, THAILAND

Der Markt von Chiang Mai öffnet nach Sonnenuntergang und ist ein echtes Schnäppchenparadies. Auch für (in Europa Verbotenes wie) gefälschte Rolex-Uhren oder raubkopierte DVDs. Textilien, Seidenwaren, Sonnenbrillen, Schmuckstücke ... alles findet man hier im Angebot, ebenso wie Schwerter und Hühnerfüße. Den Mittelpunkt bildet das Night Bazaar Building, in dem auf drei Stockwerken all das und noch viel mehr erhältlich ist. Handeln Sie, was das Zeug hält, wenn Sie so richtig Spaß haben wollen.

ALAMER / PHOTOLIBRARY

49

Die Auswahl an Teppichen, Früchten, Perlen und Broten ist riesig – und das ist nur ein einziger Stand auf dem Basar von Kaschgar.

Keine Sorge, das ist nur eine der Einheimischen auf dem Camden Stables Market.

116 CAMDEN, ENGLAND

Dieser ehemalige Londoner Wochenendmarkt ist heute ein täglich stattfindendes Phänomen (das aber trotzdem erst am Wochenende so richtig in Fahrt kommt). Der Markt dehnt sich bis auf die Straßen aus und zieht wahrscheinlich aktuell die weltweit höchste Konzentration an Freaks pro Quadratmeter an: Punks, Goths, Hippies, Raver, Rapper, Nerds, Prolls, Promis, Omis ... Es gibt verschiedene Bereiche: Auf dem Camden Lock Market wird Kunsthandwerkliches angeboten, auf dem Stables Market alternative Mode und im Electric Ballroom ist ein Modemarkt untergebracht.

117 TSUKIJI-FISCH-MARKT, JAPAN

Tokios hektischer Fischmarkt ist einer der größten und geschäftigsten Märkte der Welt. Über ganze drei Straßenblöcke verteilt sich das rege Treiben, bei dem sich alles nur um den Verzehr von Meereslebewesen dreht. Es ist eine eigene Welt mit eigenen Verhaltensweisen und -regeln, und wirkt wohl gerade deshalb auch auf viele anziehend, die gar nicht so sehr auf Fisch und Meeresfrüchte stehen. Die Auktionatoren haben ihre eigene Sprache und die Käufer tragen Neoprenanzüge, während auf dem Markt ungefähr 3000 t Fisch pro Tag und ungefähr 800 000 t pro Jahr umgeschlagen werden. Den Geruch kann man sich gut vorstellen ...

118 GROSSER BASAR, TÜRKEI

Istanbuls Großer Basar ist der größte überdachte Markt der Türkei (und wahrscheinlich der ganzen Welt). Rund 4000 Läden verkaufen Schmuck, Teppiche, Messing- und Lederwaren, Wasserpfeifen, Keramik sowie Töpferware – das alles in prachtvoll geschmückten Gängen, die sich über ungefähr 60 Straßen ziehen. Den Basar besuchen täglich geschätzte 400 000 Menschen, was diesen Ort zu einem des konzentrierten Wahnsinns macht. Doch damit nicht genug: Der seit 1520 existierende Basar beherbergt auch eine Moschee, 21 Lokale, zwei von Kuppeln überwölbte Hallen, sieben Brunnen und 18 Tore.

119 ALEPPO, SYRIEN

Vor dem Bürgerkrieg in Syrien galten Aleppos einzigartige überdachte Souks als die feinsten und schönsten Märkte der Welt. Sie erstreckten sich über 10 km, bildeten ein weitläufiges, von Steingewölben überdachtes Gassenlabyrinth und waren nach den traditionellem Kunsthandwerken benannt – Gold-Souk, Baumwoll-Souk und so weiter. Doch dann kam der Krieg und die Souks fielen Ende September 2012 einem Großbrand zum Opfer. Aber weil der Markt nicht zum ersten Mal in seiner über 600-jährigen Geschichte zerstört wurde, muss er in dieser Aufzählung erhalten bleiben. Sollte der Krieg nämlich irgendwann vorbei sein, dann wird man an diesem grandiosen Handelsplatz wieder alles kaufen können: Tee aus Blütenblättern, Tierkadaver, Wandteppiche, Silberwaren und und und.

120 PIKE PLACE MARKET, USA

Manche sagen, dieser Markt in Seattle sei eine Touristenfalle, andere halten ihn für einen nationalen Schatz. Der älteste noch bestehende Markt der USA erstreckt sich über 4 ha und lockt täglich mehr als 40 000 Menschen an. Neben Büchern und Antiquitäten wird hier die übliche Auswahl an Waren verkauft, wie man sie weltweit auf den großen Märkten findet ... und dazu noch jede Menge Fisch. Passen Sie aber auf, wenn Sie bei den Fischhändlern etwas ordern. Es kann passieren, dass Ihnen einer der Ex-Meeresbewohner einfach zugeworfen wird – und Sie spielen beim Auffangen plötzlich die Hauptrolle in einer eher zweifelhaften Comedy-Rolle, die unter Witzbolden aber inzwischen berühmt ist.

DIE GROSS-ARTIGSTEN MÄRKTE

EXTREME LEBEWELTEN

AUF UNSEREM PLANETEN FINDEN SICH DIE UNGLAUBLICHSTEN ECKEN UND WINKEL. MANCHE SIND SO AUSSERGEWÖHNLICH, DASS MENSCHLICHES (ÜBER)LEBEN FAST UNMÖGLICH ERSCHEINT.

Das Kloster Lamayuru liegt in Leh, der Hauptstadt der spektakulären und abgeschiedenen indischen Region Ladakh.

121 ATACAMA-WÜSTE, CHILE

Sie ist trocken, sie ist karg und sie ist völlig leer: Die trockenste Wüste der Welt ist die Atacama in Chile. In einigen Teilen gab es noch nie Regen, und so stammt das wertvolle bisschen an Niederschlag (1 cm pro Jahr) aus dem Nebel. Die auf der einen Seite von den Gebirgsketten an der Pazifikküste und auf der anderen von den schneebedeckten Gipfeln der Anden begrenzte Wüste ist eine Ansammlung von Salzbecken, die praktisch keinerlei Vegetation zulassen.

122 SAHARA, MALI

In Anbetracht der schneebedeckten Gipfel in ihrer Zentralregion und der Temperaturen, die im Winter auf 14 °C fallen, kann man sich wirklich fragen, ob die Sahara tatsächlich eine echte Wüste ist. Zum Glück gibt es aber dann doch noch so viel Sand, Sonne und weite Fläche, wie es den allgemeinen Vorstellungen von einer Wüste entspricht. Die Sahara erstreckt sich über 8370 km und bedeckt eine Fläche von sagenhaften 9 000 000 km² – das entspricht ungefähr der Größe der USA. Und sie wächst Tag für Tag.

123 DELHI, INDIEN

Eine Stadt der Kontraste und Extreme: Eine Bevölkerung von geschätzt mehr als 16 Mio. Menschen bewohnt die relativ kleine Fläche von 1483 km², die sich in zwei sehr unterschiedliche Teile gliedert.

Dem vermeintlichen Chaos in der Altstadt mit ihrem Gewirr aus engen Gassen steht die offensichtliche Ruhe entgegen, die Neu-Delhis weite, baumbestandene Prachtstraßen ausstrahlen. Die Sommer in Delhi sind heftig, zu den Temperaturen um die 45 °C kommen noch schwere Sandstürme und der Monsunregen.

124 BANFF-NATIONAL-PARK, KANADA

In diesem 6641 km² großen Park liegen einige extrem zerklüftete Abschnitte der kanadischen Rocky Mountains. Das Panorama mit seinen 25 majestätischen, 3000 m oder höher aufragenden Bergen ist eine Wucht. Und zu den türkisfarben schimmernde Seen und den üppigen Wäldern in den Ausläufern der Gebirge, die der Region ihre intensive Schönheit verleihen, kommen noch Flüsse hinzu, die durch die Schneeschmelze gespeist werden, und hochalpine Wiesen. In

GARRY WEARE / LPI

125 LADAKH, INDIEN

Tief versteckt in einem Tal zwischen dem Himalaya und dem Karakorum-Gebirge liegt Leh, die Hauptstadt von Ladakh. Die Region erstreckt sich über spektakulär karge Weiten auf Indiens höchstem Hochplateau und hat angeblich den mit 5602 m höchsten Pass der Welt. Überall im Tal liegen buddhistische Klöster verstreut, sie sind die einzigen markanten Punkte in der ansonsten kahlen, kontemplativen Landschaft. Es gibt keine Bäume, aber gefährlich schwankende Fußgängerbrücken, die über gigantische Canyons führen, und die schneebedeckten Gipfel sind durchzogen mit Gletschern.

Wolken und ihre Schatten geben der ausgedörrten Gibson-Wüste im Outback von Australien eine Struktur.

126 OUTBACK, AUSTRALIEN

Abgesehen vom Sand der Simpsonwüste und der blutroten Erde der MacDonnell Ranges gibt es in diesem unfassbar riesigen Stück Land zwischen der Südspitze des australischen Kontinents und Darwin ganz oben im Norden nur Spinifex-Gräser, Hitze und die Weite des Himmels. Oft sind die einzigen Geräusche die harschen, melancholischen Schreie der Krähen, die klingen, als würden sie ihre Kommentare zu dem Land unter ihnen abgeben. Die Leere der Landschaft fühlt sich an, als habe sich die Meditation in der Welt materialisiert.

dieser Umgebung leben viele Arten von wilden Tieren: Elche, Bären, Bisons und Wölfe teilen sich den Park mit Skifahrern, Kajak-Fahrern und Kletterern.

127 DANAKIL-SENKE, ÄTHIOPIEN

Im Schatten mögen die Temperaturen ganz angenehm sein – aber im Salzbecken der Danakil-Senke bekommt man höchstens welchen ab, wenn man die Augen mit der Hand abschirmt. Und das wird man tun müssen, um über die gleißende weiße Oberfläche blicken zu können, die von dampfenden gelben Schwefelfeldern durchzogen ist. Mit einer Tiefe von mehr als 100 m unter dem Meeresspiegel ist die Senke einer der niedrigsten Punkt der Erde. Und angeblich auch der heißeste Ort der Welt.

128 ALASKA-KETTE, USA

Rund um den nordamerikanischen Gebirgsgürtel herrscht strenges, unwirtlich-arktisches Wetter. Im Winter können die Temperaturen auf -50 °C fallen und Stürme sind wegen des nahe gelegenen Meeres die Norm. Es ist ein ruheloser Lebensraum, in dem Gletscher durch die Schwerkraft wie gefrorene Flüsse durch die tief gelegene Meerenge „fließen". Dass der Staat Bürger jährlich dafür bezahlt, in Alaska zu leben, sagt einiges über die Herausforderungen aus, die das Leben hier mit sich bringen. Eine weitere ist es, sich im Winter, wenn der Schnee bis über die Fenster reicht und man nicht einmal die Hunde vor die Tür schickt, hauptsächlich von SPAM, dem legendären Büchsenfleisch Alaskas, zu ernähren.

129 ANDEN, ECUADOR

Die zerklüftete Gebirgskette der Anden schneidet dieses relativ kompakte Land in zwei Hälften. Wenige Leute dringen in das zentrale Hochland mit seinen wellenartigen vulkanischen Erhebungen vor. Auf der sogenannten „Straße der Vulkane" sind einige der feuerspeienden Berge noch immer aktiv – und hauchen der zerfurchten Felslandschaft Leben ein. Der nördlichste Vulkan, der Tungurahua (5016 m), ist von Schnee bedeckt und verantwortlich für die Erschütterungen, die Dämpfe, Gase und die Asche, die das Land überziehen. Noch weiter abseits gelegen stößt der Sangay (5230 m) seit den 1930er-Jahren beständig Schwefeldämpfe aus und spuckt Gesteinsbrocken.

130 MEXIKO-STADT, MEXIKO

Diese brodelnde, weltoffene Megastadt ist mal berauschend, mal schlicht aufreibend. Alles, was Mexiko ausmacht, prallt hier aufeinander und schafft ein Chaos der Elemente: Musik und Lärm, verschmutzte Luft und grüne Parks, Kolonialpaläste und Wolkenkratzer, weltbekannte Museen und stetig wachsende Slums. Da der starke Smog von Verkehr und Industrie, der mit rund 20 Mio. Einwohnern einhergeht, durch die umliegenden Berge nicht abziehen kann, hängt er über der Stadt.

EXTREME LEBEWELTEN

UNGLAUBLICHE TAUCHREVIERE

LASSEN SIE SICH HINEINSINKEN IN DIESES TIEFE BLAU. ODER WAGEN SIE SICH IN TAUCHGEBIETE, DIE NICHT VON DIESER WELT SIND.

131 GREAT BLUE HOLE, BELIZE

Von oben sieht das Great Blue Hole aus wie die Pupille eines Auges. Von innen betrachtet ist diese auf der Liste des Unesco-Weltnaturerbes stehende Höhle mitten im Ozean ein visueller Leckerbissen für Taucher. Das Great Blue Hole, das von einem Riff umgeben ist und im Durchmesser ungefähr 300 m misst, fällt bis zu einer Tiefe von 125 m ab. In etwa 40 m Tiefe befinden sich jene Formationen, die Taucher aus aller Welt anziehen: Stalaktiten von bis zu 15 m Länge. Unterwasserlebewesen glänzen dagegen durch Abwesenheit – es ist gut möglich, dass man nicht einen einzigen Fisch sieht –, aber wer braucht schon Nemo, wenn er zwischen Stalaktiten schwimmen kann?

132 LAGUNE VON CHUUK, MIKRONESIEN

Die Lagune von Chuuk in Mikronesien ist reich an farbenfrohen Korallen und tropischen Fischen, die für Taucher im Vergleich zur Hauptattraktion jedoch von fast peripherem Interesse sein dürften. Denn was Taucher in diese 70 km breite Lagune zieht, sind die Wracks: Chuuk hat die wahrscheinlich größte Sammlung von Schiffwracks der Welt. Da der Ort im Zweiten Weltkrieg als japanische Marinebasis gedient hat, wurden hier 1944, während eines Angriffs durch die USA, Dutzende Schiffe und Flugzeuge versenkt und abgeschossen. Tauchgänge schließen die „Fujikawa Maru" mit vollständig erhaltenen Kampfflugzeugen in den Laderäumen mit ein sowie die „Shinkoku Maru", die von der Natur mit Weichkorallen und Schwämmen dekoriert wurde.

133 MANTA RAY VILLAGE, HAWAII

Dreimal dürfen Sie raten, was die Hauptattraktion in diesem Tauchgebiet ist, das sich vor der Küste des Distrikts Kona auf Hawaii (Big Island) befindet. Der größte Spaß ist, dass die Tauchgänge nachts stattfinden: Starke Scheinwerfer werden ins Wasser gehalten, um Plankton anzuziehen, was wiederum Mantarochen anlockt (die wiederum Taucher anziehen). Das Ganze ist allerdings eine unsichere Sache: Mal kann man bis zu zehn Rochen mit ihren großartigen „Flügeln" sehen, mal überhaupt keine. Bei Tauchgängen während des Neumonds scheint die Chance am größten zu sein, Mantas anzutreffen.

134 SAMARAI, PAPUA-NEUGUINEA

Tauchen sie ab und machen Sie sich in der Schlammtauch-Hochburg die Hände schmutzig, während sie durch Samarais schlickige Gewässer schwimmen, um die kleinen Dinge des Meeres wertzuschätzen. In den Gewässern vor der Insel, die an der südöstlichen Spitze Papua-Neuguineas liegt, werden Sie nicht auf Walhaie, Mantarochen oder Moränen treffen, auf Samarai geht es um die kleinen Tiere wie etwa die Nacktkiemer. Die flachen Gewässer Samarais sind ein Garant dafür, dass auch Anfänger die winzigen Ozean-Schmankerl erleben können. Zudem entdeckt man üppige Korallen, tropische Fische und die Überbleibsel aus der turbulenten Geschichte der Insel.

135 PULAU SIPADAN, MALAYSIA

Lassen Sie es so langsam angehen wie eine Schildkröte, wenn Sie aufs Meer vor jener malaysischen Insel hinausfahren, deren Name ausnahmslos in allen Listen der besten Tauchgebiete der Welt auftaucht: Pulau Sipadan. Hier sind häufig Grüne Meeres- und Karettschildkröten anzutreffen; 22 m unter Wasser gibt es sogar die sogenannte Turtle Tomb, in der eine große Zahl an Schildkrötenskeletten liegt. Einen Unterwasser-Adrenalinkick bekommt man am Barracuda Point, wo der namensgebende Barrakuda sich oft in wirbelnden, an Tornados erinnernde Formationen zusammenfindet. Und kein Taucher wird jemals gehen wollen, ohne den berühmten Drop Off zu erleben, der nur einen kurzen Weg von der Brandung entfernt liegt und wo der Ozeanboden in Form eines Steilhangs 600 m tief abfällt.

136 ISLA DEL COCO COSTA RICA

Auf der Kokosinsel 600 km vor der Pazifikküste Costa Ricas werden Sie eine Hammerzeit haben! Aber nicht, weil hier einige der bildgewaltigsten Szenen des Hollywood-Blockbusters „Jurassic Park" gedreht wurden, sondern weil's unter der Wasseroberfläche richtig wild wird. Hier gibt es nämlich riesige Schulen von Hammerhaien, die vor den nervösen Blicken der Taucher ihre fantastischen Fähigkeiten zeigen. Die größten Schulen findet man am Unterwasserberg Alcyone, wo darüber hinaus Weißspitzenriffhaie und möglicherweise auch Walhaie zu sehen sein können. Taucher müssen auf ihren Booten übernachten, da niemand auf der Insel wohnen darf.

137 GANSBAAI, SÜDAFRIKA

Bewegen Sie sich in der Nahrungskette nach oben, von Hammerhaien zu Weißen Haien, indem Sie in einen Stahlkäfig klettern und sozusagen Nase zu Schnauze mit dem gefürchtetsten Räuber der Ozeane in in Berührung kommen. Es ist schon ehrfurchtgebietend, wie der 6 m lange Hai um Sie herumschwimmt, während Sie sich fragen, wie stark die Streben des Käfigs sind. Anbieter von Tauchtouren vor der Küste von Gaansbai am Westkap benutzen Köder, um die Haie zum Käfig zu locken, was Begegnungen tatsächlich garantiert (aber auch Kontroversen auslöst). Anbieter finden sich in Hermanus, obwohl die Boote 35 km entfernt in Gansbaai abfahren.

138 RAS-MOHAMMED-NATIONALPARK, ÄGYPTEN

Dieser Nationalpark an der südlichen Spitze der Sinai-Halbinsel ist das letzte Stückchen Land vor den Unterwasserwundern des Roten Meeres. Der Park selbst besitzt 20 Tauchstellen, wovon viele zu den besten des Roten Meeres gehören. Zwei überschwemmte Gipfel, Yolanda Reef und Shark Reef, sind die zentralen Herzstücke des Parks und reich an marinem Leben. Am Yolanda Reef können Sie sich darauf freuen, zwischen den Wrackteilen der „Yolanda" einschließlich ihrer Ladung von 100 Toilettenschüsseln (und einem BMW) zu tauchen. Die vertikale Wand am Shark Reef ist beliebt wegen ihrer vielen Fische und, wenig überraschend, Haie.

139 COCKLEBIDDY CAVE, AUSTRALIEN

Australiens Nullarbor-Ebene mag wasserlos erscheinen, aber unterhalb dieses riesigen Kalksteinblocks gibt es eine Reihe von Höhlen, darunter die Cocklebiddy Cave. Dieser 6,7 km lange, pfeilgerade Tunnel ist fast komplett geflutet, was ihn zu einem der weltweit beliebtesten Orte für Höhlentauchgänge macht. Denn es war genau hier, wo französische Höhlentaucher 1983 den bis dahin längsten Höhlentauchgang absolvierten, indem sie die Cocklebiddy Cave bis zum Ende erkundeten. Die Höhle liegt 10 km nördlich vom abgeschiedenen Cocklebiddy Roadhouse; Taucher müssen eine Erlaubnis vom Western Australia's Conservation and Land Management (CALM) erhalten..

140 RAINBOW WARRIOR, NEUSEELAND

Das Greenpeace-Schiff „Rainbow Warrior" wurde 1985 von Agenten des französischen Geheimdiensts im Hafen von Auckland in die Luft gesprebgt. Das Schiff wurde später wieder flottgemacht, um schließlich in der Matauri-Bucht vor der wunderschönen Küste der Northland-Region versenkt zu werden. In farbenfrohe Korallen gehüllt und von Meerbarben, Moränen und anderen Fischen bevölkert, steht die „Rainbow Warrior" aufrecht im 25 m tiefen Wasser und ist im sandigen Ozeanboden verankert. Anemonen, Schwämme und Algen aller Farben klammern sich ans Wrack; an ihrer letzten Ruhestätte ist die „Rainbow Warrior" mehr Regenbogen als Krieger.

TRAUM-SPOTS FÜR SURFER

PAUL KENNEDY/LPI

KRISTALLKLARE WELLEN WARTEN IN JEDEM OZEAN – HIER SIND DIE BESTEN.

141 POROROCA, BRASILIEN

Sie hören Affen kreischen und ein entferntes gedämpftes Rauschen, bevor Sie die Welle sehen. Sie entsteht an drei Tagen zwischen Februar und März, wenn Vollmond und Monsunregen für eine besonders starke Flut im Mündungsgebiet des Amazonas sorgen. Ihr Puls nähert sich 180 Schlägen pro Minuten, während Sie auf der Kante des Bootes stehen und die Flut rasch ansteigt. Dann springen Sie ins Wasser und paddeln um Ihr Leben, in der Hoffnung, dass Sie nicht durch die starken Strömungen unter Wasser gezogen werden. Wenn Sie es auf die Füße schaffen und anfangen zu surfen, machen Sie sich auf einen langen Ritt auf der längsten Gezeitenwelle der Welt gefasst – der Rekord liegt bei 37 Minuten.

142 ULUWATU, BALI

Die ersten Surfer dieser mystischen Welle waren eine abgehärtete Gruppe von kühnen Australiern, die sich durch den tiefen Dschungel kämpften, um dann mit 15 m hohen, blanken Klippen und der perfektesten Welle, die sie jemals gesehen hatten, konfrontiert zu werden. Wie durch göttliche Vorsehung entdeckten sie eine Höhle, durch die sie ans Wasser kamen, wo sie eine Bambusleiter bauten, um Uluwatu zu erreichen. Mittlerweile ersetzt eine Reihe von imposanten Stufen die Leiter und stellt sicher, dass der Pioniergeist weiter fortbesteht.

143 LANCES LEFT, INDONESIEN

Die Geschichte dieser Welle beginnt am 18. März 1991, als Lance Knight, ein junger Mann aus Australien, auf das kleine indonesische Dorf Katiet auf der Insel Sipora stieß. Schnell stellte er fest, dass er über eine der perfektesten Wellen im Indischen Ozean gestolpert war. Die Welle, die sich ihren Weg über ein Korallen- und Kalksteinriff bahnt, macht Spaß bei einem Meter, vielleicht sogar bei 1,5 Metern, aber bei allem darüber hinaus entwickelt sie sich zu einer Zähne fletschenden Bestie, die jedem nachstellt, sobald er lossurft.

144 TAMARIN BAY, MAURITIUS

Im Juni und Juli wandern subantarktische Sturmzellen durch den Indischen Ozean, winden sich an Kapstadt und Madagaskar vorbei und attackieren die südwestliche Ecke dieses Inselparadieses. Es ist nicht ungewöhnlich, dass man Wochen wartet, bis sich ein Ansteigen der Flut in der Tamarin Bay bemerkbar macht. Doch wenn die Boote anfangen, an ihrer Verankerung zu ziehen, dann ist das wie ein stiller Alarm. Die einheimischen „White Shorts", eine Gruppe von Surfern mit zweifelhaftem Ruf, sind generell freundlich, aber man sollte ihnen mit Respekt begegnen, bereit sein, zu warten, und die Wellen mit ihnen zu teilen.

Ein Surfer wagt sich in die Mexican Pipeline, auch bekannt als Zicatela Beach.

145 PUERTO ESCONDIDO, OAXACA, MEXIKO

Boom! Himmel, was ist das? Die instabilen Strandhütten wackeln jedes Mal, sobald eine Welle an die mexikanische Küstenlinie kracht. Gläser klirren – und die Nerven flattern. Die Mexican Pipeline, eine furchterregende Welle, ist so perfekt wie gefährlich. Gigantische Wellen mit riesigen Hohlkehlen rollen in Richtung Strand und ermöglichen einige der imposantesten *tuberides* überhaupt irgendwo auf der Welt. Es gibt ein ansehnliches Grüppchen Einheimischer, das bereit ist, alle Wellensets zu surfen. Man findet aber auch als angereister Surfer eine Menge Möglichkeiten, sich an diesem Abschnitt des rauen Pazifiks unsterblich zu machen.

146 BANZAI PIPELINE, HAWAII

Keine Surfliste ist vollständig ohne die „Pipe" an Oʻahu's Nordküste. Alles plattwalzende Drei-Meter-Sets an Wellen rauschen von Westen her an und knallen auf ein flaches Lavariff. Die stets präsente tödliche Bedrohung macht diesen Ort zur Prüfung für jeden ernsthaften Surfer. Sein Start in die Welle wird von den *locals* vom „Wolfpack" voller Stolz und Leidenschaft verfolgt. Trotz dieser ganzen Mut- und Ruhmsache kann die Welle auch bei einer zahmen Höhe von einem Meter gesurft werden, wenn die Einheimischen sie links liegen lassen und auf die äußeren Riffs ausweichen. Dann bekommt auch der „Normalsurfer" eine Chance, das Außergewöhnliche auszuprobieren.

59

147 THE SUPERBANK, AUSTRALIEN

Überraschenderweise war mal keine Laune der Natur für die längste Ozeanwelle der Welt verantwortlich. Kähne, die Sand aus dem Tweed River pumpten, luden 1 km südlich der Superbank genau die richtige Menge an goldenen Sandkörnern ab. So kreierten sie eine makel- und schier endlose tropische zylindrische Röhre, die Formel 1 der Surfbrandungen: schnell, furios und voll Glitzer und Glamour. Die weltbesten Surfer sind hier oft zu sehen – man stelle sich also vor, in einen Golfklub zu gehen und neben Tiger Woods abzuschlagen oder mit Mesut Özil Doppelpässe auszutauschen. Jedenfalls muss man fit und erfolgshungrig sein, um sich gegen 300 Surfer durchsetzen zu können, wenn es an der Superbank zur Sache geht.

148 DESERT POINT, LOMBOK, INDONESIEN

Knöcheltiefes Wasser und Wellen, so scharf wie Rasiermesser, haben Tausende von Surfer nicht davon abgehalten, in Scharen, hauptsächlich auf Booten, zu diesem abgeschiedenen Wüsten-Außenposten zu strömen. Diese Welle ist eine der spektakulärsten im Indonesischen Archipel. Hohle Tubes tosen über ein gerade einmal so von Wasser bedecktes Riff und verschlingen die Surfer. Die fähigen und glücklichen unter ihnen werden wieder ausgespuckt, wenn die Welle im tiefen Wasser endet. Sobald die Gezeiten sich ändern, gibt es nur einen Weg, in Position zu bleiben: die Welle in der entgegengesetzten Richtung zu nehmen. Dies verwandelt ein ohnehin schon gefährliches Unterfangen in verzweifeltes Gedränge: Wer die Welle verpasst, könnte mehrere Kilometer den Strand hinaufgetrieben werden, was zu einem Eiertanz zurück über die zerklüfteten Riffe zwingt.

149 COCONUTS, UPOLU SOUTH SHORE, SAMOA

Die Musik der letzten Nacht hallt immer noch durch Ihr Unterbewusstsein, während eine leichte tropische Brise durch die Strandhütte rauscht und Sie langsam aufweckt. Sie müssen kaum den Kopf vom Kissen heben, um die Gischt auf den Kämmen der Wellen zu sehen. Sie fragen sich, ob Sie vor dem Surfen ein schnelles Frühstück einnehmen sollten, aber das Wasser ist einfach zu blau, und davon abgesehen drängt Sie der *kava*-Genuss der vergangenen Nacht dazu, einen erfrischenden Paddelausflug zu machen, bevor Sie sich ans Frühstücken machen. Obwohl das Wasser seicht ist, sind die Wellen ebenso perfekt wie gestern und es gibt nur Sie und Ihre Freunde, die diese *righthander* surfen.

60

Wellen wie Cordstoff rollen bei Bells Beach heran.

150 BELLS BEACH, AUSTRALIEN

Als spirituelle Heimat des australischen Surfens ist Bells der Ort, wo jedes Jahr an Ostern das berühmte Rip Curl Pro stattfindet. Für alle anderen ist Bells Beach ein Ort, an dem viel zu oft die Zeit damit totgeschlagen wird, auf Parkplätzen herumzustehen, die Hände tief in den Jeanstaschen vergraben, um die stechende Kälte abzuhalten, und die wie Cordstoff aussehenden Wellen zu beobachten, die Tausende von Kilometern aus der Antarktis heranrollen. Das Herauspaddeln kann Ehrfurcht erregend sein, da es sich so anfühlt, als wäre der gesamte südliche Ozean in diese schmale Ecke der Küste Victorias gestopft worden. Doch wer ein Mal in der Bells Bowl gesurft ist, ist infiziert.

RODNEY HYETT / LPI

TRAUM- SPOTS FÜR SURFER

BRUCHLINIEN! WO DIE ERDE BEBT

TEKTONISCHE PLATTEN, ERSCHÜTTERNDE BEBEN UND LAVASEEN –
DIE FRAGILE ERDKRUSTE IST EIN WUNDER, DAS JEDEN BLICK LOHNT.

151 ANAK KRAKATAU, INDONESIEN

Indonesien mit seinen 17 000 Inseln, die sich entlang der Eurasischen und Australischen Platten erstrecken, und seinen 129 aktiven Kratern ist das vulkanisch unruhigste Land der Welt. Der König der Kegel ist der Anak Krakatau („Kind des Krakatau"), dessen Vorgänger Krakatau für den wohl größten Knall verantwortlich war, den die Welt jemals erlebt hat: 1883 gab es eine Eruption mit der Kraft von 13 000-Hiroshima-Atombomben, die noch mehr als 3000 km entfernt im australischen Perth zu hören war. Heutzutage geht es ruhiger zu. Rauchschwaden treiben über dem türkisblauen Meer der Sundastraße zwischen Java und Sumatra, von wo aus eine Bootsfahrt bei Mondlicht das brodelnde Monster von seiner atmosphärischsten Seite zeigt.

152 MONTSERRAT, KLEINE ANTILLEN

In der Vergangenheit war Montserrat eine karibische Oase wie aus dem Bilderbuch: Klares Wasser, goldene Strände und eine unbekümmerte Atmosphäre zog Reisende aus aller Welt an. Dann, im Sommer 1995, flog der Gipfel des seit langem inaktiven Vulkans Soufrière Hills wie bei einer Gasexplosion in die Luft und machte mit diesem grässlichen Ausbruch dem Tourismus ein Ende. Plymouth, die Hauptstadt der Insel, verschwand unter einem Meer von Asche und wurde mit einem Schlag zur Geisterstadt. Die Hauptstadt bleibt auch weiterhin verloren (Brades ist nun de facto die Kapitale), doch die Insel bietet noch immer Tauch- und Segelmöglichkeiten der Weltklasse. Und die Chance, die Stadt zu besichtigen, die heute als „modernes Pompeii" gilt.

153 BOTOS LAGUNA, VULKAN POÁS, COSTA RICA

Costa Ricas 2700 m hoher Vulkan Poás besitzt den größten aktiven Krater der Welt, der etwa 1,6 km breit und über 300 m tief ist. Mit seinen häufig auftretenden Geysir-eruptionen, Schwefelseen und umhertreibenden Dampfwolken ist er ein feindseliger Ort. Im starken Kontrast dazu steht die reizende Botos-Lagune, ein kobaltblauer Süßwassersee innerhalb eines erloschenen Kraters, die entstand, als sich eine eingebrochene Magmakammer mit Regenwasser füllte. Die Hänge des Vulkans sind wunderschön üppig mit Regenwald bedeckt, in dem es von Wildvögeln wie Kolibris, Tukanen und dem anderswo stark gefährdeten, goldgrünen Quetzal nur so wimmelt. Der Escallonia Trail ist ein anspruchsvoller Wanderweg, der durch den Wald zum Ufer dieses wunderschönen Sees führt.

155 SAN-ANDREAS-SPALTE, USA

Das hier ist der Große – ein 1100 km langer Riss in der Erdkruste, der Kalifornien in zwei Hälften teilt und einiges am teuersten Grundbesitz der Welt durchschneidet. Hier geschehen katastrophale Erdbeben: 1906 riss ein Beben das nördliche Segment der Verwerfung von Shelter Cove bis nach San Juan Bautista auseinander. In einigen Orten bewegte sich der Boden bis zu 6 m in die Höhe. Aber es ist das Loma-Prieta-Erdbeben von 1989, das am frischesten im Gedächtnis geblieben ist, als Nachrichtensendungen rund um den Globus Bilder von San Francisco mit eingestürzten Schnellstraßen, zerstörten Gebäuden und klaffenden Rissen in den Straßen zeigten. Es ist nur eine Frage der Zeit – bis zur nächsten großen Erschütterung.

156 TOKYO RINKAI DISASTER PREVENTION PARK, JAPAN

Japan hat der Welt automatisierte Toiletten und Kapselhotels beschert, da ist es doch kein Wunder, dass es auch noch Erdbeben simuliert. Spätestens seit dem Tsunami von 2011 gibt es einen guten Grund dafür: Das Land liegt genau auf einer Reihe von konvergierenden tektonischen Platten und verzeichnet über 1000 Erschütterungen pro Jahr, wenn auch nicht alle so verheerend wie das angesprochene Tōhoku-Erdbeben. Das Besucherzentrum bietet informative Ausstellungstücke und führt in die Wissenschaft der Seismologie ein. Im Erdbeben-Simulator kann man einige der weltgrößten Erdbeben nachempfinden.

Auch wenn es nicht so aussieht: Ganz in der Nähe wird's dampfend warm, in der Sauna Cave am Mt. Erebus.

154 SAUNA CAVE, ANTARKTIS

Der südlichste aktive Vulkan der Erde ist Heimat einer der spektakulärsten Schöpfungen der Natur. Unter den gefrorenen Hängen des Mt. Erebus liegt eine Eishöhle, die durch vulkanischen Dampf entstanden ist, der aus einem tiefen Schlot entweicht. Auf der Oberfläche erhebt sich ein in die Höhe ragender Eiskamin, der durch den aufsteigenden warmen und auf eisige Luft prallenden Wasserdampf entsteht. Das Schmelzwasser, das nach innen rinnt, trifft auf heiße Felsen und wird zu Dampf, der diese herrliche Sauna beheizt. Die, die sich hierherwagen, werden von den Panoramaausblicken und dem einmaligen geothermalen Dampfbad förmlich umgehauen.

63

Die heiße Quelle des Morning Glory Pools im Yellowstone Nationalpark leuchtet strahlend blau.

157 HEISSE QUELLEN VON LANDMANNALAUGAR, ISLAND

Dank seiner Lage auf dem Mittelatlantischen Rücken ist Island die vulkanreichste Insel der Welt. Im südlichen Hinterland befindet sich Landmannalaugar, eine eindrucksvolle Mondlandschaft mit felsigen, pastellfarbenen Gipfeln, rasiermesserscharfen Lavafeldern und gespenstisch dampfenden Fumarolen. Diese herrlich karge Gegend ist nur in den Sommermonaten erreichbar, im Rahmen einer geführten Tour oder mit einem allradgetriebenen Fahrzeug. Oder zu Fuß, bei einer Wanderung über die atemberaubende Fjallabak-Route von Þórsmörk aus. Wie auch immer Sie hierherkommen, verpassen Sie nicht die sagenhaften Thermalquellen, in denen heißes Wasser sich mit kaltem so vermischt, dass der natürliche „Badeplatz" immer die perfekte Temperatur hat.

158 TONGARIRO-MASSIV, NEUSEELAND

Schnüren Sie Ihre Wanderstiefel für eine der großartigsten Tageswanderungen der Welt. Der Tongariro Alpine Crossing führt durch einige von Neuselands spektakulärsten Vulkanlandschaften. Der Aufstieg ist anfangs mörderisch – ein harter Gewaltmarsch auf losem Lavageröll – aber auf dem Plateau unterhalb des brodelnden Mt. Ngauruhoe (der Schicksalsberg aus dem Film „Der Herr der Ringe") wartet ein Moment auf Sie, auf den hinzuleben es sich definitv lohnt. An einem klaren Tag schimmert die Sonne auf azurfarbenen Seen, der Red Crater strahlt ein warmes Leuchten aus und der Panoramablick offenbart eine mit vulkanischem Geröll, Strömen vulkanischen Schutts und zerklüfteter Lava übersäte Kinolandschaft.

159 KALKSTEIN-TERRASSEN IN PAMUKKALE, TÜRKEI

Die Kalksteinterrassen in Pamukkale, die sich über 3 km entlang eines Gebirgsplateaus erstrecken und 160 m tief in das weitläufige Tal des Menderes-Flusses hinabreichen, sind eines der geothermalen Wunder der Türkei. Pro Minute strömen 250 l Wasser aus den kalzitreichen Mineralquellen, die sich durch seismische Aktivität gebildet haben. Über die Jahrhunderte verhärteten sich das Kalziumcarbonat und weißer Kalkstein und bildeten halbmondförmige Becken, die sich perfekt als Open-Air-Badewannen mit Ausblick eignen. Pamukkale, im Volksmund als „Baumwollburg" bekannt, wurde zwar über die Jahre durch den Tourismus in Mitleidenschaft gezogen, bleibt jedoch eines der schönsten Naturwunder der Welt.

160 YELLOWSTONE-CALDERA, WYOMING, USA

Zischende Geysire und kochende Schlammtöpfe: Yellowstone, der älteste Nationalpark der Welt, wird von den Touristen für seine große geothermale Show geliebt. Allerdings hat seine majestätische Erscheinung ihren Preis. Seismologen halten ihn für einen der gefährlichsten Orte der Welt – ein Supervulkan von epischen Ausmaßen. Die massive Caldera von gigantischen 4000 km² Größe formte sich, als der Kegel vor ungefähr 600 000 Jahren zusammenstürzte. Seitdem ist der Druck durch den Zufluss frischer Lava allmählich angestiegen. Sollte der Vulkan ausbrechen, wird ein Großteil Nordamerikas von Asche bedeckt werden und das globale Klima sich katastrophal abkühlen. Nur wenige andere Orte besitzen solch ein zerstörerisches Potenzial.

BRUCHLINIEN! WO DIE ERDE BEBT

EXTRAVAGANT WOHNEN UND SCHLAFEN

DIE ZEHN VERRÜCKTESTEN UNTERKÜNFTE, VON BEHAUSUNGEN UNTER DEM MEER BIS HIN ZU NESTERN IN DEN BÄUMEN

161 SNOW HOTEL, FINNLAND

Jedes Jahr im Januar entsteht wie aus Zauberhand ein Schloss aus jenem Schnee und Eis, das die Gemeinde Kemi in Lappland im arktischen Norden Finnlands bedeckt. Innerhalb des Snow Castle befindet sich das Snow Hotel: Hier mummeln sich die Gäste in Zimmern ein, deren Raumtemepratur bei -5° C liegt. Nachdem die Gäste aus ihren Schlafsäcken gekrochen sind, können sie im Snow Restaurant essen, dessen Tische und Sitze aus Eisblöcken in Rentierfelle gehüllt sind. Und wenn sie nicht genug bekommen von der eiskalten Erfahrung, können sie auch noch in der ökumenischen Snow Chapel des Hotels heiraten.

162 BEDUINENZELT, JORDANIEN

Lawrence-von-Arabien-Möchtegerns sollten sich auf den Weg in das tolle Wüstental Wadi Rum im Süden Jordaniens machen, um unter den Sternen in einem Beduinenzelt zu schlafen. Die Landschaft könnte nicht spektakulärer sein, insbesondere, wenn die Sonne hinter den Sandsteinmonolithen untergeht, die aus dem Sand ragen. Nachdem die meisten erreichbaren Beduinenlager auf Touristen zugeschnitten sind, fällt die Kostprobe des Wüstenbewohnerlebens allerdings weniger authentisch aus. Und dennoch ist es eine lohnende Erfahrung, zwischen verzierten Teppichen und Kissen in einem Ziegenhaarzelt ein gehaltvolles Festmahl zu verdauen.

163 IMPERIAL BOAT HOUSE BEACH RESORT, THAILAND

Wenn Ihnen der Gedanke gefällt, auf Booten zu schlafen, Sie jedoch zur Seekrankheit neigen, dann ist das Imperial Boat House Beach Resort auf der thailändischen Insel Ko Samui die Antwort auf Ihre Gebete. Die Idee hinter dem Hotel: einige Dutzend alter Reisschuten kaufen, sie aufs trockene Land ziehen und zu luxuriösen Villen umbauen. Jedes der „gestrandeten" Boote glänzt dank poliertem Teakholz und ist mit allem Luxus ausgestattet, den man für ein Leben „auf See" benötigt. Gäste, die sich nach Salzwasser sehnen, können sich am nahe gelegenen Choeng Mon Beach in den Ozean stürzen.

164 LIBRARY HOTEL, NEW YORK

Sprechen wir über Nischenmärkte: Mit Sicherheit würde es nur einen hingebungsvoll bibliophilen Menschen kümmern, dass jedes Stockwerk in diesem Hotel an der Madison Avenue eine Hommage an die Hauptklassifikationen des Dewey-Dezimalsystems ist: Es wird weltweit verwendet, um Bibliotheksbestände zu klassifizieren. Die Ausstattung jedes Zimmers richtet sich nach einem der Subgenres des auf dem Stockwerk vorherrschenden Themas, was bedeutet, dass im achten Stock (Literatur) Räume liegen, die dem Genuss von Poesie und erotischer Literatur gewidmet sind. Wer sich universell bilden will, wählt ein Zimmer im zehnten Stockwerk (Allgemeinwissen).

165 CUEVAS PEDRO ANTONIO DE ALARCÓN, SPANIEN

Wenn Sie genug von der ständigen Weiterentwicklung haben und sich mal ein Stück weit dem Rückschritt hingeben wollen, dann begeben Sie sich nach Guadix ins Vorgebirge der spanischen Sierra Nevada und spielen Sie Höhlenmensch im Höhlenhotel der Stadt. Das Cuevas Pedro Antonio de Alarcón besitzt 23 Zimmer in Höhlen, die in den Lehm eines Berghangs gegraben wurden. Laut Website des Hotels stammen sie aus dem 15. Jh., als sich das Zeitalter der Reconquista und der Vertreibung der Mauren dem Ende zuneigte. Diese Zeitangabe bezieht sich aber vermutlich nicht auf die komplett eingerichteten Küchen, die Jacuzzis und den Rollstuhlzugang.

166 HOTEL 1929, SINGAPUR

Den Ursprung des Hotelnamens nachzuvollziehen, ist einfach: Das elegante Gebäude ist eins von Singapurs typischen Wohn-Geschäftshäusern und stammt (Sie haben es erraten) aus dem Jahr 1929. Eine Antwort auf die Frage zu finden, warum der Inhaber den Fokus der Einrichtung auf eine Sammlung von Designerstühlen gelegt hat, ist schwieriger. Wer seine Unterkunft danach aussucht, wie großspurig sie daherkommt, wird darüber hinwegsehen, dass die Räume weniger Platz bieten als eine durchschnittliche Gefängniszelle. Stattdessen wird er von den durchsichtigen Duschkabinen verzückt sein, von den psychedelisch anmutenden Bettbezügen, den kunstvollen Sitzmöbeln und – nicht zu vergessen – den schicken jungen Damen unten im Restaurant.

167 HOTEL DU PETIT MOULIN, FRANKREICH

Als der eigenwillige französische Modedesigner Christian Lacroix genug davon hatte, Models anzuziehen, entschloss er sich, ein Hotel zu gestalten. Der fragliche Ort ist die Vier-Sterne-Herberge Petit Moulin, die sich in einem Pariser Gebäude aus dem 17. Jh. befindet, das einmal einer *boulangerie* (Bäckerei) gewesen ist. Das Haus mit seinem Gewirr an engen Gängen demonstriert nun Lacroix' extravaganten (manche würden sagen, unausgereiften) Geschmack. Jedes der 17 Hotelzimmer ist einzigartig ausgestattet: Manche sind überladen mit exotischen Wandgemälden und einer Ausstattung ähnlich dem Bühnenaufbaus eines modernen Varietés, während andere eher zurückhaltend im Stil sind, wenn auch ebenso verspielt.

168 HYDROPOLIS, VEREINIGTE ARABISCHE EMIRATE

Im Emirat Dubai in den Vereinigten Arabischen Emiraten liebt man extravagante Unterkünfte. Nach dem 320 m hohen Burj Al Arab, das als teuerstes Hotel der Welt gilt, entschloss man sich mit dem Bau des rund 800 m hohen Burj Khalifa noch einen Schritt weiter zu gehen. Zudem wurde hier die größte künstliche Insel der Erde gebaut, das Resort Palm Islands. Um dies einmal mehr zu toppen, wird nun Hydropolis, das erste Unterwasserhotel der Welt, gebaut. Das skurrile, 560 Mio. Dollar teure Projekt, das 20 m unter der Wasseroberfläche des Persischen Golfs liegen soll, soll einmal über 220 Suiten verfügen, die vom Land aus über einen Plexiglastunnel zu erreichen sein werden.

169 KADIR'S TREE HOUSE HOTEL, TÜRKEI

Zwischen den Kiefern und Lorbeerbäumen, die im Olympos-Tal in der südlichen Türkei wachsen, findet sich die Erwachsenenversion einer Kindheitsfantasie: das Leben im Baumhaus. Das Kadir's hat sich mit einer Reihe von Hütten, die auf großen Baumstämmen verankert sind, auf Wipfelbehausungen spezialisiert. Ein paar haben ein derart realistisch baufälliges Aussehen, dass man, so hoch über dem Boden, durchaus nervös werden könnte. Aber nach allem, was man so hört, sind die Unterkünfte so sicher wie Häuser. Am meisten beschäftigt einen daher auch eher der Mangel an Privatsphäre, da in den Hütten in den Bäumen und am Boden rund 300 Gäste beherbergt werden können.

170 ST. BRIAVEL'S CASTLE, ENGLAND

Was könnte für einen Backpacker, der die Welt erobern möchte, inspirierender sein, als ein oder zwei Nächte auf einer normannischen Wasserburg zu verbringen? Genau das wird im St. Briavel's Castle, einer Burg aus dem 13 Jh. in der grünen, ländlichen Umgebung von Gloucestershire, angeboten. Ursprünglich fungierte die kleine Festung als Jagdbehausung für König John. Mitte des 20. Jhs. wurde sie von der Youth Hostel Association übernommen und ihr großer Saal so renoviert, dass sich genügsame Reisende hier wohlfühlen. Jede Woche werden nun Bankette im Mittelalterstil veranstaltet – nur für den Fall, dass das umliegende Mauerwerk nicht genug von der Geschichte dieses Ortes erzählen sollte.

GROSSARTIGE WANDERWEGE

BEREIT, ZU STAUNEN UND ZU SCHWITZEN? DIESE WANDERPFADE SIND NICHTS FÜR ÄNGSTLICHE.

171 ROUTEBURN TRACK, NEUSEELAND

32 km führt diese mittelschwere dreitägige Wanderung durch die beeindruckende subalpine Landschaft auf Neuseelands Südinsel. Am Fuß der Südlichen Alpen führt der Weg durch zwei Nationalparks: Fiordland und Mt. Aspiring. Die Ausblicke vom Harris-Bergsattel und vom Conical Hill gehören zu seinen Höhepunkten, hier sieht man, wie sich die Wellen am entfernten Strand brechen. Die eigentlich Herausforderung auf diesem beliebten Trail ist aber, bei der limitierten Zahl an Wanderern, die gleichzeitig den Track laufen dürfen, einen Platz zu ergattern.

172 OVERLAND TRACK, AUSTRALIEN

Tasmaniens prähistorisch wirkende Wildnis erobert man am besten über den 80 km langen Overland Track (5–6 Tage). Auf seinem Weg vom Cradle Mountain bis zum Lake St. Clair (dem tiefsten natürlichen Süßwassersee des Landes) führt der deutlich auszumachende Pfad – der sogar an manchen Abschnitten über Holzbohlen verläuft – an zerklüfteten Bergen, wunderschönen Seen und Tümpeln, weitläufigen Wäldern und Mooren vorbei. Diejenigen, die nicht genug bekommen können, haben die Möglichkeit, zahlreiche Nebenwege zu nehmen, die zu Wasserfällen, Tälern und weiteren Gipfeln führen wie zu Tasmaniens höchstem, dem Mt. Ossa (1017 m).

173 GR 20, FRANKREICH

Für diesen anspruchsvollen Gewaltmarsch durch Korsika braucht man 15 Tage (168 km). Der GR20 ist legendär für die große Vielfalt an Landschaften, die er durchquert. Auf dem Weg gibt es Wälder, Mondlandschaften aus Granit, windumtoste Krater, Gletscherseen, Sturzbäche, Torfmoore, Dickichte, schneebedeckte Gipfel, Flachland und névés (Schneefelder aus Firn). Einfach ist er nicht, der Weg zu diesen Plätzen: Der Pfad ist steinig und manchmal steil, er führt über wackelige Brücken und rutschige Felswände – aber all dies gehört zum Spaß dazu. Der GR 20, der im Jahr 1972 angelegt wurde, verbindet Calenzana in der Balagne mit Conca nördlich von Porto-Vecchio.

174 PAYS DOGON, MALI

„Das Land der Dogon" ist eine der atemberaubendsten Regionen Afrikas. Eine Wanderung kann hier zwischen zwei und zehn Tagen dauern und führt unter anderem zu den hoch aufragenden Klippen des Bandiagara-Felsmassivs, das mit verlassenen Höhlenwohnungen durchsetzt ist. Die Dörfer der Dogon liegen über die Klippen verstreut und sind ein außergewöhnliches Highlight der Tour. Die Dogon sind für ihre maskierten Stelzentänzer, mit aufwendigen Schnitzereien verzierten Türen und puebloartigen Behausungen bekannt, die direkt an die Felswände gebaut sind.

RALPH HOPKINS / LPI

Machen Sie zusammen mit ein paar Lamasein Päuschen und warten Sie darauf, dass sich der Nebel auf dem Inca Trail verzieht.

175 INCA TRAIL, PERU

Dieser 33 km lange, uralte Pfad wurde von den Inkas angelegt und wird heute jedes Jahr von Tausenden Besuchern entlanggewandert. Er führt vom Heiligen Tal (Valle Sagrado) nach Machu Picchu, windet sich die Berge hoch und wieder hinunter und um sie herum, wobei er auch noch drei hoch liegende Pässe überquert. Die Ausblicke auf weiß bedeckte Bergspitzen und auf den Nebelwald des Hochgebirges, kombiniert mit der Magie des Wanderns von einer sich an die Klippen schmiegenden Ruine zur nächsten – man kann verstehen, warum dieser Weg Südamerikas berühmtester Wanderpfad ist.

Campen zwischen den Wolken im Himalaya kann eine religiöse Erfahrung sein.

176 INDISCHER HIMALAYA, INDIEN

Auf der indischen Seite der höchsten Gebirgskette der Welt sind nur wenige Wanderer unterwegs. Wenn Einsamkeit also Ihr Ding ist, probieren Sie doch mal das Trekking in Himachal Pradesh aus. Hardcore-Wanderer können versuchen, innerhalb von 24 Tagen von Spiti nach Ladakh längs der Berggipfel zu laufen. Dieser extrem abgelegene und anspruchsvolle Weg folgt uralten Handelsrouten. Das karge Hochgebirgs-Wüstenterrain verleitete den Schriftsteller Rudyard Kipling („Das Dschungelbuch") zu dem Ausruf: „Bestimmt leben hier die Götter! [...] Dies ist kein Platz für Menschen!"

GARRY WEARE / LPI

177 BALTORO-GLETSCHER UND K2, PAKISTAN

Dieser Korridor aus Eis führt zum mächtigen Gipfel des K2 (8611 m), dem zweithöchsten Berg der Welt. Der Trek, der mit keinem anderen zu vergleichen ist, durchquert einzigartige Landschaften, die einen demütig werden lassen. Was entlang eisiger Flüsse beginnt, führt kühn ins Herz des Gletschers, bevor es in Richtung der wie Pyramiden aus Granit wirkenden Bergen geht, darunter der Paiju (6610 m), der Uli Biaho Tower (6417 m), der Great Trango Tower (6286 m) und letztlich der K2. Wenn Sie die 15-Tage-Tour noch nicht umgehauen hat, dann machen Sie doch noch Abstecher zu den mit Moränen bedeckten Gletschern.

178 HAUTE ROUTE, SCHWEIZ

Ausgehend von Chamonix in Frankreich führt die Haute Route durch das südliche Wallis bis nach Zermatt in der Schweiz und damit durch eine der höchsten und malerischsten Gegenden, die man als Wanderer in den Alpen erreichen kann. Für die Sommerroute (die eine andere Strecke abdeckt als die bekanntere winterliche Skitour) sollte man sich etwa zwei Wochen Zeit nehmen. Das „Pässe-Hopping", das die Tour ausmacht, erfordert ein hohes Maß an Fitness – denn man kommt bei jeder Etappe schwer ins Schnaufen.

179 ZION NARROWS, USA

Der 26 km lange Weg durch die spektakulären Canyons des Zion-Nationalparks, die über die Jahrhunderte durch den Virgin River in die Landschaft gefräst wurden, ist eine Wanderung wie keine andere. Die Route ist quasi der Fluss selbst, sodass man mehr als die Hälfte des Treks damit verbringt, zu waten und manchmal auch zu schwimmen. Die Wanderung kann an einem Tag gemacht werden, doch manche entscheiden sich, Orte wie die „Hängenden Gärten" und natürlichen Quellen in einem gemächlicheren Tempo zu erkunden, und verbringen die Nacht auf einem der zwölf Campingplätze im Park.

180 EVEREST-BASIS-CAMP, NEPAL

Da man auf dem Kala Patthar eine Höhe von 5545 m erreicht, ist diese dreiwöchige Wanderung extrem populär bei denen, die sagen möchten: „Ich war am Fuß des höchsten Bergs der Welt." Die schwierige Route führt durch eine zweifelsohne spektakuläre Landschaft und wird von den Sherpas benutzt, den Menschen der Region Khumbu. Die Höhen, die auf diesem Wanderweg erreicht werden, sind wortwörtlich schwindelerregend, bis man sich an die dünnere Lüft gewöhnt hat. Dass man ständig in Täler ab- und wieder aufsteigen muss, sorgt in jeder Hinsicht beim Wandern für Höhen und Tiefen.

GROSSARTIGE WANDERWEGE

EINMALIGE STÄDTE-REISEN

MANCHMAL REICHT EIN AUSFLUG AUFS LAND EINFACH NICHT – MANCH-
MAL MUSS ES JENE ART VON TRUBEL SEIN, DIE IHNEN NUR EINE WELTKLASSE-
STADT BIETEN KANN.

181 AMSTERDAM, NIEDERLANDE

Amsterdam ist mit seinen Grachten, den Häusern aus dem 17. Jh., seinen Galerien und Museen (und seinem zweifelhaften Ruf) bekannt als „das Venedig des Nordens".
Die Stadt hält genug Leckerbissen bereit, um auch Menschen, die sich schnell langweilen, zu unterhalten, und bietet mit unzähligen Cafés ideale Rückzugsorte von den Besuchermassen. Die meisten Sehenswürdigkeiten befinden sich innerhalb des Grachtengürtels: historische Stadtteile, das Rotlichtviertel, Bars für Leute, die zu cool für diese Welt sind, Kneipen aus längst vergangenen Zeiten, elegante Brücken und exaltierte Kirchen. Machen Sie es wie die Niederländer und steigen Sie auf ein Fahrrad – so können Sie jede Menge an einem oder zwei Tagen sehen.

182 SINGAPUR

Singapur ist überwältigend, modern und glänzend, aber unzweifelbar auch asiatisch, mit seinem Mischmasch aus chinesischen, malaysischen und indischen Traditionen. Und obwohl die Stadt ihr anrüchiges Rikscha-und-Opium-Image gegen Hightech und Hochfinanz eingetauscht hat, können Sie immer noch in die koloniale Atmosphäre eintauchen, wenn Sie einen Gin Sling unter den Deckenventilatoren des Raffles Hotel trinken. Legen Sie Ihren Besuch so, dass er mit dem *thaipusam* zusammenfällt. Bei dem hinduistischen Reinigungsfest, das im Januar stattfindet, werden extreme traditionelle Piercings zur Schau gestellt. Das Singapore Food Festival ist im April, der Great Singapore Sale im Juni.

183 BARCELONA, SPANIEN

Barcelona ist eine der dynamischsten Städte der Welt und immer auf dem neuesten Stand in Sachen Essen, Mode, Style, Musik und Vergnügen. Es ist das ganze Jahr über eine pulsierende Metropole, auch wenn der Sommer mit wochenlangen *fiestas* und durchgängigem Tamtam als Hauptpartyzeit gilt. Barcelona ist aber auch die Heimat von Gaudí und seinem architektonischen Vermächtnis sowie den bedeutenden Werken von Picasso und Miró. Und wer nicht von der Kunst fasziniert ist, wird es von den ausgelassenen Einheimischen sein.

184 ISTANBUL, TÜRKEI

Die Skyline von Istanbul, das sich auf beiden Seiten des Bosporus' erstreckt, ist gespickt mit Kuppeln und Minaretten. Die Stadt auf zwei Kontinenten bietet jede Menge gegensätzliche Erfahrungen: Flanieren Sie auf den Straßen, auf denen Kreuzritter und Janitscharen marschierten, bewundern Sie ehrfurchtgebietende Moscheen, die von islamischer Tradition künden, werfen Sie einen Blick in den Harem des Sultans oder gehen Sie auf dem Großen Basar auf Schnäppchenjagd. Viele Sehenswürdigkeiten liegen in Fußnähe voneinander entfernt – perfekt für den Reisenden mit wenig Zeit auf einem Kurztrip in eine der romantischsten Städte der Welt.

Flucht- und Ruhepunkt: Bar in Tokios Shinjuku-Bezirk, in dem 17 000 Menschen pro km² leben.

185 TOKIO, JAPAN

Es dauert nicht lange, bis man in Tokios verrückte Welt hineingezogen worden ist: Das hohe Energie-Level der Stadt, angetrieben von einer Konsumkultur im Hyperdrive, reibt sich stark mit uralten Traditionen. Das Sightseeing kann wie eine Reizüberflutung sein, die einen beflügelt, aber auch eine Konfrontation mit japanischer Bescheidenheit, die einen förmlich umhaut. Und wer im Herzen von Shinjuku steht, mitten zwischen der ganzen Neonreklame und der bizarrsten Kleidungsstile, der könnte vielleicht sogar denken, dass er auf einem anderen Planeten gelandet ist. Die Alternative: in eine U-Bahn springen und während der Fahrt erleben, dass die brodelnde Metropole eigentlich eine Stadt in einer Stadt in einer Stadt in einer Stadt ist ...

73

Trinkgenuss im Lichterglanz am Potsdamer Platz in Berlin.

189 PARIS, FRANKREICH

Ah, Paris! Was kann man noch über diese Stadt sagen? Jeder weiß: von Romantik entlang der Seine bis hin zu Bohèmians in Cafés, die sich über Filme auslassen, von schmucken Boulevards, atemberaubenden Denkmälern und überwältigender Kunst bis hin zu Gourmetkäse, Schokolade, Wein und Meeresfrüchten; von der Bastille bis hin zum Eiffelturm – Paris ist eine einzige Reizüberflutung. Viele Sehenswürdigkeiten der Metropole sind am Fluss aufgereiht, und ihre Stadtteile haben jeder einen ganz eigenen Charakter, weshalb Sie viel erleben können, ohne weit reisen zu müssen.

186 BERLIN, DEUTSCHLAND

Willkommen in Berlin, Deutschlands pulsierendem kulturellen Herzen mit seinen prachtvollen öffentlichen Gebäuden, herrlichen Museen und Theatern, kultivierten Restaurants, vollen Bars und lauten Nachtclubs, die die Stadt wie ein pochender Puls mit Leben versorgen. Liebhaber von Kunst, Architektur und Kunstwerken werden sich hier wie im Himmel fühlen, Kulturfanatiker die Museen der Stadt förmlich stürmen, während Musik-Fans die Möglichkeit haben, sich etwas aus Oper, Tanz, Theater, Kabarett, Techno und Jazz auszusuchen. Wer in dieser Stadt nichts findet, wenn er etwas spontan unternehmen möchte, kann genausogut gleich seinen Pass verbrennen und muss nie mehr auf Reisen gehen.

190 NEW YORK, USA

Wenn Sie erstklassige Events und Galerieeröffnungen mögen, brauchen Sie nicht weiter zu suchen: Der Big Apple hat alles – von Weltklasse-Museen bis hin zu großen Statuen und Gebäuden, von Hedonismus und Exzess bis hin zu Klasse, Stil und seiner berühmten egozentrisch-übertriebenen Art (New Yorker sind eine Spezies für sich und allein schon deshalb eine Attraktion). Zudem gibt es dort das Empire State Building, den Times Square, Greenwich Village, Soho; schauen Sie überall vorbei und hüpfen Sie dann auf die Staten-Island-Fähre, um damit Ihre ultimative NY-Erfahrung abzurunden.

187 PRAG, TSCHECHISCHE REPUBLIK

Prag, das die Nachwirkungen des Kommunismus mit einer fast schon lächerlichen Leichtigkeit hinter sich gelassen hat, hat sich mit seiner Fülle an Gourmetrestaurants, Cocktailbars und trendigen Cafés, die weiterhin wie Pilze aus dem Boden schießen, zu einem von Europas beliebtesten Reisezielen entwickelt. Es gibt jedoch immer noch etliche atmosphärische alte Bars und Esslokale, in denen Sie einen Leckerbissen wie Schweinefleisch und Knödel mit einem Bier herunterspülen können. Prags kompaktes mittelalterliches Zentrum, über dem ein 1100 Jahre altes Schloss thront, besitzt ein Gewirr von gepflasterten Gassen, alten Höfen, dunklen Passagen und eine Vielzahl an Kirchen. Allein dies alles zu sehen, reicht aus, um ein tiefes Verständnis für die Kultur von einer von Europas schönsten Städten zu entwickeln.

188 EDINBURGH, SCHOTTLAND

Edinburgh ist eine klassische Stadt für den Kurzreisen-Liebhaber, da sie traditionelle und moderne Einflüsse miteinander verbindet und zu einem kompakten Erlebnis macht. Wählen Sie irgendeine beliebige Straße, gehen Sie spazieren, und auf was werden Sie stoßen? Ultramoderne Danceclubs in Gebäuden aus dem 15. Jh. oder Feuerschlucker vor gregorianischen Villen. Laufen Sie noch ein Stückchen weiter, und was ragt vor Ihnen auf? Die Zinnen der Festungsmauer, erkaltete Vulkankegel und Hügel, die von uralten Überlieferungen durchdrungen sind. Edinburgh ist auch als Festivalstadt bekannt, und das aus gutem Grund. Aber: Wer das Edinburgh International Festival, eines der größten und lautesten Kunstevents der Welt, im August besuchen will, muss sein hotelzimmer weit im Voraus buchen.

EINMALIGE STÄDTE-REISEN

DIE FREUND- LICHSTEN LÄNDER

ERLEBEN SIE GRÖSSTMÖGLICHE GASTFREUNDSCHAFT. WIEDER UND WIEDER. DIES SIND DIE ORTE, WO DER EMPFANG AM HERZLICHSTEN IST.

191 IRLAND

Jahrhunderte des Aufruhrs, der Unterwerfung und der Hungersnöte – mit anschließender Emigration – haben ihre Spuren bei den Iren hinterlassen: Ihre Historie hat sie mit einem köstlichen Sinn für schwarzen Humor und großer Gastfreundschaft ausgestattet. Die berühmte Eigenschaft der Iren, in guten wie in schlechten Zeiten Spaß (in geselliger Runde) zu haben, heißt aber auch, dass man immer mit einem kleinen Schabernack rechnen muss. Heute herrscht vorsichtiger Optimismus im Land, der den Menschen einmal mehr das Gefühl gibt, alles sei möglich.

192 USA

Obwohl sie für alles mögliche verantwortlich gemacht werden – den nahenden Ausbruch des Dritten Weltkriegs, den Antichristen, Bon Jovi, weltweite Bespitzelung, Tom Cruise, Michael Jackson, grassierende Straßenkriminalität und Lärmverschmutzung durch zu lautes Sprechen – kommen die Amerikaner gut mit allem klar. Sie wissen, dass es so etwas wie den „typischen Ami" nicht gibt. Also können Sie sich Ihre Stereotypen sonstwo hinstecken, Mister! Amerikaner mögen zwar patriotisch sein und ihr Land lieben, aber das tun auch alle anderen Staatsangehörigen auf dieser Liste. Die Bürger der USA jedenfalls werden Sie immer willkommen heißen und Ihnen dabei behilflich sein, nur das Beste in ihrem Land zu erleben. Ein Terrorist allerdings sollten Sie keiner sein.

193 MALAWI

Während andere afrikanische Nationen tödliche Stammeskriege und interne Kämpfe zu bewältigen haben, beschreiben sich die Malawier selbst als die nettesten Menschen in Afrika, die im „freundlichen Herzen des Kontinents" leben. Jeder der Malawi besucht hat, weiß, dass der (für Afrika) seltene Zusammenhalt der ethnischen Gruppen im Land ein handfester Beweis für diese Behauptung ist. Ebenso wie der Hang der Menschen, Sie sowohl in ihren Häusern als auch in ihrer Nation willkommen zu heißen. Malawi ist klein, arm und besitzt wenige öffentliche Einrichtungen – aber wer braucht bei solch einer Begrüßung denn schon erstklassigen Komfort?

194 FIDSCHI

Fidschi ist eins der am meisten von Putschen geplagten Länder der Welt, dennoch werden seine Bürger allgemein als die „freundlichsten Leute auf dem Planeten" angesehen. Und warum auch nicht? Sie haben viel, das ein Lächeln rechtfertigen: tolle Inseln, farbenfrohe Riffe, kobaltblaues Meer, eine Fülle an Meerestieren, Weltklasse-Tauchgebiete, romantische Küsten, eine großartige Küche. Und sie lieben es, freundlich zu sein. Die Fidschianer haben den Ruf, Reisende sofort willkommen zu heißen. Und es ihnen leicht zu machen, das Beste dieser weitläufigen Inselgruppe zu entdecken. Man sollte nur nicht über Politik reden.

195 THAILAND

Das meistbesuchte Land Südostasiens ist dazu bestimmt, mit einer Unzahl an Stereotypen und Klischees bedacht zu werden. Hier sind ein paar: überwältigende Inseln und Strände, ansprechendes, angenehmes Wetter, tolle Shopping-Möglichkeiten und großartiges Essen, das „Frankreich Asiens", Ladyboys. Und hier kommt noch eins: die „freundlichsten Menschen der Welt". Ohje, nicht noch ein weiterer Kandidat (siehe Fidschi und Samoa). Aber ja, die liebenswürdige Gastfreundschaft der Thai ist kaum zu übertreffen. Wieso sollte man sich die Mühe machen, herauszufinden, warum die Thai so gelassen sind und so mir nichts, dir nichts lächeln? Sie sind es einfach – und das ist alles, was es dazu zu sagen gibt.

196 SAMOA

Wie bitte? Samoa meint, es hätte die „freundlichsten Menschen der Welt". Hmm, das Problem ist nur, dass es keine offizielle Stelle für solch einen Anspruch gibt, was bedeutet, dass sich die Samoaner gegen Fidschi behaupten müssen, das diesen Titel ebenso für sich beansprucht. Okay, genug davon, vielleicht weiß das Internet Rat. Ein Suchlauf nach den Begriffen „Fidschi freundlichste Menschen der Welt" und „Samoa freundlichste Menschen der Welt" ergibt jedenfalls mehr Treffer für Fidschi. Es tut uns leid, Samoa, das Internet hat gesprochen. Aber natürlich können sich die Leser sicher sein, dass in Eurem wunderschönen Land reizende und herzliche Menschen leben, die bei allen Besuchern einen tiefen und bleibenden Eindruck hinterlassen werden.

197 VIETNAM

Vietnam ist ein weiteres Land, das untrennbar mit Medienbildern und Stereotypen verbunden ist: Napalm, gefolterte Soldaten, Attentäter, die sich in Reisfeldern verstecken, das Schwirren von Helikopter-Rotorblättern wie die Sichel des Todes, Oliver-Stone-Filme ... Aber Vietnam hat das alles schon lange Zeit hinter sich gelassen und ist nun auf dem besten Weg, ein neuer asiatischer Tigerstaat zu werden. Nicht einmal die sintflutartigen Regenfälle der Monsunzeit können das Verlangen der Menschen nach Freundlichkeit und der gastfreundlichen Begrüßung von Reisenden dämpfen.

198 INDONESIEN

Es ist schwierig, verallgemeinernd über ein Land zu sprechen, das so viele verschiedene Kulturen hat. Dennoch ist das eine, mit dem man immer rechnen kann, vom entspannten Lombok bis hin zu den Reisfeldern Javas und dem Hochland West Papuas, eine herzliche Begrüßung und ein breites Lächeln. Indonesier jeder Couleur verbindet eine angeborene Gastfreundlichkeit und die Faszination, die Besucher für sie ausstrahlen. Sie finden immer Zeit, um anzuhalten und nach dem Woher und Wohin zu fragen. Ob es um spontane Englischstunden mit radelnden Schulkindern geht, schnelle Freundschaften, die in überfüllten Bussen geschlossen werden, ein ungezwungenes Geplänkel an Essensständen am Straßenrand oder beim Handeln um Batiken, der Umgang mit den Einheimischen ist ein Highlight auf den Reisen durch das Archipel.

199 SCHOTTLAND

Vergessen sie den trostlosen Ausblick und die ekelhafte Kneipentoilette in dem Film „Trainspotting" – Schottland entwickelt sich zu der Destination für Besucher der Britischen Inseln und setzt sich gegen das beinharte London durch. Die Schotten haben die englische Invasion überlebt, das unmenschliche Wetter und den Kummer, die schlechtesten Torhüter der Welt zu haben. Der Kampfgeist, der auflebt, auch wenn sich alles gegen sie verschworen hat, bescherte ihnen eine extrovertierte, lebensfrohe Haltung und einen Nationalismus voll schwarzem Humor (wenn Sie erst einmal ein paar von ihren Torhütern gesehen haben, werden Sie die lustige Seite der Schotten kennenlernen wollen). Selbstverständlich färbt diese Haltung auf Reisende ab – Schotten sind so loyal, dass sie die guten Dinge teilen wollen.

200 TÜRKEI

Es ist eine Schande, dass lange Zeit der brutale Drogen-schmuggelfilm „Midnight Express" das Bild der englischsprachigen Welt von der Türkei geprägt hat – als Werbung für ein Land ist das ungefähr so toll wie die Tschernobyl-Katastrophe. Glücklicherweise haben wir das hinter uns gelassen und können verkünden, dass die Türken, was ihre Gastfreundschaft betrifft, einen unübertroffenen Ruf besitzen. Dass es aufgrund ihrer himmlischen Küche, der traumhaften Küstenlinien und spektakulären historischen Stätten tatsächlich keinen Grund gibt, geheimniskrämerisch zu tun, darüber sind sich die Türken im Klaren.

MEILEN-STEINE DER BAUKUNST

JAHRHUNDERTELANG HABEN MENSCHEN PRACHTVOLLE GEBÄUDE UND DENKMÄLER ERRICHTET – UM DIE GÖTTER UND DIE NATUR ENTWEDER ZU EHREN ODER IHNEN ZU TROTZEN.

201 BIG BEN, ENGLAND

„Big Ben" wird umgangssprachlich der Glockenturm des Palace of Westminster in London genannt, obwohl eigentlich die größte Glocke im Turm so heißt. Bis heute wird spekuliert, welcher Benjamin wohl tatsächlich groß genug gewesen ist, damit der Spitzname auf ihn zurückgeht. Womöglich war es Sir Benjamin Hall, der den Wiederaufbau des niedergebrannten Palasts bis 1858 leitete. Oder der Schwergewichts-Boxer Ben Caunt – im Bezug auf die schwergewichtige Glocke im Innern: Sie wiegt 13,76 t. Aufgrund der Bodenverhältnisse neigt sich der Turm leicht in Richtung Nordwesten.

202 CHRYSLER BUILDING, USA

William van Alen, der Architekt des Chrysler Building in New York, setzte die Enthüllung der kunstvollen Turmspitze dramatisch in Szene: Um die Überraschung perfekt zu machen, ließ er die Spitze innerhalb des Gebäudes fertigstellen. Hergestellt aus rostfreiem Edelstahl, erinnert sie an die Radkappen der Chrysler-Autos aus den späten 1920ern und wurde in gerade einmal 90 Minuten in Position gebracht. Als das Art-déco-Gebäude 1930 fertiggestellt wurde, stach seine Spitze in 319 m Höhe in den Himmel. Mit 77 Stockwerken und seiner dekorativen Spitze war es damit das höchste Bauwerk der Welt.

203 EIFFELTURM, FRANKREICH

Wie viele Elektriker braucht man, um eine Glühbirne auf dem Eiffelturm auszutauschen? Eine ganze Mannschaft – immerhin sind es rund 20 000 Birnen, die es instand zu halten gilt und die den 324 m hohen Turm beleuchten. Er wurde 1889 gebaut, im Rahmen der Weltausstellung und um den 100. Jahrestag der französischen Revolution zu feiern. Der Turm wurde von Stephen Sauvestre entworfen und nach Gustave Eiffel benannt, einem Spezialisten für Eisenkonstruktionen wie die Freiheitsstatue und für transportierbare Brücken, die in Bausätzen rund um den Globus verkauft wurden.

Sie mag zwar nicht aus dem Weltall zu sehen sein, anschauen sollte man die Chinesiche Mauer aber trotzdem, am besten bei Sonnenuntergang.

204 MOUNT RUSHMORE, USA

In den Black Hills im US-Bundesstaat South Dakota steht dieses mächtige Denkmal für die ersten 150 Jahre der amerikanischen Geschichte. In eine Bergwand sind die 18 m hohen Köpfe von vier ehemaligen Präsidenten eingemeißelt: Washington, Jefferson, Lincoln und Roosevelt. Ursprünglich wollte der Ideengeber Doane Robinson hier Figuren aus der amerikanischen Folklore verewigen. Doch der Bildhauer Gutzon Borglum – ein Student von Rodin – empfand Folklore als Thema zu trivial. So entschied man sich für die Präsidentenbüsten, die zwischen 1927 und 1941 entstanden.

205 CHINESISCHE MAUER, CHINA

Die Scharen, die heute die Mauer heimsuchen, kommen nicht in kriegerischer Absicht wie in den Jahrhunderten zuvor. Auf den Überbleibseln einer 2000 Jahre alten Mauer wurde der Ausbau ab dem Ende des 15. Jhs. vorangetrieben, bis die unglaubliche Länge von mindestens 6350 km erreicht war. Obwohl die Mauer nicht wirklich aus dem Weltraum zu sehen ist, ist ihr Verlauf über die Berge zwischen China und der Mongolei eindrucksvoll. Und zeigt, wie viel Energie wir in Kriegs- und Verteidigungssysteme investieren. Empfehlenswert, da weniger touristisch, ist eine Wanderung von Simatai nach Jinshanling.

79

Doppelte Schönheit: das überwältigende Angkor Wat im Spiegelbild.

206 ANGKOR WAT, KAMBODSCHA

Dieser Tempelkomplex wurde im frühen 12. Jh. von einer Reihe von Khmer-Königen errichtet und bildet einen Teil eines größeren Verwaltungs- und Reglionszentrums. Gebaut um die hinduistische Gottheit Vishnu zu ehren, wurde die Anlage im 16. Jh. mehr und mehr vernachlässigt. Um viele ihrer steinernen Strukturen haben sich inzwischen die riesigen Wurzeln von Banyan-Bäumen geschlungen, andere sind vom Wald bedeckt. Es scheint, dass die Anordnung der Tempel das Sternbild Drache zum Zeitpunkt 10 500 v. Chr. widerspiegelt und die Aufgabe hatte, die Erde und die Sterne in Einklang zu bringen.

207 CHEOPS-PYRAMIDE, GIZEH, ÄGYPTEN

Der ägyptische Pharao Cheops legte 2560 v. Chr. die Redewendung „sich sein eigenes Grab schaufeln" auf ganz eigene Weise aus: Er ließ die Cheops-Pyramide, auch Große Pyramide genannt, bauen. Rund 2 Mio. Steinblöcke, jeder davon 2 t schwer, wurden für das Grabmal herbeigeschafft. Die Cheops-Pyramide zählt nicht nur zu den allerersten touristischen Zielen des Planeten – schon Kleopatras Liebhaber Marcus Antonius und Napoleon Bonaparte besuchten sie –, ihr leisten auch noch drei weitere Pyramiden und eine andere berühmte Attraktion, die Sphinx, Gesellschaft.

208 MACHU PICCHU, PERU

Die „verschollene Stadt der Inkas" liegt in luftiger Höhe auf 2350 m über dem Meeresspiegel. Machu Picchu – wörtlich übersetzt: „alter Gipfel" – ist von unten nicht sichtbar. Die geheime Stadt besteht aus Ruinen von Palästen, Bädern und Tempeln und diente vermutlich den Inka-Monarchen als ländliche Zuflucht. Erst 1911 wurde sie wiederentdeckt, man nimmt aber an, dass der Bau der historischen Stadt bereits um 1440 begann. Zum Teil ohne den Einsatz von Mörtel verbaut, sind die Steine so präzise zusammengesetzt, dass zwischen die Fugen nicht einmal eine Kreditkarte passt.

209 STONEHENGE, ENGLAND

Niemand weiß genau, warum diese 50 t schweren Steine von Südwales hergeschleift wurden. Bekannt ist, dass der Komplex zwischen 2500 und 2000 v. Chr. errichtet wurde, und dass es 600 Menschen gebraucht hätte, um einen der Steinkolosse auch nur einen Zentimeter weit zu bewegen. Stonehenge besteht aus einem Ring von Steinen, auf denen Quersteine ruhen, einem äußeren Kreis und einem Graben. Die Stätte hatte vermutlich sowohl astrologische als auch religiöse Zwecke.

210 TAJ MAHAL, INDIEN

Diese architektonische Schönheit von bemerkenswert perfekter Symmetrie brauchte 23 Jahre (1630–1653), bis sie fertig war. Der Taj wurde von Großmogul Shah Jahan als ein Mausoleum für seine Frau Arjumand Banu Begum (auch bekannt als Mumtaz Mahal) in Auftrag gegeben. Das majestätische Grabmal aus weißem Marmor wurde aufwendig verziert, in die komplizierten Strukturen wurde kostbare Lapislazuli-Steine eingearbeitet. Sie wurden im 19. Jh. geplündert. Das Äußere des Bauwerks spiegelt die sich wandelnden Farben des Tages wider, und die Schönheit des Taj bei Vollmond ist legendär.

MEILEN-STEINE DER BAUKUNST

DIE BESTEN FERIENZIELE FÜR FAMILIEN

WER BEHAUPTET EIGENTLICH, DASS EIN FAMILIEN-TRIP NUR DANN GELINGT, WENN MAN EINE WOCHE IN DER GESELLSCHAFT EINER WELTBERÜHMTEN MAUS VERBRINGT? ERWEITERN SIE IHREN HORIZONT – UND WAGEN SIE EIN ABENTEUER, DAS IHRE SIPPE NIE VERGESSEN WIRD.

Ist das echt – oder doch nur ein Lego-Nachbau von Kopenhagen?

211 EIN REGENBOGEN IN DER WÜSTE, RAJASTHAN, INDIEN

Hier, im Nordwesten Indiens, mag es trocken sein, aber das bedeutet nicht, dass die Gegend nicht farbenfroh ist: In Rajasthan leuchten Hunderttausende Saris in allen Abstufungen des Regenbogens. Nachdem die Region heutzutage fester Programmpunkt jeder Rundreise ist, bietet der zweifellos schillerndste aller indischen Bundesstaaten – dank Hotels mit hohem Standard und einem gut ausgebauten Transportnetz – den angenehmsten Einstieg für einen Familientrip auf dem Subkontinent. Und so kann man in Jaisalmer im Labyrinth der Altstadt in eine wahrhaftige Märchenwelt eintauchen, durch die blaugestrichene Stadt Jodhpur oder die vor Gold strotzenden Paläste längst vergangener Herrscher spazieren. Ihre Kinder werden begeistert sein von der Vielzahl an Transportmöglichkeiten: Ob auf dem Elefant, dem Kamel oder in Auto-Rikschas, an jeder Ecke Indiens warten Sehenswürdigkeiten, Geräusche und Gerüche, die die Sprösslinge verzaubern werden.

212 DER WEIH-NACHTSMANN UND DIE 1001 RENTIERE, LAPPLAND

Auch wenn das Bild des mit einem Dutzend Rentieren vor dem Schlitten über den Himmel sausenden Weihnachtsmanns eigentlich eine amerikanische Erfindung ist, so ist es mittlerweile auch in Europa so verbreitet wie der Wunsch nach weißer Weihnacht. Daher gibt es auch keinen besseren Ort als das finnische Lappland, um die Festtage mit allem Drum und Dran in vollen Zügen zu genießen. Dort, weit nördlich des Polarkreises, gibt es dann Schlittenfahrten, das offizielle

HOLGER LEUE / LPI

213 AB ZU LEGO, KOPENHAGEN, DÄNEMARK

„Oh, du wundervolles Kopenhagen", schwärmte Danny Kaye in seiner Rolle als Hans Christian Andersen im gleichnamigen Hollywood-Film der Fünfziger. Und er lag nicht falsch: Dänemarks fröhliche Hauptstadt ist ein großartiges Ziel für einen kurzen Abstecher mit der Familie. Starten Sie Ihre Reise mit einem Spaziergang zur Statue von Andersens Kleiner Meerjungfrau, dann geht es weiter zum altehrwürdigen Tivoli, dessen Jahrmarktsattraktionen Kinder bereits seit 1843 verzücken. Das alternative Flair des Stadtteils Christiania wird Teenager – und Eltern – faszinieren, während für angehende Architekten in der Familie Legoland mit seinen vielen Bauten aus bunten Steinen definitiv einen Tagestrip wert ist.

Haus und die Poststation des Weihnachtsmanns, große Kiefern, Hotels aus Eis und das Polarlicht. Rovaniemi ist die beste Basis: Wenn's genug ist mit dem festlichen Weihnachtstreiben, gibt's hier Skispringen oder Ruhe in gemütlichen Hütten mit Sauna, bevor's wieder über verschneite Straßen ins Land von „Jingle Bells" geht. Aber: Lassen Sie Ihre Kinder bloß nicht die Rentier-Gerichte auf den Speisekarten entdecken!

214 OASEN ERKUNDEN, OMAN

Oman ist der etwas weniger bekannte Nachbar der Vereinten Arabischen Emirate und der perfekte Ort für einen mehr als ungewöhnlichen Familientrip. Das Land begeistert mit seinem klaren Wasser an den Stränden, kinderfreundlichen Badeorten mit reichlich Platz, verführerischen Wüstendünen und

subtropischem Klima. Nach der Landung in Maskat spazieren Sie zunächst durch die traditionell strahlend weiße Küstenstadt, bevor sie in die Wüste aufbrechen, zum Kamel-Trekking mit der Familie und anschließendem Camping. Faulenzen Sie tagelang an den Stränden der Sharqiya-Region mit einem Zwischenstopp in der Hauptstadt Sur und einem Besuch des Schildkrötenreservats von Ras Al-Jinz. Nur wenige Länder sind so kinderfreundlich wie der Oman: Dort werden ihre Sprösslinge rundum versorgt und stets mit *ahlan wa sahlan* („Hallo und Willkommen") begrüßt.

215 STRAHLENDE LICHTER, GROSSE STADT, TOKIO, JAPAN

Kinder jeden Alters werden ausflippen auf diesem städtischen Spielplatz voller High-Tech und Mega-Kitsch. Die Kleinsten geraten in Verzückung,

wenn sie mehr Hello-Kitty-Artikel erblicken, als sie sich jemals vorstellen konnten, andere werden von Dragonball verzaubert sein. Tokios Cosplayer – Teenager, die alles geben, um genau wie ihre liebsten Manga-Figuren auszusehen – faszinieren den etwas älteren Nachwuchs. Wahre Kitty-Fans sollten übrigens auf keinen Fall den schräg-grandiosen Besuch in deren Heimat verpassen – dem Sanrio Puroland. Anschließend ist der einzigartige Ausblick über die gesamte Stadt von der Aussichtsplattform des Tokio Towers angesagt. Bei klarem Wetter kann man von dort sogar bis zum Berg Fuji schauen.

216 DAS KINDERFREUNDLICHE LAND, FIDSCHI-INSELN

Für Eltern, die Ruhe und Erholung suchen, gibt es nichts Besseres als einen Flug auf die Fidschis, diese

„Hallo? Wir haben gerade Pause!": Kamele erholen sich von ihrer Arbeit in der Hitze der Wüste.

prachtvoll grüne, entspannt im Südpazifik dümpelnde Inselgruppe. Die superluxuriösen Ferienanlagen bieten für jeden etwas. Im Fiji Islands Resort etwa bekommt jedes Kind bei der Ankunft eine eigene Nanny zugeteilt, die die Kleinen stets bei Laune halten wird – und Sie können Ihre elterlichen Batterien durch Strand- und Spa-Besuche wieder aufladen. Fidschianer sind übrigens unglaublich kinderfreundlich. Also können Sie sicher sein, dass Ihre kleinen Lieblinge von allen Seiten umsorgt werden – vielleicht sogar noch mehr als ihre hart arbeitenden Eltern.

217 CAMPEN BIS ZUM ABWINKEN, KÜSTE ZU KÜSTE, USA

Die Faszination der Straße erwartet Familienabenteurer in den USA. In New York den Mietwagen abgeholt, dann sich langsam westwärts durchs Land schlängeln, über die Highways und Nebenstraßen des *small town america* bis ins charmante San Francisco. Übernachtungen im Zelt machen den Trip zu etwas Besonderem: In den Nationalparks zeigt sich Amerika von seiner hinreißendsten Seite. Es gibt nichts Schöneres, als nach einem Tag auf der Straße gemeinsam die Zelte unter Bäumen aufzuschlagen und über offenem Feuer Maiskolben zum Abendessen grillen.

218 HOCH HINAUS IM HOCHLAND, SCHOTTLAND

Schottland bietet deutlich mehr als nur zotteliges Vieh, starken Whisky und nebliges Hochland. Im Sommer kann sich die ganze Sippe im hohen Norden der britischen Inseln vergnügen. Starten Sie Ihre Reise am Loch Ness: Es mag zwar albern sein, aber fast keiner sagt zu einer schnellen Monstersuche nein. Fahren Sie weiter nach Norden auf die Hebriden, wo Sie mit der Fähre zwischen Seehunden, Papageientauchern und Delfinen hindurchschippern und an menschenleeren Stränden herumplanschen. Sammeln Sie Treibholz und brüllen Sie die Winde vom Atlantik an, um Herz und Lunge etwas Gutes zu tun. Kehren Sie dann in den Süden nach Edinburgh zurück, das berühmte Fringe-Festival bietet für jeden etwas. Im Trubel auf der Royal Mile werden Ihre Kinder beim Anblick der jonglierenden, zaubernden, Witze reißenden und steppenden Straßenkünstler ganz aus dem Häuschen sein.

219 AUF DER STRASSE DURCHS AUSSIE-LAND, AUSTRALIEN

Mieten Sie ein Wohnmobil und los geht's ins Blaue eines Abenteuers in den abgelegensten Ecken Australiens. Kleine Naturkundler werden nur allzu gerne alles über die giftigen Tierarten nachlesen, die gut versteckt unter Steinen lauern. Auch für den Rest der Familienbande wird einiges geboten: frische Luft, Kochen am Camp-Feuer und die unglaubliche Weite der Straßen. Fahren Sie zum Uluru (Ayers Rock) für ein unvergessliches Wüstenerlebnis. Machen Sie mit den Kleinen einen Ausflug in ein „School of the Air"-Klassenzimmer, wo die Kinder im Outback per Fernunterricht über das Internet lernen. Und halten Sie beim Autofahren immer gut Ausschau nach Kängurus!

220 AN BORD EINES WÜSTEN-SCHIFFS, KAIRO, ÄGYPTEN

Bei einem Besuch in Kairo, der „Mutter der Welt", taucht man in eine derart ohrenbetäubende Kakophonie ein, dass selbst schreiende Kleinkinder übertönt und zugeknöpfte Teenager in ehrfürchtige Stille versetzt werden. Starten Sie mit einer Tour durchs ägyptische Museum, um die Schätze der Pharaonen zu bewundern (Ihre kleinen Monster werden den Mumienraum lieben), dann wandern Sie durch die Souks, wo Sie frische Snacks direkt an den Verkaufsständen an der Straße probieren können. Als nächstes geht es weiter zum nahegelegenen Gizeh, um durch die klaustrophobisch anmutenden Gänge der Pyramiden zu streifen. Oder erliegen Sie einfach dem höchsten Vergnügen Kairos: an Bord eines unbequemen, widerborstigen Wüstenschiffs bei Sonnenuntergang in die Dünen zu reiten.

DIE BESTEN FERIENZIELE FÜR FAMILIEN

SCHÖNSTE KLASSISCHE ZUGREISEN

GEBEN SIE DEM TRÄGER IHR GEPÄCK, KLETTERN SIE AN BORD UND LASSEN SIE SICH AUF DIESEN SPEKTAKULÄREN REISEN IN DIE GOLDENEN TAGE DES SCHIENENVERKEHRS ZURÜCKVERSETZEN

TASHKA / ISTOCK IMAGES

Schmale Gleise in grandioser Landschaft: endlose Kiefernwälder, Seen und die gewaltigen Berge der kanadischen Rockies..

221 OUTENIQUA CHOO-TJOE, SÜDAFRIKA

Der Dampfzug mit dem kuriosen Namen ist seit 1928 im Dienst und tuckert seither in einem äußerst gemütlichen Tempo durch die Landschaft. Von Knysna aus fährt er schnaufend entlang der Küste des Indischen Ozeans, vorbei an der Stadt Wilderness mit ihren weitläufigen Stränden. Der Zug überquert den Kaaimans River und klettert dann durch eine steile Schlucht nach George. Die Hin- und Rückfahrt dauert rund 76 Stunden, durch eine überwältigende Landschaft, die wie erfunden scheint für das Sprichwort „Der Weg ist das Ziel".

222 GHAN, AUSTRALIEN

Die Legende, die sich Ghan nennt, nahm ihren Anfang 1877, als die ursprüngliche Bahnstrecke von Adelaide über Alice Springs bis nach Darwin gebaut wurde – an der falschen Stelle: Der ursprüngliche Gleisverlauf führte direkt durch ein Überschwemmungsgebiet, weshalb die Passagiere bei Regen regelmäßig im Outback strandeten. 1980 wurde dann ein Abschnitt mit veränderter Streckenführung eröffnet, der alte Ghan wurde abgelöst und ging 1982 auf seine letzte Reise. Der legendäre Zug durchquert Australiens rotes Zentrum, den tropischen Norden und den milden Süden.

224 COPPER CANYON RAILWAY, MEXIKO

Auf der 655 km langen Strecke des Ferrocarril Chihuahua al Pacífico („Coppper Canyon Railway") gibt es 36 Brücken und 87 Tunnel. Er verbindet das gebirgige, ausgedörrte Landesinnere von Nordmexiko mit der Pazifikküste und führt durch die unterschiedlichsten Landschaften: schroffe Canyon-Wände, Wasserfälle und hochgelegene Wüstenebenen. Zwei Züge verkehren zwischen Los Mochis und Chihuahua: Der *primera express* (1. Klasse) hat einen Speisewagen, eine Bar und Liegesitze. Außerdem hält er seltener als die *clase economica* (Economy-Klasse).

225 EL NARIZ DEL DIABLO, ECUADOR

Dieser todesverachtende Streckenabschnitt, der als Nariz del Diablo („Nase des Teufels") bekannt ist, verbindet von Riobamba aus in Richtung Süden die Orte Alausí und Sibambe, Der Bau begann 1908, dabei wurde in Sibambe eine Reihe von Spitzkehren in den steilen Fels der Anden geschlagen, damit der Zug die fast 1000 m Höhenunterschied nach Alausí, das 2607 m über dem Meeresspiegel liegt, erklettern kann. Es gibt Draufgänger, die auf dem Flachdach des Zuges die Teufelsnase hinabfahren. Im Stehen bleibt dann kaum noch Platz zwischen ihren Sombreros und dem Dach des Tunnels.

226 VON CUZCO NACH PUNO, PERU

Die Fahrt mit diesem Zug schüttelt die Knochen ordentlich durch. Zehn Stunden dauert die Reise von Cuzco nach Puno am Ufer des Titicaca-Sees. Cuzco ist eine einzigartige Kombination aus kolonialem und religiösem Prunk, erbaut auf den mächtigen Steinfundamenten der Inkas. Die Höhenlage des Titicaca-Sees führt zu einer sagenhaft klaren Luft. Das strahlend helle Sonnenlicht durchflutet die Hochebene Altiplano und glitzert auf dem tiefen Wasser des Sees.

223 ROCKY MOUNTAINEER, KANADA

Die zweitägige Tour durch die prachtvollen kanadischen Rocky Mountains ist am schönsten bei Tageslicht – damit man auch wirklich keinen der atemberaubenden Canyons, der traumhaften Flüsse, keines der saftiggrünen Täler und keinen der funkelnden Gletscherseen verpasst. Sofort, wenn's in Vancouver an der Küste losgeht, klebt die Nase an der Scheibe, um die beste Sicht auf die spektakulären Berge von British Columbia zu haben. Wenn es dann, in der Provinz Alberta angekommen, an Jasper, Banff oder Calgary vorbeigeht, baut sich vor dem Fenster der Kern, das Zentrum der Rockies auf.

87

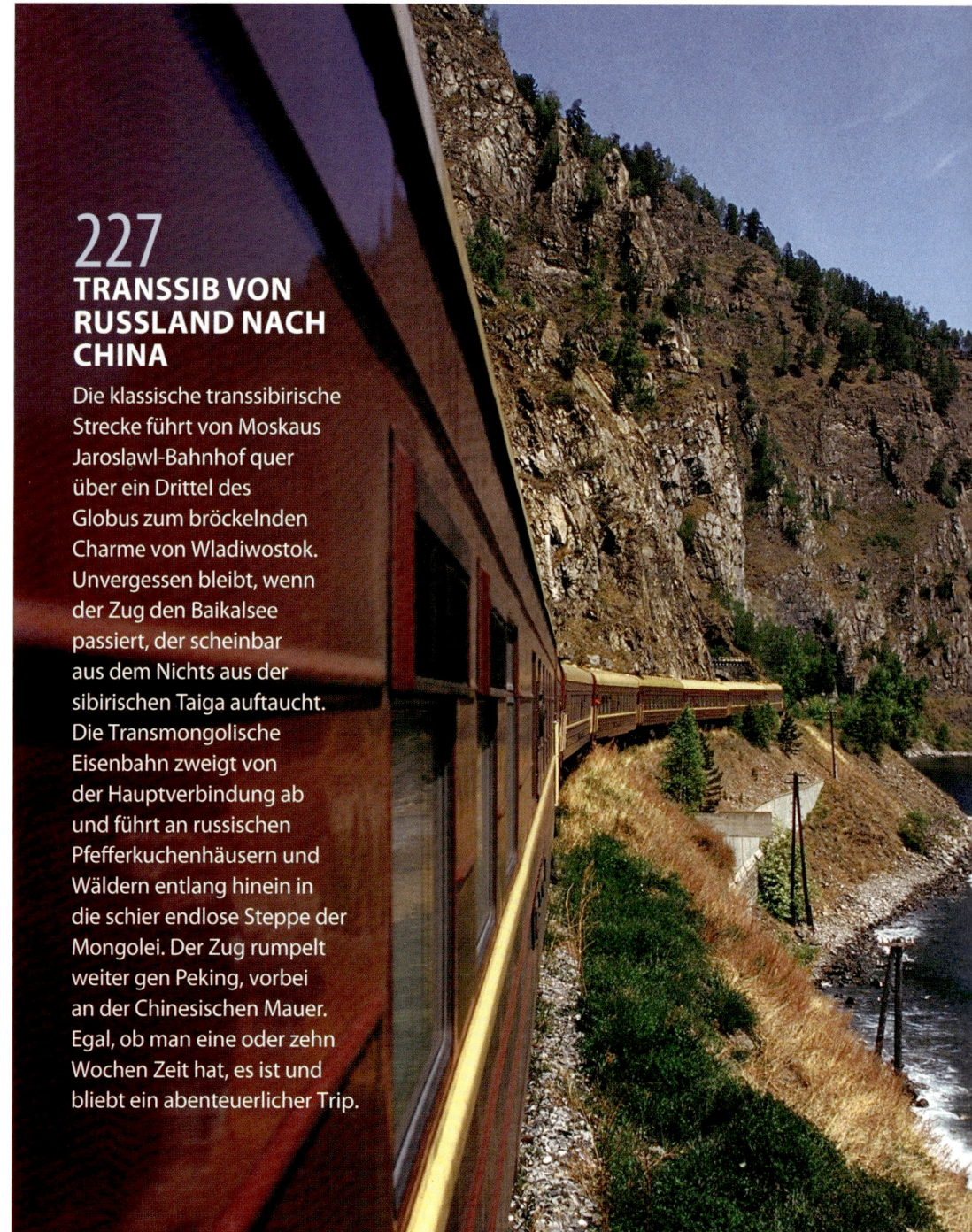

227
TRANSSIB VON RUSSLAND NACH CHINA

Die klassische transsibirische Strecke führt von Moskaus Jaroslawl-Bahnhof quer über ein Drittel des Globus zum bröckelnden Charme von Wladiwostok. Unvergessen bleibt, wenn der Zug den Baikalsee passiert, der scheinbar aus dem Nichts aus der sibirischen Taiga auftaucht. Die Transmongolische Eisenbahn zweigt von der Hauptverbindung ab und führt an russischen Pfefferkuchenhäusern und Wäldern entlang hinein in die schier endlose Steppe der Mongolei. Der Zug rumpelt weiter gen Peking, vorbei an der Chinesischen Mauer. Egal, ob man eine oder zehn Wochen Zeit hat, es ist und bleibt ein abenteuerlicher Trip.

Bei dieser Reise müssen Sie viel Sitzfleisch mitbringen: Die Transsibirische Eisenbahn passiert den Baikalsee.

228 VENEDIG-SIMPLON-ORIENT-EXPRESS

Glamour-Liebhaber kommen bei dieser Zugreise von Venedig nach London voll auf ihre Kosten. Dieser Express strotzt nur so vor Luxus: vom opulent ausgestatteten Speisewagen (mit französischem Silberbesteck, Tischen mit Leinendecken und Kristallgläsern) bis zum Waggon mit Piano-Bar. Auf jeden Fall sollte man unbedingt Abendkleid und Smoking im Gepäck haben. Ob allerdings Manolo-Blahnik-Stöckelschuhe der perfekte Fußschmuck sind, um durch die romantischsten Städte Europas zu staksen, sei dahingestellt. Wien, Paris, Prag und Istanbul – all diese beehrt der Orient-Express jedenfalls mit seiner Anwesenheit.

229 COAST STARLIGHT, USA

Der Starlight schlängelt sich entlang der Westküste der USA und macht in einigen der großartigsten Städte Amerikas Halt: Seattle, Portland und Los Angeles. Die Reise dauert 35 Stunden und durchquert dabei drei Bundesstaaten: Washington, Oregon und Kalifornien. Moderne Annehmlichkeiten lassen die Stunden noch schneller verfliegen, dazu gehören Schlafgelegenheiten in unterschiedlichen Komfortstufen, ein Speisewagen und eine Lounge mit Unterhaltungsangebot. Aber das Fenster wird voraussichtlich der berauschendste Zeitvertreib sein. Schließlich passiert der Zug atemberaubende Berge und endlose Küstenszenerien.

230 OLD PATAGONIA EXPRESS, ARGENTINIEN

Bei einer Durchschnittsgeschwindigkeit von 35 km/h ist „Express" ein kleiner Fall von Etikettenschwindel. Dieser historische Ratterzug, besser bekannt als „La Trochita", schnaufte schon früher gemächlich über die 402 km von Esquel nach Ingeniero Jacobacci. Damals gab es ein halbes Dutzend Bahnhöfe und weitere neun *apeaderos* (Haltestellen auf Wunsch). Das Streckenstück durch eine enge Schlucht ist lediglich ein Meter breit und stammt aus dem Jahr 1922. Heute wird nicht mehr die ganze Strecke befahren, sondern nur noch zwei rein touristische Abschnitte, von Esquel nach Nahuel Pan und von El Maitén nach Desvio Thomae. Aus dem kleinen Fenster des hölzernen Abteils (etwa aus dem Jahre 1920) sieht man aber immer noch die chilenischen Anden, die parallel zur Strecke verlaufen.

SCHÖNSTE KLASSISCHE ZUGREISEN

DIE GRÖSSTEN HISTORISCHEN REISEN

STECKEN SIE IHREN KOMPASS EIN, BESCHLAGEN SIE IHR MAULTIER NEU UND FOLGEN SIE DEN PFADEN DIESER BERÜHMTEN ENTDECKER.

231 JULES VERNE: IN 80 TAGEN UM DIE WELT

Die Fußstapfen von Phileas Fogg, der zum Ende der viktorianischen Zeit in weniger als drei Monaten um die Welt reiste, sind fiktiv: „In 80 Tagen um die Welt" wurde 1872 veröffentlicht und war Jules Vernes Ode an den technischen Fortschritt im 19. Jh. Wer ihm nachreist, muss daher seine Transportmittel auf Zug, Dampfschiff und, nunja, Elefant beschränken. Der Reiseplan sieht wie folgt aus: Von London nach Suez und weiter nach Bombay, dann über Kalkutta nach Hongkong, weiter nach Yokohama, San Francisco, New York und wieder zurück nach London. Die Zeit läuft ab … jetzt!

232 DSCHINGIS KHAN

Dank seiner überragenden militärischen Begabung schaffte es der im 13. Jh. geborene Dschingis Khan, die Stämme Zentralasiens zwischen 1266 und 1368 zum respekteinflößenden mongolischen Reich zu vereinigen. Seine Eroberungszüge führten ihn von der Mongolei nach Peking, Ost-China, West-China und schließlich Russland. Sollten Sie diesem skrupellosen historischen Anführer unbedingt folgen wollen, sehen Sie aber bitte davon ab, auf dem Weg 30 Mio. Menschen abzuschlachten. Das ist die geschätzte Zahl von Opfern unter der Herrschaft Dschingis Khans.

233 IBN BATTUTAH

Der 1304 in Marokko geborene Battuta war Gelehrter und Jurist. Im Alter von 20 Jahren begab er sich auf eine Pilgerreise nach Mekka, die er dann einfach fast 30 Jahre lang fortsetzte. Der Bericht, den er veröffentlichte, trägt den Titel „Rihla" und schildert, wie er 120 700 km zurücklegte und dabei nicht nur in der gesamten islamischen Welt unterwegs war, sondern über ihre Grenzen hinaus – in immerhin 44 Ländern der Moderne. Jahrhundertelang war die „Rihla" verschwunden, doch dann wurde sie zu Beginn des 19. Jhs. wiederentdeckt und in zahlreiche europäische Sprachen übersetzt. Schnappen Sie sich ein Exemplar, nehmen Sie sich die nächsten 30 Jahre frei und: Gute Reise!

234 INCA TRAIL

Dieser alte Pfad wurde ursprünglich während der Blütezeit der Inka-Herrschaft in Peru (1438–1533) angelegt. Der sehr deutlich auszumachende Weg führt 33 km hoch bis zur „verschollenen Stadt der Inka", besser bekannt als Machu Picchu.. Der Pfad durchquert dabei wolkenverhangene Hochwälder und Bergflanken, bevor er die historische Geheimstadt erreicht. Diese soll als „Wochenendziel" für die Mitglieder des Inka-Königshauses gedient haben. Macchu Picchu ist atemraubend – und nicht nur wegen Höhenlage (2350 m).

235 CHARLES DARWIN: REISE AUF DER „BEAGLE"

Die Natur zu beobachten und seine Erkenntnisse zu dokumentieren, waren das Ziel des britischen Forschers Charles Darwin, als er sich 1831 an Bord der „HMS Beagle" auf eine fünf Jahre während Reise begab. Sein Buch „Journal and Remarks" (deutsch: „Die naturwissenschaftliche Reise mit der Beagle") wurde 1839 veröffentlicht. Darwin reiste nach Südamerika, auf die Galápagos-Inseln, nach Tahiti und Australien, bevor es über die Kokos-Inseln wieder zurück nach Hause ging. Im Rückblick sind seine Notizen über die Biologie, Geologie und Anthropologie nichts anderes als die Vorboten seiner Theorien zur Evolution, die die Welt veränderten.

236 EVELYN WAUGH: ALS DAS REISEN NOCH SCHÖN WAR

Zwischen seinen Ehen reiste der englische Satiriker Evelyn Waugh rastlos rund um den Globus. Während seiner Kreuzfahrt durch die Mittelmeer-Region entstand das Buch „Labels" (1930), das später als Teil einer Sammlung mit dem Titel „When The Going Was Good" (1946, deutsch: „Als das Reisen noch schön war") erneut veröffentlicht wurde. Seine Zwischenstopps auf Malta, in Kairo, Neapel und Konstantinopel (Istanbul) sind weniger bemerkenswert als seine ironischen Beobachtungen: etwa die Geschichte über Witwen mittleren Alters, die von Werbetexten begeistert sind, oder sein doppeldeutiges Lob für Gaudìs Architektur in Barcelona. Das wahre Reiseziel ist hier die Satire, also den Humor nicht vergessen!

237 ALEXANDER DER GROSSE

Einige nannten ihn „groß", andere „grotesk". Doch was unbestritten ist: Alexander III. war wohl der erfolgreichste militärische Führer des Altertums (und der Moderne obendrein). Seine Eroberungszüge führten ihn und seine Armeen durch 16 Länder von Griechenland bis Indien. Alexanders Eroberungszüge dauerten fast ein Jahrzehnt, zu ihnen gehörte der Sieg über das persische Reich und die Invasion Indiens. Auf einem magischen Pferd soll er dabei geritten sein, während er nebenbei mythische Rätsel löste, Freunde und Liebhaberinnen verlor und mal zum Gott, mal zum Zerstörer erklärt wurde.

238 LEWIS & CLARK

Wenn Sie diesen zwei unerschrockenen Amerikanern in den Westen der USA folgen wollen, müssen Sie einiges auf sich nehmen: Zum einen brauchen Sie einen Trupp von etwa 30 Mitstreitern. Außerdem sollten Sie dazu bereit sein, einige abgefrorene Zehen abzuhacken und gegen Bären und Büffel zu kämpfen. Und das sind nur einige der zweifelhaften Vergnügungen, die Meriwether Lewis und William Clark auf ihrer etwas über zwei Jahre dauernden Expedition (1804–1806) durch die weiten Gebiete westlich des Mississippis erleben durften. Der eigentliche Grund für ihre Reise war es, sich den amerikanischen Ureinwohnern „vorzustellen". Diese zeigten (und zeigen) sich allerdings nicht sonderlich beeindruckt von Mitbringseln wie Glaskugeln, Fingerhüten und Gardinenringen aus Messing.

239 MARCO POLO

Das Reisen lag Marco Polo (1254–1324) im Blut, bereits sein Vater war ein bekannter Entdecker. Geboren in Venedig, segelte Polo entlang der Westküste Griechenlands in Richtung Türkei und folgte der Seidenstraße durch den Nahen Osten und Zentralasien bis nach China. Es gibt einige Spekulation über das wahre Ausmaß seiner Reisen, die er selbst mit einer Distanz von 39 000 km bezifferte. Skeptiker beschuldigten ihn, lediglich ein Schwindler zu sein. Oder waren sie einfach nur neidisch?

240 BURKE & WILLS

Die Reise von Robert Burke und William Wills durch den (von Europäern!) unerforschten australischen Kontinent stand von Anfang an unter keinem guten Stern – und am Ende fanden die beiden den Tod. Im August 1860 startete die gut ausgerüstete Expedition von Melbourne aus und eilte nach Norden. Schließlich ging es um eine Belohnung der viktorianischen Regierung, die an das erste Team gehe sollte, das den Kontinent erfolgreich durchqueren würde. Die Expedition erreichte ihr Ziel: Normanton im Golf von Carpentaria. Doch die Mannschaft schaffte es nicht zurück, im Juni 1861 starben die letzten Expeditionsmitglieder bis auf eines am Cooper Creek. Der Dig Tree mit einer eingeritzten Botschaft ist immer noch in Innamincka (Südaustralien) zu sehen.

DIE BESTEN PLÄTZE FÜR EINE TASSE TEE

EINE WELTREISE DES TEETRINKENS, VON VORNEHMEN SALONS BIS ZU HOCHLAND-PLANTAGEN.

241 LONDON, ENGLAND

Meine Damen, legen Sie Ihre besten Kleider an; meine Herren, bitte bügeln Sie ihre Krawatten über! Der Nachmittagstee im Ritz ist eine grandios formelle Sache: Unter dem verschnörkelten Glasdach und den Kronleuchtern des Palm Court klirren um Punkt 16 Uhr silberne Teekannen und edles Porzellan. Eine nicht gerade billige Angelegenheit, aber zumindest ist man in bester Gesellschaft: Das altehrwürdige Hotel hat so ziemlich jeden, von König Edward VII. bis zu Charlie Chaplin, exotische Aufgüsse serviert. Falls das Budget nicht ausreicht, gibt es noch andere britische Institutionen: die Schnellrestaurants im Stil der 1950er mit Resopal-Theken. Es werden zwar immer weniger, aber eines werden Sie sicher noch finden, wo der Tee in Originalumgebung serviert wird – ganz ohne Krawattenpflicht!

242 TRANSSIBIRISCHE EISENBAHN, RUSS-LAND/ZENTRALASIEN

Diese abenteuerliche Zugreise von Moskau nach Peking dauert mehr als sechs Tage – und zwar nonstop! Am besten also, man schließt Freundschaft mit den Abteilkameraden, etwa per Zeichensprache: russische Geschäftsleute, mongolische Händler oder buddhistische Mönche. Jeder Waggon hat einen Samowar, eine Art Heiß-Wasser-Kessel, an dem man die Tasse auffüllt, um die sibirische Kälte zu vertreiben. Samoware sind mehr als nur schlichte Wasserkocher, sie sind tief in der russischen Gesellschaft verankert und dienen dem gemeinschaftlichen Teetrinken. Die Redensart „um den Samowar sitzen" steht fürs Plaudern bei unzähligen Tassen Tee. Füllen Sie also Ihre Thermoskanne und auch die Ihrer neu gewonnenen Freunde auf und schauen Sie zu, wie vor dem Fenster Europa von Asien abgelöst wird.

243 PARAGUAY, URUGUAY UND ARGENTINIEN

In weiten Teilen Südamerikas ist Maté nicht nur das Nationalgetränk, sondern eine landesweite Obsession. Alle trinken es – von Stadtmenschen bis zu den Cowboys in der Pampa. Dieser Tee wird aus den getrockneten Blättern des Maté-Strauchs hergestellt. Laut der Sagen der Guaraní wurde die Pflanze den Menschen von der Mondgöttin vermacht – als Dank dafür, dass man sie vor einem Jaguar gerettet hatte. Um mitzutrinken, brauchen Sie die richtige Ausrüstung: einen silbernen *bombilla* (Aufgussstrohhalm) und den dazugehörigen *guampa* (Trinkgefäss). Stecken Sie alles in Ihre Satteltasche und los geht's, auf einen Ausflug mit den Gauchos: Dank dieses „flüssigen Gemüses" können Sie die ganze Nacht reiten und Vieh treiben.

244 YUÈYÁNG, CHINA

Seit um 2700 v. Chr. ein Teeblatt in Kaiser Shennongs Tasse mit heißem Wasser gefallen sein soll, besingen die Chinesen die medizinischen und zwischenmenschlichen Vorzüge dieses Getränks. Eine ganz vorzügliche Version des Gebräus gibt es auf der von Bambus und Wald bedeckten Junshan-Insel im Dongting-See, die man von Yueyang mit dem Segelboot in etwa 45 Minuten erreicht. „Goldene Schildkröte" heißt hier eine der Teesorten, außerdem wachsen auf der Insel die Büsche des exklusiven „Silbernadel"-Tees – einer der seltensten in China, von früheren Herrschern geliebt und im Ruf stehend, lebensverlängernd zu wirken.

Seit fast 5000 Jahren wird in China Tee getrunken – und zaubert ein Lächeln auf jedes Gesicht.

FRANK CARTER / LPI

245 SAHARA AFRIKA

In der nordafrikanischen Wüste gibt es so etwas wie eine schnelle Tasse Tee nicht. Den hier lebenden Nomaden verlangt das Teetrinken viel Geduld und Hingabe ab. Jede Teestunde geht nicht über eine, sondern gleich über drei Runden – jede mit ihrer eigenen Geschmacksrichtung. „Die erste ist stark wie die Liebe, die zweite bitter wie das Leben und die dritte so süß wie der Tod", heißt es in einem Sprichwort. Es geht also nicht ums Durstlöschen, sondern darum, Freundschaften zu stärken, während man in mit Teppichen ausgelegten Zelten zusammensitzt. Entspannen Sie unter Dattelpalmen in der mauretanischen Terjit Oase oder starten Sie von Ghat (Libyen) in die Wüste, um traditionelle Teebrauer zu finden. Wichtig: Nehmen Sie sich reichlich Zeit!

246 UJI, JAPAN

Das mit Tempeln übersäte Uji ist Japans Hauptstadt des Tees. Grüner Tee wächst hier in rauen Mengen und ist daher auch in jeder Form und Verpackung zu finden, ob in traditionellen Holzschachteln auf den Ladenregalen oder in *soba*-Nudeln und Eiscremewaffeln. Um die Bedeutung des Getränks wirklich zu verstehen, muss man unbedingt an einer traditionellen Teezeremonie – einer *chanoyu* – teilnehmen. Dabei werden Sie in den winzigen, mit *tatami*-Matten ausgelegten Räumen des Taiho-an-Teehauses mit vollendeter Förmlichkeit von Frauen in Kimonos bedient. Das Ritual – geprägt von wunderschönen Utensilien, grazilen Bewegungen und Ihrer eigenen überschwänglichen Begeisterung – ist das einzige, was wichtiger ist, als das Getränk an sich.

93

Darjeeling: Tee, so weit das Auge reicht.

247 INCA TRAIL, PERU

Sie befinden sich in über 4000 m Höhe, sind umgeben von Gipfeln, schnappen nach Luft und wollen es trotzdem unbedingt bis zum Inka-Wunderwerk Machu Picchu schaffen? Was Sie jetzt brauchen, ist ein Coca-Tee. Obwohl es überall in den Anden extrem beliebt ist, wird dieses bittere Gebräu nie einen Geschmackswettbewerb gewinnen. Aber es geht ja auch um die Wirkung: Denn seine Zutaten – Coca-Blätter, die auch die Basis von Kokain sind – erhöhen die Fähigkeit des Blutes zur Sauerstoffaufnahme. Dies ist die natürliche Antwort auf die Höhenkrankheit. Und gibt es einen besseren Platz, um sich von der Wirkung zu überzeugen, als zusammengekauert im Gebirge zu hocken, in einem Tal voller Inka-Ruinen, unter einem klarem Sternenhimmel?

248 BOSTON, USA

Im Jahr 1773 stürmte ein Trupp aufgebrachter Bostoner drei britische Schiffe im Hafen und warf deren wertvolle Fracht – Tee für 24 Mio. Tassen – über Bord. Eine Plakette zum Andenken an diese Revolte gegen die britische Kolinialpolitik, bekannt geworden als „Boston Tea Party", befindet sich heute zwischen der Congress und der Purchase Street. Viel mehr lohnt aber ein Besuch des prachtvollen Old South Meeting House, wo der Revolutionär Samuel Adams die Protestler anstachelte. Wenn Sie lieber eine ganz im Heute verankerte Tasse Tee trinken möchten, ist der Ming's Market zu empfehlen. Dieses chinesische Warenhaus hat Hunderte von Teesorten im Angebot. Angeblich kurieren diese Wundermittel alle möglichen Wehwehchen.

249 DARJEELING, INDIEN

Alles beginnt in einem Zug: Dort hört man den nasalen Ruf der *chai wallahs,* die über die Bahnsteige herlaufen, um ihren mit Masala gewürzten Nektar namens *chai* an den Mann zu bringen. Aber das ist noch gar nichts im Vergleich zu Darjeeling selbst. Sobald Sie in den Schmalspurdampfzug umgestiegen sind, der Sie zu dieser *hill station,* wie die englischen Kolonialherren die hochgelegene Teegebiete nannten, in rund 2000 Meter Höhe bringt, sind Sie komplett von diesem Gewächs umgeben: Tee in den Cafés, Tee in den Basaren. Dazu kommen die schier unendlichen Hügel voller tiefgrüner Teeblätter vor dem Hintergrund des mächtigen Himalaya. Am besten machen Sie sich zwischen April und November – der Ernte- und Verarbeitungssaison – auf eine Plantagentour. Sie werden staunen, was alles Gutes in einem bescheidenen Teebeutel landet.

250 IM BERGLAND VON SRI LANKA

Könnte man über dem südlichen Zentrum Sri Lanka schweben, sähe man nichts als Grün. Das kühle Hochland ist bereits seit dem späten 19. Jh. von Teeplantagen bedeckt, nur ein paar Pflückerinnen in regenbogenfarbenen Saris unterbrechen die einheitliche Farbe. Nuwara Eliya ist ein idealer Platz für einen Aufguss von exzellenter Qualität: Der 18-Loch-Golfplatz und der etwas angestaubte Country Club wirken noch britischer als, nunja, eine Tasse Tee. Mitten hinein geht es über die Pfade im Bogawantalawa-Tal, auf denen man zu den alten Villen der Plantagenbesitzer wandern oder radeln und nebenbei ein paar Blätter für sich selbst pflücken kann.

DIE BESTEN PLÄTZE FÜR EINE TASSE TEE

ZUR RICHTIGEN ZEIT AM RICHTIGEN ORT

EINE STADT KANN SICH DRAMATISCH VERÄNDERN, JE NACHDEM, WANN MAN SIE BESUCHT.

251 DIE VORÖSTERLICHE FESTIVAL-SAISON IN BARCELONA, SPANIEN

Jedes Jahr im Februar oder März feiert ganz Barcelona den *carnestoltes* (Karneval). Über mehrere Tage herrscht Partystimmung, bis das ganze Treiben zur vierzigtägigen Fastenzeit bis Ostersonntag endet. Seit ein paar Jahren gibt es die *gran rua*, die große Parade mit Festwagen und Kutschen aller Art, in dieser Form nicht mehr, die Stadt möchte sich wieder mehr auf die historischen und traditionellen Elemente des Karnevals besinnen. Höhepunkt der Festivitäten ist aber nach wie vor das Enterrament de la Sardina („Begräbnis der Sardine") am Aschermittwoch auf dem Montjuïc-Hügel, das den Beginn der Fastenzeit einzuläutet. In der Nachbarstadt Sitges findet eine deutlich wildere Ausgabe des Festivals statt: Partygänger lassen die Bars und Clubs rund um die Uhr erbeben, und das mehrere Tage am Stück.

252 DIE CHAMPAGNE ZUR TRAUBEN-ERNTE, FRANKREICH

Zu römischen Zeiten war dieses Stück Land als Campania (Land der Ebenen) bekannt. Die Champagne ist eine landwirtschaftliche Region, deren Schaumweine auf der ganzen Welt beliebt sind. Nach französischem Gesetz darf nur Prickelndes aus dieser Region – angepflanzt in speziell ausgewiesenen Abschnitten, dann nach strikten Regeln gereift und in Flaschen abgefüllt – als Champagner verkauft werden. Die Route Touristique du Champagne schlängelt sich entlang penibel gepflegter Weinberge, die die Hügel zwischen den kleinen Dörfern bedecken. Neben der schönen Landschaft locken an der gesamten Strecke zahlreiche kleine *producteurs*, die Reisende auf der Suche nach guten Schaumweinen gern empfangen. Allerdings sind viele von ihnen in der Zeit rund um die *vendange* (Traubenernte) im September und Oktober geschlossen.

253 ROM IM SOMMER, ITALIEN

Von Ende Juni bis in den August hinein wird es knackig heiß und schwül in der Ewigen Stadt, manchmal sogar bis zur Unerträglichkeit. Aber in dieser Zeit pulsiert Rom erst so richtig, das Leben verlagert sich komplett auf die Straße und es gibt Open-Air-Festivals im Überfluss. Dann ist die Stadt so sinnlich wie keine andere: aufreizende Kleider, ein paar Kugeln Eis in der Hand und Essen unter freiem Himmel, während die Türme der Hauptstadt des Christentums vor dem für gewöhnlich blauen Himmel eine ocker- und orangfarbene Skyline bilden. Nehmen Sie sich Zeit, um in sonnendurchfluteten Cafés zu entspannen, sich in den engen Gassen mit Kopfsteinpflaster zu verlaufen und die Stunden in den Trattorien (Restaurants) der Stadt zu verschwenden.

GLENN BEANLAND / LPI

Abendessen unter freiem Himmel ist ein Muss an einem schwülen Abend auf dem Campo de' Fiori in Rom.

254 REYKJAVIK IM SCHEIN DER MITTERNACHTSSONNE, ISLAND

„Erwarte das Unerwartete" ist eine gute Faustregel: Die Isländer scherzen gerne, dass man, falls man das Wetter nicht mag, einfach nur zehn Minuten warten muss, dass es sich ändert. In der Regel ist das Klima im Sommer kühl und die Straßen baden 22 Stunden pro Tag im Licht. Die besten Monate für einen Island-Besuch sind Mai, Juni und Juli – die trockenste und wärmste Zeit des Jahres. Die Hochsaison läuft von Anfang Juni bis Ende August. Außerhalb dieses Zeitraums haben viele Galerien, Museen und Touristenattraktionen reduzierte Öffnungszeiten.

255 ANCHORAGE ZUR LACHS-SAISON, USA

In Anchorage können Büro-angestellte in ihrer Mittagspause zum Lachsfischen gehen: Anfang Juni beginnt der Königslachs im Ship Creek zu laichen. Aber den wildesten Lachs sieht man auf den Straßen der Innenstadt bei der etwas anderen Wild Salmon on Parade. Bei diesem jährlichen Event verwandeln einheimische Künstler Fiberglas-Fische in Objekte, die nach allem, nur nicht mehr nach Fischen aussehen. Zu den Werken bei diesem Kunstwettbewerb zählten bereits ein Elvis-Presley-Lachs, ein Lachs in Wasserflugzeug-Form, der in patriotischem Rot-Weiß-Blau angemalte „Uncle Salmon" und „Fish & Chips" – ein pokerspielender Heilbutt. Die etwa 30 bunten Fische werden auf der Straße ausgestellt und bleiben dort bis September.

98

Ah, diese Ruhe: ein Ruderboot auf dem von Kirschblüten umsäumten Nordostgraben des Edo-Schlosses in Tokio.

256 TOKIO ZUR HANAMI-ZEIT, JAPAN

Die Japaner genießen die kurze hanami-Saison (Blütenschau) von Februar bis April. Die prächtige Show der Früchte beginnt im Februar mit der Pflaume. Dann folgen der Pfirsich im März und die Kirsche Ende März oder Anfang April. Es gibt zwei Plätze in Tokio für Blütenbewunderer: Ueno Park und Yoyogi Park, ehemalige Kasernen, die in öffentliche Parks umgewandelt wurden. Yoyogi ist der berühmteste Aussichtspunkt der Stadt für die Blütenschau und daher wahnsinnig überlaufen. Eine deutlich ruhigere Stelle ist Shinjuku-gyoen, mit 58 Hektar eine der größten Grünflächen der Stadt.

257 LONDON IM MAI, ENGLAND

Beim ersten Strahl der Frühlingssonne legt London sein düsteres Nadelstreifen-Image ab und schmeißt sich in Pailletten und abgefahrene T-Shirts. An Tagen, an denen heißblütige Gesellen aus südlicheren Gefilden nur mit den Schultern zucken und wieder ins Haus gehen würden, werden Massen von Londonern schon zu Sonnenanbetern. Zur Mittagszeit suchen sie sich ihr Rasenstück im Park oder sitzen draußen unter den Blumenkästen ihres Lieblingspubs. Aus offenen Fenstern dröhnt fröhliche Musik, die Platanen prahlen mit ihrem Grün und wer Glück hat, bekommt vielleicht sogar ein Lächeln in der U-Bahn geschenkt.

258 GOA AUSSERHALB DER HOCHSAISON, INDIEN

Wenn's ums Wetter geht, ist die beste Zeit für einen Besuch des indischen Bundesstaats Goa während der kühleren Monate von November bis März. Doch viele Einheimische sind der Meinung, dass sich ihre Heimat in der Monsunzeit zwischen Juni und September von ihrer besten Seite zeigt. Es gibt Partys und Feiern, um den Regen willkommen zu heißen, und praktisch über Nacht wird das Land grün und saftig. Wer seinen Besuch in diese Zeit legt, hat die Gegend praktisch für sich allein und muss viel weniger zahlen. Aber auch zum Start der Touristensaison im Oktober sind die Strände noch angenehm leer.

259 WEIHNACHTEN IN DUBLIN, IRLAND

Der Dezember in Dublin präsentiert sich ganz schön ausgelassen. Beim eisigen Forty Foot Christmas Dip am berühmten Schwimmplatz in Sandycove, der in James Joyces „Ulysses" verewigt ist, schwimmt eine Gruppe besonders Mutiger um 11 Uhr vormittags noch vor dem Weihnachtsessen 20 m bis zu den Felsen im Meer und wieder zurück. Erheben Sie das Glas auf den Song „Fairytale of New York", das Weihnachtsmeisterwerk der Pogues, und werden Sie Ihr Geld – und Ihre Post-Weihnachts-Depression – auf der Pferderennbahn bei den beliebten Leopardstown Races vom 26. bis 30. Dezember los. Als Krönung lassen sie es schließlich auf dem traditionellen Dubliner Jahrmarkt Funderland vom 26. Dezember bis zum 9. Januar krachen.

260 NEW YORK IM JUNI, USA

Der erste volle Sommermonat bietet in New York eine Menge Paraden, Straßenfestivals und Open-Air-Konzerte. SummerStage im Central Park wartet stets mit einem fantastischen Line-up von Pop-, Rock- und Weltmusik-Künstlern auf – als Bonus gibt es Temperaturen über 20 °C. In feinen Lokalen winken Ihnen während der Restaurant Week verlockende Schnäppchen. Der Höhepunkt des Gay-Pride-Monats ist ein großer Umzug die Fifth Avenue herunter. Bei diesem fünf Stunden langen Spektakel machen Dragqueens, schwule Polizisten, Ledermänner, Eltern und Vertreter von fast jeder Queer-Szene unter den Symbolfarben des Regenbogens mit.

ZUR RICHTIGEN ZEIT AM RICHTIGEN ORT

MYTHEN UND LEGENDEN DES REISENS

„ICH WAR SCHON ÜBERALL, ALTER …" KÖNNEN IHRE GESCHICHTEN MIT DIESEN ANGEBERISCHEN STORYS MITHALTEN?

261 ZUGEDRÖHNT IN GOA, INDIEN

Jeder Reisebericht, der mit den Worten „Als ich in Goa war …" beginnt, muss fast zwangsläufig enden mit „waren wir zugedröhnt, Mann!". Goas heitere Strände, zwischen den West-Ghats und dem Arabischen Meer gelegen, sind Schauplatz der berüchtigten Full Moon Party. Diese brachte mehr Geschichten über die Dekadenz reisender Studenten hervor als Woodstock seinerzeit Hippies. Komischerweise waren es aber die Hippies, die die Partyszene von Goa in den Siebzigern überhaupt erst „gründeten". Aber wenn Sie die Augen zusammenkneifen und durch die psychedelischen Wellen der Trance-Klänge zu blicken versuchen, wird Ihnen auffallen: Viele von ihnen haben diesen Ort nie verlassen.

262 MILE HIGH-CLUB, USA

Bis vor kurzem war die Vorstellung von einem Techtelmechtel auf 10 000 m Höhe – die Voraussetzung für eine Mitgliedschaft im Mile High Club – deutlich reizvoller als die Realität des ungelenken Herumwindens in einer engen und unhygienischen Flugzeugtoilette. Dank Bob Smith, einem Piloten aus Georgia, können nun liebestolle Clubmitglieder in spe das Ganze deutlich gemütlicher und günstiger als bei einem Langstreckenflug angehen: Smiths Piper Cherokee ist mit einer Matratze und einem Vorhang ausgerüstet – die Privatsphäre ist also garantiert. Der Pilot behauptet, er habe bereits alles geflogen, von Teenagerpärchen bis zu Swingern jenseits der sechzig.

263 BROCKEN-GESPENST

Früher dachte wohl jeder, der das Glück hatte, dieses außergewöhnliche optische Phänomen zu erleben, dass er sich in der Gegenwart Gottes befinde oder gerade seine spirituelle Wiedergeburt erlebe. Denn der Betrachter sieht seinen eigenen, auf eine Nebelwand projizierten Schatten von einer Art Heiligenschein umgeben, normalerweise um den Kopf herum. Das Phänomen tritt meist in Gipfelnähe auf, bei feuchter Luft und tiefstehender Sonne. Der Namen leitet sich vom Brocken ab, dem höchsten Gipfel im Harz (1141 m), wo das Phänomen 1780 zum ersten Mal dokumentiert wurde.

264 SCHWARZFAHREN IN MELBOURNE, AUSTRALIEN

Manche Traveller sehen Schwarzfahren im öffentlichen Nahverkehr als ihr gottgegebenes Recht an. Nirgendwo sonst können sie dieses „Recht" besser ausleben als in der australischen Straßenbahn-Hauptstadt Melbourne. Dort fährt die Tram bereits seit 1885, aber erst kürzlich wurde festgestellt, dass pro Tag fast 700 000 Euro Umsatz durch Schwarzfahren verloren gehen. Die Ironie an der Sache: In Hongkong, wo der öffentliche Nahverkehr im Schnitt täglich 2,5 Mio. Menschen transportiert, hat ein fortschrittliches Fahrkartensystem das Schwarzfahren praktisch unmöglich macht – und genau diese Technik stammt aus Australien.

265 PROFIBETTELN, CHINA

Wer viel unterwegs ist, hat sie bestimmt schon gehört, die Storys von Profibettlern, die sich nach einem langen Tag des Schnorrens von Limousinen mit Chauffeur abholen lassen. Etwas weniger spektakulär sind die Gerüchte über Bettler, die staatliche Unterstützung abgelehnt haben, weil sie lieber weiter Fremden ihre Hand entgegenstrecken wollen. In der Küstenstadt Guang-zhou nördlich des Perlfluss-Deltas ergab eine Regierungsstudie, dass 80 Prozent der Bettler „professionell" arbeiteten. Wer jetzt nicht mehr weiß, ob er sein Kleingeld noch verschenken soll: Mehr als 90 Mio. Chinesen müssen mit weniger als einem Euro pro Tag überleben.

266 UPGRADES IM FLUGZEUG

Auf jedem Flug sind mehr Passagiere, die sich um ein Erste-Klasse-Upgrade bemühen, als es freie Liegesitze gibt. Methoden, die „todsicher" funktionieren sollen, gibt es genug: das Tragen einer Krawatte, dem Flugbegleiter ein paar Scheinchen zustecken, vorzugeben, ein Promi in Verkleidung zu sein. Aber wie groß ist die Wahrscheinlichkeit tatsächlich, ohne Aufpreis in die Champagner-und Kaviar-Klasse zu rutschen? Ganz ehrlich: gleich null. In den Verhaltensregeln der meisten Fluglinien steht, dass das Upgraden eines Passagiers ohne ausdrückliche Erlaubnis eines Vorgesetzten oder – in Notfällen – vom Flugkapitän zum Rauswurf führen kann.

267 SCHWINDEL AUFDECKEN

Ihr Kumpel ist gerade von einer beneidenswerten Weltreise zurück. Sie sind um den Beamer versammelt und bewundern die Schnappschüsse. Die lebhaften Abenteuerberichte hauen Sie um, doch plötzlich beschleicht Sie das Gefühl, dass hier etwas nicht zusammenpasst. Vielleicht haben die Gastgeber erwähnt, dass Timbuktu in Asien liegt oder möglicherweise erscheint der Zufall einfach zu groß, dass es zu einem Treffen mit Jennifer Aniston oder Brad Pitt in Bolivien kam. Wie auch immer Ihr Verdacht aussieht, es gehört zum guten Ton, dass Sie die Fakten erst im Internet checken, bevor Sie den Bluff entlarven. Mit geschätzten 50 Mio. neuen Websites pro Jahr ist das Netz das ideale Werkzeug, um Schwindel aufzudecken.

268 INTERNATIONALE AFFÄREN

Reisende müssen nicht erst nach Paris oder Venedig fahren, um ihr Glück in der Liebe zu finden. Statistisch gesehen sind die Chancen, dass Amouröses unterwegs passiert, äußerst vielversprechend. Jedes Jahr transportieren Fluglinien Milliarden von Passagieren um die Welt. Kombiniert man diese Statistik mit dem Fakt, dass der Verkauf von Liebesromanen jährlich rund 1,5 Mrd. Dollar Umsatz generiert, ist die Wahrscheinlichkeit für ein Liebesabenteuer ziemlich hoch. Ganz gleich, wie groß die Chancen sind, man sollte jedenfalls auf alles vorbereitet sein. Man weiß ja nie, wie groß das Glück ist.

269 SCHATZSUCHE, KANADA

Nichts bringt Abenteurer schneller dazu, sich auf den Weg zu einer weit entfernten Insel zu machen, wie die vage Hoffnung auf einen Schatz. 1795 etwa machte ein Teenager namens Daniel McGinnes auf Oak Island in der kanadischen Provinz Nova Scotia eine Entdeckung: Er war fest davon überzeugt, dass in einem mit Baumstämmen befestigten Graben ein Piratenschatz versteckt sei. So begannen mehr als zwei Jahrhunderte der Suche. Dabei kam ein ausgeklügeltes System aus Fallen ans Licht. Auf den Schatz aber, der weiterhin in Hunderten Metern Tiefe in der Erde vergraben liegt, gibt es nur flüchtige Hinweise. Möchtegern-Piratenkapitäne seien gewarnt: Vier Männer starben 1959, als sie das Gold heben wollten. Abgesehen davon, dass einige die Grabungsstelle für einen natürlichen Krater halten.

270 GET YOUR KICKS ON ROUTE 66, USA

Jack Kerouacs legendärer Road-Trip-Beat-Roman „On the Road" hat Generationen von Anhaltern auf der ganzen Welt inspiriert. Die Geschichte dreht sich um zwei junge Männer, die unter dem Einfluss von jeder Menge Speed und Whisky die Route 66 auf der Suche nach dem Amerikanischen Traum bereisen. Der legendäre Highway, liebevoll als „Mother Road" bezeichnet, ist das 4000 km lange graue Band, das Chicago mit Kalifornien verbindet. Mieten Sie sich einen Autoklassiker, suchen Sie im Radio einen Jazzsender, wischen Sie jede Art eventueller Schwermut beiseite, und los geht es in Richtung Westküste.

WO DIE SCHÖPFER WOHNEN

HIER SIND DIE GÖTTER KREATIV GEWORDEN – UND HABEN SICH BIS HEUTE HÄUSLICH EINGERICHTET.

271 ILE-IFE, NIGERIA

Das Problem beim Welten-Erschaffen ist das Fehlen einer Gebrauchsanweisung. Oludumare, die höchste Gottheit der Yoruba, wurde kreativ: Er schickte seinen Sohn Oduduwa an einer Goldkette entlang hinunter zu jener Stelle, wo heute Ile-Ife liegt. Im Gepäck hatte der Nachwuchs etwas Sand, einen jungen Hahn, der ein Loch scharrte, und eine Palmnuss, die er dort einpflanzte. Bingo! Die Welt und 16 Yoruba-Klans waren entstanden. Heute ist Ile-Ife eine große Universitätsstadt, bekannt für kunsthistorisch wertvolle Plastiken und strotzend vor Energie – was man von der ersten Stadt des Universums aber auch erwarten kann.

Am heiligen Berggipfel des Mount Kailash hat man die Gelegenheit, sich unter die Götter von gleich vier Religionen zu mischen.

272 JERUSALEM, ISRAEL

Gott scheint es zu bevorzugen, über seinen Aufenthaltsort immer etwas im Unklaren zu bleiben. Die Menschen aber wünschen sich einen Punkt, auf den sie sich konzentrieren können. Für die alten Israeliten war dies die Bundeslade im Allerheiligsten des Salomonischen Tempel, der auf dem Gründungsstein, dem Fundament der Welt, errichtet worden sein soll. Von den Muslimen wird derselbe Ort als jener Platz verehrt, von dem Mohammed in den Himmel aufstieg. Heute befindet er sich im Felsendom aus dem 7. Jh., dessen goldene Kuppel von überall in Jerusalem zu sehen ist.

273 SOMNATH-TEMPEL, GUJARAT, INDIEN

Manche Orts sind alt – und andere sind *richtig* alt. Glaubt man den Legenden, fällt Somnath definitv in letztere Kategorie. Der Tempel soll Zeuge bei der Schöpfung des Universums gewesen sein (Sie können ja mal darüber sinnieren, wie ein Steingebäude existieren kann, bevor alles andere erschaffen wurde). Angeblich wurde es vom hinduistischen Mondgott Somraj erbaut und später mehrmals von anderen Gottheiten, zu denen auch Krishna zählte, immer wieder aufgebaut. Das aktuelle Gebäude macht nicht viel her, aber, was soll's: Wann haben Sie zuletzt einen Tempel besucht, der älter als die Zeit selbst ist? Der nahegelegene Hafen Veraval ist aber einen Zwischenhalt wert, um die traditionellen Boote der Fischer hereinsegeln zu sehen.

274 MOUNT KENIA, KENIA

Es gibt reichlich gute Gründe, vor Afrikas zweithöchstem Berg in Ehrfurcht zu erstarren. Der oberste Gipfel des Massivs, der 5199 m hohe Batian, ist sogar für erprobte und technisch versierte Kletterer eine einschüchternde Herausforderung. Wer dagegen den für Trekker besser geeigneten Gipfel Point Lenana (4985 m) bezwingen möchte, wird sich mit Atemlosigkeit, Kopfschmerzen und Minusgraden herumschlagen müssen. Außerdem begehen Sie Hausfriedensbruch bei einer der höchsten Gottheiten: Kenias größter Stamm, die Kikuyu, glauben, dass Ngai auf diesem Berg wohnt, dessen englischer Name sich von Kere Nyaga („weißer Berg") ableitet. Auch sonst bietet er einiges: vielseitige Flora, Panoramablicke und eine artenreiche Tierwelt – von Klippschliefern und Affen bis hin zu Elefanten und Zebras.

BILL WASSMAN / LPI

275 KAILASH, TIBET

Der mächtige Kailash ist gleich vierfach heilig: Für die Buddhisten ist er die Heimat des zornigen Demchok, hier erreichte der Gründer des Jainismus das Nirvana, von hier kommt alle Energie des vor-buddhistischen Bön-Glaubens. Und schließlich ist es für die Hindus das Zuhause von Shiva, dem Zerstörer. Kailash, der „Nabel der Welt", ist auch als Mount Meru bekannt, dem legendären Aufenthaltsort von Göttern und dem Geburtsort vier heiliger Flüsse. Anhänger aller vier Glaubensrichtungen pilgern rund um den isolierten Koloss, auf Trekker wartet eine klassische Wanderung in eine abgelegene Region des Himalayas.

MARK DAFFEY / LPI

Der Mount Sinai gehört zu den heiligsten Orten der Welt – auch wenn die Zeiten des brennenden Dornbuschs längst vorbei sind.

276 BERG SINAI, ÄGYPTEN

Es ist ganz schön knifflig, Gott an einem bestimmten Ort zu erwischen. Doch so viel ist sicher: Er hielt sich rund um den Berg Sinai auf, als die alten Israeliten auf ihre Wanderungen gingen, dort überbrachte er auch Moses die Zehn Gebote auf Steintafeln. Bis heute steht das im 6. Jh. errichtete Katharinenkloster an der Stelle, wo der brennende Dornbusch Moses den Befehl zum Aufbruch gab. Nehmen Sie sich einen Beduinenführer, um die Region zu erforschen und Einblicke in die lokalen Traditionen zu bekommen. Eine Garantie auf ein Zusammentreffen mit Gott gibt es allerdings nicht.

277 TAI SHAN, CHINA

Vor Anbruch der Zeit war das Universum ein wirbelndes, formloses Chaos. Doch dann wurde aus einem kosmischen Ei das haarige, gehörnte Wesen Pangu geboren. Überspringen wir die folgenden 18 000 Jahre, in der Pangu Himmel und Erde trennte, die Erde erschuf, und so weiter und so fort. Das ging so lange, bis Pangu aus purer Erschöpfung umkippte. Aus seinem auseinanderfallenden Körper wurden die fünf heiligen Berge des Daoismus. Der wichtigste von ihnen ist der Tai Shan in der Provinz Shandong. Wer sich auf den Weg auf den 1545 m hohen Gipfel macht, passiert Tempel, Teehäuser, Flüsse, historische Inschriften und genießt einen himmlischen Ausblick.

278 ISLA DEL SOL, TITICACA-SEE, BOLIVIEN

Machu Picchu mag ja magisch sein, aber wenn Sie sehen wollen, wo die Saat für das mächtige Inka-Reich gelegt worden sein soll, müssen Sie mit dem Boot von der Ortschaft Copacabana zur Isla del Sol („Sonneninsel") im azurblauen Titicaca-See fahren. Am Nordende der Insel liegt in den Chincana-Ruinen der heilige Fels, wo der bärtige Gott Wiraqucha die Gründer der Inka-Dynastie, Manco Capac und dessen Schwester Mama Ocllo, erschuf. Wer auf der Insel herumwandert, kann die Ruinen besichtigen und den Sonnenuntergang über dem wunderschönen See beobachten.

279 OLYMP, GRIECHENLAND

Mord, Untreue, Inzest und Betrug: Die Geschichten rund um die griechischen Götter lesen sich wie eine besonders reißerische Seifenoper. Ihre Heimat, der Olymp, ist ein würdiger dramatischer Hintergrund. Der Aufstieg zum schwindelerregend hohen Lager der Unsterblichen dauert zwei Tage. Der Weg auf den 2917 m hohen Mytikas-Gipfel führt durch saftig grüne Wälder und bietet fantastische Panoramablicke. Obwohl der Aufstieg keine übermenschlichen Kräfte verlangt, kann es nicht schaden, das historische Dion zu besuchen, ein religiöses Zentrum im Altertum, in dem auch Alexander der Große schon Gaben opferte, bevor er sich an die Eroberung der Welt machte.

280 LAKE CHELAN, WASHINGTON, USA

Ein äußerst beschäftigter Typ, dieser große Häuptling im Himmel. Die Welt und alle möglichen Tiere – Kojote, Bär und die Wolfsbrüder – zu erschaffen, beanspruchte ihn ziemlich lange, aber schließlich kamen doch noch die Menschen an die Reihe. Hilfreich war seine Entscheidung, den Menschen eine Gebrauchsanweisung mitzugeben. Also lebte er seine künstlerische Ader in einer Reihe von Piktogrammen in rotem Ocker aus, die das Jagen und andere Aktivitäten zeigen. Obwohl sich einige inzwischen unter Wasser befinden und viele zerstört wurden, können ein paar von ihnen immer noch auf Felsen am Nordende des Lake Chelan im Bundesstaat Washington bewundert werden. Bei einer Bootsfahrt kann man die besten Banksy-Parodien des Schöpfers besichtigen.

WO DIE SCHÖPFER WOHNEN

BESTE ORTE FÜR EINE MIDLIFE-KRISE

SIE MÖCHTEN IHR LEBEN EINMAL AUF LINKS DREHEN? DANN ERFINDEN SIE SICH NEU UND FÜHLEN SIE SICH WIEDER WIE 25.

Ein neuer Sportwagen führt nicht zum Glück, sagt dieser heilige Mann.

281 BLING-BLING-TRIP, DUBAI, VEREINIGTE ARABISCHE EMIRATE

Zeit für ein neues Outfit? Ab auf eine Expedition nach Dubai. In diesem Einkaufsparadies wird's ernst in Sachen Mode, hier stopft man sich die reichlich vorhandenen kleinen und auffälligen Klamotten gleich ins Designerhandtäschchen. Zum Look passt das glitzernde Edelmetall, das auf Dubais Gold-Souk unter freiem Himmel angeboten wird. Aber Vorsicht, dass Ihre Augen bei all

dem Glanz keinen Schaden nehmen! Mehr als 25 t Gold füllen die Schaufenster der Juweliere in der Stadt. Ob Ohrringe, Ringe, Ketten oder Armbänder – je pompöser, desto besser.

282 GET YOUR KICKS, ROUTE 66, USA

Suchen Sie bei einem *road trip* quer durch die USA nach der Freiheit auf den Highways, die die endlosen Weiten durcqueren. Alles, was Sie brauchen, ist eine Harley oder ein klassisches Cabrio – und dieser Sack voll persönlicher Fragen, die Sie ganz allein mit sich ausmachen müssen. Sie können aus einer der zahlreichen Routen durch mehrere Bundesstaaten wählen – aber wenn Sie in die Fußstapfen von Film-, Literatur- und Musiklegenden treten wollen, muss es einfach die kultige Route 66 von Chicago nach Santa Monica sein. Packen Sie eine

Filmkamera ein, um den Trip zu dokumentieren. Und vergessen Sie nicht, zu tanken.

283 GESCHÜTTELT, NICHT GERÜHRT, MONTE CARLO, MONACO

Holen Sie Ihren Smoking aus dem Schrank, polieren Sie Ihr Repertoire an coolen Sprüche auf Hochglanz und stürzen Sie sich à la Bond in die Jet-Set-Kreise von Monte Carlo. Hier versuchen sich die Schönen und Reichen auf ihren millionenschweren Jachten im Hafen beim Glamour-Wettstreit gegenseitig auszustechen, während internationale Geschäfts-leute ihre Investitionen im Steuerparadies überwachen. Die Besucher des Kasino glänzen vor lauter Goldschmuck fast wie die Sonne auf dem Mittelmeer. Die Monte Carlo Rallye im Januar und das Formel-1-Rennen im Mai bieten adrenalinhaltige Pausen vom Geldausgeben.

JANE SWEENEY / LPI

284 SAGEN SIE „OMMM", RISHIKESH, INDIEN

Sie stecken in einer Glaubenskrise und haben das Gefühl, dass Sie nur ziellos herumirren und Ihr Leben mehr Sinn vertragen könnte? Für spirituelle Erleuchtung können Sie gleich aus einer Reihe von Orten wählen, etwa dem Petersdom in Rom, Lhasa in Tibet oder Mekka in Saudi-Arabien. Aber vermutlich ist der ideale Platz doch Rishikesh am Ufer des heiligen Ganges im Himalaya-Vorland. Dort gibt es zahlreiche *aschrams* (Meditationszentren), heilige Männer mischen sich unter die Scharen von Touristen und Promis. In Rishikesh beschäftigten sich schon die Beatles mit dem Hinduismus, und man nennt es auch die Yoga-Hauptstadt der Welt.

285 SAGEN SIE „JA, ICH WILL" UND NICHT „WER SIND SIE?", LAS VEGAS, USA

Gerade ist Ihnen aufgefallen, was bei Ihrer ersten Hochzeit fehlte: ein Elvis-Imitator, aufeinander abgestimmte Polyester-Anzüge und ein Gegenüber, das Sie gerade erst getroffen haben. Es ist also an der Zeit, in Vegas ein Risiko der besonderen Art mit der zweiten, der dritten oder der siebten Hochzeit einzugehen. Mehr als 30 Orte stehen zur Auswahl, an denen Sie „Ja, ich will" sagen können. Und mehr als 100 000 Paare schwören sich dort jedes Jahr gegenseitig die Treue, darunter sind stets auch ein paar Dutzend Prominente. Die Little White Wedding Chapel ist sogar rund um die Uhr geöffnet. Wenn Sie also an einem überfüllten Pokertisch die Liebe auf den ersten Blick treffen, brauchen Sie gar nicht erst lange zu warten, um den Bund fürs Leben zu schließen.

286 ZEIT FÜR EINE GENERALÜBER-HOLUNG

Keine Lust mehr auf Ihr aktuelles Spiegelbild und auf den Eindruck, den Ihr Körper hinterlässt? Zu ein, zwei kleinen Schönheitsoperationen würden Sie nicht Nein sagen, sie möchten sich aber nicht frisch operiert der heimatlichen Öffentlichkeit zeigen? Dank günstiger Preise plus anschließender Erholung in der Sonne werden Eingriffe in Phuket, Kuala Lumpur oder Manila immer beliebter. Indien hat den Trend gesetzt – immerhin war es Shiva, der vor rund 4000 Jahren seinem Sohn einen Elefantenkopf verpasste. Die heutigen hochmodernen Einrichtungen machen eine

108

Das letzte Hemd hat keine Taschen – also ab an den Spieltisch: architektonisches Detail des Casino Lisboa.

287 VERSPIELEN SIE DIE ERBSCHAFT IHRER KINDER, MACAU

Um ins Crown Casino auf Taipa Island eingelassen zu werden, müsste man wahrscheinlich das für die Rente zurückgelegte Geld abheben oder eine neue Hypothek aufs Haus aufnehmen – und dann würde die Summe gerade so reichen. Mit einer 6-Sterne-Auszeichnung und mehr als 200 Spieltischen tritt das Kasino nicht wirklich schüchtern auf. Alle, deren Taschen nicht die Größe Chinas erreichen, können zwischen 27 weiteren Kasinos wählen. Zu diesen zählt unter anderem das pompöse Emperor Palace Casino auf der Halbinsel – mit reichlich Marmor und so viel Gold auf dem Steinboden wie an den Spielern selbst – oder das berühmte, lebhafte Casino Lisboa.

Gesichtsstraffung oder eine künstliche Hüfte zur kurzen Unannehmlichkeit, bevor am Strand entspannt wird.

288 VOLLGAS GEBEN, SILVERSTONE, ENGLAND

Es ist nie zu spät, sich den Traum vom Rennfahrer zu erfüllen – zumindest vorübergehend. Die Massen haben schon Helden wie Senna, Prost und Stewart zugejubelt, als sie um die legendäre Silverstone-Rennstrecke rasten, Heimat des britischen Grand Prix seit den 1950er-Jahren. Auf einer Testfahrt mit reichlich Pferdestärken kann man genau dies nacherleben. Sich den Jubel vorstellen, während man in einem Ferrari die Reifen rauchen lässt, in einem alten Einsitzer um die Kurven rutscht oder ein Allrad-Fahrzeug auf Anspruchsvollerem fährt als auf Vorstadtstraßen. Auf der Fahrt zur Schule sollte man das aber später dann nicht nochmal probieren!

289 DAS BÖSE BESIEGEN UND DAS MÄDCHEN EROBERN, PETRA, JORDANIEN

Große Teile des Abenteuerstreifens „Indiana Jones und der letzte Kreuzzug" aus dem Jahr 1989 spielen vor der Kulisse von Petra, das selbst so wirkt, als sei es nur für Hollywood erbaut worden. Eine enge Schlucht windet sich bis zum legendären Eingang, der aus tief rosafarbenem Sandstein herausgearbeitet wurde. Wer dort hineintritt, steht vor der verschnörkelten Fassade der berühmten Khazneh („Schatzkammer"), der fiktiven Heimat des Heiligen Grals im Film. In der Anlage gibt es noch reichlich mehr zu entdecken, zum Beispiel den „Tempel der geflügelten Löwen", an dem die Archäologen noch arbeiten. Heute besteht die einzige Gefahr darin, mit den Schultern einen der anderen 3000 Besucher anzustoßen. Giftpfeile, rollende Felsen und Gruben voller Schlangen, wie Sie auf Indy in seinen Abenteuern gewartet haben, trifft man in der Regel eher selten an.

290 HAIE HINTER GLAS, SYDNEY UND MELBOURNE, AUSTRALIEN

Über Jahrhunderte haben die Menschen stets den Kampf gegen wilde Tiere gesucht, um ihre Stärke zu beweisen, seien es die ziemlich einseitige Jagd nach Trophäen oder die Flucht vor wütenden Stieren durch die Seitenstraßen des spanischen Pamplona. Etwas ausgeglichener und näher dran ist das Schwimmen mit Haien in Australien. Wer keine Taucherfahrung hat, kann in den Becken der Aquarien in Melbourne und Sydney diese Jäger geräuschlos an sich vorbeigleiten und sich als potenzielle Mahlzeit betrachten lassen. Familie und Freunde können Ihren Mut (bzw. ihre schlecht verborgene Angst) durch das Glas beobachten.

BESTE ORTE FÜR EINE MIDLIFE-KRISE

BEVOR SIE ENDGÜLTIG VERSCHWINDEN ...

DIESE ORTE BRAUCHEN UNSERE AUFMERKSAMKEIT UND ZUWENDUNG, NICHT NUR, WEIL SIE ZU DEN UNGLAUBLICHSTEN ALLER REISEZIELE ZÄHLEN. ALSO: GAAAANZ VORSICHTIG!

291 REGENWALD AM AMAZONAS, SÜDAMERIKA

Mit rund 6 Mio. km² ist das Amazonasgebiet in Brasilien, Peru, Ecuador, Kolumbien und Venezuela der größte tropische Regenwald der Welt. Aber den Rodungen sind bereits rund 20 Prozent des Waldes zum Opfer gefallen. 2013 ging zweimal die Fläche des Saarlands durch Rodungen zur Holzgewinnung und für den Ackerbau verloren. Zwar war das Rodungstempo zwischenzeitlich zurückgegangen, aber Forscher befürchten, dass bis 2030 weitere 20 Prozent des Regenwalds verschwinden könnten. Ein Gebiet, dreimal so groß wie Frankreich, wird nun in Brasilien vor der Nutzung geschützt. Aber der Amazonas bleibt immer noch die löchrige Lunge der Welt..

292 SCHNEE AUF DEM KILIMAND-SCHARO, TANSANIA

Schmelzende Gletscher sind ein bekanntes Phänomen rund um die Erde, aber es wird noch einmal deutlicher, wenn solch eine Berühmtheit wie Hemingways Schnee am Kilimandscharos verschwinden könnte. Im vergangenen Jahrhundert ging die lange Zeit unverwüstliche Eiskappe des Berges, der etwa auf Höhe des Äquators liegt, um mehr als 80 Prozent zurück. Experten sagen voraus, dass die Gletscher auf Afrikas höchstem Berg bis zum Jahre 2020 komplett verschwunden sein werden – und damit auch eines von Afrikas klassischen Bildern. Es wird nicht das Ende des beliebten Aufstiegs auf den Kilimandscharo bedeuten, doch es wird so sein, als ob man den Kuchen ohne Zuckerguss isst.

293 GREAT BARRIER REEF, AUSTRALIEN

Als ob das Great Barrier Reef nicht schon genug Probleme hätte. Die Flüsse von Queensland überschütten es mit Sediment und von Zeit zu Zeit läuft ein Schiff auf. Nun kommt ein bekannter Schurke dazu: die globale Erwärmung. Das größte Riff der Welt, das sich über mehr als 2000 km entlang der australischen Ostküste erstreckt, musste wegen der zunehmenden Meereserwärmung in den vergangenen Jahren zwei massive Korallenbleichen durchmachen, bei denen mehr als 90 Prozent des Riffs seine Farbe verlor. Experten warnen, dass das Great Barrier Reef bis 2050 fast komplett verschwunden sein wird, falls sich der Pazifik weiter erwärmt.

294 TUVALU

Das winzige Tuvalu ist in der misslichen Lage, eine flache Kette von Atollen und Inseln inmitten eines steigenden Ozeans zu sein. Die höchsten „Erhebungen" liegen kaum mehr als fünf Meter über dem Meeresspiegel. Die Inselgruppe ist abgelegen – etwa 1000 km nördlich von Fidschi –, typisch für den Pazifikraum und verschwindet langsam unter den Wogen des immer weiter steigenden Meeres, das durch die globale Erwärmung verursacht wird. Laut verschiedener Voraussagen könnte Tuvalu innerhalb weniger Jahrzehnte dem Schicksal von Atlantis folgen. Über Evakuierungspläne für die 11 600 Bewohner wurde bereits debattiert.

Falls Sie Tuvalu noch einmal sehen wollen, bevor es – so bitter es klingt – ausschließlich zum Reiseziel für Taucher wird: Es gibt Flüge und Boote von Suva auf den Fidschi-Inseln aus.

295 TIMBUKTU, MALI

Die legendäre Stadt islamischer Lehren könnte, weil sie am Rand der Sahara liegt, eines Tages zum Fundament einer Sanddüne werden. Der Sand aus der Wüste dringt immer tiefer in die Stadt ein und klopft buchstäblich an Timbuktus berühmte dekorative Türen. Die Desertifikation zerstört die Vegetation und die Wasserzufuhr und gefährdet die Stabilität von Gebäuden. 1990 setzte die Unesco Timbuktu auf die Liste des gefährdeten Welterbes und wies darauf hin, dass die Dyingerey-Bay-Moschee befestigt und das terrassenförmige Drainagesystem für das Regenwasser verbessert werden müsse. Timbuktu wurde 2005 wieder von der Gefahrenliste genommen – aber die Sahara wird nicht plötzlich verschwinden.

296 VENEDIG, ITALIEN

Die romantischste Stadt der Welt wird nicht mehr ganz so verträumt daherkommen, wenn man dort durch ein Tauchgerät atmen muss. Wie bei Tuvalu bedroht der steigende Meeresspiegel die Stadt der Kanäle, was für die Venezianer aber nichts Neues ist: Seit Gründung der Stadt im 5. Jh. müssen sie gegen die Fluten ankämpfen. Dieses Mal könnte das Problem allerdings das Ende bedeuten. Aus sporadischen sind mittlerweile regelmäßige

Überflutungen geworden, und bereits der kleinste Anstieg des Meeresspiegels könnte den Markusplatz in einen Fischteich verwandeln. Da sind selbst Bemühungen wie das MO.S.E.- Projekt, das mit Fluttoren das Hochwasser zurückzuhalten will, machtlos.

297 BABYLON, IRAK

Der moderne Krieg im Irak hat viele Opfer gefordert, aber nur wenige waren so alt wie Babylon. Die biblische Stadt liegt nur 90 km südlich von Bagdad und ist für die herrlichen (aber historisch nicht belegten) „Hängenden Gärten", eines der sieben Weltwunder, berühmt. Teile der Stadt wurden durch Saddam Hussein wieder aufgebaut; sein Versuch, seinen Namen auf ewig mit dem eines anderen berühmten babylonischen Anführers, König Nebukadnezar II., in Verbindung zu bringen. In Babylon stationierte ausländische Truppen wurden beschuldigt, die zerbrechliche Anlage beschädigt zu haben – unter anderem Nebukadnezars berühmten Palast.

298 TAL DER KÖNIGE, ÄGYPTEN

Die prächtigen Tempel des alten Theben befinden sich direkt neben der geschäftigen Stadt Luxor. Das Tal der Könige, der Luxor-Tempel und eine ganze Reihe anderer antiker Stätten machen Luxor zu Ägyptens größter Touristenattraktion nach den Pyramiden von Gizeh. Aber für wie lange noch? Die Ausbreitung der Landwirtschaft und die Bewässerung (besonders des durstigen Zuckerrohrs) entlang des Nils haben dazu geführt, dass der Grundwasserspiegel mehrere Meter angestiegen ist.

Feuchtigkeit, die vom porösen Sandstein der Tempel aufgesogen wird und den Stein zerstört. Die Kulturstätten zu retten, ist ein Wettlauf gegen die Zeit.

299 DREI SCHLUCHTEN, CHINA

Mit 6300 km ist der Yangtse in China der drittlängste Fluss der Erde. Zwischen den Städten Fengjie (in Sichuan) und Yichang (in Hubei) zwängt er sich durch drei unglaublich schöne Schluchten mit markanten Felsformationen und atemberaubenden Kliffs. Die drei Schluchten Qutang, Wu und Xiling erstrecken sich über eine Länge von 200 km – und kommen zu einem abrupten Schluss an der Drei-Schluchten-Talsperre nahe des Endes der Xiling-Schlucht. Der steigende Wasserspiegel am Damm lässt den Fluss breiter werden und die umgebenden Gipfel niedriger erscheinen. Ob das neue Wasserkraftwerk (das größte der Welt) zur ebenso beliebten Attraktion wird, bleibt abzuwarten.

300 PANAMA-KANAL, PANAMA

Während der Panama-Kanal nicht wirklich bedroht ist, ist es seine Rolle als Schiffsroute. Konkurrenz macht ihm die legendäre Nordwestpassage südlich von Island und Grönland und nördlich von Kanada und Alaska. Für Seeleute wäre sie die Chance, ihre Routen um bis zu 7000 km zu verkürzen. Wegen der globalen Erwärmung schmilzt das massive Eispaket in der Passage. Wissenschaftler und Seeleute prüfen, ob die Gewässer möglicherweise doch eine nutzbare Schiffsroute werden könnten – auf Kosten des Panama-Kanals.

SURREALE LANDSCHAFTEN

AN DIESEN FANTASTISCHEN ORTEN RUND UM DEN GLOBUS SCHEINT ES, ALS WÄRE MAN AUF EINEM ANDEREN PLANETEN GELANDET.

Einst floss ein Fluss durch diese Schlucht und das Wasser kräuselte sich zwischen den roten Kegeln der Bungle Bungles.

301 SALAR DE UYUNI, BOLIVIEN

Kaum zu glauben, dass diese seltsame Landschaft auf dem Altiplano im südwestlichen Bolivien in 3656 m Höhe über dem Meeresspiegel keine optische Täuschung des sauerstoff-unterversorgten Hirns ist. Die riesige Salzfläche nahe der Anden ist so blendend weiß und liegt so schwindelerregend hoch, dass sie leicht für ein Gemälde von Salvador Dalí gehalten werden könnte. Der unheimliche Salar de Uyuni erscheint wie aus einer anderen Welt mit seinen roten und grünen Lagunen, pinkfarbenen Flamingos, erloschenen Vulkanen, riesigen Kakteen, heißen Quellen und spuckenden Geysiren vor tief-blauem Himmel. Rau, verlassen und von kraftvollen Winden durchfegt, ist er mit 10 Mrd. t das größte salzverkrustete Gebiet der Erde. 20 000 davon werden Jahr für Jahr abgebaut.

303 VERSTEINERTER WALD, ARGENTINIEN

Hier fühlt man sich in die Kulisse von „Star Wars" versetzt. Das flache, ausgedörrte Land in der patagonischen Provinz Santa Cruz ist übersät mit aus der Erde ragenden Stämmen versteinerter Bäume. Zur Jurazeit vor rund 130 Mio. Jahren bedeckten Wälder voller riesiger Araukarien das Gebiet. Als sich die Anden formten, begruben vulkanische Aktivitäten weite Flächen Patagoniens unter Asche und ließen die Wälder zu Stein erstarren. Diese riesigen Bäume aus reinem Fels stehen nun in der vom Wind durchpeitschten Steppe auf fast 35 km^2 Fläche. Die Pflanzenwelt ist spärlich und Tiere sind rar – gelegentlich trifft man auf einen Guanako oder einen patagonischen Graufuchs. Aber das Panorama ist umso beeindruckender.

304 WADI RUM, JORDANIEN

Die fast schon unerträgliche Schönheit von Wadi Rum war die perfekte Kulisse für das Filmepos „Lawrence von Arabien" aus dem Jahre 1962. Die Wüstenwildnis im Süden Jordaniens ist zweifellos filmreif: Sandtäler und Dünen kontrastieren mit einem Irrgarten aus Monolithen, bogenartigen Felsformationen, engen Canyons und Felsspalten. Die Farben zur Morgen- und Abenddämmerung sind wunderbar stimmungsvoll und am Nachthimmel funkeln zahllose Sterne. Kolossale Berge aus weichem Sandstein und Granit bedecken diese 720 km^2. Hier ritzten Wüstenbewohner vor Jahrtausenden ihre Schriften in die Felsen, und Beduinenstämme leben noch heute in Zelten aus Ziegenhaar.

305 PAINTED DESERT, ARIZONA, USA

Erdbewegungen verwandelten dieses öde Land vor Millionen von Jahren in ein farbenfrohes Gemälde der Natur. Und so strahlt die von der Sonne gebackene Painted Desert auf einer Hochebene im Norden von Zentral-Arizona in kräftigen Rot-, Orange-, Gelb-, Blau-, Grau- und Pink-Töne. In dem Gebiet, das etwa 19400 km^2 groß ist, treffen farbiger Sandstein, imposante Härtlinge, zinoberrote Kliffs und flaches Tafelland aufeinander. Dieses sagenhafte und absolut einzigartige Stückchen Erde ist die Heimat der Hopi- und Navajo-Völker. Letztere sind für ihre zeremoniellen Sandgemälde bekannt, deren Bestandteile aus dem Gestein der Gegend, hergestellt werden.

302 PURNULULU-NATIONALPARK, AUSTRALIEN

Bis zu Beginn der 1980er Luftbilder veröffentlicht wurden, war diese entlegene Wildnis in Westaustralien dem Rest der Welt so gut wie unbekannt. In dem schroffen Netz aus Rinnen, Kliffs, Schluchten, Kuppen und Bergrücken lebten traditionell die Kija-Aborigines während der Regenzeit. Daher findet man zahlreiche ihrer Kunstwerke und Grabstätten im Bereich dieser außergewöhnlichen Landschaftsformen. Die Erosion verlieh den Sandsteinhügeln der Bungle Bungle Range innerhalb des Nationalparks über einen Zeitraum von 20 Mio. Jahre die Form von Bienenstöcken. Heute prägen diese surrealen Kegel mit ihren auffälligen orangfarbenen und grauen Streifen das gigantische natürliche Labyrinth im australischen Hinterland.

In diese vulkanischen „Feenschornsteine" wurden im glühend heißen Kappadokien Häuser und Kirchen geschlagen.

306 KAPPADOKIEN, TÜRKEI

Diee Landschaft im Herzen der Türkei ist so unwirtlich, dass es die frühen Siedler unter die Erde zog. Sie bauten Häuser, Kirchen und Kloster in den weichen Fels. So entstanden unterirdische Städte, in denen sich die frühen Christen vor den Römern versteckten. Das Terrain an der Erdoberfläche wurde durch Erosion und Vulkanausbrüche vor etwa 9 Mio. Jahren geformt. Für eine einzigartige Szenerie sorgen rosa schimmernde Säulen, wabenförmige Felsen, ungewöhnliche Steinformationen, vulkanische Kuppen, als „Feenschornsteine" bekannt, und dramatische Schluchten. Die aus dem Fels gehauenen Kirchen und die byzantinischen Fresken im historischen Klosterzentrum Göreme sind die Höhepunkte Kappadokiens.

309 VALLEY OF DESOLATION, DOMINICA

Dieses Tal auf der Karibik-Insel Dominica war bis zu einem Vulkanausbruch 1880 ein saftiger Regenwald. Die Tierwelt beschränkt sich inzwischen auf Eidechsen, Ameisen und Kakerlaken. Der violettgrüne Boden des Tals ist mit Moos und Flechten bedeckt. Das Gebiet wird geprägt von brodelndem Matsch, kleinen Geysiren, eindrucksvollen Fumarolen und von heißen Quellen, um die Mineralien in einem Spektrum aus Grau-, Blau-, Grün-, Gelb- und Brauntönen leuchten. Eine kurze Wanderung entfernt liegt der Boiling Lake („Kochender See"). Er entstand aus einem überfluteten Riss in der Erdkruste und ist der zweitgrößte See dieser Art auf der Welt.

307 BOGORIA-SEE, KENIA

Die Erdkruste in dieser finsteren Landschaft ist so dünn, dass die Oberfläche wie ein riesiger Hexenkessel aussieht: mit kochend heißen Quellen, bedrohlichen Fumarolen und sprudelnden Geysiren. Der Bogoria-See und seine Ufer, die sich über eine Fläche von 107 km² erstrecken, sind ein Naturschutzgebiet im kenianischen Rift Valley. Reich an Natriumsalz und Mineralien existiert im und um den Natronsee kein Leben bis auf blaugrüne Algen, den über ihn hinwegfliegenden Adlern und einer unfassbaren Anzahl von pinkfarbenen Flamingos, die durch das Wasser waten. Zu manchen Zeiten sucht hier die stattliche Zahl von 2 Mio. dieser Vögel nach Futter und sorgt für einen traumhaften Anblick.

308 HALONG-BUCHT, VIETNAM

Auf Vietnamesisch bedeutet *halong* „wo der Drache ins Meer steigt". Laut Überlieferung der Einheimischen stampfte ein riesiger Drache, der in dieser Bucht lebte, mit solcher Wucht auf die Erde, dass die Berge einstürzten, sich die Täler mit Wasser füllten und nur noch die Berggipfel aus dem Wasser herausragten. So entstand dieses Naturwunder in Nord-Vietnam. In dieser atemberaubenden Meereslandschaft ragen rund 3000 Kalksäulen aus dem smaragdgrünen Wasser an der Nordwestküste des Golfs von Tonkin. Die kleinen Karstinseln mit ihren Grotten sind über das 1500 km² große Gebiet verteilt, und so erinnert das Ganze stark an ein chinesisches Tuschegemälde.

310 MÝVATN-SEE, ISLAND

Die Besatzung von Apollo 11 trainierte hier auf den kahlen Lavafeldern in Nord-Island für ihre Mondspaziergänge. Der seichte Mývatn-See, mit rund 37 km² Islands viergrößter, ist gespickt mit vulkanischen Inselchen, umgeben von kantigen Kratern, vulkanischen Kuppen, hoch aufragenden Lavasäulen, brodelnden Matschgräben und blubbernd heißen Quellen. Das geologisch aktive Gebiet wirkt, als sei es die Kulisse eines Science-Fiction-Films. Sieht man mal von den vielen Enten auf den Sandbänken ab, könnte man auf einem anderen Planeten sein.

SURREALE LANDSCHAFTEN

TOP 10 DER PARKS UND SCHUTZGEBIETE

VERDAMMT SCHWER, NUR ZEHN GEBIETE AUSZUWÄHLEN! VERGESSEN SIE FOTOS – DIESE KULISSEN MÜSSEN SIE AUS NÄCHSTER NÄHE ERLEBEN.

311 NAMIB-NAUKLUFT-NATIONALPARK, NAMIBIA

Der dampfende Sand des Namib-Naukluft-Nationalparks ist der Inbegriff einer trostlosen und öden Wüste. Selbst Fotografien dieser vom Wind gepeitschten Gegend machen durstig. Die Dünen bei Sossusvlei werden allgemein für die ältesten der Welt gehalten und sind der stärkste Publikumsmagnet des Naturschutzgebiets. Kräftige Stürme brechen häufig über dieses Terrain herein und haben bereits bis zu 300 m hohe Hügel aufgeschüttet. Starke thermische Winde machen Heißluftballontrips zu einer beliebten Möglichkeit, den Park aus der Vogelperspektive zu erleben. Hoch aus der Luft erscheint das wellige Gelände beinahe wie die sich kräuselnde Brandung eines orangfarbenen Ozeans..

312 BANFF-NATIONAL-PARK, KANADA

In diesem so unglaublich riesigen Land überrascht es nicht, dass auch im Banff-Nationalpark nur Superlative zu gelten scheinen: Die Füchse sind gerissener, die Bären gewaltiger und die Elche könnten für haarige Schulbusse gehalten werden. Die idyllische Region wurde in den späten 1880ern während des Baus der Canadian-Pacific-Eisenbahnstrecke entdeckt und umgehend zu einem Naturschutzgebiet erklärt. Der 6641 m² große Park ist ein natürlicher Korridor für die Tierwelt durch die sonst scheinbar unüberwindbaren Rocky Mountains. Besucher bekommen häufig eine regelrechte Parade der für Kanada typischen Tiere geboten. In Banff etwa kann man mit den Bären fast schon kuscheln..

313 MUNGO-NATIONALPARK, AUSTRALIEN

In den vergangenen Jahrzehnten wurden einige Orte in Australiens legendärem Outback zum Pflichtprogramm für Touristen: Alice Springs, die Blue Mountains und sogar der Uluru (Ayers Rock). Der Mungo-Nationalpark hat es irgendwie geschafft, ein Geheimtipp zu bleiben. Das stille Naturschutzgebiet erzählt, umgeben von den Lehmwällen der Walls of China, von einer reichhaltigen Geschichte voll uralter Seen und umherschweifender Großtiere. Knochenreste beweisen, dass hier vor über 40 000 Jahren Menschen lebten. Aber heute ist Mungos wüstenhafte Fläche so verlassen, dass es sogar möglich ist, einen Blick auf die Krümmung der Erde zu werfen.

PAUL SINCLAIR / LPI

Wüst und leer und trotzdem wunderschön: die Walls of China im Mungo Nationalpark.

314 GRAND-CANYON-NATIONAL-PARK, ARIZONA, USA

Der Grand Canyon ist ein amerikanischer Klassiker wie der 1956er Chevy oder der Big Mac. Auf der legendären Route 66 bietet er zweifellos den größten „Kick". Mit zahllosen Halteplätzen, die Aussichten auf Schluchten und Spalten bieten, wurde der Grand Canyon zum beliebten Tummelplatz für Geologen: Die filigrane Geschichte der Erde ist in den unzähligen Schichten aus farbigem Gestein eingeschlossen. Wer in die breiten Erdnarben hinabsteigt, wird dort semi-arides Gelände mit Hunderten verborgener Grotten finden. An der tiefsten Stelle des Canyons offenbart sich bei 1800 m eine prähistorische Landschaft.

315 KHAO-SOK-NATIONALPARK, THAILAND

Willkommen im Jurassic Park! Hier scheint einen die Filmmusik praktisch im Surround-Sound zu begleiten, während man durch die riesigen Kalksteingebilde wandert. Nun sich noch schnell einen herumstreifenden Tyrannosaurus Rex vorstellen und Thailands erstes Naturschutzgebiet steht dem prähistorischen Disneyland des Autors Michael Crichton in nichts nach. Dieser tropfende, üppige Dschungel ist ein Teil des ältesten Regenwalds der Welt, in ihm lauern Schlangen, Affen und Tiger im Gewirr herabhängender Lianen. Im Park wächst auch die größte

JIM WARK / LPI

Ein gespenstischer Blick auf den Grand Canyon, dessen östliche Kante mit cremig wirkenden Zuckergusswolken bedeckt ist.

Blume der Welt: die *Rafflesia kerrii*, die einen Durchmesser von mehr als 80 cm erreichen kann. Sie hat keine eigenen Wurzeln oder Blätter, sondern lebt als Parasit in den Wurzeln von Lianenpflanzen.

316 NORDOST-GRÖNLAND-NATIONALPARK, GRÖNLAND

In einem Zeitalter der Verschmutzung und Bedrohung durch schmelzende Polkappen erbringt Grönlands Nationalpark den Beweis, dass die Gletscher der Erde noch nicht gänzlich verschwunden sind. Der größte Nationalpark der Welt ist etwa zwei Mal so groß wie Frankreich. In dieser unverdorbenen Wildnisheimat tummeln sich Eisbären und Walrosse zwischen gläsernen Eisbergen. Die kleine Stadt Ittoqqortoormiit (versuchen Sie mal, das mehrfach schnell zu sagen) ist das inoffizielle Tor zu diesem ruhigen, kalten Königreich. Momentan sind lediglich forschende Wissenschaftler und Extremabenteurer als Besucher zugelassen, Touren werden aber angeboten.

317 IGUAZÚ-NATIONALPARK, ARGENTINIEN/BRASILIEN

Diese Fälle sind so beliebt, dass gleich zwei Länder sie zu ihrem Besitz erklärt haben. Der Nationalpark ist ein Traum für jeden Fotografen: Eine Verwerfung nahe des Zusammenflusses der Flüsse Parana und Iguazu sorgt für die Höhenverschiebung, die das Flusswasser äußerst spektakulär über eine Klippe donnern lässt. Aber der Park bietet noch weit mehr als die vielbesuchten Wasserfälle. Die subtropischen Wälder, die den saftig-grünen Hintergrund der Kaskaden abgeben, sind die Heimat für mehr als 450 Vogelarten und unzählige seltene Schmetterlinge.

318 SABA-NATIONAL-PARK, NIEDER-LÄNDISCHE ANTILLEN

Es ist kaum zu glauben, dass dieses Inselparadies lediglich 15 Flugminuten von den schrillen Kasinos und Wohnanlagen Sint Maartens entfernt liegt. Schwer zu sagen was atemberaubender ist: Sabas gezackte Vulkanlandschaft oder das bunte Unterwasserreich aus neonfarbenen Korallen, das vor fetten Riffhaien, Meeresschildkröten und Fischen nur so strotzt. Die überragenden Tauchgebiete zählen zu den besten der Welt und sind geschützt durch den in der Region längst etablierten Meeresnationalpark.

319 TONGARIRO-NATIONALPARK, NEUSEELAND

Ein kurzer Blick auf den Tongariro-Nationalpark genügt und man weiß, warum die Region als Kulisse für Peter Jacksons epische „Herr der Ringe"-Trilogie ausgewählt wurde. Die drei erloschenen Vulkane des Parks, die im Film verewigt wurden, erheben sich hoch über dem kalten, klaren Wasser des Taupo-Sees. Nachdem der Ansturm der Hobbit-Jäger nach dem Kino-Start der Filme abgeebbt ist, ist Neuseelands ältester Nationalpark wieder ein ruhiges Reich der geologischen Besonderheiten. Das Highlight unter Tongariros himmlischen Sehenswürdigkeiten sind die sogenannten Craters of the Moon („Mondkrater"), ein dampfendes Stückchen Erde voll blubberndem Schlamm und rauchspeienden Kratern.

320 GALÁPAGOS-NATIONALPARK, GALÁPAGOS-INSELN

Diese Bestenliste wäre unvollständig ohne den ebenso beliebten wie legendären Tummelplatz Charles Darwins. Das abgelegene Archipel ist der Beweis für die Evolutionstheorie und besteht aus 19 großen Inseln, die aus hohen Vulkanen entstanden sind. Jedes Stückchen Land ist Heimat für eine andere Tierart: Von sanftmütigen, ledergesichtigen Schildkröten, die auf der erkalteten Lava die Langsamkeit zelebrieren, bis hin zu neugierigen Blaufußtölpeln, die die sonnenbadenden Leguane ärgern. Obwohl Tourboote regelmäßig durch den Park schippern, sorgen (halbwegs) strenge Umweltauflagen (die wichtig sind wegen der Auswirkungen des Tourismus') dafür, dass noch reichlich Raum für Robinson Crusoe-Fantasien bleibt.

TOP 10 DER PARKS UND SCHUTZGEBIETE

UMWERFENDE ANKÜNFTE

MAN SAGT, DIE REISE IST DAS ZIEL. ABER MANCHMAL IST DIE ANKUNFT AM ZIEL DER BEEINDRUCKENDSTE TEIL DER REISE …

321 SIRKECI-BAHNHOF, ISTANBUL, TÜRKEI

Wer von Serbien, Rumänien oder Bulgarien kommt, spürt ihn deutlich, den schleichenden Übergang von Europa in den Orient: Die Kreuze werden weniger und von Kuppeln und Minaretten abgelöst. Das letzte Stück vor Istanbuls Sirkeci ist ein Traum für alle, die auf einer Liste möglichst viele Sehenswürdigkeiten abhaken wollen: Die Strecke führt südlich von Sultanahmet an den Mauern der Altstadt entlang, die Blaue Moschee und die altehrwürdige Hagia Sophia zeichnen sich auf der linken Seite ab, bevor es nach Norden und unterhalb des Topkapı-Palast entlanggeht, der über den Bosporus hinweg tief in Richtung Asien blickt. Schließlich dreht sich der Weg gen Westen entlang der Bucht des Goldenes Horns. Sirkeci selbst ist eher bescheiden, aber ein Kaffee im Orient Express Café des Bahnhofs erinnert an Reisen aus der Zeit der Belle Époque, die ebenfalls hier ihr Ende nahmen.

322 STONE TOWN, SANSIBAR-STADT

Der Kontrast zwischen dem großen, aufdringlichen Dar-es-Salaam und den aus zermahlenen Korallen gebauten Häusern der Stone Town könnte nicht krasser sein. Am schönsten ist die Ankunft, wenn man mit der Fähre von dem einen zum anderen Ort fährt. Während das Schiff einen Bogen um die Shangani-Landzunge schlägt, fährt es vorbei an einer Promenade mit den eindrucksvollsten historischen Gebäuden, deren Reihe sich in Richtung Nordosten erstreckt: das Omani-Fort, das Beit-al-Ajaib („Haus der Wunder"), der „Big Tree" – eine enorme Feige – und die wundervolle alte Dispensary, eine ehemalige Arzneiausgabe und Klinik. Sobald das Boot angelegt hat, blicken Sie nach links, um die traditionellen Dauen im Hafen schaukeln zu sehen. Bereiten Sie sich jetzt schon einmal darauf vor, von den labyrinth-artigen Gassen der Altstadt verzaubert zu werden.

323 PETRA, JORDANIEN

Nicht nur, weil Indiana Jones durch diesen Canyon galoppierte, sind die riesigen Säulen des Schatzhauses am Ende des Siq (des Eingangs der Anlage) das inoffizielle Wahrzeichen Petras. Schon der erste kurze Blick auf die rosarote Stadt ist atemberaubend. Die Nabatäer schlugen Petra vor zwei Jahrtausenden aus dem rosafarbenen Wüstenfels. Obwohl Sie nicht der einzige Tourist sein werden, ist vor allem das Heraustreten aus dem Siq von unbeschreiblicher Magie. Alternativ können Sie auch die fünftägige Wanderung wählen, die im Dana-Naturschutzgebiet beginnt. So betreten Sie Petra durch das Kloster – kein Siq, aber auch keine Menschenmassen.

SEAN CAFFREY / LPI

Das Schatzhaus in Petra im Schein Tausender Kerzen.

324 WAGAH, PAKISTAN/ ATTARI, INDIEN

Die einzige Grenzstraße zwischen Indien und Pakistan ist ohnehin schon ziemlich düster. Trotzdem sollte man die Zeit für die Ankunft am Grenzübergang auf kurz vor Sonnenuntergang wählen, falls man es liebt, mit Tamtam und großem Bahnhof begrüßt zu werden. Dann findet nämlich das feierliche Einholen der Flagge statt: An jedem Abend seit mehr als 60 Jahren – kurz, nachdem die beiden Länder getrennt wurden – marschieren prächtig uniformierte Soldaten im Stechschritt umher, brüllen und präsentieren ihre Waffen. Dabei befinden sie sich in unmittelbarer Nähe voneinander auf beiden Seiten der Grenze. Das mag beunruhigend klingen, ist aber tatsächlich ein eindrucksvolles Schauspiel, das von Tausenden von jubelnden Fans besucht wird, die auf speziellen Tribünen Platz nehmen.

325 ELLIS ISLAND, NEW YORK, USA

Vollkommen egal, auf welchem Weg Sie New York betreten: Der Wow-Effekt greift immer! Ob Sie nun über die Wolkenkratzer fliegen, mit einem Kreuzfahrtschiff über den Atlantik schippern oder in die Grand Central Station zuckeln, alle Ankünfte sind großartig. Aber um wirklich zu erfahren, was dies für Generationen von Einwanderern bedeutete, nehmen Sie eine Fähre von Manhattan (oder New Jersey für eine weniger überfüllte Anreise) nach Ellis Island. Zwischen 1892 und 1954 wurden in der riesigen Halle aus Rotklinkersteinen täglich bis zu 12 000 Einwanderer ins Land gelassen oder abgelehnt. Heute vermitteln kostenlose Touren mit einem Inselführer einen Eindruck davon, wie es war, eine neue Welt zu betreten.

326 MACHU PICCHU, PERU

Bestimmt haben Sie die verlorene Inka-Zitadelle auf Unmengen von Fotos gesehen, aber das kann den ersten Eindruck nicht schmälern – schon gar nicht, wenn vier harte Wandertage hinter Ihnen liegen. Der Inka-Pfad ist viel mehr als eine nette Wanderung. Er ist wie der Spannungsaufbau vor dem Hauptfilm, der dadurch in die Länge gezogen wird, dass die Belohnung bis zur letzten Minute nicht zu sehen ist. Es lohnt sich am letzten Morgen früh aufzubrechen, um Intipunku (das Sonnentor) im Morgengrauen zu erreichen. Hier passieren Sie einen historischen Kontrollpunkt aus mörtellosen Steinen. Und dann ist es soweit: Vor Ihnen eröffnet sich der Blick auf die allzu bekannten, aber umvermindert beeindruckenden Terrassen mit Ruinen, über denen der spitze Gipfel des Huayna Picchu thront, in all ihrer Herrlichkeit.

327 LEWA DOWNS, KENIA

Der Flug nach Lewa kann ziemlich dramatisch verlaufen. Turbulenzen lassen das kleine Flugzeug oft abtauchen und bocken, während es am Massiv des Mt. Kenya vorbeifliegt, der sich aus der umgebenden Ebene erhebt. Der Sinkflug in dieses Vorzeigenaturschutzgebiet ruft dann Nervenkitzel einer anderen Art hervor: Während das Flugzeug kreist, erblickt man plötzlich Schatten, die sich langsam unter einem bewegen. Graue Massen, die sich Wege durch das saftige Marschland bahnen, identifiziert das Auge langsam als Elefanten. Eine Anhäufung von Punkten entpuppt sich als eine Herde seltener Grevyzebras. Und kurz vor der Landung erkennt man auch die besser getarnten Tiere: Giraffen, Thomson-Gazellen, Dikdiks und sogar Nashörner. Willkommen im Safariparadies!

328 SANTIAGO DE COMPOSTELA, SPANIEN

Nachdem man mehr als vier Wochen fast 800 km zu Fuß auf der alten Pilgerroute hinter sich gebracht hat, ist die Ankunft in Santiago etwas Erhebendes. Das Gefühl wird noch verstärkt, weil das letzte Teilstück der Tour durch düstere Vororte führt, die kaum einen Hinweis auf das wundervolle Stadtzentrum geben. Die letzten Schritte führen durch Bogengänge mit Säulen, vorbei an gotischen Klostern und Restaurants zum riesigen Plaza del Obradoiro, wo die Glockentürme der Kathedrale den Menschen ins Gedächtnis rufen, warum sie sich auf diese Reise begeben haben. Schließen Sie sich den anderen Pilgern für eine besondere Mittagsmesse an und schauen Sie zu, wie das enorme silberne *botafumeiro* (Weihrauchfass) über Ihren Köpfen hin- und herschwingt.

Sonnenstrahlen erleuchten Machu Picchu unter dem Gipfel des Huayna Picchu, während ein Sturm aufzieht.

329 PARO, BHUTAN

Ein Flugzeug in Paro – dem einzigen Streifen Land im Bhutan, der eben genug für eine Landebahn ist – zu landen, ist etwas knifflig. Der Flughafen selbst liegt schon mehr als 2000 m über dem Meeresspiegel, aber er ist umgeben von gezackten, 5000 m hohen Himalaya-Gipfeln, die von Gletschern bedeckt sind. Während der Pilot den schweren Teil der Aufgabe übernimmt, schauen Sie zu, wie sich das Flugzeug erst zur einen Seite neigt, dann zur anderen und wieder zurück. Bevor er irgendwie in diesem Bergparadies aufsetzt, taucht der Flieger über baumbedeckten Tälern, Reisfeldern und Trauerweiden ab. Unbedingt einen Fensterplatz buchen!

330 ALDABRA, SEYCHELLEN

Dieses Korallenatoll im Indischen Ozean besteht aus einer Gruppe von Inseln, die eine zentrale Lagune umgeben. Diese ist nur über wenige schmale Kanäle mit dem Meer verbunden. Wenn die Flut kommt, schießt das Wasser mit halsbrecherischer Geschwindigkeit durch die Kanäle und reißt einen ganzen Ozean voller Lebewesen mit sich. Schnappen Sie sich einen Schnorchel und springen Sie ins tiefe Blau des Meeres, während es in die Lagune fließt, um gemeinsam mit Fischen, Stachelrochen, Schild-kröten und Haien ins Zentrum mitgenommen zu werden, in dieses Paradies aus Sand, pilzförmigen Felsen und 100 000 Riesenschildkröten.

UMWERFENDE ANKÜNFTE

DIE SCHÖNSTEN ORTE FÜR EINEN KUSS

HIER GEHT ES UM WAHREN LIPPENGENUSS – VOM ROMANTISCHEN FLECKCHEN FÜR LIEBESPAARE BIS ZUM SCHOKOLADEN-ELDORADO.

331 PARIS, FRANKREICH

Unsere Kuss–Top-10 wäre unvollständig ohne die Stadt der Lichter und der Liebe. Man könnte sogar eine komplette Kussliste nur mit Orten in Paris füllen. Ohne die anderen traditionellen Knutschörtchen niederzumachen: Favorit ist der Père-Lachaise-Friedhof – die letzte Ruhestätte von einigen der leidenschaftlichsten Menschen, die jemals gelebt haben. Ergattern Sie einen Kuss am Grabmal der von Liebeskummer geplagten Abaelard und Heloise. Und denken Sie dran, an der Grabstelle von Oscar Wilde vorbeizuschauen, um einen Kuss dem Mosaik verblichener Lippenstiftmünder hinzuzufügen, die andere Bewunderer bereits hinterlassen haben.

332 BLARNEY, IRLAND

Wer sich das Geschenk der Rhetorik zu eigen machen möchte, sollte sich den Menschenströmen zum Blarney Castle nahe Cork anschließen. Dort gilt es nämlich, einem berühmten Stück eines sogenannten Blausteins ganz nah zu kommen. Woher diese Tradition stammt, weiß niemand mehr so genau, aber einer Legende zufolge werden diejenigen, die dem Stein einen Kuss geben, mit unvergleichlicher sprachlicher Eloquenz und der Fähigkeit belohnt, sogar die griesgrämigsten Charaktere bezirzen zu können. Um den Stein zu küssen, müssen sich Besucher auf dem Rücken legen und ihren Kopf rückwärts in eine tiefe Spalte strecken. Auf dem Kopf stehend, gibt man dem Stein einen Schmatzer, während man sich an zwei Eisengeländern festhält.

333 HERSHEY, USA

Wo sonst, wenn nicht im winzigen Hershey im Bundesstaat Pennsylvania kann eine Hauptverkehrsstraße Chocolate Avenue heißen? Das verschlafene Örtchen ist die Heimat der Hershey-Fabrik, wo die berühmten „Hershey's Kisses" hergestellt werden. Die in silberner Folie verpackten, delikaten Stücke brauner Köstlichkeit dürften in den letzten 100 Jahren für so manches Zahnloch gesorgt haben. Touristen können das Besucherzentrum Chocolate World besichtigen oder sich auf ein Abenteuer im Willy-Wonka-Stil in der Fabrik einlassen. Es gibt eine Show in 3-D, Touren in kleinen Wägelchen, Gesangseinlagen und einen Probierstand, wo Sie so viele Küsse stehlen können, wie Sie möchten.

334 KISSING, DEUTSCHLAND

Das Knutschen wurde hier im Jahre 1808 erfunden. Nein, natürlich nicht wirklich! Kissing ist ein malerisches Städtchen voller Kirchtürme in Bayern. Der Ursprung des für englische Ohren reizend klingenden Namens ist ein Rätsel. In den Geschichtsbüchern taucht der Ort erstmals im Jahr 1050 auf, als er die Hauptstadt der Region war und den Namen Chissingin trug. Falls es in Kissing heiß werden sollte: Nur 185 km entfernt liegt – ähem – Fucking in Österreich (allerdings sei empfohlen, erst einen Abstecher ins liebliche französische Dorf Condom machen).

335 KIRIBATI

Inselziele sind immer eine exzellente Wahl für eine romantische Auszeit, aber diese winzige Nation aus naturbelassenen Atollen bietet noch mehr. Kiribatis 33 Inseln befinden sich in den himmelblauen Gewässern des Südpazifiks, knapp westlich der internationalen Datumsgrenze. Damit ist es stets der erste Ort auf der Welt, an dem der neue Tag begrüßt wird. Wenn Sie das neue Jahr auf einer von Kiribatis Line-Inseln einläuten, gehören Sie und Ihr Partner zu den ersten Menschen auf der Erde, die im neuen Jahr einen Kuss ergattern.

336 NEW YORK, USA

Die Geschichte New Yorks ist voll von denkwürdigen Küssen. Von 1892 bis 1954 war Ellis Island der Hauptzugang für Immigranten in die USA. Während der Blütezeit gaben Angestellten der Kontrollstelle einer Säule den Spitznamen „Kissing Post", weil hier die frischgebackenen Amerikaner mit ihren Familien und Geliebten wiedervereint wurden, von denen sie lange getrennt waren. 1945 wurde außerdem ein Kuss auf dem Times Square unsterblich: Die geschichtsträchtige Aufnahme des Fotoreporters Alfred Eisenstaedt zeigt einen amerikanischen Matrosen, der einer jungen Frau während der Feier des Sieges der Alliierten über Japan einen dicken Kuss aufdrückt. Und 1973 war die lebendige Metropole die Heimat der Herren Gene Simmons und Paul Stanley, als sie die Rockband KISS gründeten.

337 RIO DE JANEIRO, BRASILIEN

Das Song-Zitat „Tall and tan and young and lovely" beschreibt so ziemlich jeden der Sonnenanbeter am strahlend weißen Copacabana-Strand. Der aus Rio stammende Antonio Carlos Jobim schrieb den temperamentvollen Song „The Girl from Ipanema", der den Wunsch nach einer Strandromanze unter der tropischen Sonne perfekt einfängt. Selbst wenn nur die Instrumentalversion als Fahrstuhlmusik im Hintergrund läuft, weckt dieser herzzerreißende Bossa Nova den schwärmerischen Wunsch, sofort die Tasche zu packen und nach Brasilien zu reisen, wo zwei Bussis auf die Wangen zu jedem freundlichen „Hallo" gehören.

338 KISSIMMEE, FLORIDA, USA

Die Heimat der berühmt-berüchtigten Walt Disney World verkündet ihre Knutschbarkeit bereits im Namen. Jedes Jahr lockt Kissimmee Millionen von Touristen an, die sich in allerlei magische Geschichten hineinzaubern lassen. Ob nun tapfere Prinzen, die ihr Dornröschen mit einer sanften Umarmung wecken, oder angehende Prinzessinnen, die einer warzigen Kröte Küsse aufdrücken, in der Hoffnung, dass sich diese in einen Liebhaber verwandelt. Das Schloss aus Aschenputtel, ein Markenzeichen von Disney, steht im Zentrum des riesigen Vergnügungsparks. Diese weitläufige Festung mit sich drehenden Türmchen ist der perfekte Ort für einen klassischen Märchenkuss.

339 VENEDIG, ITALIEN

Die bezaubernden Kanäle von Venedig sind nicht erst seit Shakespeare und der Renaissance ein Zentrum der Romantik. Laut Legende finden Liebende das ewige Glück, wenn sie sich küssen, während sie bei Sonnenuntergang auf einer Gondel unter der Seufzerbrücke hindurchfahren. Viele glauben, dass die Brücke nach einem romantischen Seufzer benannt wurde, doch der Begriff wurde in Wirklichkeit geprägt, weil die Kalksteinbrücke ein Gericht mit einem Gefängnis verband. Die Verurteilten seufzten bei ihrem letzten Blick auf die wunderschöne Stadt, bevor sie eingesperrt wurden.

340 CASABLANCA, MAROKKO

„Küss' mich, küss' mich, als wäre es das letzte Mal", war nur einer von Ingrid Bergmans unauslöschlichen Sätzen, die dem Film „Casablanca" zum Kultstatus verhalfen und der marokkanischen Stadt für immer das gewisse Etwas gaben. Obwohl Humphrey Bogarts verrauchtes Café Americain nur eine Erfindung des Autors war, gibt es doch reichlich hektische Lokale, die Sie als Hintergrund für Ihre persönliche Nachstellung des Films nutzen können. Blicken Sie Ihrem Geliebten/Ihrer Geliebten tief in die Augen und flüstern Sie „Wir haben immer noch Paris" (keine Frage, die Nummer eins auf der Liste der Orte für einen Kuss).

DIE BESTEN TIPPS FÜR KLEINE BUDGETS

KNAPP BEI KASSE? WER TOLLE REISEERLEBNISSE SAMMELN WILL, BRAUCHT KEINEN PRALL GEFÜLLTEN GELDBEUTEL – NUR DIESE VORSCHLÄGE.

341 HAUSTAUSCH ODER HAUS HÜTEN

Schlüpfen Sie kurzzeitig in das Leben eines Einheimischen und vergessen Sie teure Übernachtungskosten, indem Sie Ihre Wohnung mit jemandem tauschen, der an einem interessanten Ort lebt. Im Haus eines anderen zu wohnen, bedeutet auch ein Teil der Gemeinschaft zu werden und dabei schonen Sie auch noch die Reisekasse! Der abwesende Gastgeber wird Ihnen bestimmt einiges zur Nachbarschaft erzählen und Sie erhalten den Blick eines Insiders auf die Örtlichkeiten. Eine andere Idee, um die Kosten zu verringern: Vermieten Sie Ihr Zuhause, während Sie verreist sind. Im Idealfall sind so Miete oder Hypothek gedeckt oder Sie haben einfach etwas zusätzliches Taschengeld für Ihre Reise.

342 SPAREN SIE BEIM TRANSPORT

Zugreisen sind romantisch und entspannend. Sie bieten Ihnen die Gelegenheit, die Landschaft zu sehen, ihren ökologischen Fußabdruck zu verringern und auch noch Geld zu sparen. Ein Interrail-Ticket gehört zwar nicht mehr so zum Erwachsenenwerden wie noch vor einigen Jahrzehnten, aber es bleibt eine geniale Möglichkeit, viel zu sehen und dafür vergleichbar wenig zu zahlen. Das gilt auch für andere Zug-Kombitickets. Die günstigsten Flugpreise sichern Sie sich, indem Sie mit elf Monaten Vorlauf oder aber in letzter Minute buchen. Falls Sie halbwegs regelmäßig fliegen, nehmen Sie stets die gleiche Fluglinie, um Meilen zu sammeln. Durchsuchen Sie Reiseführer nach Angeboten: Zum Beispiel ist der Easybus der günstigste Weg, um die Londoner Flughäfen zu erreichen. Wer beim Transport spart, hat mehr Geld für echte Reiseleckerbissen.

343 WER WAGT, GEWINNT

Arbeiten Sie an Ihrem Feilsch-Fähigkeiten für Basarbesuche. Sie können die Unterkunftskosten senken, indem Sie in allerletzter Minute buchen oder mit den Hotels direkt verhandeln (wenn diese bemüht sind, ihre Zimmer zu füllen, bekommt man oft gute Angebote). Oder schauen Sie auf deren Websites, ob es spezielle Wochenendpreise gibt. Scheuen Sie kein Risiko: Um an Preisnachlässe zu kommen, hilft es, die Dinge auch mal dem Zufall zu überlassen und erst vor Ort mit der Unterkunftssuche zu beginnen. Es macht meist mehr Spaß und ist deutlich persönlicher, wenn Sie ein Zimmer oder ein Privathaus mieten. Sie werden verstärkt in Kontakt mit den Einheimischen kommen und können am Leben einer örtlichen Familie teilnehmen (fragen Sie in der Touristen-Info). Und dabei zahlen Sie auch noch weit weniger als all die, die in ein normales Hotel ziehen.

Traumhaftes Wetter wie hier am Mt. Tamalpais in Kalifornien sollte beim Radurlaub unbedingt inklusive sein.

345 COUCHSURFING

Couchsurfing (www.couchsurfing.com) ist eine Website für Unterkünfte und Netzwerke mit mehr als 7 Mio. Mitgliedern. Ziel ist es, Menschen und Orte zu verbinden, Toleranz zu verbreiten und die Welt im Allgemeinen zu einem besseren Ort zu machen. Das klingt gut und funktioniert so: Reisende bekommen die Möglichkeit, potenzielle Couch-Gastgeber zu kontaktieren. Es gibt einige Sicherheitsschranken: Für Mitglieder wird so lange von anderen Mitgliedern gebürgt, bis sie eine Zulassung erhalten. Sobald sie diese haben, können sie in den Häusern der Gastgeber unterkommen. Um guter Couchsurfer zu werden, verhalten Sie sich vorbildlich: Die Besten ihrer Zunft sind unaufdringlich und hilfsbereit, übernehmen den Abwasch, kochen und bieten besondere Fähigkeiten an.

344 TRETEN SIE IN DIE PEDALE

Ein Leben auf der Straße mit dem Wind im Haar, nicht im Cabrio, sondern tapfer auf dem Fahrrad. Wer selbst tritt, begegnet der Landschaft als Freigeist, mit minimalen Auswirkungen auf die Umwelt. Übernachtungen auf Campingplätzen oder in Jugendherbergen sind günstig. Oder Sie nehmen an einer Gruppenfahrt teil, wo gute Gesellschaft und technische und organisatorische Hilfe im Preis inbegriffen sind. Manche Organisationen bieten auch „Selfguided Tours" mit der Möglichkeit, allein zu reisen, ohne selbst etwas organisieren zu müssen. Auch kann man in RadlerCommunitys im Internet Gleichgesinnte treffen und sich über Fahrräder und Zubehör austauschen. Deren Mitglieder bieten sich gegenseitig auch Betten für eine Übernachtung an – Couchsurfen, nur eben in leuchtendem Lycra.

346 HOLEN SIE DAS MEISTE AUS IHREM GELD HERAUS

Je nachdem, woher Sie stammen, wird Ihr Geld wahrscheinlich in Asien am längsten reichen. Wie es der Zufall will, gibt es dort auch viele Länder, die besonders aufregend zum Entdecken sind: Wie wär's mit einer Reise nach Bangladesch, Kambodscha, Laos oder Indien? Studieren Sie Wechselkurse und entscheiden Sie sich für Länder, die zum Reisezeitpunkt besonders erschwinglich sind. Welche Ziele Sie auch immer auswählen, Sie können die Kosten senken, indem Sie Großstädte meiden und in kleineren Orten bleiben, wo es auch weniger Gelegenheiten gibt, Ihr Geld loszuwerden (für gute und weniger gute Zwecke).

127

Eine klare Sternennacht und ein warmer Schein – sogar Camping bei -40 Grad, wie hier im Femundsmarka-Nationalpark in Norwegen, hat seine Vorzüge.

347 DIE NEBENSAISON IST DIE BESTE REISEZEIT

Reisen Sie in der Halb- oder Nebensaison und alles – von der Unterkunft bis zu Touren – kommt deutlich günstiger. Von der Kostenersparnis mal ganz abgesehen, werden auch weniger ausländische Touristen unterwegs sein und die Urlaubsorte werden erheblich entspannter sein. Ein Besuch in den Badeorten in Süditalien oder Portugal bietet sich zum Beispiel am besten im Juni, September und sogar Oktober, wenn die Menschenmassen weg sind und die Hotels die Preise reduzieren. Im Juni mag es für Indien-Reisen viel zu heiß sein, doch der Weg in den Norden hoch in die Berge ist dann nicht nur machbar, sondern bringt auch die ersehnte Abkühlung.

348 TEILEN UND SELBST VERSORGEN

Allein zu reisen ist meist am teuersten. Wer in einer Gruppe unterwegs ist, teilt nicht nur die Erlebnisse, sondern auch Taxi-Kosten, Tankfüllungen, Miete und vieles mehr. Falls Sie alleine unterwegs sind, kann es sich auszahlen, sich mit anderen zusammenzuschließen. Das senkt nicht nur die Kosten, sondern macht am Ende auch einfach mehr Spaß. Geben Sie Jugendherbergen eine Chance: Oft findet man hier eine ganz eigene Welt und sie sind ideal, um Reisebekanntschaften zu machen. Manche Herbergen liegen an außergewöhnlichen und wirklich einzigartigen Orten. Sich das Essen selbst zuzubereiten macht auch Sinn: So lernt man einen Ort richtig kennen, während man auch noch Geld spart. Man kann einheimische Zutaten ausprobieren, Märkte erleben und sich an lokalen Gerichten versuchen.

349 CAMPING

Ach, mein Zelt! Camping allein bringt schon unfassbar viel Spaß (wenn es Ihr Ding ist), noch bevor man den Campingplatz überhaupt mal verlassen hat. Es hat etwas ewig Kindliches, ein Haus aus Planen aufzuschlagen oder sich in einem Fahrzeug häuslich einzurichten. Wählen Sie einen passenden Platz, ob nun schlicht oder etwas luxuriöser, und beginnen Sie, im Einklang mit der Natur zu leben. Es gibt nichts Besseres als eine Nacht unter den Sternen, mit unendlich viel frischer Luft und dem Gefühl der Freiheit in Ihrem Zelt, Wohnwagen oder Caravan.

350 JOBBEN AUF DER REISE

Pleite und trotzdem reiselustig? Da hilft nur ein Job im Ausland. Die Arbeit auf Reisen wird nicht nur Ihr Finanzproblem lösen, Sie bekommen auch tiefere Einblicke in die Kultur, als eine Durchreise Ihnen jemals bieten kann. Wer keine besonderen beruflichen Fähigkeiten hat, probiert es am besten mit Landwirtschaft, als Kellner, Au-pair, in der Tourismusbranche (zum Beispiel als Reiseführer) oder als Fremdsprachenlehrer.

DIE BESTEN TIPPS FÜR KLEINE BUDGETS

URLAUB JENSEITS DER NORMALITÄT

WARUM NICHT MAL WAS GANZ ANDERES? DIE ZIELE HIER GEHÖREN BESTIMMT NICHT ZUM STANDARDPROGRAMM IHRES REISEBÜROS. EINES LIEGT SOGAR AUF EINEM BAUM.

351 RETTUNGSKAPSEL AUF EINER BOHRINSEL, DEN HAAG

Roger Moore machte in „Der Spion, der mich liebte" (1977) das Beste aus seiner Rettungskapsel. Nun können auch Sie es sich in einem markanten kleinen, grellorangen „Kapselhotel" gemütlich machen, das im Hafen von Den Haag angedockt ist. Die 1972 gebauten Kapseln haben einen Durchmesser von 4,25 m und sind nicht besonders luxuriös (es gibt eine Chemietoilette), aber von solchen Kleinigkeiten ließ sich Bond ja auch nicht entmutigen. Die Inneneinrichtung wurde von verschiedenen Designern und Künstlern gestaltet. Die Kapseln haben verschiedene Mottos, die sich je nach Jahreszeit ändern.

Das Hemd des Jungen ist ein Farbtupfer in einem sandfarbenen Sahara-Paradies – der Stadt Chinguetti in Mauretanien.

352 KRAN-HOTEL, NIEDERLANDE

Ja, Sie haben es richtig geahnt: Dies ist ein Hotel in einem Kran. Aber keine Sorge, es ist ein Boutique-Kran. Um hineinzugelangen, ist also keine Kletterpartie über eine windgepeitschte Leiter nötig, es gibt zwei enge Fahrstühle. Auch die Einrichtung ist vom Feinsten: Die Designerstühle stammen von Eames. Das Licht und die Unterhaltungselektronik funktionieren per Sensor und das Bett hat einen Panoramaausblick. Der Kran steht nahe des Hafens von Wadden bei Harlingen, und die Aussicht ist unglaublich. Das Beste von allem: Sie können eine wackelige Leiter bis zum Führerhaus hochklettern und Ihren eigenen Ausblick auswählen. Mit der Gangschaltung lassen sich die 65 t Stahl um 360 Grad drehen.

354 KLEINE WELT MIT AUSBLICK, KANADA

In Kanada sind die Free Spirit Spheres mit allerlei vollgestopft, was man auch als Esoterik-Schnickschnack verspotten könnte. Aber Zynismus beiseite, wem könnten außerirdisch anmutenden Kugel-Baumhäuser nicht gefallen? Sie scheinen wie riesige hölzerne Augäpfel in den Baumkronen zu schweben. Die Kugeln bestehen aus Zedernholz und sind umweltfreundlich. Sie werden an Hängevorrichtungen befestigt und sind über Holztreppen erreichbar, die wie eine Art Takelage von den Bäumen hängen. Diese wiegen sich im Wind und unter dem Gewicht der Gäste. „Eryn" ist groß genug, um drei Menschen zu beherbergen und hat eine kleine Küche. „Eve" ist dagegen kleiner: recht komfortabel für eine Person, kuschelig für zwei.

355 CARAVAN, SCHOTTLAND/ IRLAND/ DEVON

Kehren Sie mit einem rustikalen Trip in einem alten Pferdewohnwagen zu Ihren Wurzeln zurück und gondeln Sie durch das Hinterland von Schottland, Irland und Devon. Sie haben gar keine Vorfahren, die Nomaden waren? Eine zu vernachlässigende Kleinigkeit: Das Leben auf der Straße liegt Ihnen bestimmt im Blut. Die Caravans haben einen authentischen antiken Charme. Die kuriose Form der Unterkunft erinnert an einen runden Hut, der zwei, – und mit viel gutem Willen bis zu vier – Menschen fasst. Sie werden Ihrem Pferd vorgestellt, bekommen eine Einführung und dann geht es *klipp-klapp* auch schon los mit Ihrem neugefundenen Freund. Dies ist eine laaangsaaame Reise.

353 MAURETANIEN

Außerhalb des Blickfelds der meisten Menschen liegt Mauretanien, das mehr als zweieinhalb mal so groß wie Deutschland ist, aber nur 3 Mio. Einwohner hat. Es besteht zu 75 Prozent aus Wüste. Das Klima kennt nur zwei Zustände: heiß und sehr heiß. Wer einsame, wellige Sahara-Sanddünen, endlose, menschenleere Strände und sandbedeckte Straßen liebt, ist hier genau richtig. Mauretanien verfügt auch über den längsten Zug der Welt (rund 2,5 km lang), der zwischen Noudhibou im Nordwesten und den Eisenerzminen im Nordosten verkehrt. Es gibt einen Passagierwagen, wahlweise kann man aber auch kostenlos in den Kohle-Waggons mitfahren. Reisen bedeutet hier wildes Wüstenabenteuer: Dazu gehört, auf Pick-Up-Trucks über nicht asphaltierte Straßen zu hoppeln, Pferde in der Nacht vorbeigaloppieren zu sehen und Tee mit den maurischen Fischern zu trinken.

356 PALACIO DE SAL (SALZPALAST), BOLIVIEN

Boliviens schneeweiße Salar de Uyuni ist eine der größten Salzebenen der Welt. Sie erstreckt sich über rund 100 km² auf einer Höhe von 3656 m und ist von Bergen, Geysiren und Flamingos umgeben. Während der Regenzeit verwandelt sie sich in einen flachen Salzsee. Im Zentrum liegt der Salzpalast, ein Hotel aus Salzblöcken, das Sie nicht mit dem Boot, sondern mit einem Allradwagen erreichen. Die Anlage ist schroff, die Stille ohrenbetäubend und die Sonnenuntergänge sind überwältigend. In dieser umwerfenden Salzlandschaft gibt es keinen Horizont: Der Himmel geht direkt in den See über. Die einzige andere Sehenswürdigkeit in der grellweißen Weite von Uyuni ist die Isla de Pescadores („Fischerinsel") mit Tausenden von riesigen Kakteen, zwischen denen man sich wie ein Zwerg fühlt.

357 NORD-KOREA

Nordkorea ist ein ungewöhnliches Urlaubsziel: teuer, schwer zu erreichen, mit vielen Einschränkungen, wirtschaftlichen Nöten und Strom-Engpässen. Außerdem ist die Volksrepublik vollgestopft mit gesichtslosen Apartmentblocks und gigantischen Denkmälern des verstorbenen Präsidenten Kim Il-sung. Aber diese isolierte Bastion einer ganz eigenen Form des Kommunismus ist das mysteriöseste Land der Welt. Das allein ist ein verlockender Grund für einen Besuch. Erwarten Sie allerdings nicht, dass Sie das Land frei erforschen dürfen. Sie werden stets von zwei durch die Regierung abgesegnete Reiseführer begleitet, die Sie in die offizielle Version der Geschichte einweihen werden. Es ist eine Reise in eine andere Welt, wo Mobiltelefone und das Internet noch unbekannt sind.

Die tanzende Armee bietet beeindruckend präzise Formationen beim Arirang-Festival in Pjöngjang, Nordkorea.

TONY WHEELER / LPI

358 CAMPING AUF DEM FLOSS, NIEDERLANDE/BELGIEN

Camping an Land kann jeder. Richtig gecampt haben Sie erst, wenn Sie es auf einem Floß probiert haben. Das ist deutlich rauer, und noch dazu begeben Sie sich zurück zur Natur. Die zeltförmigen Hütten stehen auf zusammengefügten Baumstämmen, die wiederum auf schwimmenden Fässern ruhen. Sie sind nur über das Wasser zugänglich: Man paddelt mit dem Kanu hin und nimmt den notwendigen Proviant mit. Es gibt keine Elektrizität und keine Abwasserrohre – die Toilette ist ein Eimer mit Deckel, den man in einem separaten Toilettenblock entleert, der eine Kanufahrt entfernt liegt. Die Flöße sind in abgelegenen Seen in den Niederlanden und Belgien befestigt. Schauen Sie sich vor diesem Erlebnis bloß nicht den Thriller „Beim Sterben ist jeder der Erste" an.

359 KLAGENFURT, ÖSTERREICH

Was? Sie haben noch nie von Klagenfurt gehört? Dabei ist es doch die sechstgrößte Stadt Österreichs. Die Hauptstadt von Kärnten. So viel sollten Sie wirklich wissen. Und jetzt ist es selbst ein Ziel geworden, weil sein Flughafen regelmäßig von vielen gro0ßen deutschen Städten anegflogen wird. Die Stadt ist malerisch, mit einem weichen, italienischen Flair. Sie liegt am Ostufer des Wörthersees, dem wärmsten und größten Gebirgssee in Europa. Im Winter können Besucher in 120 km Entfernung auf dem Weißensee Schlittschuh laufen. Der See friert in den kälteren Monaten zu und Hunderte von Menschen jagen über das Eis. Aus der Entfernung ähneln sie wackelnden Satzzeichen.

360 FERNSEHTURM, ROTTERDAM, NIEDERLANDE

Ein weiterer Beweis dafür dass die Niederlande die verrücktesten Übernachtungsmöglichkeiten der Welt haben, ist dieser Fernsehturm, der in den Sechzigern gebaut wurde. Er beheimatet inzwischen eine Gaststätte und zwei Panorama-Suiten: „Himmel" und „Sterne". Die Suite „Himmel" verspricht einen Blick über den Hafen, während „Sterne" eine Aussicht auf die City bietet und einen Jacuzzi hat. Beide sind minimalistisch eingerichtet, aber luxuriös, mit viel leuchtendem Weiß und monochrom. Als wäre es nicht verrückt genug, in einem Fernsehturm zu übernachten, können Sie sich auch 100 m weit abseilen. Ein ungewöhnliches Angebot, da es hier keine Wand gibt, an der Sie sich mit den Füßen abstützen können. Oder Sie gleiten mit einer Seilbahn nach unten: So zischen Sie in 15 Sekunden bis zur Erde. Falls Sie nicht unter Höhenangst leiden, nehmen Sie einen Lift nach ganz oben und blicken Sie vom 185 m hohen Balkon.

URLAUB JENSEITS DER NORMALITÄT

UNVERZICHT-BARE REISE-ERFAHRUNGEN

ERLERNEN SIE IM NÄCHSTEN URLAUB DIE FÄHIGKEITEN ANDERER KULTURKREISE.

361 SURFEN IN HAWAII, USA

Es ist schon was ganz Besonderes, hier surfen zu lernen. Polynesien mag die Geburtsstätte des Surfens sein – *he'e nalu* (Wellenreiten) wurde dort erstmals im 18. Jh. von Europäern beobachtet – aber Hawaii bleibt der Mittelpunkt des coolsten Lifestyles der Welt. Die zahlreichen Surfschulen und -lehrer werden Ihnen geduldig zeigen, wie Sie den Wellengang des Ozeans lesen und in eine Welle paddeln. Dann steht ein ganz zentraler Punkt auf dem Stundenplan: das Aufstehen auf dem Brett. Klappt das, geht es ans Wellenreiten in Anfänger-Revieren wie Waikiki Beach und Puena Point. Zwischen den Surfstunden können Sie zuschauen, wie die Profis an Surfspots wie „Pipeline", „Off the Wall" und „Sunset Beach" auf wogenden Monster reiten.

362 KOCHEN IN HANOI, VIETNAM

Am Ufer des Hoi-An-Flusses ist das Red Bridge Restaurant und die angeschlossene Kochschule eines von vielen Lokalen, das Kurse anbietet, um die wachsende Nachfrage an Kochseminaren zu der erstklassigen vietnamesischen Küche zu befriedigen. Die ein- oder halbtägigen Kochtouren sind Ihren Fertigkeiten in der Küche angepasst – auf einer Skala von null bis Cordon Bleu. Zunächst geht es auf einen lokalen Markt, wo Sie die Zutaten auswählen und lernen, indem Sie die Straßenverkäufer beobachten. Dann kehren Sie zum Restaurant zurück, um erst die Vorführung eines Experten anzuschauen. Dann sind Sie dran, Ihr neu erlangtes Wissen in die Praxis umzusetzen. Stellen Sie sich darauf ein, Rollen aus Reispapier und mariniertes Rind zu servieren, dekoriert mit einem Ananas-Boot.

363 ARCHÄOLOGISCHE FORSCHUNGS-TRIPS IM CROW CANYON, USA

Das Crow Canyon Archaeological Center bietet jährlich bis zu elf Reisen für alle an, die sich gern die Hände schmutzig machen, um sich als Hobbyarchäologe zu versuchen. Die Besucherunterkünfte befinden sich im Zentrum des 28 ha großen Campus' in einem von zehn *hogans*, kreisrunden Baumstammhütten, die im traditionellen Navajo-Stil gebaut sind. Das Ganze ist Teil einer Anlage, die vor mehr als 1000 Jahren von den prähistorischen Pueblo-Bewohnern der Mesa Verde errichtet wurde. Die Ausflüge dauern sieben bis zehn Stunden. Dabei erforschen die Besucher das Land mit Blick auf das bereits bekannte Wissen über die Ureinwohner der Region, untersuchen das Wechselspiel von Licht, Landschaft und Architektur oder nehmen an einer Ausgrabung teil.

364 YOGA IN RISHIKESH, INDIEN

Eine Reise zum Geburtsort des Yoga liegt nahe, wenn Sie nach einer mystischen Erfahrung für Körper und Geist suchen. Yoga fördert nicht nur die Entspannung durch Meditation. Eine Studie der Universität von Texas brachte ans Licht, dass es sogar helfen kann, die negativen Nebenwirkungen einer Krebsbehandlung zu lindern. Am friedlichen Fuß des Himalaya laden spezielle Tagungsorte in Rishikesh Novizen dazu ein, unter Anleitung von qualifizierten Yoga-Meistern das Strecken, Atmen und die innere Einkehr zu üben. Je nachdem, wo Sie übernachten, könnte es passieren, dass Sie dazu ermutigt werden, im Biogarten zu helfen und für die Gruppe zu kochen. Das Ganze findet zwischen Ausflügen in die Berge statt, die Herz und Seele bereichern.

365 SPANISCH LERNEN IN PATAGONIEN, ARGENTINIEN

Die kleine Stadt Bariloche liegt versteckt zwischen Tälern und Bergen der Anden und ist von Gletscherseen und Wäldern umgeben. Diese Kulisse wirkt so inspirierend, dass Sie hier in einem Monat wahrscheinlich mehr Spanisch lernen werden als anderswo in einem Jahr. Manchmal wird es die „südamerikanische Schweiz" genannt. Bariloche beheimatet die meisten Sprachschulen Patagoniens, daher gibt es immer einen guten Mix aus internationalen Studenten – sollten Sie einmal eine Pause vom Spanischen brauchen. Es werden außerdem noch reichlich Ausflüge angeboten: von Ski fahren in Cerro Catedral, dem führenden südamerikanischen Abfahrtsgebiet, bis zu einem erfrischenden Tagestrip durch dichten Wald zum herrlichen Cántaros-Wasserfall.

366 KALLIGRAFIE IN KYOTO, JAPAN

Wer sich an der traditionellen Schrift der japanischen Kalligrafie, versucht, wird den von der Frauen-Organisation Kyoto (WAK) angebotenen Kurs gleichzeitig als frustrierend und belohnend empfinden. Japanische Kalligrafie ist nämlich alles andere als leicht. Also ist höchste Konzentration gefordert, wenn Sie Ihren Lehrer mit Stolz erfüllen möchten. Nach einem Vortrag über die Geschichte der japanischen Schriftkunst wird sie Ihnen vorgeführt und erläutert. Dann sind Sie dran: Malen Sie Ihr liebstes Schriftzeichen, wie das Symbol für Frieden oder Liebe, und unterschreiben Sie Ihr Werk. Nach nur einer Unterrichtsstunde werden Sie ganz sicher auf ewig Mitleid mit japanischen Schulkindern haben.

367 MOUNTAIN-BIKEN IN MARIN COUNTY, USA

Der Pionierarbeit von Bike-Designer Joe Breeze ist es zum größten Teil zu verdanken, dass Marin County, und insbesondere Mt. Tamalpais, in aller Welt als Geburtsort des Mountainbiking berühmt wurde. Das Gebiet liegt knapp nördlich von San Francisco, kurz hinter der Golden Gate Bridge. Es gibt keine rauere und aufregendere Strecke, um eine Leidenschaft für das Downhillbiken zu entwickeln. Den ganzen Sommer über bieten unzählige Veranstalter Unterricht und geführte Bike-Touren Amateure, Profis und speziell für Frauen und Kinder an. Dazu gehören auch der Radverleih und der Transport zum Start Hunderter Strecken auf mehr als 2550 ha mit Rotholzhainen und Eichenwäldern. Die Pfade reichen von einfach und mit tollen Ausblicken bis hin zu „Ich-glaub-ihr-spinnt"-steil!

368 KUNG FU IM SHAOLIN-TEMPEL, CHINA

Jedes Jahr können sich Ausländer auf Kurse in jenem Shaolin-Tempel bewerben, der in den schönen Song Shan Bergen in der chinesischen Henan-Provinz liegt. Den Schülern im 1500 Jahre alten Mönchskloster, der Geburtsstätte des Kung Fu, steht eine harte Lernerfahrung bevor, wenn sie von den außerordentlich disziplinierten „Mönchskrieger"-Lehrern angeleitet werden. Sie werden gar nicht bemerken, mit wem Sie die Schlafstube teilen, weil das zermürbende Programm um 8.30 Uhr beginnt (chinesische Schüler starten um 5 Uhr) und bis mindestens 19 Uhr dauert. Zur Inspiration schauen Sie zu, wie sich die Trainer auf ihre täglichen Touristenvorstellungen vorbereiten. Dabei verbiegen sie Eisenstangen mit dem Kopf und bringen Glas zum Bersten, indem sie eine Nadel dagegen werfen.

369 ÜBERLEBEN IM BUSCH IN ESINGENI, KENIA

Falls Sie einen einwöchigen Überlebenskurs in Kenias unberührter Wildnis überstehen, dann stehen die Chancen gut, dass Sie sich mehr als je zuvor wie ein Mensch fühlen. Ausgebildete Naturexperten führen in einem privaten Wildtierreservat, ausgehend vom Esingeni Bush Camp, kleine Tourgruppen. Die Teilnehmer lernen, wie man einen Unterschlupf baut, ein Feuer macht, Nahrung findet und zubereitet sowie Wasser aus Pflanzen gewinnt. Ihnen wird außerdem beigebracht, sich mit Hilfe der Sterne beim Durchqueren der Landschaft zu orientieren, in der es vor unbekannten Anblicken, Geräuschen, Gerüchen und Tieren nur so wimmelt. Jeder, der sich schon einmal vorgestellt hat, wie das Leben vor der Agrarrevolution ausgesehen haben mag – hier ist es.

370 HERD-BAU IN CADMALCA, PERU

Im entlegenem Hochland von Nord-Peru können Reisende in der Cadmalca Community Lodge mit einem einfachen, aber vielleicht lebens-rettenden Ökoprojekt etwas ebenso Herausforderndes wie Nützliches tun. Darüber hinaus erleben sie eine Kultur, die ihnen sonst nur schwer zugänglich wäre. Als Gegenleistung für die Unterkunft und die Betreuung durch eine einheimische Gastfamilie müssen die Besucher das Baumaterial für eine Kochstelle mitbringen, die ideal für die Bedingungen in der Höhenlage ist – und diese dann auch errichten. Es hat sich gezeigt, dass die Kochstellen die Zahl der schwerwie-genden Atemwegserkrankungen reduzieren. Denn diese Krankheiten werden durch das Kochen über offenem Feuer hervorgerufen.

DAS BESTE ESSEN AM RICHTIGEN ORT

DIE VERPFLEGUNG KANN DER BESTE TEIL DER REISE SEIN. DIESE NATIONALGERICHTE LASSEN IHNEN DAS WASSER IM MUND ZUSAMMENLAUFEN.

Ein Nudelladen an der Via Benedetto Croce in Neapel.

371 TAPAS IN BARCELONA, SPANIEN

Patatas bravas (Kartoffeln in würziger Tomatensauce), *calamares fritos* (frittierter Tintenfisch), *boquerones* (Anchovis), *croquetas de jamón* (Schinkenkroketten), *chorizo* (Schweinswurst), *pimientos asados* (gegrillte Paprika), *albóndigas* (Fleischklößchen) und *berenjenas gratinadas* (mit Käse überbackene Auberginen) sind nur einige der spanischen Snacks, bei denen einem das Wasser im Mund zusammenläuft. Die quirlige katalanische Hauptstadt Barcelona bietet *tapas* auf höchstem Niveau. Die kleinen Köstlichkeiten gibt es besonders am späten Abend entlang der Rambla, wo sich Einwohner und Touristen auf dem Weg bis zur Plaça de Catalunya durchfuttern. Lassen Sie das Besteck liegen und schnappenSie sich die *tapas* mit Zahnstocher oder den Fingern.

373 DÖNER KEBAB IN ISTANBUL, TÜRKEI

Das traditionelle Döner Kebab besteht aus einem Teller gegrilltem Hammel auf gebuttertem Reis – und viele türkische Restaurants servieren es auch immer noch auf diese Weise. Heutzutage weit bekannter ist allerdings die Fast-Food-Variante bestehend aus einer Fladenbrottasche, vollgestopft mit mariniertem Fleisch, das von einem rotierenden Spieß heruntergeschnitten und mit Salat und einer Joghurtsauce vermischt wird. In Istanbul gehört es zum absoluten Pflichtprogramm, mit einer ordentlichen Portion Döner in der Hand um die Sultanahmet oder entlang des Bosporus zu schlendern, während man sich lässig Sauce und Salatreste vom Kinn wischt.

ROCCO FASANO / LPI

372 PASTA IN NEAPEL, ITALIEN

Nahrungshistoriker diskutieren immer noch, ob Marco Polo Pasta in Italien einführte, als er sie im 13. Jh. aus China importierte, oder ob die Etrusker sie zu diesem Zeitpunkt längst in ihr Herz geschlossen hatten. In einem Punkt sind sich aber eigentlich alle einig: Das Vermischen von Mehl und Wasser entwickelte sich bis zum 18. Jh. in Neapel zu einer regelrechten Industrie und machte die Stadt zur unumstrittenen Pasta-Hauptstadt der Welt. Zusätzlich arrangierte Neapel noch ein Blind Date zwischen Pasta und zerdrückten Tomaten, die fortan unzertrennlich waren. Wenn Sie also das nächste Mal durch die bröckelnden Straßen in Neapels historischem Stadtkern schlendern, kehren Sie in die nächste Trattoria ein und verspeisen Sie einen Teller original *pasta napolitana*.

137

374 GEDÄMPFTE KLÖSSE IN SHANGHAI, CHINA

Shanghais Klöße *(dumplings)* muss man gekostet haben, um zu glauben, wie außerordentlich gut sie sind. Die Chinesen nennen sie *xiaolongbao* und sie sind eines der beliebtesten Gerichte bei Dim-Sum-Festen. Diese delikaten Häppchen sehen wie gewöhnliche Teigbällen aus, bis man entdeckt, dass sie mit einem heißen Gemisch gefüllt sind, das nach Hack-, Krabbenfleisch oder Gemüse schmeckt. Die kleine Überraschung gelingt, indem man die Klöße mit gehärteter Gelatine füllt, die sich erst verflüssigt, wenn das Teigstück gedämpft wird. Damit Sie sich den Gaumen nicht mit der heißen Suppe verbrühen, zerbeißen Sie den Kloß nicht zwischen den Zähnen, sondern knabbern Sie daran, bis der flüssige Inhalt herauskommt.

RICHARD I'ANSON / LPI

Köche stellen in einem Restaurant im Yuyuan Bazar in Shanghais Altstadt *dumplings* her.

375 FEIJOADA IN RIO DE JANEIRO, BRASILIEN

Beim brasilianischen National-gericht Feijoada feiern die Geschmacksnerven ihren eigenen Karneval: ein dunkler, würziger Eintopf, der auf schwarzen Bohnen und Schweinefleisch basiert. Aber Vorsicht: Die für den Massenverzehr zubereitete Feijoada in den Restaurants Rios enthält in der Regel nur minderwertige Schweinefleischstücke. Dabei könnten Sie auch auf weniger vertraute Schweinereien wie Ohren, Zungen und Ringelschwänzchen stoßen. Denken Sie auch daran, dass die Verdauung dieses reichhaltigen Gerichts jeden Magen herausfordert. Nach dem Verzehr ist also eher Ausruhen angeraten als ein Sprung ins Wasser von Ipanema.

376 GUMBO IN NEW ORLEANS, USA

Einen dampfenden Topf voller Gumbo auszulöffeln ist ein so zentraler Teil des Lebens in New Orleans, wie Jazz, Zydeco oder Swamp Blues zu hören oder auf einem der süßen Gebäckteilchen namens *beignets* herumzukauen. Das beliebteste Gericht Louisianas ist im Grunde genommen eine herzhafte Brühe aus Meeresfrüchten oder geräuchertem Fleisch, angereichert mit Okraschoten oder einer Weizen-Fett-Mischung mit dem Namen *roux*, die dann über einen Berg Reis gekippt wird. In New Orleans werden unzählige Variationen des originalen Gumbo-Rezepts serviert: vom klassischen kreolischen Stil bis zum scharfen *cajun*. The Big Easy hatte es zuletzt nicht wirklich leicht, aber zumindest ist es die Heimat eines Gerichtes, das hervorragend Trost spenden kann.

377 COUSCOUS IN CASABLANCA, MAROKKO

Wenn Sie in Casablanca ankommen, fahren Sie als Erstes ans Meer zum Boulevard de la Corniche, suchen sich ein ansprechendes Café oder Restaurant aus und bestellen eine Tasse Minztee und eine Portion des marokkanischen Hauptnahrungsmittels: Couscous. Das Couscouskorn wird aus Hartweizengrieß hergestellt und wird perfekt zubereitet, wenn man es mehrmals in einem Spezialtopf namens Couscousière dämpft. Dann übergießt man es mit einem würzigen Eintopf aus Gemüse oder einem Gemüse-Fleisch-Gemisch mit Hähnchen, Lamm oder Fisch. Bitte noch eine Portion!

378 NASI GORENG IN PENANG, MALAYSIA

Besucher kommen in Malaysia einfach nicht umhin, das genial einfache Nasi Goreng zu bestellen. Wörtlich übersetzt bedeutet es „gebratener Reis" und wird auch in Indonesien und Singapur gern gegessen. Für dieses Gericht wird Reis mit Hähnchen oder Meeresfrüchten, Gemüse, Eiern und einer süßlichen Sojasauce gebraten. Nasi Goreng gibt es praktisch überall in Malaysia, wo Essen serviert wird, sollte aber am besten in den wunderbar überfüllten *hawker centres* (offenen Essenshallen) auf der Insel Penang probiert werden. Die verschiedenen malaysischen, chinesischen, indischen und Baba-Nyonya-Kochstile des Landes verschmelzen hier perfekt, um einem sonst eher simplen Gericht einen ganz besonderen Geschmack zu verleihen.

379 CURRY IN MUMBAI, INDIEN

Currys sind ein gesamt-asiatisches Phänomen, das fast überall zwischen dem Punjab und Japan serviert wird. Aber der Geburtsort des Curry ist Indien, und Sie haben noch kein echtes Curry probiert, wenn Sie Ihren Gaumen nicht in Mumbai im Staat Maharashtra mit einem der örtlichen cremig-scharfen Rezepten erfreut haben. Ein Mumbai-Curry enthält normalerweise Meeresfrüchte und Kokosnuss(milch), die mit *masala* (einer Gewürzmischung) verrührt werden. Zu den Standardgewürzen gehören Kurkuma, Koriander, Ingwer und rotes Chili.

380 HOTDOG IN NEW YORK, USA

Kaum eine Stadt bietet eine größere Auswahl an Restaurants und Essensrichtungen wie New York. Aber das spielt keine Rolle, denn jeder weiß, dass es nur ein wahres Essensritual gibt: Man begibt sich an eine befahrene Kreuzung in der City, sucht einen schäbigen Metallkarren mit buntem Schirm und bestellt sich einen Hotdog mit Ketchup, Senf, Zwiebeln und entweder Sauerkraut, Relish-Würzsauce oder Chilisauce. Wem das nicht genügt, der fährt am 4. Juli zu Nathan's auf Coney Island und nimmt am berühmten Hotdog-Esswettbewerb teil. Der Rekord liegt bei 69 Stück in zehn Minuten.

DAS BESTE ESSEN AM RICHTIGEN ORT

BESINNLICHE ORTE FÜR DIE SONNEN-WENDE

NICHT NUR DIE ALTEN GLAUBTEN AN DIE
MAGISCHE WIRKUNG DER LÄNGSTEN
UND KÜRZESTEN TAGE DES JAHRES. OB IM
SOMMER ODER IM WINTER, DER ZAUBER EINER
SONNENWENDE TUT DER SEELE GUT.

381 FINNLAND

Nach monatelanger Dunkelheit legen die Bewohner der nördlichsten Teile Finnlands ihre Depression zur Sommersonnenwende ab – einem wichtigen Ereignis, das in ganz Skandinavien und den baltischen Staaten gefeiert wird. Die Vorbereitungen dauern mehrere Tage und gipfeln in einem Festmahl im großen Stil. Dazu gibt es Freudenfeuer, Musik und frenetisches Tanzen. Das Ritual hat seinen Ursprung in grauer Vorzeit: Die Wikinger glaubten, dass die Erde am Tag der Sonnenwende stillsteht, und ihr heidnischer Glaube erwies sich als so unerschütterlich, dass Finnlands erste Christen den Sonnwendekult in den Kirchenkalender aufnahmen. Der moderne Name des Feiertags, Juhannus, ehrt Johannes den Täufer.

Stimmen Sie mit in den Druidengesang zur Sonnenwende an dieser uralten, mysteriösen Steinformation ein.

382 MACHU PICCHU, PERU

Die sagenhafte „verschollene Stadt der Inka" wurde eine Generation vor Kolumbus erbaut und erst 1911 wiederentdeckt. Die auf Terrassen angelegten Felder und Ruinen tauchen in 2400 m Höhe aus den Wolken über den peruanischen Anden auf. Unter den Ruinen sind Überreste von Tempeln, wo der Sonnengott Inti am Tag der Sonnenwende angebetet wurde. Der Trockensteinbau hält ohne Mörtel und die Fenster wurden exakt zur direkten Sonneneinstrahlung ausgerichtet. Am eindrucksvollsten erinnert der Intihuatana-Ritualstein an die Sonnenwendenverehrung: ein enormer Felsblock, der präzise darauf geeicht ist, die Sonnenwenden und andere Himmelsbewegungen nachzuzeichnen.

383 NEWGRANGE, IRLAND

Ihre Chance, in dieses 5000 Jahre alte Hügelgrab zur Wintersonnenwende zu kommen, ist sehr gering (mehr als 30 000 Menschen bewerben sich jedes Jahr auf 100 Plätze, die ausgelost werden). Und das Wetter spielt normalerweise auch nicht mit. Wenn die Sonne dann doch mal scheint, schimmert strahlendes Licht durch die *roof box* – eine Öffnung über dem Eingang – und erleuchtet das 18 m lange begehbare Grab für 17 Minuten. Der niedrige kreisrunde Bau erstreckt sich über fast einen halben Hektar, ist mit Gras bedeckt (und dabei noch genauso wasserdicht wie 3200 v. Chr.). Falls Ihr Los nicht gezogen wird, können Sie sich auch an anderen Tagen einer Tour anschließen, auf der die Sonnenwende höchst dramatisch mit elektrischem Licht nachgestellt wird.

384 ABU SIMBEL, ÄGYPTEN

Die normalen Sonnenwendetermine waren dem ägyptischen Pharao Ramses II, der die gewaltigen Tempel von Abu Simbel zu seinen Ehren um 1240 v. Chr. bauen ließ, nicht gut genug. Zu den architektonischen Wundern zählen vier kolossale Statuen an der Rückwand des Großen Tempels. Diese stellen Ramses und die Götter Ra, Amun und Ptah dar. Die meisterliche Konstruktion wurde so entworfen, dass am 22. Oktober und am 22. Februar, Ramses' Geburtstag und dem Tag seiner Krönung, das Sonnenlicht die Statuen erleuchtet – alle bis auf Ptah, der als Gott des Todes und der Unterwelt, im Dunkeln bleibt.

MAGANN / ISTOCKPHOTO

385 STONEHENGE, ENGLAND

Kaum eine Ansammlung von Steinen, die auf einer Wiese stehen, hat je mehr Berühmtheit erlangt: An der rätselhaften Anlage im englischen Stonehenge ist es längst Normalität, dass sie häufig belagert wird von Druiden, Trommelkreisen und Hobby-Hobbits, die glauben, dass sie schweben können. Nichtsdestotrotz bleibt Stonehenge einer der bemerkenswertesten Orte der Welt und seine Magie ist bei der Sommersonnenwende am stärksten. Das Alleinsein können Sie sich hier allerdings abschminken, da jede Menge wiedergeborene Heiden von den Britischen Inseln (und von weiter weg) auf das Gelände kommen, um eins mit dem Sonnensystem zu werden – ein Spektakel, das gratis dazu geliefert wird.

386 KOKINO, MAZEDONIEN

Die Stätte in Mazedoniens rauem Nordosten blieb bis 2002 unentdeckt. Später schaffte sie es auf die NASA-Liste der wichtigsten historischen Sternwarten der Welt. Obwohl das Ganze eher aussieht wie ein riesiger Haufen Steine, die einen Freiluftthron umgeben, haben Archäologen Beweise dafür entdeckt, dass unsere astronomisch begeisterten Vorfahren dort bereits um 1815 v. Chr. weit fortgeschrittene Berechnungen der Sonnen-, Mond- und Sternenbewegungen anstellten. Das lässt sich am besten an den Sonnenwenden erkenne, wenn Sonnenstrahlen durch Kokinos perfekt ausgerichtete Formationen fallen. Rave Partys, Opern und klassische Konzerte sind nur einige der Darbietungen, die unter diesem einsamen, vom Winde verwehten Gipfel zur Sommersonnenwende stattfinden.

387 SANTA BARBARA, USA

Wer hätte gedacht, dass sich ein mit Silikon aufgepumpter Strandort in Südkalifornien zur Sommersonnenwende so herausputzt? Jedes Jahr im Juni veranstaltet Santa Barbara seit 1974 eine lärmende, dreitägige Kulturausstellung und Sonnenwendeparade. Die Feier der Sommersonnenwende ist erheblich gewachsen und lockt inzwischen mehr als 100 000 Menschen aus aller Welt an. Umzugswagen, Kostüme, Theatervorstellungen, ein Kinderfestival, Handwerks-vorführungen und eine DJ-Party gehören zum Programm.

388 OSTERINSEL, CHILE

Die sagenumwobene Osterinsel im Pazifischen Ozean vor Chile gehört zu den magischsten Orten der Erde. Sie ist bekannt für ihre rätselhaften *moai* (Steinstatuen), für seltsame natürliche Formationen und totale Abgeschiedenheit. Wer den verrückten Sommersonnenwendepartys an anderen Orten der Halbkugel entkommen möchte, kann in Ahu Akivi die Gesellschaft von sieben stehenden *moai* genießen, die in den Sonnenuntergang starren. Folgt man deren Blick, gelangt man auf einen Platz, wo einst altertümliche Rituale und mysteriöse Tänze aufgeführt wurden – eine eindringliche Erinnerung an die lange Tradition, sich von der Natur inspirieren zu lassen, hier auf diesem von endlosem Wasser umgebenen Flecken Erde..

389 CHACO CANYON, USA

Die größte Ansammlung von uralten Pueblo-Lehmbehausungen in den USA befindet sich im Bundesstaat New Mexico. Hier ballen sich die Hütten im glutheißen Canyon, der in prähistorischen Zeiten einmal ein See im Landesinneren war. Unter den Überresten der indianischen Artefakte sind astronomische Neuheiten wie spiralförmige Felsbilder und drei massive Steinstücke, die die fortlaufenden Kreisläufe der Sonne und des Mondes markieren. Jedes Jahr findet im Juni ein dreitägiges Event zur Sommersonnenwende statt, bei dem indianische Tänze und andere kulturelle Aktivitäten geboten werden. Am späten Morgen der Sonnenwende scheint das Sonnenlicht auf magische Weise durch die Felsen und bildet die Form eines „Sonnendolches".

390 NEW YORK, USA

In New York muss man ja auf alles gefasst sein – aber ein buntes Meer von Yogis auf Matten, die sich in der Mitte des Times Square dehnen und strecken? Na gut. Das passiert am Tag der Sommersonnenwende, wenn die Times Square Alliance, eine Gruppe, die sich dem von der ganzen Stadt verehrten Wahrzeichen verschrieben hat, die Sonnenwende auf eine entschieden unkonventionelle Art und Weise feiert. Die Teilnehmer rollen ihre Matten aus, folgen den Bewegungen des Lehrers und ergeben sich der Glückseligkeit des Yoga. Im Winter allerdings hält die Gruppe (wie viele andere auch) das Betrachten des sich senkenden Balls auf dem Times Square während der Silvesterparty für die beste Sonnenwendenfeierlichkeit überhaupt – auch wenn Datum und Ereignis nicht wirklich übereinstimmen .

JAN STROMME / LPI

Genießen Sie mit den sieben Moai von Ahu Akivi den Sonnenuntergang zur Sonnenwende.

BESINNLICHE ORTE FÜR DIE SONNEN-WENDE

REISEN FÜR RISIKO-JUNKIES

IHR ADRENALIN SCHIESST IN DIE HÖHE – BEI DIESEN BERAUSCHENDEN, LEBENSBEDROHENDEN ERFAHRUNGEN.

391 SURFEN AN DER CORTES BANK, USA

Bei der endlosen Suche nach der perfekten Welle scheint es nur fair, dass einige der mächtigsten Brecher auf diesem Planeten nicht nur schwer zu surfen, sondern auch schwer zu erreichen sind. Die Cortes Bank ist eine überspülte Bergkette etwa 170 km vor der Küste San Diegos. Viele ihrer Gipfel befinden sich nur wenige Meter unter der Oberfläche des Pazifischen Ozeans. 2001 reiste eine Gruppe von Wellenreitern dorthin und fand unfassbare Wogen – ein Surfer ritt auf einer 20 m hohen Welle (die höchste, die in dem Jahr weltweit bezwungen wurde) und verlor sein Brett in der Explosion des Brechers von Cortes.

392 ZU FUSS AUF LÖWEN-SAFARI, SIMBABWE

In den 1950ern wurde der Sambesi-Fluss in Nord-Zimbabwe aufgestaut, um den Kariba-See anzulegen. Heute schützt an dessen Ufern der Matusadona-Nationalpark ein Gebiet, in dem sich viele Tiere wieder angesiedelt haben. Über die mit Torpedogras bewachsene Ebene wandert eins von Afrikas größten Löwenrudeln. Die Raubkatze gehört normalerweise nicht gerade zu den beliebtesten Wandergenossen, im Matusadona sind Safaris zu Fuß allerdings der Renner. Etwas zusätzlichen „Spaß" bringt das Angebot, zwischen den pelzigen Freunden zu campen. Ein guter Rat: immer in der Nähe der Person mit dem Gewehr bleiben.

393 APNOE-TAUCHEN

Die Luft anhalten und so tief wie möglich ins Wasser gleiten – grob zusammengefasst sieht so Apnoe-tauchen aus, auch Freediving genannt. Dabei trägt man glatte Taucheranzüge, doppelt so lange Flossen wie normal und keine Sauerstoffflaschen. Apnoetaucher versuchen so tief unter die Wasser-oberfläche zu gelangen, wie es nur menschenmöglich ist. Einige können ihren Atem bis zu neun Minuten lang anhalten. 2005 nutzte der Belgier Patrick Musimu einen beschwerten Schlitten und tauchte auf die damalige Rekordtiefe von 209,6 m. 2007 schaffte der Österreicher Herbert Nitsch eine Tiefe von 214 m. Wenn es derart ans Limit geht, überrascht es nicht, dass Apnoetauchen bereits Leben gekostet hat: Patrick Musimu starb 2011 beim Training.

394 BASE JUMPING IN VOSS, NORWEGEN

Base Jumping steht für das Akronym aus *building* (Gebäude), *antenna* (Sendemast), *span* (Brücke) und *earth* (Boden). Dabei geht es um das Springen mit Fallschirm von feststehenden Objekten wie Brücken, Bergen oder Felswänden. Da es seit 1981 durchschnittlich vier Base-Jump-Todesfälle pro Jahr gab, ist es in vielen Ländern verboten. Aber in der norwegischen Stadt Voss wird es während der Extreme Sports Week (Ekstremsportveko) jedes Jahr im Juni sogar aktiv gefördert. Base Jumper springen vom 350 m hohen Nebbet und fallen in Richtung eines Fjords. Ziemlich knie-erweichend, aber mit tollem Ausblick.

144

395 DIE GEFÄHR-LICHSTE STRASSE DER WELT, BOLIVIEN

Seit 1995 ist die Yunga Road zwischen La Paz und der Stadt Coroico nicht mehr nur eine Todesfalle. Als die Interamerikanische Entwicklungsbank sie nämlich zur gefährlichsten Straße der Welt ernannte, wurde sie zu einem Mekka der Gefahrensucher. Der enge, sich den Berg entlang windende Schotterweg wird durch Massen von Lastwagen befahren, deren Reifen gefährlich weit über den 1000 m tiefen Abgründen hängen – im Schnitt verschwinden 26 Fahrzeuge pro Jahr. Eine echte Abenteuerindustrie ist hier entstanden: Mountainbiker drängeln sich in diesem Chaos nun zwischen den Trucks durch. Fahrräder kann man in La Paz leihen.

396 TAPÓN DEL DARIÉN, PANAMA

Wenn es um die Krönung der gesetzlosesten Orte geht, dann ist der Grenzübergang Tapón del Darién, die Verbindungsstelle von Nord- und Südamerika, definitv ein Kandidat. Der Nebelwald und die zwielichtigen Gestalten sind hier so wild, dass nicht einmal die von Alaska nach Feuerland führende Panamericana, der Pan-American-Higway, hier durchgekommen ist. Die Region, in der Panama und Kolumbien miteinander verschmelzen, wird regelmäßig von kolumbianischen Milizen, Drogenschmugglern, Wilderern, Guerillas und Banditen heimgesucht. Eine unberechenbare und gewalttätige Mischung, die für die wenigen Besucher, die sich über die Grenzstadt Yaviza hinaus in die Anarchie vorwagen, aber wohl Teil der Anziehungskraft ist.

397 MIT ORCAS SCHWIMMEN, NORWEGEN

Ein kleiner Tipp, während Sie sich im Tysfjord über die Reling lehnen: Es hilft, die Tiere im Wasser unter Ihnen als Orcas und nicht als Killerwale zu betrachten. Wer diese kühle Bucht an der norwegischen Küste, 250 km nördlich des Polarkreises, besucht, möchte im Neoprenanzug mit Killerwalen – die übrigens einen falschen Namen tragen, denn in Wahrheit sind sie Delfine – im Meer schwimmen Orcas werden etwa vier Mal so groß wie ein durchschnittlicher Mensch. Das Motto „Wenn Sie die Kälte nicht umbringt, tun das vielleicht die Orcas" trifft es zwar nicht ganz. Aber das muss man sich erst einmal bewusst machen, wenn man ins Wasser springt.

398 TSCHERNOBYL, UKRAINE

Zwar sind die Reisen zur Stätte der wohl bekanntesten Nuklearkatastrophe der Welt immer noch kein Besuchermagnet, aber einen kontinuierlichen Strom von neugierigen Touristen gibt es dennoch, die durch die Ruinen Tschernobyls spazieren. Einige Reisebüros in der ukrainischen Hauptstadt Kiew bieten Tagestrips zur Anlage an. Sie können durch das Informationszentrum des Reaktors, zwischen den zurückgelassenen Fahrzeugen, die bei den Säuberungsarbeiten benutzt wurden, und über die verlassenen Straßen von Prypjat wandern, wo Arbeiter und deren Familien lebten. Zu guter Letzt gibt es riesige Welse im Fluss zu sehen. Allerdings, so die Beteuerungen, habe deren Größe nichts mit radioaktiver Strahlung zu tun habe.

399 RUND UM KAP HOORN SEGELN

Südamerikas südlichste Spitze liegt an einem der berüchtigtsten Meeresabschnitte des Planeten. Hier, in der Drakestraße, treffen Pazifischer und Atlantischer Ozean aufeinander. Die Gewässer sind wie ein Gebräu aus den Schaumköpfen von Wellen, aus wilden Winden und sogar ein paar Eisbergen auf Abwegen. Die Nutzung des Kaps als Handelsweg gehört zum größten Teil der Vergangenheit an, aber sein Reiz für kühne Seebären besteht nach wie vor. Jachtregatten, die rund um die Welt gehen, nehmen diesen Kurs, so wie andere Segelbegeisterte, die die Herausforderung dieses maritimen Gegenstücks zum Mt. Everest suchen (und es dann manchmal bereuen).

400 AUF STURMJAGD IN DER TORNADO ALLEY, USA

In der sogenannten Tornado Alley, die sich von den Rocky Mountains bis zu den Appalachen erstreckt, schlagen jährlich im Schnitt um die 1000 Tornados zu. Mit Windgeschwindigkeiten von bis zu 500 km/h zerstören sie Felder und Häuser, töten Menschen und Vieh. Tornado-Jäger heißen die Menschen, die – den gesunden Menschenverstand ignorierend – den Stürmen entgegenrasen, anstatt vor ihnen zu flüchten, um die nicht von der Hand zu weisende Schönheit einer Windhose zu beobachten. Unterstützt von Satelliten-Radar-Technik reisen sie durch die Tornado Alley, von einem Twister zum nächsten wirbelnd. Die gute Nachricht: Wenn Sie möchten, können Sie sich Ihnen anschließen. Es gibt jetzt mehrere Tourveranstalter, die Tornado-Jagd-Urlaube anbieten.

NOCH IMMER GÜNSTIGE REISEZIELE

CASH-FLOW-PROBLEME? DIESE ZIELE FASZINIEREN BESUCHER, OHNE SIE IN DEN FINANZIELLEN RUIN ZU TREIBEN.

Für ein paar Groschen gibt es in Krakau ein handgemachtes Holzschachbrett – perfekt für die Zugfahrt durchs ländliche Polen.

401 INDIEN

Indien ist schon seit Ewigkeiten als günstiges Reiseziel bekannt. Aber was nicht jedem bewusst ist: Indien bietet weit mehr bietet als Bollywood-Filme, Elefantenritte und chaotischen Straßenverkehr. Klar, das Taj hat schon seinen besonderen Reiz – aber wie wäre es mal mit einem Ausflug in den Norden? In Ladakh sind die Gipfel gigantisch und die Luft kühl. Oder wie wär's mit Surfen in Port Blair? Es liegt in der Mitte des Golfs von Bengalen und ist immer noch spottbillig. Dieser Klassiker unter den Billigzielen ist immer noch gut für ein ordentliches Abenteuer.

402 NEPAL

Die Heimat des Mount Everest und des Sherpa-Volkes ist seit langem auf dem Radar der Budget-Touristen. Auch nach Jahrzehnten im Rampenlicht bleibt Nepal eines der besten Sparziele überhaupt. Die Wanderungen sind umwerfend schön und die geringen Kosten vor Ort bewirken, dass Sie quasi so lange bleiben können, wie Sie wollen. Für eine Menge Vielreisende liegt Nepal unumstritten an der Spitze ihrer Favoritenliste . Und das Beste: Es kostet Sie kein Vermögen, es auch Ihrer Liste hinzuzufügen.

403 INDONESIEN

Seit Beginn der 2000er-Jahre hat Indonesien eine ganze Reihe über Schlagzeilen einstecken müssen. Nach Bombenattacken und anderen Unruhen ist es von der To-Do-Liste vieler Touristen gestrichen worden. Deren Verlust ist der Gewinn anderer: Die unberührten Strände sind weiterhin Indonesiens schlafkräftigstes Argument. Außerdem sind die Lebenshaltungskosten auch weiterhin spottbillig. Wenn Sie gern surfen oder einfach nur am Strand liegen möchten, finden Sie hier das Beste zum kleinsten Preis. Wer sich von den Touristenfallen in den Bade-Resorts fernhält, wird es schwer haben, mehr als 20 Euro pro Tag auszugeben.

404 IRAN

Iran? Dasselbe Iran, das Teil der „Achse des Bösen" ist? Vergessen wir mal die negative Propaganda und begeben uns in ein Land, das eigentlich alles hat. Zunächst einmal ist es billig: Für 25 Euro pro Tag können Sie es sich in einem Mittelklassehotel gut gehen lassen und nach Herzenslust schlemmen. Was es nicht gibt, sind Scharen von anderen Reisenden und sonstige Nachteile des Massentourismus. Man erfährt die Wunder der altertümlichen Welt – ohne eine Reisegruppe weit und breit. Tatsächlich ist dies ein Land, das händeringend um Besucher wirbt und sie auch verdient hat. Die Einheimischen sind Reisenden gegenüber unglaublich gastfreundlich.

405 POLEN

Osteuropa war früher, zu den „guten, alten Zeiten" des Kalten Kriegs, spottbillig. Jetzt ist der Frieden „ausgebrochen" und die Preise steigen. Allerdings gehört Polen immer noch zu den günstigsten Ländern: Ein Tagesbudget von 25 Euro wird reichen, um Sie durchs Land zu bringen. Polen ist eine Nation, die bereits so oft von Eindringlingen überrannt wurde, dass es inzwischen abgehärtet ist. Nun ist dieses EU-Mitglied auf dem Weg nach oben. Also fahren Sie noch schnell hin, bevor die Kosten endgültig in die Höhe gehen.

Die besten Dinge im Leben sind tatsächlich kostenlos – wie die traumhaften Kalkstein-Wasserfälle bei Tat Sae in Laos.

406 LAOS

Südostasien ist das gelobte Land der günstigen Reisen. Jahrelang war Thailand das bevorzugte Ziel von Travellern mit kleiner Reisekasse. Heutzutage suchen Reisende jenseits der alten Standards nach neuen abenteuerlichen Budget-Zielen, die es noch zu erkunden gibt. Und damit wären wir in Laos. Es mag nicht die Strände Thailands oder den Bekanntheitsgrad Vietnams besitzen, aber es hat, worauf es ankommt. Für nur 15 Euro pro Tag kriegt man alles, was man braucht, ganz vorneweg die Freiheit, es sich in den unberührten Flusstälern und den entspannten Dörfchen entlang des Mekong gut gehen zu lassen.

407 SUDAN

Man kommt schwer hin, schwer rein und es ist schwer, umherzureisen. Der Sudan ist immer aus den falschen Gründen in den Schlagzeilen – was wirklich berichtenswert ist, ist der Stolz, mit dem die Einheimischen ihre Gäste willkommen heißen und die beindruckenden Sehenswürdigkeiten im Land. Im Norden sind Pyramiden und andere Wunder der altertümlichen Welt geboten – und die Chancen stehen gut, dass man diese für sich allein hat. Eine Falafel kostet meist weniger als einen Euro, ein Bett für die Nacht gibt es schon für unter zehn Euro..

408 HONDURAS

Wer nach einem Tauchziel sucht, an dem man das gesamte Reisebudget ins Unterwassererlebnis stecken kann, ist in Honduras genau richtig. Mit Übernachtungskosten ab zehn Euro pro Nacht und Mahlzeiten, die noch weniger kosten, können Sie aus Ihrem Geld wirklich viel herausholen. Honduras liegt gleich neben der Karibik. Beim Sonnen an den goldenen Stränden bleibt reichlich Zeit, das Kleingeld zu zählen. Die großen Baufirmen sind hier noch nicht überall eingefallen, aber Sie sollten schnell hinfahren, bevor die guten, alten Tage der Vergangenheit angehören.

409 MAROKKO

„Want to buy a carpet? Come this way, my brother has a shop." Klar, in Marokko muss auch gefeilscht werden. Aber man muss das einfach mal gesehen haben. Das Land ist übervoll mit unverwechselbarer Kultur und ein überragender Ort, um viel aus Ihrem Geld herauszuholen. Pro Tag wird es Sie rund 40 Euro kosten, um über die Runden zu kommen, aber der Strand und die Märkte sind kostenlos. Je eigentümlicher die Orte, desto günstiger wird es. Von Europa ist es nur ein Katzensprung entfernt, was die Flugkosten gut im Rahmen hält.

410 JORDANIEN

Die meisten Leute kennen nur ein Ziel in Jordanien: Petra. Was für ein fantastischer Ort! Berühmt geworden durch die Schlussszene Des Abenteuerklassikers „Indiana Jones und der letzte Kreuzzug" ist es ein Muss für jeden Reisenden im Nahen Osten. Sie müssen kein Archäologe sein, um hier Schnäppchen auszugraben: Ein Bett für eine Nacht kostet mickrige fünf Euro und eine Mahlzeit nur halb soviel. Es ist eine selten besuchte Ecke des Nahen Ostens und kann leicht mit einem weiteren Billigziel kombiniert werden: Ägypten. Denken Sie nur daran, Ihren Indy-Hut und eine Viehpeitsche einzupacken.

NOCH IMMER GÜNSTIGE REISEZIELE

HIER MISST MAN SICH MIT DEN LOCALS

411 KÁTÂW, LAOS

Kennen Sie den Hacky-Sack? Er sieht aus wie ein zu klein geratener Jonglierball, der eine ordentliche Mahlzeit vertragen könnte, und man muss ihn mit Füßen, Schultern und Kopf in der Luft halten. Falls diese Beschreibung nostalgische Erinnerungen hervorruft, machen Sie sich auf den Weg zu den Höfen des Klosters Luang Prabang. Dort vollführen geschickte Mönchsjungen außergewöhnliche Tricks mit kleinen Rattan-Bällen. Das Spiel Takraw (auch Kátâw) gibt es in verschiedenen Varianten, eine dem Volleyball ähnliche wird in internationalen Wettkämpfen gespielt. Das einzig wahre und beste Kátâw-Erlebnis sind jedoch die Vorführungen der barfüßigen, orangegekleideten, kahlrasierten Novizen, die akrobatisch umherspringen, um den Ball mit allen Mitteln vom Boden fernzuhalten – und das für gefühlte Stunden am Stück. Versuchen Sie es selbst – und haben Sie keine Angst davor, sich zu blamieren.

412 MAH-JONG, CHINA

Egal, an welchen idyllischen Ort Sie in China kommen, Sie werden dort ein Teehaus vorfinden. Drinnen Dutzende von Menschen um kleine Tische, die elfenbeinfarbene Spielsteine auf die Tischplatte hämmern, grünen Tee schlürfen und wahrscheinlich Kette rauchen. Sie wollen mitmachen? Sollten Sie eine einfache Partie Domino erwarten, sei klargestellt: Es gibt drei Arten von neun Ziegeln, vier Wind- und drei Drachen-Steine, je vier Jahreszeiten- oder Blumentäfelchen, drei Würfel. Suchen Sie sich Ihren Platz je nach Windrichtung, nehmen Sie Karten auf und legen Sie diese wieder ab, um ein vollständiges Spielbild aus möglichst wertvollen Figuren zu sammeln. Kapiert? Mah-Jongg ist komplex, süchtig machend und die Spieler unglaublich ehrgeizig.

413 BAGH CHAL („TIGER UND ZIEGEN"), NEPAL

Steine auf einem fünf Felder großem Spielbrett zu platzieren, um die Züge Ihres Gegners zu blockieren, mag zunächst nicht nach einem aufregendem Abend klingen. Aber wenn man zum (Groß-)Katzen- und-Maus-Spiel antritt – vier Tiger stellen einer Herde Ziegenböcke nach – macht das doch gleich mehr her: In Nepals Nationalspiel Bagh Chal geht es auf die Jagd. Erwerben Sie einen hübschen Spielsatz mit bronzenen Spielfiguren in Patan oder auf Katmandus Durbar-Platz.

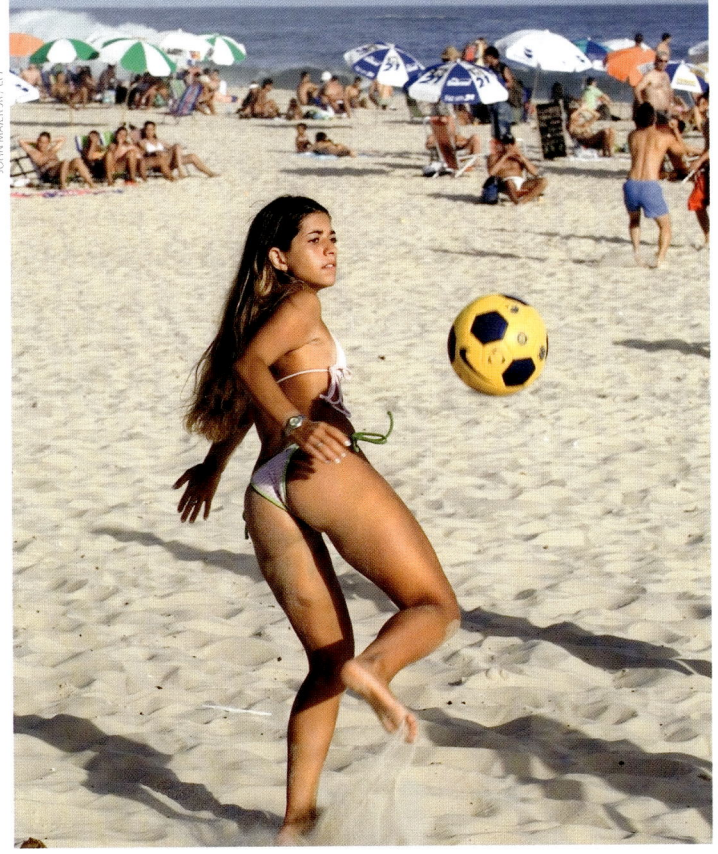

Der nächste Pelé? Ein Mädchen spielt Fußball auf dem trendigen Ipanema-Strand.

Der beste Ort für eine Partie ist ein Teehaus am Annapurna-Circuit. Die ideale Beschäftigung um den harten Trekking-Tag mit etwas klebrigen Kuchen ausklingen zu lassen.

415 YABBY RACING, AUSTRALIEN

Für Australier gilt: Wenn es sich bewegt (und selbst wenn nicht), taugt es auch zum Wettlauf. Pferde, Kamele, Eidechsen, Boote ohne Boden in ausgetrockneten Flussbetten … Setzen Sie ein paar Dollar, öffnen Sie ein Fläschchen Bier und brüllen Sie, bis Sie heiser sind, egal, worum es sich handelt. Und wenn man die Wettläufer dann auch noch in Butter ertränken und auf einen Grill werfen kann, sobald sie die Ziellinie überquert haben, was gibt es dann noch Besseres? Yabby (Süßwasser-Flusskrebse)-Rennen werden regelmäßig auf Hauptstraßen von Städten im Outback von Queensland ausgetragen. Dabei krabbeln die konkurrierenden Krustentiere über die staubigen Straßen. Versuchen Sie es mal in Moonie, Windorah oder Charleville.

414 STRANDFUSSBALL, BRASILIEN

2004 erklärte Fifa-Präsident Sepp Blatter China zum Geburtsort des Fußballs. Das mag sein, aber niemand kann bestreiten, dass seine geistige Heimat Brasilien ist. In einem Land, das mit außergewöhnlichen Spielern (Pelé, Ronaldo und Ronaldinho, um nur ein paar zu nennen) und endlosen Stränden gesegnet ist, war die Erfindung des Strandfußballs unausweichlich. Reisen Sie nach Leme, nördlich der Copacabana in Rio, und stürzen Sie sich an dem Ort ins Geschehen, wo der Strandsport seinen Ursprung nahm. Das Spiel mit fünf Personen pro Team macht Spaß, erfordert Geschicklichkeit und bietet viele Tore – normalerweise mehr als zehn pro Spiel. Außerdem gibt es nie ein Patt: Sollte ein Spiel unentschieden ausgehen, gibt's nach Verlängerung Elfmeterschießen.

416 BAO, MALAWI

Sie benötigen nicht viel, um Bao zu spielen. Allerdings sind die auf dem Lilongwe-Markt verkauften Holzbretter nur für Touristen. Legen Sie stattdessen außerhalb eines Dorfs eine Rast ein, dort, wo die Frauen Mais mahlen und unzählige Kinder mit den Hühnern um die Wette laufen. Hier finden Sie 32 runde Löcher (in der Anordnung vier mal acht Reihen), die in die Erde gegraben sind und von einer Schar Männer umringt werden. Zwei von ihnen wischen in einer

151

Lassen Sie sich nicht vom sanften Schein trügen – beim Pétanque geht es gnadenlos zur Sache.

unverständlichen Art und Weise Maiskörner von einem Erdloch zum anderen. Sollte man Sie zum Spiel einladen, geben Sie Ihr Bestes, um mitzuhalten.

417 TÂB, ÄGYPTEN

Tâb ist die moderne Version des altertümlichen Spiels Senet, dem wohl ältesten bekannten Brettspiel der Welt, dessen Geschichte mehr als 5000 Jahre zurückverfolgt werden kann. Allerdings braucht man für Tâb, wie für die meisten guten Brettspiele, nicht unbedingt ein Brett. Wer ein *ahwa* (Kaffeehaus) in einer kleinen ägyptischen Stadt auf dem Land besucht, findet hier höchstwahrscheinlich Männer, die auf in die Erde gekratzten Spielfeldern spielen. Um die Spielfiguren namens Kelb ("Hunde"

– üblicherweise Steine) über das Feld zu bewegen und die Steine des Gegners rauszuwerfen, wirft man vier Stöcke, die als Würfel dienen. Wer als Letztes „heimkommt", kauft eine Runde Wasserpfeifen für alle. .

418 SCHACH, BUDAPEST, UNGARN

Springer auf Königsläufer e3. Turm auf Königin c5 (oder so ähnlich). Rundlicher Typ mittleren Alters in den Whirlpool, während er auf den nächsten Zug wartet. Es hat schon etwas Surreales an sich, einer Gruppe von leicht bekleideten Menschen dabei zuzusehen, wie sie über Schachzüge nachdenken, während sie bis zum Bauchnabel in dampfenden Becken in Budapests opulenten Szechenyi-Bädern sitzen. Aber unter diesen Bedingungen zu spielen, ist ein eindringliches

Erlebnis: Sich buchstäblich in 38° C warmem Wasser einzuweichen, fördert die Konzentration. Und die werden Sie brauchen, denn nach jahrelangem Training sind diese Typen so blitzgescheit wie Kasparow. Warten Sie, bis Sie an den Brettern im Pool an der Reihe sind für Ihr Badehosen-Schach-Erlebnis.

419 CARROM, INDIEN

Zu jedem beliebigen Zeitpunkt irgendwo auf der Welt sitzen 37 Prozent der männlichen Weltbevölkerung an einem Tisch in einem Straßencafé, schlürfen Kaffee oder Tee und entspannen sich bei einer Partie Domino, Karten oder Mancala. Na gut, diese Statistik ist frei erfunden, aber wahrscheinlich gar nicht so falsch. In Indien jedenfalls wird dabei Carrom gespielt: Die Spieler sitzen um ein quadratisches, mit Kreidestaub präpariertes Brett mit Löchern an jeder Ecke, in die – so ähnlich wie beim Billard – Dame-Steine geschossen werden, wobei man den Finger als Queue benutzt. Fragen Sie einfach, ob Sie es auch mal versuchen dürfen, und sofort werden Sie ein großes Publikum haben. Es ist schwerer, als es aussieht, aber macht deutlich mehr Spaß.

420 PÉTANQUE, SÜDWEST-FRANKREICH

Es ist ein heißer, trockener Nachmittag in einer kleinen Provinzstadt und kein Lüftchen bewegt die Blätter der Platanen, die den staubigen Platz umringen. Eine Gruppe alter Männer mit abgewetzten Baskenmützen holt blanke Metallkugeln aus kleinen Kisten hervor. Lassen Sie sich nicht von Äußerlichkeiten täuschen – das sind gnadenlose Menschen! Das Ziel beim *pétanque* ist, die Kugeln so nah wie möglich an das *cochonnet* (Schweinchen) zu werfen und dabei die gegnerischen Bälle aus dem Kiesplatz zu befördern. Es sieht alles sehr gelassen aus, und das sanfte Klacken der Kugeln wirkt beruhigend. Aber seien Sie gewarnt: Wer Können, strategische Fähigkeiten und Zielstrebigkeit der Kontrahenten unterschätzt, tut dies auf eigene Gefahr.

HIER MISST MAN SICH MIT DEN LOCALS

BESTE ORTE, UM SICH ZU VERKLEIDEN

SIE HABEN MEHR KOSTÜME IM SCHRANK ALS EIN SCHRILLER LAS-VEGAS-PERFORMER? DANN PROBIEREN SIE DOCH MAL EINIGE DIESER TOP-TIPPS FÜR DIE SCHICKSTEN ALLER SCHICKEN GELEGENHEITEN AUS.

421 COSPLAY PUBS, TOKIO, JAPAN

Wer sich gern wie ein Schulmädchen, eine Figur aus Dragonball oder Hello Kitty anzieht, für den heißt es ab nach Tokio, wo man sich in einem der vielen Cosplay-Lokale (kurz für „Costume Play") verkleiden kann. Dort werden die Stars aus Mangas, Comic-Romanen, Videospielen und Anime-Filmen in aufwändigen und detailreich ausgearbeiteten Kostümen lebendig. Im Akihabara-Viertel stehen Ihre Chancen am besten, in eine Welt einzutauchen, in der blauhaarige, silbergekleidete Cartoon-Krieger mit ernster Miene Bier trinken und versuchen, sich in all ihrer fantastischen Größe gegenseitig mit ihren Verkleidungen zu übertrumpfen.

423 GAY PRIDE PARADE, SÃO PAULO, BRASILIEN

Stauben Sie Ihre Federn und die Lederkluft für die größte Gay Pride Parade der Welt ab, die stets im Mai in São Paulo stattfindet. Die ausgelassene Party ist die größte Homosexuellen-Versammlung der Welt. Alles begann 1996 mit rund 200 Teilnehmern, inzwischen werden beim Festival deutlich mehr als 5 Mio. Menschen gezählt. Hier kann man Samba tanzen, nur herumstolzieren oder es in seinen schillerndsten Klamotte einfach mal ordentlich krachen lassen. Dabei flattern Tausende von Regenbogen-Flaggen im Stadtzentrum entlang der ebenfalls aufgetakelten Avenida Paulista. Am heißen Abend verlagert sich dann alles weiter in die Kneipen und Clubs der Stadt, wo es bis in die frühen Morgenstunden abgeht.

422 VILLAGE HALLOWEEN PARADE, NEW YORK, USA

New York City ist ein Muss am 31. Oktober, wenn die Village Halloween Parade mit einem grellen Kostümfest in der Stadt einfällt. Rund 50000 verkleidete Feiernde sind dabei und weitere 2 Mio. Menschen schauen ihnen zu. Die Idee für den Festumzug kam Mitte der 1970er-Jahre von einem einheimischen Puppenspieler, der den Niedergang der Halloween-Feiern in der Stadt beklagte. Auf jeden Fall ist damit der makabre Feiertag mit voller Wucht zurück. Die Parade steht allen Kostümierten offen, die mitmarschieren möchten. Also lassen Sie Ihrer Kreativität freien Lauf und ab in die Christopher, Bleecker und Houston Street im Greenwich Village.

KRZYSZTOF DYDYNSKI / LPI

Kramen Sie Ihre Feder-Boa oder Ihren japanisch angehauchten Sonnenschirm hervor und marschieren Sie stolz durch São Paulo.

424 JOMSVIKINGER, EUROPA

Die Viking Age Elite Brotherhood, die weltgrößte Gesellschaft für Wikinger-Reenactments – wie authentische historische Neuinszenierungen genannt werden – trägt ihre Schlachten an verschiedenen Orten in ganz Europa aus und bietet die perfekte Gelegenheit, den Krieger in sich hervorzuholen. Die Ziele und Abenteuer der Gruppe basieren auf den Jomsvikings, einer baltischen Militär-Bruderschaft aus dem 10. Jh. Die meisten der Neuzeit-Jomsvikings haben mehr als ein Jahrzehnt „Kampferfahrung" auf dem Buckel. Neulinge können sich bei Festivals, Märkten und allgemeinen „Keilereien" auf dem ganzen Kontinent unter die Szene mischen.

425 BELTANE FIRE FESTIVAL, EDINBURGH, SCHOTTLAND

In der Nacht des 30. April fallen kostümierte Massen in Edinburghs Stadtzentrum ein, um es in die heidnischen Farben Rot, Weiß, Blau und Grün zu tauchen. Das Beltane Fire Festival entstand als prä-christlicher Brauch der Kelten und feiert das Erwachen des Frühlings mit Jonglieren von Fackeln, Freudenfeuern und anderen brandheißen Aktivitäten. Die Teilnehmer sind von Kopf bis Fuß in einer Farbe gekleidet und angemalt. Traditionell ist Beltane die Nacht, in der die Red Men (und deren Geliebte) bis zum Umfallen feiern. Falls Sie also über die Farbe Ihrer Verkleidung nachdenken sollten: Hier haben die Rotschöpfe – und mal nicht die Blondinen – den meisten Spaß.

426 BURLESQUE FESTIVAL, LONDON, ENGLAND

Verkleidungen nach Art von Dita Von Teese sind bei Londons (oder „Big Smoke", wie die Stadt auch genannt wird) internationalem Burlesque Festival im April angesagt. Teilnehmerinnen legen Nippelaufkleber mit Bommeln, geschnürte Korsetts und allerlei transparente Dessous an. Bei diesem Ereignis geht es aber auch darum, was abgelegt wird. Dank Striptease- und Varieté-Auftritten von mehr als 100 der weltweit führenden Mitglieder der New-Burlesque-Szene ist dies der perfekte Ort, um mal wieder die besten Moulin-Rouge-Klamotten anzuziehen und die Nacht durchzutanzen.

427 DIA DE LOS MUERTOS, PÁTZCUARO, MEXIKO

Falls es Sie am 2. November nach Mexiko verschlagen sollte, ist Pátzcuaro der perfekte Ort, um die heitere Seite des Dia de los Muertes („Tag der Toten") mitzuerleben. Familien versammeln sich, um für ihre verstorbenen Liebsten zu beten, private Altäre zu bauen und Gräber mit Zucker-Totenschädeln, Blumen und den Lieblingsgerichten der Dahingeschiedenen zu dekorieren. Dann verkleiden sie sich, um bis Mitternacht auf dem Dorfplatz in grellen Kostümen mit Totenkopf- und Teufelsmasken durchzutanzen. Rudern Sie danach mit den Einheimischen zu einem Inselfriedhof, um die bunte Totenfeier bis tief in die Nacht fortzusetzen.

428 KONINGSDAG, AMSTERDAM, NIEDERLANDE

Orange ist die Farbe der Wahl am Koningsdag in Amsterdam! Zu Ehren des Geburtstags von König Willem-Alexander findet am 27. April im Zentrum der von Grachten durchzogenen Stadt eine lärmende Nationalparty statt. Dann bevölkern die Feiernden Brücken und Barkassen, trinken reichlich Alkohol und tragen entweder Orange – die niederländische Nationalfarbe – oder jede Art von ausgefallenem Kostüm. Die Feierlichkeiten beginnen in der Nacht zuvor, wenn die Bars in der ganzen Stadt mit verkleideten Tanzwütigen vollgestopft sind. Wer sein Festtagsgewand nicht eingepackt hat, muss nicht verzweifeln: In der ganzen Stadt bringen die Einwohner ihren alten Krempel auf die Straße, um ihn zu verkaufen. Ergattern Sie also spontan ein Kostüm und schließen sich dem verkleideten Tross an.

429 KAISERBALL, WIEN, ÖSTERREICH

Heranwachsende Aschenputtel und attraktive Prinzen sollten sich am 31. Dezember nach Wien aufmachen, um ein paar Runden beim Kaiserball in der pompösen, historischen Hofburg zu drehen. Bei der legendären Silvesterfeier legen die Männer Dinnerjacketts und Militäruniformen an, während sich die Damen umwerfend verzierte Ballkleider bei Flossmann, dem glamourösesten Kleiderspezialisten, ausleihen. Wenn die Glocke des Stephansdoms das neue Jahr einläutet und das Orchester den Walzer „An der schönen blauen Donau" anstimmt, legen Sie mit Ihren Glasschühchen ein feierliches „Eins, zwei, drei" aufs Parkett.

DOUG MCKINLAY / LPI

Lassen Sie im Januar in Blackpool Ihren inneren Elvis von der Leine und vergessen Sie das Haarspray nicht – wegen des Winterwinds.

430 ELVIS-EUROPAMEISTERSCHAFT, BLACKPOOL, ENGLAND

Blackpool, die nordische Heimat von Hüten, die im Deutschen Theaterhaube heißen und in Amerika „Kiss me quick", von beleuchteten, historischen Straßenbahnen und Eselsritten am windigen Strand, versprüht im Januar einen Hauch tiefsten US-Südstaaten-Flairs. Dann macht die Elvis-Europameisterschaft mitsamt ihren Imitatoren-Profis in Blackpools Norbreck Castle Station. Üben Sie Ihre Hüftschwünge, kramen Sie Ihren Hosenanzug hervor und trainieren Sie Ihre „uh-huh-uh-huhs" bei diesem viertägigen Ereignis, das Elvis nonstop verspricht. Zu den Höhepunkten zählen der Elvis-Neuling-Wettbewerb, der Elvis-Gospel-Wettbewerb und natürlich die Elvis-Disko, wo Sie zwischen so lässigen Gestalten wie Memphis Mario, Elvis Presently und Danny Reno zeigen können, was Sie draufhaben.

BESTE ORTE, UM SICH ZU VERKLEIDEN

DIE BESTEN LANGSAMEN REISEN

WER SICH ZEIT NIMMT UND WIRKLICH HINSCHAUT, HAT TIEFERE, UNVERGESSLICHERE REISEERLEBNISSE.

431 MIT DEM BOOT LANGSAM DEN MEKONG HINUNTER, LAOS

Der Mekong macht auf seinem Weg nach Süden in Richtung Kambodscha und Vietnam einen scharfen Knick durch Laos. An zahlreichen Orten entlang des gewundenen Wasserlaufs können Sie an Bord einfacher Fluss-fähren gehen und ganz entspannt diesen mächtigen Strom hinunter-schippern. Ein Lieblingsabschnitt von Einheimischen und Reisenden zugleich ist die geschäftige Region zwischen der Handelsstadt Huay Xai und dem von französischer Kolonial-pracht geprägten Luang Prabang. Sie können die Zeit auf dem Fluss auch von zwei Tagen auf sechs Stunden verkürzen, indem Sie eines der *heua wai* (Schnellboote) nehmen. Doch der Sinn des Trips ist es, auf die Bremse zu treten – und nicht, zu beschleunigen.

432 AUF DEM KAMEL IN DIE SAHARA, MAROKKO

Das kleine Dorf Merzouga in Zentral-Marokko ist Ziel für alle Kamel-Jockeys, die eines der stets schlechtgelaunten Lastentiere durch jenen Teil der Sahara reiten wollen, der an Algerien grenzt. Zum Ausflug gehören ein gemächlicher Trab über die Erg Chebbi. Erg ist ein arabischer Ausdruck für die riesigen Sanddünen, von denen es in der Sahara nur so wimmelt. Kamelritte werden normalerweise in der Morgen- oder Abenddämmerung veranstaltet, damit man die wechselnden Farben der immensen Sandlandschaft genießen kann. Zu den längeren Trecks gehört auch das Camping in der Wüste.

433 MIT DEM CAMP-MOBIL RUND UM AUSTRALIEN

Es ist zweifellos eines der gemächlichsten, aber auch der erfüllendsten Abenteuer: Sie klettern in ein vollausgestattetes Campmobil und zuckeln durch die enorme Weite des australischen Kontinents. Wer bei der Rundfahrt so nah wie möglich an der Küstenlinie bleibt, hat am Ende mehr als 14 000 km auf dem Tacho. Dabei geht es vorbei an fantastischen Stränden, in entlegene Regenwälder und durch fast alle großen Städte. Bett und Kochstelle bauen Sie immer da auf, wo Sie parken. Allerdings wäre der Trip einfach nicht komplett ohne ein paar Umwege durch Australiens beeindruckendes Outback.

434 MIT DEM MOTORROLLER ENTLANG DER RIVIERA, FRANKREICH

Die Riviera ist ein hinreißend schöner Abschnitt der Côte d'Azur und reicht von der Stadt Toulon in Südwestfrankreich fast bis zur italienischen Grenze. Für die luxuriöse Form des langsamen Reisens jetten Sie in das Fürstentum Monaco, mieten sich dort ein Moped vom Allerfeinsten, drehen die 50-cm³-Maschine hoch und schlängeln sich die Küstenstraße entlang. Dabei geht es durch stilbewusste Orte wie Cannes und Nizza. Schauen Sie genau hin, an wie vielen schönen Körpern Sie auf dieser Strecke vorbeifahren. Nachdem Sie genug von all den umwerfenden Menschen haben, rollen Sie weg von der Riviera nach Westen – in Richtung von Marseilles rauem Charme und dem römischen Amphitheater in Nîmes.

435 MIT DEM SCHIFF DURCH DIE FJORDS, CHILE

Chiles südliche Küste ist mit einer Fülle von prächtigen Fjorden gesegnet, die Reisende – und deren Zeit – buchstäblich verschlucken. Die durch Gletscher ausgewaschenen Einbuchtungen bieten Passagen mit genügend Wassertiefe für Kreuzfahrtschiffe, die Patagonien und Feuerland umfahren. Die neugierigen Touristen an Bord erleben so aus nächster Nähe unvergessliche Ausblicke auf steile Klippen, Eisbergen auf Abwegen und unberührte Kanäle. Zu den beliebten Abfahrtshäfen für Kreuzfahrten in Süd-Chile zählen Puerto Montt und Punta Arena. Die Höhepunkte auf den Reisen sind unter anderem der mächtige Fjord im Parque Nacional Laguna San Rafael und das herrliche Unesco-Biosphärenreservat des Parque Nacional Torres del Paine.

436 MIT DEM RAD DURCH AMSTER-DAM, NIEDERLANDE

Die engen, von Grachten durchzogenen und manchmal autofreien Straßen von Zentral-Amsterdam sind ideal für Fahrräder. Eine Tatsache, mit der sich die Einheimischen schon vor langer Zeit angefreundet haben. Fahrradwege gibt es entlang aller Hauptstraßen, und sie sind voller Amsterdamer, die scheinbar ziellos durch die frische Luft radeln. Machen Sie mit und gehen Sie auf eine entspannte Tour vom Vondelpark, vorbei an all Ihren Lieblingsmuseen, zu Ihrer bevorzugten Kneipe. Leider sind die Zweiräder wegen ihrer enormen Beliebtheit in der niederländischen Großstadt auch ein ideales Ziel für Diebe. Pro Jahr werden Zehntausende Fahrräder gestohlen.

437 MIT DEM BUS AUF DEM KARAKORUM HIGHWAY

Die legendäre Kriechstrecke von Kaschgar in China nach Rawalpindi in Pakistan ist als Karakorum Highway, oder auch KKH, bekannt. Da diese einige riesige Gebirgszüge durchquert, kommt man auf der 1300 km langen Route nur langsam voran. Damit ist der Highway die höchste asphaltierte Straße der Welt – auf der die örtlichen Busse die steilen Anstiege nur im Kriechtempo bewältigen. Steinschläge und Pannen tragen außerdem zur Langsamkeit bei. Wer sich auf diesen Abzweig der legendären Seidenstraße wagt, bekommt unglaubliche Hochgebirgslandschaften und abwechslungsreiche Kulturen geboten.

438 ZU FUSS AUF DEM MILFORD TRACK, NEUSEELAND

Der 53,5 km lange Milford Track auf Neuseelands bergiger Südinsel zählt zu den herrlichsten Wanderwegen der Welt. Das viertägige Abenteuer beginnt am Te-Anau-See, führt hoch durch Regenwälder zum Mackinnon-Pass (wo Sie einen Abstecher zu den Sutherland Falls, dem höchsten Wasserfall des Landes, machen können) und dann entlang eines Wildwasserflusses in nördlicher Richtung zum Ufer des spektakulären Fjord des Milford Sounds. Die Anzahl der Wanderer pro Tag ist begrenzt, die von November bis April auf diesen Pfad dürfen. Also buchen Sie rechtzeitig im Voraus, wenn Sie das „Herr-der-Ringe"-Land in diesem Zeitraum besuchen.

439 MIT DEM SCHIFF AUF WEINKREUZ-FAHRT DEN CANAL DE BOURGOGNE HINUNTER, FRANKREICH

Die führende französische Wein-Region Burgund wird durch den 242 km langen Canal de Bourgogne zweigeteilt. Auf ihm gibt es zahlreiche Schleusen, in denen Boote je nach Bedarf angehoben oder abgesenkt werden. Diese attraktive, langsam fließende Wasserader wird von vielen, gut ausgerüsteten Booten befahren, auf denen Sie mitreisen und die besten Weine und Erzeugnissen der Region genießen können. Kreuzfahrtangebote reichen von relativ kurzen Wein- und Käseproben bis zu siebentägigen Ausflügen mit Rundumversorgung, bei denen Sie strategische Abstecher zu einigen der sagenhaften Weingüter der Region machen können.

440 MIT DEM HUNDE-SCHLITTEN IN BRITISH COLUMBIA, KANADA

Was könnte entspannender sein, als sich von einem halben Dutzend sibirischer Huskies über ländliche Pfade durch eine weiche Schneedecke ziehen zu lassen? Nichts, wenn man den zahlreichen Veranstaltern von Hundeschlitten-Exkursionen in der Wildnis von British Columbia glaubt, auch wenn die Huskies selbst das möglicherweise anders sehen. So vermeiden Sie nicht nur das Heulen eines Schneemobils oder die Anstrengung, die widerspenstigen Ski in die richtige Richtung zu lenken. Sie lernen auch interessante Aspekte dieser friedlichen Aktivität kennen, etwa das Führen eines Teams hart arbeitender Hunde.

ABENTEUER FÜR ECHTE JUNGS & MÄDCHEN

SUCHEN SIE IHREN INNEREN ENTDECKER UND VERSETZEN SIE SICH IN EINE ÄRA, ALS ABENTEUERGEIST NOCH ZUM GUTEN RUF GEHÖRTE.

441 MIT HAIEN TAUCHEN, SÜDAFRIKANISCHE KÜSTE

Als Chief Brody erstmals den Weißen Hai im gleichnamigen Film erblickt, stammelt er den zum Klassiker gewordenen Satz: „Wir werden ein größeres Boot brauchen." Kurz darauf holen die Protagonisten den Haikäfig hervor und der Biologe Hooper begibt sich unter Wasser. Jetzt haben auch Sie die Gelegenheit, einigen großen Weißen ganz nah zu kommen. Zwei Stunden südöstlich von Kapstadt liegt die ziemlich bedrohlich heißende „Shark Alley", ein Stück Wasser, in dem es vor Haien nur so wimmelt. Dort gibt es mehrere Anbieter, die Sie ins Wasser hinunterlassen (natürlich in einem Käfig).

442 TRECK ZUM K2 BASIS-CAMP, PAKISTAN

Der Mount Everest bekommt alle Schlagzeilen, doch was ist mit dem K2? Der zweithöchste Gipfel der Welt ist nur ein paar Meter niedriger als der Everest und liegt deutlich abgelegener. Im Herzen der Karakorum-Bergkette befindet sich das K2-Basis-Camp. Die Reise dorthin ist ein anspruchsvoller Treck. Sie überqueren Flüsse auf zweifelhaft wirkenden, baufälligen Brücken und betreten den furchterregenden Baltoro-Gletscher. Was Sie dort nicht finden werden, sind Horden von Touristen und Möchtegern-Kletterern – nur knallharte Bergsteiger.

443 DAS WELTALL

Es gab eine Zeit, als eine Reise ins Weltall nur Testpiloten, unglaublich guten Matheschülern und russischen Kosmonauten mit unaussprechlichen Namen vorbehalten war. Damit ist jetzt Schluss – dank Sir Richard Branson und Virgin Galactic brauchen Sie nur noch einen gedeckten Scheck und den Wunsch, abzuheben. Okay, um die Reise ins All bezahlen zu können, muss man erst 200 000 US-Dollar in der Lotterie gewinnen – aber stellen Sie sich vor, wie es ist, wenn Sie der einzige Typ in Ihrer Stammkneipe sind, der schon im All war..

444 NAVY-SEAL-TRAINING, SAN DIEGO, USA

Sie glauben dass tief in Ihrem Innern der Soldat einer Spezial-Einheit schlummert? Haben Sie die Kondition, das wohl körperlich anspruchsvollste und härteste Auswahlverfahren überhaupt durchzuhalten? In San Diego können Sie denselben Vorbereitungskurs belegen, den angehende Sonder-kommandos nutzen, um sich für den Ernstfall fit zu machen. Im Mittelpunkt stehen körperliches und mentales Training. Falls Ihre Vorstellung vom idealen Urlaub darin besteht, angebrüllt zu werden, während Sie Liegestütze auf einem Strand machen, sind Sie hier genau richtig.

Möge Ihr Schiff mehr Glück als die „Endurance" oder dieser Walfänger im Hafen von Südgeorgien haben.

446 VIEH TREIBEN, ALBERTA, KANADA

Wer wollte nicht irgendwann im Leben einmal Cowboy sein? Man reitet über die Weiden, hat den Revolver am Gürtel und treibt eine Viehherde zum Markt. Hier bietet sich Ihnen die Chance, Ihren inneren John Wayne oder Ihre innere Calamity Jane herauszulassen und sich für einen Viehtrieb in den Sattel zu schwingen. Alles, was Sie brauchen, sind Ihr bester Cowboy-Hut, ein Gürtel mit einer tellergroßen Schnalle und ein Paar strapazierfähige Stiefel. Die Veranstalter stellen Ihnen das Pferd, ein paar Kuhfladen, die an Ihren Stiefeln kleben und einige Tausend Rinderschädel, die sie überblicken müssen. Yieeeha - los geht's!

447 KOKODA TRACK, PAPUA-NEU-GUINEA

Während des Zweiten Weltkriegs entwickelte die japanische Armee den waghalsigen Plan, Australien anzugreifen. Sie wollte Papua-Neuguinea entlang des Kokoda Track überqueren und eine Geheim-attacke starten. Allerdings bekamen die Australier Wind von dem Plan und trafen die Japaner auf halbem Wege. Das Ergebnis war ein blutiger Kampf, in dem Malaria, Hitze und Krankheiten fast so viele Soldaten dahinrafften wie gegnerisches Feuer. Heute können Sie denselben Pfad in zehn Tagen wandern. Aber seien Sie auf Blasen, Blutsauger und Luftfeuchtigkeit vorbereitet – hier gibt es von allem nur das Beste. Die Bedingungen des Krieges mögen vorbei sein, aber der üppige Regenwald und die ernste Historie bleiben.

445 WANDERN AUF SÜDGEORGIEN, ANTARKTIS

1914 ging Sir Ernest Shackleton auf eine Expedition über den antarktischen Kontinent. Seine Pläne waren allerdings schon kurz nach dem Start Makulatur, als sein Schiff, die treffend benannte „Endurance" („Ausdauer"), vom Packeis eingeschlossen wurde. Schließlich zerbrach das Dampfschiff, und die Mannschaft musste sich in die Rettungsboote flüchten. Mit unglaublichem Navigationsgeschick erreichte sie Elephant Island. Shackleton segelte mit einigen anderen zur Insel Südgeorgien, tief im Südlichen Ozean. Ihm gelang dann über Berge und Gletscher die erste Durchquerung der Insel und so erreichte er die Walstation, die die Rettung bedeutete. Er kam, wie jedes Mitglied seiner Crew, sicher an. Sie können nun in seine Fußstapfen treten und die gebirgige Insel selbst überqueren.

448 SAFARI-WANDERUNG IM SERENGETI NATIONAL-PARK, TANSANIA

Leben Sie Ihren inneren Hemingway aus und wandern Sie zwischen den großen Raubtieren der afrikanischen Steppe. Ohne den Schutz durch ein Geländefahrzeug oder ein Gewehr durch die Serengeti zu marschieren, stellt die Großwildjagd in den Schatten. Und überhaupt: Es ist definitiv politisch unkorrekt (und dazu noch schlecht fürs Karma), auf Löwenjagd zu gehen. Wandern Sie aber unbedingt mit einem Führer und tun Sie stets, was Ihnen gesagt wird: So haben Sie am Ende großartige Fotos und eine tolle Geschichte. Falls nicht, könnten Sie möglicherweise ans falschen Ende der Nahrungskette geraten.

449 IDITAROD-HUNDE-SCHLITTEN-RENNEN, ALASKA, USA

Umarmen Sie die Kälte wie einen Freund, spannen Sie Ihr bestes Hunde-Team ein und durchqueren Sie die Alaska Range beim härtesten aller Hundeschlittenrennen. Es ist dort kalt genug, um Whiskey gefrieren zu lassen, und Sie werden – Tierschutz hin oder her – jede Menge Pelz tragen müssen. Aber das Ganze ist der größte, klirrend kalte Spaß, den es auf dieser Seite des Nordpols gibt. Falls man sich in dieser Wildnis zu bewegen weiß, wohlgemerkt. Alle ohne Hunde-Team können immer noch zuschauen, als Freiwillige arbeiten oder am Iditabike teilnehmen – einem Mountainbike-Rennen auf derselben Strecke.

450 TRANSSIBIRISCHE EISENBAHN

Bei dieser authentischen, wahrhaft echten Rückkehr zu den großen Reisen früherer Tage klettern Sie an Bord der Transsibirischen Eisenbahn für einen Trip in die Vergangenheit. Sie können von Moskau nach Wladiwostok reisen – eine Entfernung von fast 10 000 km, alles im selben Zug. Dabei durchqueren Sie sieben Zeitzonen und erreichen schließlich den Pazifischen Ozean. Nehmen Sie auf jeden Fall ein Buch mit oder frischen Sie zumindest Ihr Russisch auf: Die Reise dauert Tage und Sie fahren durch Hunderte von Dörfern, Städten und – unzählige Stunden lang – durch das sibirische Nichts.

Dieser Leopard im Serengeti Nationalpark sieht kuscheliger aus, als er ist. Auf seinen Knuddel-mich-Blick sollte man nicht hereinfallen.

**ABENTEUER FÜR
ECHTE JUNGS &
MÄDCHEN**

UNVER-GLEICHLICHE RUCKSACK-REISEN

SCHULTERN SIE IHREN TREUSTEN BEGLEITER UND LOS GEHT'S. AUF WEGEN, DIE SCHON GENERATIONEN VON REISENDEN INSPIRIERT HABEN.

451 VON ISTANBUL NACH KAIRO, NAHER OSTEN

Istanbul ist auf zwei Kontinenten erbaut, was es zum idealen Startpunkt für den Nahen Osten macht. Die erste Etappe würde durch die Türkei nach Syrien führen, wäre dort kein Bürgerkrieg. Also lassen wir Aleppo und Damaskus aus, bis wieder Frieden herrscht, und begeben uns von Istanbul nach Jordanien, um die Ruinen von Petra zu bewundern und uns im Toten Meer treiben zu lasssen. Ganz gleich, welcher Glaubensrichtung Sie angehören, der Umweg über Jerusalem birgt eine religiöse Erfahrung. Danach entspannen Sie mit Schnorcheln im Roten Meer. Sie werden diese Ruhe brauchen, um sich auf das überfüllte Kairo vorzubereiten, wo natürlich ein Trip zu den Pyramiden auf dem Programm steht.

452 DIE OSTKÜSTE AUSTRALIENS

Viele Rücksack-Reisende beginnen Ihren Trip in Sydney, mit seinen glamourösen Stränden und der aufsehenerregenden Brücke namens „Coat Hanger" (Kleiderbügel). Einige mögen sich weit nach Süden bis Melbourne vorarbeiten, dem sogenannten Paris der Südhalbkugel mit seiner kosmopolitischen Kultur und europäischem Wetter (die grauen Winter sind berüchtigt). Aber weit öfter führen die Wege nördlich von Sydney durch die Hippie-Zuflucht Byron Bay, wo es wahnsinnige Wellen für Surfer gibt. Wer Hauptstädte sammelt, macht Halt in Brisbane, aber die meisten reisen weiter zum tropischen Cairns, einem Ausgangspunkt für Bootsfahrten zum Great Barrier Reef mit den Korallenjuwelen, die diese Küste schmücken.

453 BANANA PANCAKE TRAIL

Die meisten Reisen in Südostasien starten in Bangkoks Backpacker-Epizentrum Khaosan Road, aber die Massen wandern weiter zu den Stränden von Koh Pha-Ngan oder dem schickeren Phuket. Viele junge Reisende machen sich auf nach Kambodschas Siem Reap auf eine Begegnung mit der historischen Zivilisation von Angkor Wat. Dann geht es weiter nach Ho-Chi-Minh-Stadt und entlang der Küste Vietnams bis zu den majestätischen Felsformationen der Halong Bay. Weniger ausgetretene Pfade warten auf dem Weg zur Hauptstadt von Laos, Vientiane, oder zu den Elefanten im Khao-Yai-Nationalpark.

FELIX HUG / LPI

Ist es der Banana Pancake Trail oder der Tempel Trail? Diese Vishnu-Statue in Siem Reap spricht eher dafür, dass es letzterer ist.

454 VON DER NORD-INSEL ZUR SÜD-INSEL, NEUSEELAND

Der Weg beginnt in Auckland, wo jede Menge Rucksack-Reisende das Partyleben genießen. Dann geht es weiter nach Rotorua mit seinen vulkanischen Attraktionen und *hangi* (traditionelles Maori-Fest mit Aufführungen). Von hier aus geht es zum Lake Taupo, ein guter Ort für Fallschirmspringen und Wassersport, und weiter ins windige Wellington mit seiner Cafékultur und dem verrückten *beehive* („Bienenstock" – das Regierungsgebäude). Von hier setzt man zur Südinsel über, wo Whalewatching in Kaikoura auf dem Programm steht, bevor es nach Queenstown weitergeht, dem Ausgangspunkt, um die spektakulären Franz Josef- und Fox-Gletscher für sich zu entdecken oder in einem Jetboot über die pittoresken Wasserwege zu rasen.

455 TRANSSIBIRISCHE EISENBAHN, RUSSLAND

Dieser 9289 km lange Streckenabschnitt war früher die Reiseroute der Zaren und wird immer mehr zum Muss für jeden Rücksack-Reisenden. Die klassische Route startet an der Küste in Wladiwostok, und dann rattert man den ganzen Weg bis Moskau. Es geht vorbei am tiefsten See der Welt, dem Baikal-See, oder an Jekaterinburg, wo die Zarenlinie der Romanows ihr blutiges Ende fand. Die Eisenbahnstrecke endet entweder im prächtigen Moskau mit seinen goldgedeckten Kirchen und dem geschichtsträchtigen Roten Platz oder in St. Petersburg. Für eine weniger bereiste Alternative nimmt man von Peking aus die Trans-Mongolische Eisenbahn durch die Steppen der Mongolei, bevor man wieder auf die Hauptlinie in der Nähe des Baikal-Sees trifft.

456 ROUTE 66, USA

Wenige Straßen atmen so sehr den Geist Amerikas wie dieser legendäre Streifen Asphalt. Obwohl der Name seit 1985 nicht mehr offiziell benutzt wird, folgen junge Abenteurer immer noch diesem Pfad, um die besten Seiten der USA kennenzulernen. Er beginnt in Chicago, wo Sie im Wrigley Field ein Baseball-Spiel der Cubs besuchen können. Etwas weiter hören Sie dann den legendären Blues in St. Louis. Treten Sie aufs Gas, um nach Kansas zu gelangen, dem Herzen der weiten Ebenen. Im Lone-Star-Staat Texas ist die Hälfte der Strecke an der legendären Schrott-Skulptur „Cadillac Ranch" erreicht. Noch mehr Kühe gibt es dann in New Mexico zu sehen, bevor es weitergeht nach Arizona mit dem längsten ununterbrochenen Abschnitt der ursprünglichen Route. In Kalifornien baut sich die Spannung

KEREN SU / LPI

166

Ein reitender, kein fliegender Teppich: Ein Tadjik-Kameltreiber auf einem traditionellen Transportmittel der Seidenstraße.

bis Los Angeles auf, wo Hollywood und der Rodeo Drive den Höhepunkt des Trips bilden.

457 VON KAPSTADT NACH KAIRO

Hollywood-Star Ewan McGregor fuhr einen Großteil dieser Strecke von Norden nach Süden auf einem Motorrad und schuf damit den Plot der Doku-TV-Serie „Long Way Down". Die Reise für alle Unerschrockenen kann allerdings in Kapstadt sowohl beginnen als auch enden. Falls Sie am unteren Ende beginnen, fahren Sie nach Norden Richtung Botswana, wo Sie auf Flüssen kreuzen und Elefanten im Chobe Nationalpark bewundern können. Nächstes Highlight ist Tansania, bekannt für den Kilimandscharo, dessen weißen Gipfel Sie

sehen sollten, solange es ihn noch gibt. Oder lauschen Sie den donnernden Hufen der Gnus im Serengeti-Nationalpark. Genießen Sie hier die Gelassenheit, denn einige der schwierigsten Abschnitte liegen vor Ihnen: Kenia, Äthiopien und der Sudan sind alle von Kämpfen geprägt. Am Ende verspricht Ihnen Kairo die Pyramiden und reichlich Trubel in der Stadt.

458 GRINGO TRAIL, PERU

Diese beliebte Rundstrecke verbindet die größten Attraktionen des Landes. Von der lebhaften Hauptstadt Lima aus folgt der Pfad der Küste nach Paracas, wo ein Ausflug zu den Islas Ballestas ideal ist, um Pinguine und Seelöwen zu beobachten. Stoßen Sie in Ica an, der peruanischen Wein- und *pisco*-Hauptstadt (ein Trauben-

likör). Dann weiter nach Nazca, um dort über die rätselhaften in den Boden gescharrten Linien zu fliegen. Sie können nach Arequipa aufsteigen, der „weißen Stadt" der Kolonialarchitektur, und dann weiter nach Puno fahren, Perus Hafen am Titicaca-See. Steigen Sie in einen Bus nach Cuzco zum archäologischen Mekka Südamerikas und wandern Sie den Inka-Pfad bis nach Machu Picchu – oder mogeln Sie ein bisschen und nehmen Sie den Zug von Cuzco.

459 MUSIKFESTIVAL-TOUR DURCH EUROPA

Europa hören, nicht nur sehen! Auf Rücksack-Reisende warten Sommersonne und Musik, wenn sie mit einem Kombi von Konzert zu Konzert fahren. Der Urahn aller ist das Glastonbury-Festival in England, wo seit 1971 Rock-Größen und Comedy-Acts, Zirkus und Theater zu Gast sind. Ein weiteres Alternative-Festival ist Dänemarks Roskilde mit seiner rockigen Ausrichtung. Folk-Musik kann man beim Baltica genießen, dem Festival in Estland, Lettland und Litauen. In Deutschland lassen es die Heavy-Metal-Fans im Dorf Wacken krachen. Stets eine beeindruckende Attraktion ist die Luftgitarren-WM in Finnland. Das süße End of the Road Festival, das ebenfalls in England stattfindet, ist ein entspannter Abschluss, der stark vom Country-Folk geprägt ist.

460 SEIDEN-STRASSE

Über die Jahrhunderte flochten Händler ein Straßennetz zwischen China und Europa – jeder baute sich seine eigenen geheimen Pfade, um Seide, Gewürze und andere Waren möglichst schnell zu den Märkten zu transportieren. Die moderne Straße startet in der Regel im chinesischen Xi'an, der Heimat der Terrakotta-Armee aus der Qin-Dynastie. Dann führt sie weiter nach Ürümqi in der Provinz Xinjiang, in Chinas wildem Westen. Danach geht es über die Grenze nach Kasachstan und der kosmopolitischen Stadt Almaty. Als nächstes führt die Strecke in die frühere Sowjetrepublik Kirgisien, wo es über bergige Abschnitte nach Bischkek geht. Einige Händler schlossen ihre Reise ab, indem sie nach Süden nach Fergana in Pakistan reisten, aber die meisten setzen ihren Weg nach Samarkand und zu den Märkten Aschgabats in Turkmenistan fort.

UNVER-GLEICHLICHE RUCKSACK-REISEN

PENDELN MIT GÄNSEHAUT-POTENZIAL

MISCHEN SIE SICH UNTER DIE EINHEIMISCHEN UND ERLEBEN SIE DIESE TRUBELIGEN STÄDTE IN ZÜGEN, AUF STRASSEN UND WASSERWEGEN.

461 STAR FERRY, HONGKONG

Hier fühlt man sich wie in einer Szene aus dem Sci-Fi-Streifen „Blade Runner", allerdings auf einem Boot aus dem 19. Jh.: Die Durchquerung des Victoria Harbour in Hongkong ist eine der surrealsten und merkwürdigsten Touren der Welt. Gegründet wurde die Star Ferry Company 1898. Die Ausstattung der Boote mit poliertem Holz und Reihen von Rettungsringen entführt in diese Ära und bildet einen aufregenden Kontrast zum Beton, Neonlicht und Stahl des Hafens. Auch die Preise scheinen aus einer anderen, moderateren Zeit zu stammen. Die Fahrt kostet 2,50 HK$ in der 1. Klasse (oben im Boot, mit edleren Sitzen und weg vom Gestank des Dieselmotors) und 2 HK$ in der 2. Klasse (unten auf Holzbänken).

462 GRAND CENTRAL TERMINAL, NEW YORK, USA

Die morgendliche Rush Hour in New Yorks Grand Central gehört weltweit zu den schönsten Momenten für Pendler. Die Sonne durchflutet die weitläufige Haupthalle, die einer riesigen Bühne unter der Uhr mit vier Zifferblättern gleicht. Die gigantischen Fenster sind einer Kathedrale würdig, und unter ihnen werfen die umhereilenden Figuren lange Schatten, unterbrochen von goldenem Licht. Der Bahnhof im Beaux-Arts-Stil stammt aus dem Jahr 1903, der Hochzeit der Eisenbahnen, und ist immer noch belebt – rund 150 000 Pendler benutzen ihn täglich.

463 MIT DER VESPA IN ROM, ITALIEN

Unglaublicher Verkehr plagt diese unglaubliche Stadt, daher ist der Motorroller die beste Art, zu pendeln. Zum einen erleichtert er das Parken, zum anderen ist der Coolness-Faktor nur schwer zu toppen, wenn man mit einer Vespa über die altertümlichen Kopfsteinpflastergassen pest, die Sonnenbrille ist dabei ein Muss. Der Höhepunkt jedes Motorroller-Trips besteht jedoch darin, am Circus Maximus entlangzubrausen, der riesigen Pferdewagen-Rennstrecke in Roms historischem Zentrum.

Heute liegt dort ein rautenförmiger Park. Knapp darüber befinden sich auf dem Palatino die Ruinen großer Kaiserpaläste.

464 MIT DER FÄHRE DURCH SYDNEYS HAFEN, AUSTRALIEN

Die Schönheit des Hafens von Sydney genießt man am besten an Bord einer der vielen Fähren, die elegant, effizient und günstig sind. Ein Pendelverkehr, der für Gänsehautstimmung sorgt, denn mit seinen zahlreichen Buchten besitzt der Hafen unglaubliche 240 km Küstenlinie, sodass die Umgebung von majestätischen Wolkenkratzern ebenso geprägt ist wie von Sandstränden. Zwei weltberühmte Wahrzeichen empfangen die Boote, wenn sie sich auf die Stadt zubewegen: der grazile Stahlbogen der Sydney Harbour Bridge und die gefliesten Dachschalen des Opernhauses.

465 VAPORETTO IN VENEDIG, ITALIEN

Vergessen Sie Venedigs Gondeln. Abgesehen vom Laufen ist das Vaporetto zweifellos die feinste Art, um in dieser schwimmenden, außerordentlich schönen Stadt von A nach B zu gelangen. Die Boote, deren Name daher rührt, dass sie früher mit Dampf fuhren, legen alle paar Minuten ab. Sie erkennen die Einheimischen an ihrer leichten Nonchalance: Sie stehen (ohne sich an der Reling festzuhalten) an Deck, unterhalten sich und schreiben SMS. Das Vaporetto mag zwar nicht den Glamour einer Gondel besitzen – es ist mehr wie ein schwimmender Bus –, aber es fühlt sich viel authentischer an und ist deutlich günstiger.

466 ÜBER DIE LONDON BRIDGE GEHEN, ENGLAND

A crowd flowed over London Bridge, so many,
I had not thought death had undone so many.
Sighs, short and infrequent, were exhaled,
And each man fixed his eyes before his feet.
TS Eliot – 'The Wasteland'

Tauchen Sie ein in den Strom von Anzugträgern und laufen Sie am Morgen über die London Bridge: Die Menschen reisen mit dem Zug aus den Vororten an und gehen dann die letzten 15 Minuten zu Fuß zur Arbeit. Und auch Sie selbst werden sich nicht nur pünktlich an Ihr Werk machen können, sondern werden geradezu Teil dieses monumentalen Gedichts der Moderne.

467 EXPRESS-FÄHRE AUF DEM CHAO PHRAYA IN BANGKOK, THAILAND

In einer Stadt voller Staus, in der Tuk-Tuks und Autos mit ihren Abgasen die Luft verpesten und Sie den Eindruck haben, Ihr Ziel niemals zu erreichen, bietet der Fluss ein wahrhaft berauschendes Freiheitsgefühl. In Bangkok gibt es keine bessere Art, den Chao Phraya entlangzuschippern als mit der Express-Fähre, in die man ständig ein- und aussteigen kann. Bei einem Halt haben Sie sogar die Möglichkeit, den Großen Palast mit seinen magischen Gärten und Blattgold-Turmspitzen zu besichtigen. Einziger Wehrmutstropfen: Die Boote sind zur Rushhour furchtbar überfüllt.

468 U-BAHN IN TOKIO, JAPAN

Die Rushhour ist der ideale Zeitpunkt für soziologische Studien. Sardinen werden nicht enger in der Dose eingezwängt als die Tokioter in der stadteigenen U-Bahn. Dennoch gehen die Menschen auffallend taktvoll miteinander um – was wohl daran liegt, dass man einer höflichen Kultur angehört und an einem sehr überfüllten Ort zusammenleben muss. Einige Menschen tragen Gesichtsmasken, um sich vor Erkältungsviren zu schützen. Uniformierte Bedienstete mit weißen Handschuhen helfen, die Menschen in die Bahn zu stopfen, bevor die Türen schließen. Die Japaner sind Meister darin, beim Pendeln zu schlafen. Daher ist es gut möglich, dass sie den Kopf eines anderen Fahrgastes sanft von ihrer Schulter heben müssen, bevor Sie aussteigen.

469 MIT DER RIKSCHA DURCH OLD DELHI, INDIEN

Verrückt geht es in den engen, holprigen Straßen dieses kosmopolitischen Durcheinanders namens Old Delhi in Indien zu. Rikschas, Fahrräder, Handkarren, Autos und Fußgänger, sie alle stoßen merkwürdigerweise in diesem chaotischen, sich durch die Gassen schlängelnden Hexentanz nicht zusammen, wenn auch nur knapp. Es ist eine (in Ermangelung eines besseren Wortes) intensive Erfahrung, besonders wenn die Sonne vom Himmel brennt. Die Verkehrsteilnehmer veranstalten ein schallendes Hupkonzert. Doch Tröten und Klingeln sind nicht nur dazu da, die anderen zu warnen. Sie sind auch Ausdruck der puren Freude, einfach nur laut zu sein.

470 TRAM 28 VON MARTIM MONIZ ZUM PRAZERES-FRIEDHOF, LISSABON, PORTUGAL

Die legendäre Straßenbahnlinie 28 schlängelt sich durch die engen hügeligen Gassen im maurischen Alfama-Viertel der portugiesischen Hauptstadt Lissabon. Die Tram ist liebenswert rundlich und altmodisch, sonnenblumengelb, mit Holzleisten verziert, und stets voll hingerissener Touristen und entspannter einheimischer Pendler. Trotz ihres hohen Alters rollt die Straßenbahn ihre Strecke mit beeindruckender Verlässlichkeit rauf und runter. In den Kurven und Windungen erhalten Sie kurze Einblicke in schmale Nebenstraßen, fahren vorbei an Wäscheleinen und kunstvoll mit Fliesen verzierten Häuserfassaden und schließlich über das elektrisierend blaue Wasser des Tejo hinweg.

STADTFLUCHT IM JAMES-BOND-STIL

OB SIE NUN EIN SUPERSPION IN GEHEIMER MISSION SIND ODER EINFACH NUR DIE PERFEKTE KULISSE SUCHEN – HIER BESTELLEN SIE ABENDS IN DER HOTELBAR EINEN WODKA-MARTINI, GESCHÜTTELT, NICHT GERÜHRT.

471 VALLETTA, MALTA

Valletta war früher als Europas „Superbissima" (die Prunkvollste) bekannt und ist zweifellos ein Ort, wo mysteriöse Verschwörungen urplötzlich eine explosive Kettenreaktion auslösen können. Die Hauptstadt Maltas wurde 1566 von den legendären Kreuzrittern des Malteserordens gegründet und liegt auf einer schmalen Halbinsel im sonnenverwöhnten Mittelmeerraum. Zwischen erhabener Barockarchitektur und massiven Festungsmauern brodeln unzählige Gerüchte von Reichtümern und Ritualen. Die Stadt wirkt wie ein lebendiges Museum, das Besucher dazu einlädt, in ihren Gärten unterzutauchen, durch Säulengänge voller antiker Statuen zu huschen und durch die verzierten Kolonnaden der stattlichen Paläste und Kirchen zu schlüpfen.

472 SÃO PAULO, BRASILIEN

Alles ist möglich in São Paulo, dem idealen Ort für die metrosexuelleren Bonds von heute. Die wuselige Stadt mit ihrer ungewöhnlichen Mischung an Architektur – von neoklassizistischen Gebäuden bis hin zu den geschwungenen Bauwerken Oscar Niemeyers (der große Teile der Hauptstadt Brasilia entworfen hat) – bietet sich für eine Verfolgungsjagd geradezu an. Falls Sie Ihren Bond als den nicht ganz so harten im Stil der 1970er angelegt haben, dann reisen Sie an, während die Gay-Pride-Parade tobt. Im Grunde ist sie nur eine Ausrede für zwei Millionen verkleideter Menschen aller sexuellen Orientierungen, es einmal so richtig krachen zu lassen. Suchen Sie eine verführerische Begleitung, dann kommen Sie im Januar oder Juni, wenn die Kameras für die Schönsten der Schönen bei der São Paulo Fashion Week surren: Das größte Mode-Ereignis Lateinamerikas ist einfach groovy. Yeah, Baby, yeah!

473 HONG KONG, CHINA

Das hektische Hongkong wurde 1997 nach über einem Jahrhundert unter britischer Verwaltung an die Chinesen zurückgegeben und bietet eine Kombination aus chinesischer Kultur und angelsächsischer Arbeitsmoral. Die Stadt der Superlative rühmt sich damit, die meisten Wolkenkratzer der Welt zu besitzen und einer der am dichtesten besiedelten Orte rund um den Globus zu sein. Während Sie hier auf der Flucht sind, müssen Sie sich Ihren Weg durch die Massen bahnen, Doppeldecker-Bussen ausweichen und sich in luftige Höhen vorwagen – Hongkongs steiles Terrain erforderte ein System von Freiluft-Fahrstühlen (die sogenannten Central-Mid-Levels), die mehr als 800 m lang sind. Angehende Bonds kommen sogar in den Genuss, im Geschäftsanzug auf Verfolgungsjagd gehen zu können. Denn natürlich tauchen Sie am Ende ohne eine Spur der Anstrengung zu zeigen wieder auf und nippen in

Passen Sie auf, wer im Schatten des Clarendon Building in Oxford lauert.

474 OXFORD, ENGLAND

Wasserspeier, die von nebelumhüllten Pfeilern aus in dunkle Gassen schielen, Garten-verstecke, wo unsichtbare Kameras von Laternenpfähle spähen – und was ist mit diesen bedrohlich wirkenden älteren Herren mit Melone, die in den Hauseingängen der Colleges in Walkie-Talkies flüstern? All das geschieht in Oxford, einer der großartigsten Universitäts-städte der Welt. Obwohl die Stadt nicht wirklich wie ein Ort wirkt, an dem angehende Agenten eine Ausbildung fürs Leben erhalten, ist sie seit Langem ein beliebter Ort, um Nachwuchs für den Geheimdienst Ihrer Majestät zu rekrutieren. Bei Nacht entsteht durch die engen Gassen, das regennasse Kopfsteinpflaster und die mystische gotische Architektur die perfekte Atmosphäre für spannungsgeladene Verfolgungsjagden. Zusatzpunkte gibt es, wenn Sie die Wächter vor der bekannten Bodleian Library täuschen können und es schaffen, im Obergeschoss den Flügel mit Manuskripten aus dem Mittelalter zu betreten.

171

JON DAVISON / LPI

einer der vielen Hotelbars, die zu den luxuriösesten der Welt zählen, ganz dezent an einem Glas Wodka-Martini.

475 PALERMO, ITALIEN

Der Auftrag ist erteilt, für das brechend volle Palermo, der größten Stadt Siziliens, die bei jedem angehenden Bond ganz oben auf der Abschussliste stehen sollte. Die vor Gerüchten schwirrende Metropole, ursprünglich von den Phöniziern bewohnt, steckt voller verschiedener Architekturstile, eine Vermischung römischer, normannischer, arabischer und moderner Baustile. Das wohl gruseligste Areal, durch das Sie laufen können, sind die Catacombe dei Cappuccini (die „Kapuzinergruft"), ein unterirdisches Wegenetz, in dem rund 1200 mumifizierte Leichen ausgestellt sind. Sie sind die im Tode grinsenden, grausigen Überreste einer Tradition, die 1599 von Mönchen erfunden wurde.

476 MOGADISCHU, SOMALIA

Seit dem Film „Black Hawk Down" (2001), in dem die wahre Geschichte einer katastrophal gescheiterten Operation der U.S. Army geschildert wird, steht Mogadischu für Gesetzlosigkeit, Geiselnahmen und Milizen. An diesem maroden Ort, der als gefährlichste Stadt der Welt gilt, könnten Verfolgungsjagden zu Fuß ihre einzige Option sein. Doch am sichersten reisen Sie mit dem Auto in einem bewaffneten Konvoi. Auf dem Bakara-Markt finden Sie unter freiem Himmel alles, was sie brauchen, um zu entkommen, darunter gefälschte Pässe, Maschinenpistolen und Panzerfäuste.

477 TUNIS, TUNESIEN

Tunesiens Hauptstadt liegt direkt am Meer und bietet damit exzellente Bedingungen, um zu entkommen. Ihre Altstadt, die Medina, besteht aus dichtstehenden Häusern, überdachten Gässchen, Läden und Marktständen in den geschäftigen Souks – ein perfekter Ort für heimliche Kofferübergaben. Der Bau des Viertels begann im 7. Jh., seine Hochzeit hatte es vom 12. bis zum 16. Jh. Dieses Areal zu sichern, ist bei all den lautstark disjutierenden Händlern und Käufern schwer, aber wenn Sie in eines der ruhigen Gotteshäuser wie die Ez-Zitouna-Moschee (9. Jh.) und die Sidi-Youssef-Moschee (17. Jh.) entschwinden, können Sie Ihre Verfolger möglicherweise abschütteln.

Obwohl in Somalia angeblich eine von Äthiopien unterstützte Regierung an der Macht ist, lauern überall militante Islamisten und Piraten. Achtung: Hier sollten sich nur echte Bonds bewerben.

478 ISTANBUL, TÜRKEI

Die glorreiche frühere Hauptstadt der Byzantinischen und Osmanischen Reiche ist ideal, um Spion-Sprints hinzulegen. Für eine richtig grandiose Verfolgungsjagd laufen Sie durch den Sultanahmet-Park mit seinen Springbrunnen und Rasenflächen. Startpunkt ist nahe der berühmten Blauen Moschee. Wenn Sie die Cisterna Basilica und die Hagia Sophia, die ehemals größte Kirche des Christentums, passiert haben, müssen Sie den entgegenkommenden Straßenbahnen ausweichen, bevor Sie ihre Verfolger inmitten von Straßenhändlern, Teppichen, Zimt und Pfeffer im Großen Basar und dem Gewürzbasar abhängen. Atmen Sie einmal tief durch, während Sie den berauschenden Blick über das Goldenen Horn und den Bosporuses genießen – den beiden Wasserwegen, die Europa und Asien miteinander verbinden.

479 GUATEMALA-STADT, GUATEMALA

Diese unberechenbare mittelamerikanische Stadt, die von aktiven Vulkanen eingeschlossen und in den weitläufigen colonias (Nachbarschaften) von namenlosen, verwinkelten Gassen und Slums durchsetzt ist, gibt es nur in Kombination mit Gefahr und Abenteuer. Ihnen werden gewöhnliche Taschendiebe und Gangs, aber auch bewaffnete Sicherheitsleute auf Streife gegenüberstehen. Verfolger, die zu Fuß unterwegs sind, sollten

aufpassen, wohin sie treten: Im Februar 2007 verschluckte ein riesiges Erdloch von 100 m Tiefe eine Straße und die angrenzenden Gebäude, drei Menschen starben. Und bevor Sie über Zäune springen, achten Sie bitte darauf, ob Stacheldraht darauf befestigt ist …

480 ROM, ITALIEN

Schon seit den Tagen der kaiserlichen Siegesumzüge, der Elefanten und Gladiatorenkämpfe ist die Ewige Stadt an Spektakel gewöhnt, was bedeutet, dass Verfolgungsjagden zu Fuß wohl kaum auffallen würden. Rom ist ein hektischer und pulsierender Ort, der von schier endlosem Autoverkehr und umhersausenden Motorrollern gebeutelt wird, sodass eine Hatz für Flüchtende jede Menge Herausforderungen birgt. Zudem gibt es zahllose historische Stätten, die es in Angriff zu nehmen gilt, wie das Forum Romanum, den Senat, diverse Tempelanlagen und natürlich das Kolosseum. Für einen echten Testlauf, versuchen Sie, den Bösewichten und den *carabinieri* zu entkommen, bevor Sie in der Masse frommer Pilger auf dem Petersplatz untertauchen, während der Papst den Segen spricht.

STADTFLUCHT IM JAMES-BOND-STIL

Schlängeln Sie sich durch die engen Straßen der Medina in Tunis und tricksen Sie so Ihre Verfolger aus.

YADID LEVY / PHOTOLIBRARY

BESTE BILLIG-SCHLAFPLÄTZE

EIN ZIMMER MIT AUSSICHT MUSS NICHT DIE WELT KOSTEN.
MAN MUSS NUR WISSEN, WO MAN SUCHEN MUSS.

„In der guten Bewertung über Raum 4006 stand, dass er wirklich gemütlich sein soll": Reisender in einem japanischen Kapselhotel.

481 KAPSELHOTEL, TOKIO, JAPAN

Sparsame Reisende ohne Platzangst können es in Tokio nicht besser treffen, als eine Nacht in einem der winzigen Abteile eines Kapselhotels zu verbringen. Die „Zimmer" sind ungefähr so groß wie ein großzügiger Sarg, aber im Unterschied zur Behausung für die Ewigkeit, sind die Kapseln mit TV, Klimaanlage, Radiowecker und, gegen Extragebühr, mit einem großen roten Knopf zum Abruf von Pornofilmen ausgestattet. Und falls Sie Ihre Zahnbürste vergessen haben: Neben anderen wichtigen Bedarfsgütern wie sauberen Hemden und Socken, können Sie sich eine am Automaten in der Lobby ziehen. So kann der Tag beginnen, wenn Sie ausgeruht – und nur leicht zusammengestaucht – aufwachen.

482 BAUMHÄUSER, SÜDTÜRKEI

In der Südtürkei müssen Touristen nicht zwangsläufig wie Hähnchen auf der Grillstange in der Sonne braten. Wer an die makellosen Küsten des winzigen Olympos reist, findet dort ein geschichtsträchtiges Bankett aus bröckelnden Ruinen, mythischen, fantastischen Feuern, die an Berghängen züngeln, flachen, schimmernden Gewässern und dichten Wäldern. Und wo kann man sich besser zur Ruhe niederlegen – oder genauer gesagt „hochlegen" – als in den Bäumen selbst? Einen solchen Schlummerplatz im Grünen gibt es in einem der einfachen Baumhäuser des Dorfes. Das gemütliche Bayram's ist trotz – oder gerade wegen – seiner wackeligen Struktur ein Dauerbrenner unter Reisenden. Hier kann man sich voll und ganz seinen Tarzan-Fantasien hingeben.

PAUL DYMOND / LPI

483 CAMPING, SEE GENEZARETH, ISRAEL

Nicht alle Tage hat man die Gelegenheit, sein Lager dort aufzuschlagen, wo Wunder geschehen sein sollen. Aber am Ostufer des See Genezareth sind Sie nur einen Katzensprung von der Stelle entfernt, wo Jesus seinen berühmten Gang übers Wasser vollbracht hat. Verbringen Sie eine Nacht trockeneren Fußes neben dem großen See auf einem der vielen Campingplätze. Wer kein Auto dabei hat, kann hier kostenlos das Zelt aufschlagen. In den Sommermonaten finden allabendlich inoffizielle Partys statt und es werden Lagerfeuer entfacht, es wird gesungen und gegrillt bis in die frühen Morgenstunden. Vergessen Sie nicht, Ihre Gitarre mitzubringen – und Gerstenbrot und Fisch.

175

484 COUCHSURFEN UM DIE WELT

Machen Sie es sich bei einem einheimischen Gastgeber gemütlich, indem Sie Mitglied bei Couchsurfing werden, einer der besten Möglichkeiten, um überall auf der Welt freundliche Menschen zu treffen. Die Internet-Community hilft Reisenden, eine bequeme Couch für die Nacht zu finden, oder in vielen Fällen sogar ein ganzes Gästezimmer. Couchsufing ist ein verlässlicher Weg, interessante Reisende aus aller Welt kennenzulernen, selbst wenn Sie längst wieder zu Hause sind. Gegenseitigkeit ist der Schlüssel zum Erfolg des Couchsurfens: Wer einem Besucher für ein oder zwei Nächte Unterschlupf bietet, erhöht seine Chancen, auf seiner nächsten Reise über den Globus selbst eine gute Welle von Sofas zum Surfen zu erwischen.

485 EINE JURTE IN WALES

Jurten sind der letzte Schrei im nassen und windigen Wales. Die stabilen mongolischen Zelte entpuppen sich als genau richtig, um sich nach einem langen Wandertag zu entspannen. Mit großen Heißwasserspeichern, warmen Bädern und kuscheligen Federdecken ausgestattet, bieten sie Camping auf Luxusniveau. Und es kommt noch besser: Die meisten Jurtenanlagen liegen in diesem spektakulären Land der vielen Täler nämlich an hoffnungslos idyllischen Stellen. Jurten sind geräumig, ideal für Familien und sogar im tiefsten Winter gemütlich. Falls Sie ein oder zwei trockene und sonnige Tage erwischen sollten, können Sie die gemäßigte Wildnis direkt vor der Haustür Ihrer Jurte erleben.

486 HONEYMOON-SUITE, NIAGARA, KANADA

Machen Sie einen Bogen um die lausigen Motels mit ihren vibrierenden Betten und herzförmigen Jacuzzis und stürzen Sie sich stattdessen auf das einzig Wahre in Niagara: Eine Nacht am offenen Kamin mit vernebeltem Blick auf die unverwechselbaren Wasserfälle. Die Hotels am Wasser bieten Last-Minute-Nachlässe für Frischverheiratete (oder diejenigen, die sich glaubhaft als solche ausgeben). So ist es möglich, dass Sie sich eine schicke Suite für nur eine Handvoll Dollar sichern können. Halten Sie in der Stadt nach Angeboten auf Werbetafeln der Hotels Ausschau und rufen Sie dort gebührenfrei an, um sich das romantischste aller Zimmer mit Aussicht zu sichern.

Strandhütten im klassischen Stil am Palolem Beach in Goa.

487 ABELA-NACHT-ZUG VON KAIRO NACH ASWAN, ÄGYPTEN

Springen Sie in Kairos Hauptbahnhof auf den Abela-Zug auf und lassen Sie sich über Nacht ins milde Aswan im Süden transportieren. Erwarten Sie aber keinen Luxus im Stil eines Agatha-Christie-Krimis: Die Schlafkojen für zwei Personen sind nämlich ziemlich eng, dafür jedoch sauber und bequem genug, um für ein paar Stunden die Augen zuzumachen, während das nächtliche Ägypten draußen vor Ihrem Abteilfenster vorbeizieht. Nehmen Sie sich eine Flasche ägyptischen Weins mit, um unter den Decken der Eisenbahngesellschaft einen Hauch von Luxus zu erleben. Und freuen Sie sich darauf, am nächsten Morgen nur wenige Schritte von den Weltwundern des Altertums entfernt aufzuwachen.

488 RETRO-MOTELS, USA

Ein Road-Trip in den guten alten Vereinigten Staaten wäre nicht dasselbe, ohne ein, zwei Nächte in einem düsteren, schäbigen Motel. Beim Griff zum schimmeligen Duschvorhang sollten Ihnen Bilder von Norman Bates („Psycho") oder Szenen aus dem Mystery-Horror-Film „Motel" („Vacancy", von 2007) in den Kopf kommen. Je tiefer die Preisklasse, desto schmutziger die Atmosphäre, auf die Sie sich einstellen müssen: Zur unentbehrlichen Motel-Erfahrung gehören ein brauner Flokati, Zigarettenbrandlöcher in der Bettdecke und ein Wasserhahn, der sich nicht zudrehen lässt. Und das alles (einschließlich All-you-can-drink-Kaffee) können Sie haben für den beneidenswerten Preis von etwa 29,99 Dollar (oder sogar noch weniger).

489 LANGSTRECKEN-BUSSE, MEXIKO

Langstreckenbusse, die sogenannten *camiones*, sind der bequemste Weg, um sich die Kosten einer Übernachtung zu sparen, während man durch die Weiten und Breiten Mexikos reist. Dabei gibt es eine erstaunliche Auswahl an verschiedenen Klassen, Anbietern und Preiskategorien. Wenn Sie sich für *servicio ejecutivo* (1. Klasse) entscheiden, ist Ihnen eine bequeme Fahrt im Liegesessel – sowie einer Tüte mit Snacks, Schlafmaske und Getränk – sicher. Zum Abendbrot holen Sie sich am besten ein Sandwich im Busbahnhof: Eine sättigende Kombination aus Bohnenmus, Avocado, Käse, Tomaten und Zwiebeln wird auf jeden Fall für süße Träume an Bord sorgen.

490 STRANDHÜTTEN, GOA, INDIEN

Obwohl sie ein seit langem bewährtes Angebot sind, bleiben die Strandhütten in Goa weiterhin eines der weltbesten Schnäppchen. Das Angebot reicht von extrem einfachen Kokoshütten bis hin zu Deluxe-Cabanas, die Badewanne, Hängematte sowie einen atemberaubenden Blick auf das funkelnde Arabische Meer bieten. Wenn es um Dreadlocks und Piercings geht, ist das entspannte, alternative Arambol im hohen Norden des winzigen Goa der Ort der Wahl. Hier schmiegen sich die Strandhütten bedenklich an die Küstenklippen. Palolem im Süden indes bietet eine Fülle von Strandhütten entlang des idyllischen, halbmondförmigen Sandstrands. So bleibt Ihnen genug Kleingeld übrig, um während der Happy Hour am hippen Drink zu nippen.

BESTE BILLIG-SCHLAF-PLÄTZE

DIE SCHÖNSTEN BLAUEN WUNDER

OB HIMMEL, MEER, ARKTISCHES EIS, BERGE ODER COCKTAILS UND LÄSSIGE MUSIK – BLAU KANN AUCH NÜCHTERN BETRACHTET BERAUSCHENDE ERLEBNISSE SCHAFFEN.

491 BLUE CURAÇAO, NIEDERLÄNDISCHE ANTILLEN

Goldene Strände und azurblaues Meer machen Curaçao zum unübertroffenen Rückzugsort in der Karibik. Der Likör, für den Curaçao auch berühmt ist, wird aus der getrockneten Schale der bitteren Laraha-Orange hergestellt. Woher die strahlend blaue Farbe kommt, bleibt wohl ein Mysterium. Sie passt jedoch perfekt zum Stil der Insel. Für das ultimative Cocktail-Erlebnis schnappen Sie sich eine Flasche Likör, mischen diesen mit Gin, fügen Traubensaft hinzu und – voilà – Ihr Curaçao Sunset. Am besten schmeckt er am Playa Jeremi, wenn gerade die Sonne hinter der felsigen Bucht versinkt. Noch einmal am Strohhalm ziehen und – ahh, Sie sind im Paradies.

492 CHRISTUS DER ERLÖSER, RIO DE JANEIRO, BRASILIEN

Haben Sie Ihr Spektrometer dabei? Und die UV-Filter? Und was ist mit den Leuten dort drüben – sehen die glücklich aus? 2006 gab es eine Online-Umfrage, um das Reiseziel mit dem ultimativ blauen Himmel zu finden. Neben wissenschaftlichen Messungen wurde auch das Ambiente mit einbezogen, und nach genauer Analyse der Daten lag Rio de Janeiros „Cristo Redentor" vorn. Paul Landowskis 40 m hohes Wunderwerk aus Stahlbeton und Speckstein steht auf dem 700 m hohen Corcovado und gönnt sich einen Ausblick mit dem weltweit höchsten Wiedererkennungswert – und momentan auch dem schönsten blauen Himmel.

493 ANTARKTIS

Bei einer Jahresdurchschnittstemperatur von -50° C auf dem Polarplateau ist es kein Wunder, dass die Antarktis auch „Gefrierschrank" genannt wird. Unter diesen widrigen Bedingungen wird der Körper wählerisch und lässt die Extremitäten auskühlen, um die Temperatur im Rumpf aufrechtzuerhalten. Die Folge sind Erfrierungen. Um diesen schmerzhaften, bedrohlichen Zustand zu vermeiden, bleiben Sie am besten auf der etwas nördlicheren Halbinsel der Antarktis, wo das Quecksilber regelmäßig über Null klettert. Hier erleben Sie Vogelwelt und Meeresbewohner in ihrer vollen Pracht, allerdings sind Sie auch einigen der kräftigsten Winden des Kontinents ausgesetzt. Und die sind stark genug, um das Thermometer wieder einfrieren zu lassen.

494 CHICAGO, USA

Mit der Erfindung des Blues hat Chicago der blauen Farbe eine neue Bedeutung verliehen. Die legendäre Musikrichtung steht für ein hartes Leben und noch härtere Partys und für den Alltag im Mittleren Westen der USA in den 1950er-Jahren. Niemand verkörpert das Genre besser als Muddy Waters, der „Vater des Chicago Blues", der zusammen mit seinen Zeitgenossen Earl Hooker und Howlin' Wolf berühmt wurde. Die heutige Szene konzentriert sich immer noch auf die Clubs in der Maxwell Street und wird mit dem jährlich stattfindenden Chicago Blues Festival Anfang Juni gefeiert. Was man fühle sei so wichtig, wie das, was man spiele, um Waters zu zitieren: „Ich bin mein ganzes Leben Teil des Blues gewesen. Ich bring immer noch Neues raus, weil ich ein gutes Gedächtnis habe."

495 BLUE MOUNTAIN PEAK, JAMAIKA

Was kommt Ihnen in den Kopf, wenn Sie an Jamaika denken? Strandurlaube, Rum und Cola, Reggae, Rasta und Joints? Das mag sein. Aber nur 40 km östlich von Kingston liegt der Blue-Mountains-John-Crow-Nationalpark, der 1990 ins Leben gerufen wurde, um den verbliebenen Wald und das größte Wassereinzugsgebiet der Insel zu schützen. Mit 2256 m ist der Blue Mountain Peak der König der Berge. Wandern Sie vor dem Morgengrauen zum Gipfel, um einen herrlichen Sonnenaufgang zu erleben. Blauer Nebel verschleiert oft die Berge, wodurch sie ihre einzigartige Farbe erhalten. Und sobald der Gipfel auf der Tagesordnung abgehakt ist, widmen Sie sich den zahlreichen Pfaden, die die Dörfer der Region miteinander verbinden.

496 IKB 79, TATE LIVERPOOL, ENGLAND

„International Klein Blue (I.K.B.)" ist eine der verblüffendsten Kreationen der modernen Kunstwelt, aber auch eine der höchstgelobten. Yves Klein, ein französischer Künstler aus der frühen postmodernen Bewegung, verbrachte Jahre damit, nach einem „einzigartigen" tiefen Blauton zu suchen, um seinen künstlerischen Gefühlen Ausdruck zu verleihen. 1958 fand er ihn schließlich und fuhr damit fort, alles in diesem Ton

anzustreichen, was er finden konnte – von einfachen Leinwänden bis hin zu sich räkelnden nackten Modellen. „IKB 79" aus dem Jahr 1959 ist sein zentrales Werk, ein einfarbiges Rechteck aus reinstem Blau. Während die Kunstkritiker schwärmen, kratzen sich andere am Kopf und befinden: „Das hätte ich auch gekonnt."

497 BLAUE LAGUNE, VANUATU

An der Nordost-Küste von Espiritu-Santo, der größten Insel Vanuatus, liegen die unberührten Strände der Champagne Bay, die von kristallklarem Wasser umspült wird und ein beliebter Anlegeplatz für Kreuzfahrtschiffe auf dem Pazifik ist. Zudem war die Bucht einer der Drehorte für den Film „Die blaue Lagune" (1980), eine Inselromanze mit Brooke Shields und Christopher Atkins. Für Ausflüge zur nahegelegenen Süßwasserlagune mit demselben Namen müssen Sie eine viel Geld bezahlen. Schlendern Sie deshalb also einfach barfuß durch den Sand und lassen das Wasser Ihre Füße umspülen – Realitätsflucht dieser Art kostet nicht die Bohne.

498 JODHPUR, INDIEN

Die uralte Stadt Jodhpur in Rajasthan (Nordwest-Indien) aus dem 15. Jh. ist berühmt für die pastellblauen Gebäude in ihrer Altstadt, die ursprünglich für Mitglieder der priesterlichen Brahmanen-Kaste entworfen wurden. Der unverwechselbare blaue Anstrich sollte vor der Sonne schützen. Heute zählen die zerfallenden Gebäude im Herzen der Stadt zu den ältesten Jodhpurs und werden zu gleichen Teilen von Menschen und Affen bewohnt. Die beste Aussicht haben Sie auf dem

fantastischen Mehrangarh Fort, das in den Außenbezirken der Stadt auf einem 125 m hohen Hügel liegt.

499 BLUE RIVER, KANADA

In diesem gigantischen Land ist Blue River nur ein winziger Farbklecks. Der Außenposten mit weniger als 300 Einwohnern liegt zwischen den besser bekannten Kamloops und Japser und bietet spektakuläre Bergtouren, Gletscherabenteuer und Begegnungen mit wilden Tieren. Natürlich könnten Sie auch zu einem der größeren Urlaubsorte reisen, aber warum sollten Sie? Schließlich sind wir hier in British Columbia, wo weniger einfach mehr ist und Abgeschiedenheit zu den Erfahrungen dazugehört. Absolute Einsamkeit finden Sie, wenn Sie mit dem Kajak zum Murtle Lake und Wells Gray Country fahren.

500 SACRÉ-CŒUR, FRANKREICH

Nördlich der Seine im Herzen von Paris liegt Montmartre, ein romantisches Viertel mit Gassen aus Kopfsteinpflaster, verschlafenen kleinen Cafés und efeubedeckten Balkonen. Über diesem Viertel thront die aus dem 19. Jh. stammende, aus Travertin erbaute und zauberhafte Basilique du Sacré-Cœur. An langen Sommerabenden treffen sich Liebespaare auf den Treppen, die zum höchsten Wahrzeichen der Stadt hochführen. Straßenmusikanten singen von Revolution, Kleinkünstler führen ihre Shows auf und der Rotwein fließt in Strömen. Ihnen allen eröffnet sich ein Blick auf Paris, bei dem man Gänsehaut bekommt. Sollten Sie ein gebrochenes Herz haben, einsam oder einfach nur mies drauf sein, gibt es keinen besseren Ort für den Blues.

KLASSISCHE ROUTEN MIT DEM CAMPER

FOLGEN SIE IHREM EIGENEN KURS AUF DIESEN ZEITLOSEN ROADTRIPS, DIE DIE VERLOCKUNG DER STRASSE MIT ZAUBERHAFTER LANDSCHAFT UND ALLERFEINSTEM WILDEN CAMPEN KOMBINIEREN.

501 NATIONAL-STRASSE 1/HRINGVEGUR, ISLAND

Islands Ringstraße bietet 1339 km Gänsehaut-Vulkanlandschaft. Als die Nationalstraße 1 1974 fertiggestellt wurde, konnten Autofahrer zum ersten Mal die spektakuläre Insel umrunden. Die Fahrt vom Flughafen Keflavík zur Hauptstadt Reykjavik ist ein eindrucksvoller Auftakt: eine karge Landschaft zerklüfteter schwarzer Lavafelder. Viele Highlights liegen direkt neben der Straße, darunter Jökulsárlón, ein unberührter Gletschersee an der Südküste voller Eisberge, die vom Vatnajökull kalben. Dieser Riesengletscher bildet Europas größte Eisdecke. Wo auch immer Sie hinfahren, es gibt wenig Verkehr und viele Zeltplätze – der perfekte Roadtrip.

503 ISLE OF MULL & ISLE OF COLL, SCHOTTLAND

In Großbritannien ist Wildcampen streng verboten. Daher müssen Sie sich weit genug von den ausgetretenen Pfaden entfernen, um diese Freiheit genießen zu können – willkommen in Schottland. Ein gutes Ziel sind die Inseln Mull und Coll der Inneren-Hebriden-Gruppe. Mit 480 km Küstenlinie und Bergen, die bis zu 1000 m aufragen, ist Mull die größte aber auch die Insel mit der besten Infrastruktur. Im Vergleich dazu ist Coll ein Stecknadelkopf, der lediglich 21 km lang und mickrige 5 km breit ist. Straßen sind hier kaum mehr als Pfade – einspurig und mit gelegentlichen Ausweichbuchten – aber der Verkehr ist gering. Das ist Fahren im ländlichen Großbritannien vom Allerfeinsten!

502 GREAT OCEAN ROAD, AUSTRALIEN

In manchen Camperkreisen gilt es als cool, beliebte Routen zugunsten unbekannterer Touren zu meiden. Aber warum, wenn nun mal die bekanntesten auch die besten sind?

Dieses Motto passt sehr gut zur Great Ocean Road in Australien: 273 km Asphalt voller Attraktionen entlang der Küste Südwest-Victorias. Bekannte Wahrzeichen finden sich an der Route, von den weltberühmten Kalkstein-Felsnadeln der Twelve Apostels bis hin zum Great-Otway-Nationalpark, dem Paradies für knuddelige Koalas. Lenken Sie Ihr Reisemobil Richtung Norden ins Zentrum dieses großartigen Kontinents – Sie fühlen sich, als könnten Sie ewig weiterfahren. Falls Sie mal ein Jahr frei nehmen können, dann könnte das hier Ihr Traumziel sein.

Sollten Ihnen Mull und Coll nicht abgelegen genug sein, versuchen Sie es mal mit der Nachbarinsel Canna samt dem mittelalterlichem Gefängnis An Coroghon.

504 VON KAPSTADT NACH KAIRO, AFRIKA

Die schlechte Nachricht vorweg: Man braucht drei Monate und ein sehr gutes Wohnmobil, um diese gigantische Überlandroute von Südafrika nach Ägypten zu bewältigen. Am besten wäre ein Wagen mit Vierradantrieb, der es über zerfurchte Straßen und durch weite Sandwüsten schafft. Absolutes Pflichtprogramm auf dieser Reise durch elf Länder sind die Victoria-Wasserfälle und der Kilimandscharo. Der Abschnitt durch die Nubische Wüste in Sudan ist die größte Herausforderung. Aber wem die gewaltigen Dünen zu viel sind, kann sein Fahrzeug auf einen Zug verladen lassen und den einfachen Weg nach Kairo wählen. Wenn Sie ankommen, brauchen Sie jedenfalls dringend neuen Urlaub, um sich von der Fahrt zu erholen.

505 ROCKY MOUNTAINS, KANADA

Kanadas 230 km langer Icefields Parkway durchquert den Banff- und Jasper-Nationalpark und ist eine *der* Fernstraßen weltweit. Es lohnt sich, für den Sonnenaufgang zum Lake Louise zu laufen, dem berühmten Gletschersee, in dessen glasklarem, ruhigen Wasser die Berge sich wie im Bilderbuch spiegeln. Weiter entlang der Strecke kann man sich in heißen Quellen entspannen oder den Fuß auf Gletscher setzen. Womöglich sehen Sie Elche am Straßenrand und – wenn Sie Glück haben – sogar Braunbären. Aber vor allem gilt: Gehen Sie es langsam an und saugen Sie die Landschaft in sich auf – nichts ist schöner, als auf einem Campingplatz sein Lager aufzuschlagen und einfach nur den Ausblick zu genießen.

Ebenso gewaltig wie friedlich – Aoraki (Mt. Cook) macht einen Camper in Neuseelands südlichen Alpen zum Zwerg.

506 NEUSEELAND „VOM SCHEITEL BIS ZUR SOHLE"

Neuseeland, stets ganz vorne bei den Top-Reisezielen mit dabei, bietet sich für einen Roadtrip geradezu an: Mit üppig grünem Regenwald und vulkanischem Ödland, hoch aufragenden Bergen und einsamen Stränden haben Sie die Qual der Wahl. Steuern Sie von Auckland Richtung Osten zur grandiosen Bay of Plenty und weiter querfeldein durch das vulkanische Herz von Rotorua zum wundervollen Tongariro-Nationalpark. Setzen Sie auf die Südinsel über und reisen Sie an der regnerisch-feuchten Westküste entlang zum Franz-Josef-Gletscher und weiter bis zum herrlichen Milford Sound. Die Tour endet im entspannten Queenstown, der ideale Ort, um diese gigantische Reise noch einmal Revue passieren zu lassen.

507 VON MANNHEIM NACH PRAG, DEUTSCHLAND/ TSCHECHIEN

Ferien mit dem Wohnmobil müssen sich nicht grundsätzlich um Berge, Gletscher und Natur drehen. Kulturerbe heißt die Devise auf der treffend benannten Burgenstraße, die auf 1000 km durch Deutschlands bilderbuchschönen Süden und über die tschechische Grenze nach Prag führt. Auf dem Weg können Sie mehr als 70 romantische Burgen und Märchenschlösser mit viel barocker und Rokoko-Architektur besuchen sowie mittelalterliche Städte wie Bamberg und Kronach. Inmitten dieser Baudenkmäler bleibt noch Zeit, die Straße zu genießen, etwa auf dem Weg durch das schöne Neckartal und das Hohenloher Land.

508 KAOKOVELD-SAFARI, NAMIBIA

Das schönste Land der Welt. Eine kühne Behauptung, aber wenn sie überhaut jemand aufstellen darf, dann Namibia. Mieten Sie sich einen brauchbaren Vierradantrieb in Windhoek und machen Sie sich auf in den Etosha-Nationalpark, der Teil des Kalahari-Beckens und wichtigstes Großwildgebiet ist. An der Grenze zu Angola liegen die 37 m hohen Epupafälle, ein spektakulärer Ort für einen Sonnenuntergang. Weiter geht es zur Spitzkoppe, einer zerklüfteten Bergformationen (auch bekannt als „Matterhorn Namibias"). Wo auch immer Sie entlangfahren, die Straßen sind meist unbefestigte Schotterpisten oder staubige Pfade – aber Sie denken sowieso ganz schnell nicht mehr an glatten Asphalt, wenn Sie sich den vielen Reizen dieses Landes hingeben.

509 VON SAN FRANCISCO NACH LOS ANGELES, KALIFORNIEN, USA

Keine Liste mit besten Fahrstrecken ist komplett ohne eine US-Route. Und die 1055 km des Highway 1 in Kalifornien rangieren ganz weit oben: Die Attraktionen reichen von Walen im Pazifik bis zu Mäusen in Disneyland. Aber es geht nicht nur um atemberaubende Landschaften, um Mickey und Co. oder um die Kultstädte San Francisco und Los Angeles. Es geht vielmehr um Freiheit. Kein anderes Land bietet bessere Roadtrips als die USA. Also werfen Sie den CD-Player an und entfliehen Sie dem Alltag im Kerouac-Stil.

510 GARDEN ROUTE, SÜDAFRIKA

Was mögen Sie lieber: Berge oder Meer? Auf der Garden Route müssen Sie diese Frage nicht beantworten. Zwischen Kapstadt und Port Elizabeth liegen die imposanten Outeniqua-Berge auf der einen Seite und der weite Indische Ozean auf der anderen. Schlängeln Sie sich durch Weinberge, wandern Sie auf fantastischen Pfaden und beobachten Sie Wale in Hermanus. Und vergessen Sie nicht die schönen Strände von Plettenberg Bay. Diese Reise sollte niemals enden – warum nicht zurückfahren und alles noch einmal machen?

KLASSISCHE ROUTEN MIT DEM CAMPER

DIE TRAUMHAFTESTEN MÄRCHENZIELE

ES WAR EINMAL EINE GRUPPE VON REISEAUTOREN, DIE IN WEIT ENTLEGENE LÄNDER REISTE, UM EINE LISTE DER WUNDERTRÄCHTIGSTEN ZIELE DER WELT ZUSAMMENZUSTELLEN (UND WENN SIE NICHT GESTORBEN SIND, DANN LEBEN SIE NOCH HEUTE).

511 MÄRCHEN-STRASSE, DEUTSCHLAND

Die Märchenstraße zieht sich über 600 fabelhafte Kilometer durch Städte, Gemeinden und Dörfern von Hanau bis Bremen. An etwa 60 Stellen entlang der Route kann man Halt machen, die meisten Stopps sind mit dem Leben und Wirken von Wilhelm und Jakob Grimm verknüpft. Die Gebrüder Grimm, Erzähler abenteuerlicher Märchen, haben der Welt unter anderem Aschenputtel, Hänsel und Gretel und Rapunzel beschert. Die Route startet am Geburtsort der Brüder, in Hanau, östlich von Frankfurt. Highlights auf der Strecke sind unter anderem das Gebrüder-Grimm-Museum in Kassel, ausgewählte Märchenfeste und die kitschige, aber reizende Stadt Hameln, die für immer mit der Sage um den (wenn auch nicht ganz rattenfreien) Pfeifenspieler verbunden ist.

512 HAFNARFJÖRÐUR, ISLAND

Wer die scheinbar aus einer anderen Welt stammende Landschaft Islands mit eigenen Augen und von nahem gesehen hat, wird kaum überrascht sein, dass die Isländer überzeugt davon sind, ihr Land würde von verschiedenen Vertretern einer kleinen verborgenen Gemeinschaft bewohnt: Gnome, Elfen, Feen, Zwerge, Berggeister und Engel bilden das *huldufolk* (das „Verborgene Volk"). In den meisten isländischen Gärten stehen freundlicherweise kleine Holzbauten, um die Märchenwesen zu beherbergen, nur für den Fall, dass die Mythen stimmen sollten. In der Stadt Hafnarfjördur scheint es besonders viele Vertreter dieses kleinen Volks zu geben. Und so bietet eine hilfsbereite einheimische Elfenseherin eine von Sagen und Elfengeschichten begleitete Tour durch die verborgenen Welten an, die auch zu den Häusern des Huldufolk führt.

513 OXFORD, ENGLAND

Die märchenhaften Türme des vornehmen Oxford könnten einen ermahnen, dass man Höherem hinterherjagen sollte als ausgerechnet Märchen. Und dennoch ist es erlaubt, zwischen all den majestätischen Bauten der höheren Bildung einen Mann namens Lewis Carroll zu ehren. Christ Church College, Oxfords großartigstes College, war Carrolls Zuhause. Und die Tochter des damaligen Dekans war Alice Liddell, die Carroll zur Heldin seiner berühmten Geschichte „Alice im Wunderland" und deren Fortsetzung „Alice hinter den Spiegeln" inspirierte. Alice-Süchtige können eine Thementour durch das College mitmachen, während das Museum of Oxford Alice-Erinnerungsstücke ausstellt. Alice's Shop in St. Aldate's ist ein Muss – es ist der originale Old Sheep Shop aus „Alice hinter den Spiegeln", der heute mehr Wunderland-Artikel verkauft, als Sie je zu träumen wagten.

Nur ein wirklich ehrgeiziger Prinz könnte den 200 m hohen Fels erklimmen, auf dem das ultimative Märchenschloss Neuschwanstein thront.

514 SCHLOSS NEUSCHWANSTEIN, DEUTSCHLAND

Das vielleicht berühmteste Schloss der Welt wirkt, als wäre es aus Zuckerguss. Den kitschigen Bau erträumte sich der „verrückte" König Ludwig II. von Bayern, der es in den späten 1880ern auch errichten ließ. Der verrückte Ludwig plante das Schloss höchstpersönlich, und zwar mit der Hilfe eines Bühnenbildners und nicht eines Architekten (was einiges erklärt ...). Sein Plan war eine riesige Bühne zu schaffen, auf der er die deutsche Mythologie ausleben konnte, die sein Idol Richard Wagner in seinen Opern unsterblich gemacht hatte. Wundern Sie sich nicht, wenn Ihnen Neuschwanstein irgendwie bekannt vorkommt: Walt Disney war so beeindruckt vom Schloss, dass er es zur Vorlage für das Wahrzeichen Disneylands machte.

185

515 TROLLSTIGEN, NORWEGEN

Norwegen scheint viel zu himmlisch zu sein, als dass es hässliche übernatürliche Wesen beherbergen könnte. Aber die düsteren Wälder des Landes, die mondbeschienenen Seen, schneebedeckten Bergspitzen und tiefen Fjorde sind der bevorzugte Lebensraum von Trollen mit großen Nasen und buschigen Schwänzen, die etwas beschränkt sind und sich in Stein verwandeln, wenn sie sich dem Sonnenlicht aussetzen. Schauen Sie sich nach diesen Geschöpfen um auf Ihrer Fahrt über den spektakulären Trollstigen ("Trollleiter"), einer Straße, die Ihnen Gänsehaut machen wird: Sie windet sich in 11 Haarnadelkurven durch die Berge hinauf. Ihr Blick mag von der unglaublichen Landschaft abgelenkt werden – aber Norwegens einziges "Achtung Trolle!"-Schild warnt vor deren Anwesenheit.

516 ODENSE, DÄNEMARK

Die lebhafte Stadt Odense ist verrückt nach Hans Christian Andersen: Trollskulpturen faulenzen an Straßenecken, Mobiles der Von-der-Ente-zum-Schwan-Geschichte baumeln an den Fenstern der Souvenirläden. Und auf den Fußgängerampeln ist ein sehr bekannter Märchenerzähler zu sehen. Dies ist der Geburtsort des Mannes, der das Hässliche Entlein, Däumelinchen und unzählige andere Märchen erfand und dessen Werke in mehr Sprachen übersetzt wurden als jedes andere Buch – abgesehen von der Bibel. Besuchen Sie das Museum, das dem Geschichtenerzähler und seiner Kindheit gewidmet ist. Ihrem inneren Kind können Sie in Fyrtojet ("Zündholzschachtel") freien Lauf lassen, einem großartigen Kulturzentrum für Kinder.

517 SCHWARZWALD, DEUTSCHLAND

Der tiefe, dunkle Schwarzwald wartet mit einer von Deutschlands schönsten Landschaften – und den schönsten Geschichten – auf. Kein Wunder, dass die Gegend mit ihren dichten Wäldern, postkartenreifen Dörfern und urigen Traditionen als Schauplatz solcher Märchenklassiker wie Hänsel und Gretel, Rotkäppchen und Schneewittchen und die Sieben Zwerge diente. Legen sie eine Spur aus Brotkrumen aus und geben Sie Acht vor Wölfen und Hexen, wenn Sie die Märchendörfer, Kiefernwälder, sanften Hügel und steilen Berge auf einer Wander- oder Radtour erforschen. Oder mieten Sie einen Packesel als idealen, märchenreifen Wanderkumpanen.

518 LAKE DISTRICT, ENGLAND

Lange bevor uns die Animationskünstler von Pixar verrückt nach sprechenden Tieren machten, war Beatrix Potter emsig damit beschäftigt, Kappen für Jemima Pratschel-Watschel, blaue Jacken für Peter Rabbit und Schürzen für Mrs. Tiggy-Winkle zu zeichnen und diesen goldigen Figuren sehr englische Stimmen zu geben. Beatrix-Potter-Fans werden durchdrehen auf der Hill-Top-Farm einige Kilometer südlich von Hawkshead. Es ist ein Dorf im wunderschönen Lake District, ein liebenswertes Durcheinander von alten holprigen Straßen, weißgetünchten Häusern und ländlichen Pubs. Beatrix schrieb und illustrierte viele ihrer herzerwärmenden Geschichten in dem Bilderbuch-Bauernhaus in Hill Top. Es ist voll dekorativer Details, die ihre Anhänger aus den Illustrationen wiedererkennen dürften.

519 COLLODI, ITALIEN

Wenn all die erstaunliche Kunst und Architektur der Toskana Ihren Kopf fast explodieren lassen, ist es höchste Zeit für den Parco di Pinocchio im Dorf Collodito. Hier nimmt Sie die ungezogenste und erfolgreichste Märchenfigur Italiens gefangen. Pinocchio wurde in den 1880ern von Carlo Collodi geschaffen (Carlos Mutter kam aus dem Dorf). In den 1950ern war der Park für Künstler ein Traum und beheimatet heute beeindruckende Mosaike und Skulpturen, die die Abenteuer der lügenden, langnasigen Marionette nacherzählen. Puppentheater und ein angrenzendes Schmetterlingshaus machen den Zauber perfekt.

s Sun Wheel im Disney California Adventure Park bringt wie alle Attraktionen des Themenparks jede Menge Spaß.

520 DISNEYLAND, USA

Disneylands Anspruch, „der glücklichste Ort auf Erden"
zu sein, in Frage zu stellen, würde uns zu Spielverderbern
machen. Aber das Böse lauert hier schon, und zwar in
Form von Touristenmassen, hohen Eintrittspreisen und
langen Schlangen. Wer diese bewältigt, findet vieles,
was ihn glücklich macht im Vater aller Themenparks,
der 1955 seine Pforten öffnete. In diesem hyperrealen
Konstrukt aus Fantasie und Architektur sind die Straßen
immer sauber und die Angestellten immer heiter. Täglich
gibt es einen Umzug. Ins Fantasyland muss (durch das
Dörnröschenschloss) gehen, wer von Märchen nicht genug
bekommt. Es strotzt vor Figuren aus Märchenklassikern von
Schneewittchen bis Peter Pan.

DIE TRAUM-HAFTESTEN MÄRCHENZIELE

BEDROHTE STÄTTEN & IHRE ALTERNATIVEN

MEHR ALS ZWEI DUTZEND ALLER UNESCO-WELTERBESTÄTTEN SIND STARK GEFÄHRDET. FÜR EINIGE, DEREN ZUSTAND AM SCHLIMMSTEN IST, GIBT ES SPEKTAKULÄRE ALTERNATIVEN.

521 GALÁPAGOS-INSELN, ECUADOR

Die 19 Inseln des außergewöhnlichsten Ökosystems der Welt sind bedroht. Ihrer isolierten Lage 1000 km vor der ecuadorianischen Küste haben sie es zu verdanken, dass sich auf ihnen eine derart ungewöhnliche Fauna entwickelt hat, dass die Touristen nur so herbeiströmen. Und darin liegt das Problem: Die Zahl der Kreuzfahrten zum Archipel haben in den letzten 15 Jahren um 150 Prozent zugenommen und erhöhen den Druck auf die fragile Infrastruktur. Warum also nicht die Riesenschildkröten den Naturforschern überlassen und dafür lieber auf dem Festland das zentrale Hochland Ecuadors mit seiner beeindruckenden „Straße der Vulkane" erforschen? Zu den elf Hauptgipfeln in diesem spektakulären Anden-Hochtal zählt der 5897 Meter hohe Volcán Cotopaxi, der vermutlich der weltweit höchste aktive Vulkan ist.

522 MITTELALTERLICHE MONUMENTE, KOSOVO

Im Kosovo, dessen Name gleichgesetzt wird mit Konflikt und Zerstörung, verbirgt sich eine wahre Fundgrube byzantinisch-romanischer Kirchenarchitektur und eine nahezu unbekannte mittelalterliche Geschichte. Vier schöne, aber verlassene Relikte dieser Zeit – die Klöster Dečani und Gračanica, das Patriarchenkloster Peć und die Kirche der Jungfrau von Ljeviska – sind als „Mittelalterliche Monumente" bekannt. Die Stätten, die mit Wandmalereien ausgeschmückt sind, bleiben wegen der politischen Instabilität gefährdet. Ganz anders dagegen die Hauptstadt Priština, die sich längst in der modernen Welt einrichtet – dies erlebt, wer die vor Leben sprühenden Bars und Cafés dieses selbstbewussten Landes besucht, in dem es vor feurigem Nationalstolz und Unabhängigkeitsgeist nur so knistert.

523 ARCHÄOLOGISCHE ZONE VON CHAN CHAN, PERU

Chan Chan, die Hauptstadt des antiken Chimú-Reiches, war einst die größte Siedlung im präkolumbischen Amerika. Die eindrucksvolle Lehmstadt, geprägt von einer Reihe aufwendiger Zitadellen, entstand Mitte des 9. Jhs. und erreichte mit 30 000 Einwohnern ihren Zenit, kurz bevor sie 1470 von den Inkas erobert wurde. Die Unesco schlug das erste Mal 1986 Alarm, aber die Stätte ist weiterhin stark gefährdet – das Klimaphänomen El Niño sucht sie regelmäßig mit Tornados und Überflutungen heim, während Plünderer über die Ruinen herfallen. Machen Sie sich daher lieber auf zu den archäologischen Wundern im Norden, in der weniger besuchten Chachapoyas-Region. Hier warten die eindrucksvollen Sarkophage von Karajia und die mumifizierten Überreste der früheren Oberschicht auf Sie.

Ein Jude betet an der Klagemauer in Jerusalems Altstadt.

525 MANAS-WILD-RESERVAT, INDIEN

Dieses Reservat, das in den Ausläufern des Himalajas liegt, ist überlebenswichtig für den Schutz einiger der am meisten bedrohten Tierarten der Welt. Im tropischen Wald und im Grasland einer Schwemmebene leben Elefanten, Nashörner und Zwergwildschweine. Der Park steht jedoch seit 1992 auf der Roten Liste des gefährdeten Welterbes, nachdem Milizen des Bodo-Stamms eingedrungen waren. Weite Gebiete des Reservats nahmen Schaden, und die Nashornwilderei ist weiterhin ein Problem. Mehr als 85 Prozent der verbliebenen Nashornpopulation lebt dagegen in einer anderen Schutzzone: dem Kaziranga-Nationalpark in Assam. Wer den Park besucht, erfährt, wie die International Rhino Foundation daran arbeitet, diese Tiere zu schützen.

524 ALTSTADT VON JERUSALEM, ISRAEL

Nur wenige Städte verkörpern die Geschichte der Menschheit so wie Jerusalem, die Stadt, die sowohl für Juden als auch für Christen und Muslime symbolhaften Charakter hat. Die 220 historischen Monumente der Altstadt stehen seit 1982 auf der Roten Liste des gefährdeten Welterbes, darunter solch legendäre Stätten wie die Klagemauer, die Grabeskirche und der Felsendom aus dem 7. Jh. Die permanente politische Instabilität, die Zersiedelung und die Flut von Besuchern bedrohen die Erhaltung dieser Schätze weiterhin. Man sollte also behutsam mit ihnen umgehen – und sich lieber überlegen, in die Hebron Road ins JVP Media Quarter zu gehen. Die Society for the Protection of Nature (SPN), die dort residiert, betreibt sanften Tourismus, ihre Touren zeigen Jerusalem in einem komplett anderen Licht und verringern die Auswirkung von Besuchern auf die historischen Stätten auf ein Minimum.

526 CORO, VENEZUELA

Die spanische Kolonialstadt Coro aus dem frühen 16. Jh. ist ein Musterbeispiel für karibische Lehmarchitektur. 602 historische Gebäude – die meisten sind Kirchen aus dem 18. und 19. Jh. oder Gebäude der Kaufleute – prägen das Zentrum der Stadt. Dabei ist der starke holländische Einfluss nicht zu übersehen. Die Stätte wurde 2005 der Roten Liste des gefährdeten Unesco-Welterbes hinzugefügt, weil Regenfälle Schäden angerichtet hatten und sie durch Stadtentwicklungspläne bedroht wurde. Wie wäre es also, alternativ zum nahen Nationalpark Los Medanos de Coro zu fahren, wo es Wanderdünen gibt, die bis zu 40 m Höhe erreichen können?

189

190

Viele der 2000 Jahre alten Reisterrassen Luzons werden vernachlässigt, weil die Einheimischen den Verlockungen der Moderne erliegen.

527 REISTERRASSEN, PHILIPPINISCHE KORDILLEREN

Die Terrassen in den Philippinischen Kordilleren im Norden der Insel Luzon sind ein 2000 Jahre altes Symbol für das landwirtschaftliche Erbe. Mit dem Prädikat „achtes Weltwunder" versehen, kleben die von Menschen erschaffenen Terrassen an schier unfassbar steilen Abhängen und verschmelzen nahtlos mit der Hintergrundskulisse der sattgrünen Natur. Sie stehen für eine ehrwürdige Art der Folklore und für den Einfallsreichtum der Menschen, werden heute aber vernachlässigt, da die jungen Igugo-Bauern von der modernen Welt in die Stadt gelockt werden. Zudem ist die Stätte schlecht geeignet für große Besuchermengen. Eine großartige Alternative zu den Terrassen ist der zweithöchste Gipfel der Philippinen, der 2992 m hohe Pulag, der in den Kordilleren aufragt.

528 WILDTIER-RESERVAT OKAPI, DEMOKRATISCHE REPUBLIK KONGO

Es überrascht nicht, dass das Okapi-Reservat in Gefahr ist, nachdem es durch jahrelangen Bürgerkrieg verwüstet wurde. Zum Park im äußersten Nordosten der Demokratischen Republik Kongo gehört ein Teil des Kongo-Beckens und ein Fünftel des üppigen Ituri-Walds. Das Tierleben ist noch intakt, es finden sich vom Aussterben bedrohte Primaten und 5000 der 30 000 Okapi, die weltweit noch existieren, Exemplare eines giraffenähnlichen Säugetiers, das wir ein Zebra gestreift ist. Grund zur Hoffnung bietet ein neuer Management-Plan, der weiteren Schutz gewährleisten soll. Aber bis dahin reist man am besten die 90 km von Kinshasa zu den Zongo-Fällen in der Nähe der Grenze zu Ruanda. Eine Dusche im Sprühnebel der Fälle zeigt die besondere Schönheit Zentralafrikas.

529 ABU MENA, ÄGYPTEN

Der steigende Grundwasserspiegel, städtisches Wachstum und die landwirtschaftliche Entwicklung bedrohen die archäologische Stätte von Abu Mena, 45 km südwestlich von Alexandria. Die Konsequenzen für diese frühchristliche Siedlung sind alarmierend – der Lehmboden verflüssigt sich durch den Wasserüberschuss und riesige Hohlräume entstehen unter großen Bereichen des Komplexes. Das zwingt die Behörden dazu, gefährdete Gebäude mit Sand zu stützen – ein Versuch, weiteren Schaden zu verhindern. Eine großartige Alternative ist der unterirdische Besuch der Katakomben von Alexandria in Kom el-Shoqafa. Das kaninchenbauartige Labyrinth voll frühägyptischen Sarkophagen soll eines der sieben Weltwunder aus mittelalterlicher Zeit gewesen sein.

530 ALTSTADT, PALAST DER SCHIRWANSCHAHS & JUNGFRAUENTURM, BAKU, ASERBAIDSCHAN

Für viele ist Baku gleichbedeutend mit Industriebrachen und Öl-Dollars. Die Stadt aber hat eine Kulturgeschichte, die wertvoller ist als die unzähligen Bohrtürme. Die Festung von Baku aus dem 12. Jh., auf einem Gebiet erbaut, das seit der Altsteinzeit besiedelt wurde, atmet buchstäblich die Geschichte großer Reiche – das Arabische, Persische und das Ottomanische. Zu den spektakulären Highlights gehören der Jungfrauenturm, Bastion aus dem 12. Jh. und Symbol der nationalen Identität, und der kunstvolle Palast der Schirwanschahs aus dem 15. Jh. Diese und andere Stätten sind unschätzbar wertvolle Beispiele symbolträchtiger Architektur – und bedroht durch den modernen Fortschritt. Weniger gefährdet ist der Qobustan-Nationalpark in der Halbwüste Zentralaserbaidschans: eine Ansammlung von 6000 Felszeichnungen, die die frühe menschliche Besiedlung festhalten.

BEDROHTE STÄTTEN & IHRE ALTERNATIVEN

SELTSAME MUSEEN

AUS BESESSENHEIT ENTSTEHEN SAMMLUNGEN –
EIN BLICK AUF EINIGE EHER EXZENTRISCHE
STÜCKE, DIE ES HINTER GLAS GESCHAFFT HABEN.

531 MUSEUM DER KANALISATION, PARIS, FRANKREICH

Seien Sie auf einiges gefasst: Die „Galerien" des Musée des Egouts de Paris sind in Wirklichkeit nicht mehr genutzte Teilbereiche der Pariser Kanalisation (Freunde von Hugos „Les Misérables" werden wissen, was sie erwartet). Der Gestank ist unglaublich und zur Warnung sei gesagt – es ist einfach nicht machbar, Müll, der sich mehr als 100 Jahre angesammelt hat, vollständig zu beseitigen. Die Ausstellungsstücke umfassen Fotografien, Karten und ausgestopfte Kanalratten. Als Bonus können Sie auf Wegen spazieren, die ein paar Meter über dem Abfluss liegen, der den überirdischen Dreck der Stadt über Ihnen wegspült. Fragt sich jetzt nur noch, was man im angeschlossenen Souvenirshop kaufen kann ...

532 MEGURO PARASITO-LOGICAL MUSEUM, JAPAN

Dieses Museum in Tokio schießt den Vogel ab: In jedem der an den Wänden aufgereihten farbigen Becher- und Reagenzgläser findet sich ein anderer Parasit, der Menschen und Tieren Qualen bereitet. Ja, genau: Bandwürmer, Hakenwürmer, Larven. Dazu kommen detaillierte anatomische Karten, die den Lebenszyklus eines Parasiten im Abdomen und in tieferen Regionen zeigen, grausige medizinische Fotos zeigen die Auswirkungen einer Infektion. Wem das noch nicht genügt: Im Souvenirshop gibt's ans Thema angelehnte T-Shirts und Schlüsselanhänger. Die PR-Abteilung des Museums behauptet, dass dies der perfekte Treffpunkt für Liebespaare ist – wenn man den Regisseur und Ekelspezialisten David Cronenberg („Die Fliege") treffen will, dann vielleicht. Achtung: Besser vor dem Museumsbesuch nichts essen.

533 PHALLUS-MUSEUM, ISLAND

Sie werden nach dem Besuch dieses Museum mit seiner Phallus-Sammlung von Mensch und Tier vor Freude ganz erregt sein. Das Museum behauptet, „Phallologie ist eine uralte Wissenschaft", eine Aussage, der etwa ein Pornodarsteller sicher zustimmen würde. Von außen ist das Museum in Husavik anmutig und altmodisch, aber im Inneren tut sich eine unglaubliche Welt auf mit über 150 Penissen und Teilen von ihnen in allen Größen an den Wänden befestigt, montiert und geklebt, an die Decke gehängt und grell illuminiert. Seien Sie vorsichtig: Bei einigen könnten Ihnen die Augen ausfallen. Unnötig, darauf hinzuweisen: Berühren verboten.

534 GRUTAS-PARK DRUSKININKAI, LITAUEN

Grutas-Park in Druskininkai, auch als „Stalin World" bekannt, ist ein zutiefst ironisches Museum und hat sich voll schwarzen Humors dem Thema der sowjetischen Besatzung Litauens verschrieben. Es gibt einen Skulpturengarten mit Statuen früherer Sowjet-Propagandafiguren sowie Gulag-Nachbauten mit Elektrozäunen und Holzwachtürmen. Es gab Pläne, die Besucher mit einem Viehtransporter auf Gleisen hinein-zutransportieren, man ließ davon aber ab, als die Öffentlichkeit das vehement ablehnte. Gelegentlich werden Szenen nachgespielt, in denen laut Guardian „Pioniere Lobgesänge auf den Stellenwert der Arbeit singen; Stalin mit seiner Pfeife winkt und langweilige Reden schwingt; während Lenin am Ufer sitzt und angelt."

535 MUSEUM OF BAD ART, USA

Unter dem Motto „Kunst, die zu schlecht ist, um sie zu ignorieren" birgt dieses Museum in Dedham bei Boston in Massachusetts eine Kollektion von mehr als 250

Stücken, darunter Gemälde und Skulpturen mit groben, verstellten Perspektiven, Körper mit Armen, die eher wie Oberschenkel aussehen, und Bilder in den schrillsten Farben. Wie das Museum verspricht, ist es tatsächlich die „überbordende Kunst von Menschen, die manchmal keine Ahnung davon haben, was sie da eigentlich machen." Einige Stücke wurden gespendet, andere aus Mülleimern gefischt, aber alle sind jenseits des guten Geschmacks.

536 HAAR-MUSEUM, TÜRKEI

Galip Körükcü, ein türkischer Töpfer, hat irgendwann beschlossen, weltweit so viel Frauenhaar wie möglich zu sammeln und ein Haar-Museum zu eröffnen. Mit dem haarigsten Plan, den man sich vorstellen kann, wollte er vor allem eines: auf seine Töpferei aufmerksam machen. Die Menschen sollten sich an seinen Namen erinnern. Im Museum, das sich in einer Höhle in Avanos befindet, hängen mehr als 16 000 Exemplare Frauenhaar von den Wänden und Decken. Diese Haarhöhle ähnelt eher dem Verschlag eines Serienkillers als allem anderen – besonders dann, wenn Herr K. seine Schürze umbindet und seine Schere herausholt (man ahnt es schon, er natürlich volles Haar).

537 INTERNATIONAL TOWING HALL OF FAME & MUSEUM, USA

Autos abschleppen ist in der Tat ein ernstes Geschäft, wie jeder bestätigen kann, der je Berichte über Australiens rabiate Abschleppfirmen beim Kampf um Unfall-Blechmüll gesehen oder gelesen hat. Dieses Museum in Chattanooga, Tennessee, tritt ebenfalls den Beweis an; mit der missionarischen Aussage, „die Geschichte der Abschlepp- und Bergungsindustrie zu bewahren, die Nachwelt und die gesamte Gesellschaft über diese Industrie zu unterrichten und jeden einzelnen zu ehren, der seinen Beitrag zu Neuerungen geleistet und wertvolle Zeit für diese Industrie geopfert hat." Das klingt alles so, als würde über einen Krieg oder ähnliches berichtet. Auf jeden Fall kann man hier alle Trucks und Abschleppvorrichtungen besichtigen, die man sich nur vorstellen kann.

538 RASENMÄHER-MUSEUM, ENGLAND

Es gibt Leute, die sagen, dass andere antriebslose Rasenmäher niemals die Qualität von Qualcast-Handmähern erreichen können, geschweige denn, irgendeiner der trendigen (!), mit Motor betriebenen Mäher. Andere schwören blind auf den Allen Scythe TS mit seinem weichen Viliers-Mk25-Viertakt-256c-Motor; und dann gibt es diejenigen, die nur einen Kick bekommen beim Anblick eines mächtigen Dennis-1-2633-Bradbury-Viertakters 500cc in Aktion. Außerhalb der Britischen Inseln mag man diese Marken nicht kennen, dennoch macht es einen Riesenspaß, mit all den Mäh-Enthusiasten im British Lawnmower Museum in Southport, Lancashire, auf Tuchfühlung zu gehen. Zu sehen sind außerdem die Maschinen der Reichen und Schönen (darunter auch der Mäher von Prince Charles'), die schnellsten Rasenmäher der Welt und die weltweit ersten Solarroboterexemplare.

539 SULABH INTERNATIONAL MUSEUM OF TOILETS, INDIEN

Toilettenstühle, das klassische Klo, Plumpsklos oder welche in Thronform, all das und viel mehr gibt es hier. Viele Ausstellungsstücke zeigen detailliert die Toilettengestaltung rund um die Welt, von einfachen Hock-Ausführungen bis hin zu majestätischeren vergoldeten Exemplaren. „Machen Sie mit beim sanitären Kreuzzug", mahnt das Museum in Neu Dehli. Ob Sie wohl an sich halten können, während Sie versuchen, den zahlreichen Schritten des „Kodex für Verheiratete: eine ausführliche Schulung bezüglich des Stuhlgangs, wie er in der hoch angesehenen altindischen Schrift Manusmriti Vishnupuran beschrieben ist." zu folgen. Und denken Sie daran, sich hinterher die Hände zu waschen.

540 KRÜCKEN-MUSEUM, ASERBAIDSCHAN

Dis Stadt Naphthalan ist bekannt für ihre gesund machenden Qualitäten – das hier gewonnene Öl wird als Heilmittel für jede Art von Krankheit betrachtet. Deshalb brüstet sich Naphthalan auch mit dem weltweit einzigen Museum, in dem alte Krücken ausgestellt werden. Von all diesen Exemplaren wird behauptet, dass sie von kranken Menschen zurückgelassen wurden, die hierher kamen, plötzlich geheilt wurden und mit dem Ausruf „Ich kann gehen!" die Hilfe der Krücken nicht mehr benötigten. Vom Test der Spontanheilung, nämlich sich selbst ein Bein zu brechen und dann im Öl zu baden, wird allerdings allgemein abgeraten.

DER PURE ZAUBER DER NATUR

DER HÖCHSTE WASSERFALL DER WELT, EINE ENDLOSE SALZEBENE, MEILENWEIT NUR ORANGEROTE SANDDÜNEN … EINE WELT DER UNVORSTELLBAREN WUNDER.

541 SALAR DE UYUNI, BOLIVIEN

Die eindrucksvolle weiße Salzpfanne Salar de Uyuni im Südwesten Boliviens ist die größte der Welt – mit schätzungsweise 10 Mrd. t Salz auf einer Fläche von 12 000 km². Nahe des Andenhauptkamms blubbert es auf der Hochfläche des Altiplano allerorten vor thermischer Aktivität, die auch aus den Ojos del Salar (den „Augen aus Salz)" „Tränen" aus unterirdisch gelegenen Wasserbecken aufsteigen lässt. Der Altiplano ist buchstäblich eine Landschaft voller Fata Morganas, Luftspiegelungen, bei denen die weichen Formen miteinander zu verschmelzen scheinen, wenn man in die schimmernde Weite blinzelt.

542 GREAT BARRIER REEF, AUSTRALIEN

Der größte Meerespark der Welt verläuft über mehr als 2300 km in den klaren, seichten Gewässern vor der Nordostküste Australiens. In den tropischen Gewässern ist eine außerordentliche Artenvielfalt anzutreffen, darunter 400 Korallen-, 1500 Fisch- und 400 Weichtierarten. Eine Armada von Booten fährt Schnorchler und Taucher von der Küste aufs Meer und wieder zurück, unzählige Touren und Dienstleistungen werden angeboten. Hier, im Unesco-Weltnaturerbe, kann man Wale auf ihrer jährlichen Wanderung, Dorsche so groß wie Autos und schaurige Schiffwracks bewundern.

543 ATACAMA-WÜSTE & EL-TATIO-GEYSIR-FELD, CHILE

Wissenschaftler glauben, dass Teile der chilenischen Atacama-Wüste noch nie mit Regen in Berührung gekommen sind. Die öde Wüstenlandschaft besteht aus einer Reihe von Salzbecken, in denen so gut wie keine Vegetation gedeihen kann. In dieser spektakulären Landschaft finden sich aber auch erloschene Vulkane, die über einem Inka-Dorf aufragen, ein fantastisches Wirrwarr an Flamingos rund um die Laguna Chaxa und das höchste Geysirfeld der Welt. 4267 m über dem Meeresspiegel gelegen, stoßen die El-Tatio-Geysire ständig Dampf aus.

544 KANADISCHE ROCKIES, KANADA

Das riesige Gebiet der kanadischen Rocky Mountains ist ungefähr so groß wie England, erstreckt sich im Westen des Landes über die Provinzen British Columbia und Alberta und nennt vier Unesco-Weltnaturerbe-Nationalparks sein Eigen: Banff, Jasper, Kootenay und Yoho. Die Natur begann vor gerade einmal 75 Mio. Jahren damit, die Berge, Flüsse, Seen, Wasserfälle und Gletscher zu formen. Aber … Junge, Junge, da hat sie sich mal richtig ins Zeug gelegt. Outdoor-Fans können hier wandern, radeln, paddeln, reiten und klettern inmitten der eindrucksvollen Unesco-Welterbe-Landschaft, die die Heimat von jeder Menge Wildtieren ist – von Elchen und Murmeltieren bis zu Bären und Vögeln.

545 MILFORD SOUND, NEUSEELAND

Die Sagen der Maori hallen nach zwischen den steilen Klippen, die schroff aus dem Meer vor der neuseeländischen Südinsel ragen. Einer dieser Legenden zufolge soll ein Steinmetz namens Tute Rakiwhanoa die senkrechten Täler mit einer magischen Axt herausgeschnitten haben. Von Gletscherflüssen während der Eiszeit geformt, ist der zum Unesco-Welterbe gehörende Fjord – inmitten des Fiordland-Nationalparks – schlicht und ergreifend zauberhaft. Am Ende des berühmten 53,5 km langen Milford Track bietet er das perfekte Finale für Wanderer, die er mit seinem alles überragenden Mitre Peak (1695 Meter) begrüßt.

546 GRAND CANYON, USA

Der Colorado hat in den letzten 6 Mio. Jahren dieses weltberühmte Wahrzeichen geformt. Im staubtrockenen US-Bundesstaat Arizona gelegen, erstreckt sich der große Alte namens Grand Canyon über 446 km Länge, dabei schneidet er sich mehr als 1500 m tief in uralte Gesteinsschichten und öffnet sich teilweise bis zu 29 km weit. Die aufragenden roten Felsspitzen lassen Wanderer ganz demütig werden, die später an majestätischen Ausguckplätzen sitzend den Himmel nach dem vom Aussterben bedrohten Kalifornischen Kondor absuchen oder auf den Stromschnellen des Colorado, die den eindrucksvollen Canyon auf seinem Lauf begleiten, entlangdonnern können.

Vom Aussichtspunkt Laime blickt man fast einen Kilometer hinauf zum Salto Ángel.

547 SALTO ÁNGEL, VENEZUELA

Salto Ángel, der höchste Wasserfall der Welt, stürzt im Nationalpark Canaima in Venezuela in einen namenlosen Nebenfluss des Río Caroni. Aus der unglaublichen Höhe von 978 m fällt das unbeständig fließende Wasser herab, am besten ist der Fall an einem wolkenlosen Tag (per Hubschrauber) zu sehen oder im Sommer, wenn er besonders viel Wasser führt. Unter den Einheimischen als Kerepakipai-meru bekannt, wurde Salto Ángel nach Jimmy Angel benannt – einem Piloten auf Goldsuche, der den Wasserfall in den 1930ern entdeckte.

195

KRZYSZTOF DYDYNSKI / LPI

Die Sanddünen in der Namib- Wüste sind *work-in-progress*, da sie fortwährend vom Wind umgeschichtet werden.

548 PLITVICER SEEN, KROATIEN

Kroatiens kostbares Geflecht aus 16 Seen, die durch Wasserfälle miteinander verbunden sind, hat den Unesco-Welterbe-Status. Die Plitvicer Seen sind auch als „Garten des Teufels" bekannt: In der Sage sorgt die Schwarze Königin nach einer langen Dürreperiode und unzähligen Gebeten für eine Überflutung des Gebiets. Höhlen im Kalk- und Travertingestein finden sich überall in der Umgebung, die von den dichten Wäldern an den Ufern der Oberen Seen geprägt ist.

549 LAKE DISTRICT, ENGLAND

Der Name Lake District verrät es schon: In dieser Ecke im Nordwesten Englands finden sich unzählige Seen. Nimmt man die üppigen Täler und die zwar kargen, aber nicht sonderlich schroffen Berge dazu, wartet hier eine wahrlich wohltuende Landschaft. Die Gegend inspirierte William Wordsworth, einen Dichter der Romantik an der Wende zum 19. Jh., zu einer ganzen Reihe von Werken, und nicht umsonst lautet daher ihr zweiter Vorname „Romantisch". Um ein wenig Ruhe fernab der Besuchermassen zu finden, müssen Sie in den Bergen wandern – dann sind Sie auch den Wolken näher.

550 SOSSUSVLEI, NAMIBIA

Im Herzen der Namib-Wüste werden die hoch aufragenden Sandlandschaften stetig durch den Wind neu geformt. Die mit 300 Meter höchsten Sandberge der Welt türmen sich innerhalb der weiten Grenzen des Namib-Naukluft-Nationalparks auf, der sich 480 km an der Küste und weit ins Landesinnere erstreckt. Die Landschaft präsentiert sich in Orange- und Umbratönen in allen Schattierungen, während die älteren Dünen durch die jahrelange Eisenoxidation im gesättigten Orange erstrahlen. Der Seenebel spendet den dort lebenden Käfern und Echsen Feuchtigkeit.

DER PURE ZAUBER DER NATUR

IM WEIH-NACHTS-WUNDER-LAND

„ES WAR DIE NACHT VOR DEM CHRISTFEST ..."
ZUSAMMEN MIT DEN KLEINEN HELFERN VOM
NIKOLAUS HABEN WIR FÜR ALLE MENSCHEN EINE
LISTE GUTER WÜNSCHE ZUSAMMENGESTELLT.

551 BETHLEHEM, WESTBANK

Nachdem heutzutage eher die Jagd nach Geschenken und nach gutem Essen im Vordergrund stehen, scheint die wahre Bedeutung von Weihnachten oft in Vergessenheit zu geraten. Um die Erinnerung aufzufrischen, eignet sich nichts besser, als eine Pilgerreise an den Geburtsort von Jesus. Am Manger-Platz und in der Altstadt herrscht an Heiligabend eine solche Energie, dass man damit einen ganzen Wald an Weihnachtsbäumen beleuchten könnte. Wenn es zwölf schlägt, sollte man unbedingt die Christmette in der Katharinen-Kirche besuchen. Sie ist ein Teil der Geburtskirche, deren Bau im Jahr 326 von Kaiser Konstantin in Auftrag gegeben wurde. Drinnen befindet sich in der Geburtsgrotte ein silberner Stern an dem Platz, an dem Jesus geboren worden sein soll.

MICHAEL TAYLOR / LPI

Perfekt wie ein Filmset: Schlittschuhläufer gleiten bilderbuchmäßig über die Eisfläche am New Yorker Rockefeller Center.

552 DORF DES WEIHNACHTSMANNS, FINNLAND

Wenn Sie nicht genug vom Weihnachtsmann bekommen können, dann ziehen Sie sich warm an und begeben Sie sich nach Norden an den Polarkreis nach Finnland. Der fröhliche Mann im roten Anzug ist dort der berühmteste Einwohner – und wird in dieser Gegend ordentlich vermarktet. Immerhin, der Schnee des tiefen Winters und Wälder voller Rentiere machen die touristische Atmosphäre größtenteils wieder wett (wenn es auch unweit des Dorfs einen Freizeitpark namens Santa Park gibt, in dem sich alles ums Thema Weihnachten dreht). Sie werden zwar tief in die Tasche greifen müssen, doch man muss schon ein echter Weihnachtsmuffel sein, wenn man das Dorf nicht mit einem Grinsen auf dem Gesicht wieder verlässt.

554 BONDI BEACH, AUSTRALIEN

Treffen Sie sich am Strand, um sich mit anderen Reisenden auszutauschen – der kultige Bondi Beach ist der Gegenentwurf zu allen Weihnachtsklischees der Nordhalbkugel: Sonne, Sand und Surfen ersetzen Schnee und Lichterketten. Am 25. Dezember ist der Strand ein Magnet für Backpacker, die weit weg von zu Hause sind und hier zusammen mit anderen „Weihnachtswaisen" feiern. Bands und DJs rocken den Pavillon, alle checken sich gegenseitig ab und es herrscht eine festliche Atmosphäre (zuletzt sind die Behörden allerdings gegen übermäßige Trinkgelage vorgegangen). Normalerweise würden Sie jedenfalls Folgendes wohl nicht mit zu einem Weihnachtsessen nehmen: Badesachen, Sonnencreme und Sonnenhut.

555 MITTERNACHTSMESSE, VATIKAN

Sie können sicher sein, dass man im geistigen Zentrum des Katholizismus weiß, wie man Weihnachten feiert. Die Ewige Stadt ist zu jeder Jahreszeit zauberhaft, aber im Dezember überkommt einen ein besonders wohliger Schauer, wenn an jeder Ecke Maronen verkauft werden und überall in der Stadt *presepi* (Krippen) stehen – die Sie sich auf dem Petersplatz, der Piazza Navona (in Lebensgröße!) und in der Kirche Santa Maria in Aracoeli auf dem Kapitol anschauen können. Die Piazza Navona mit einem großen, nicht immer ganz geschmackssicheren Weihnachtsmarkt ist Roms Zentrum rund ums Heilige Fest. Die meisten Pilger zieht jedoch der Vatikan an: Die Mitternachtsmesse im Petersdom an Heiligabend oder am Mittag des ersten Weihnachtstages ist etwas, das einem ewig in Erinnerung bleibt.

553 NEW YORK, USA

Dank unzähliger Filme wissen Sie, wie das Fest der Feste im Big Apple aussieht: Weihnachtsbeleuchtung, kitschige Musik, vorzugsweise liegt alles unter einer dünnen Schneedecke ... Die Beleuchtung des größten Weihnachtsbaums der Welt wird Anfang Dezember am Rockefeller Center bei einer Zeremonie eingeschaltet, die von den Einheimischen heißgeliebt wird und die den Beginn der Weihnachtszeit markiert. Unterhalb des Baums Schlittschuh zu laufen, ist für alle, die im Winter nach New York kommen, ebenso ein Muss wie ein Schaufensterbummel vorbei an New Yorks größten Kaufhäusern (inklusive Macy's alljährlicher Hommage an den Filmklassiker „Das Wunder von Manhattan"). Den Aufenthalt beschließt man am besten mit einer Ballettaufführung des Nussknackers im Lincoln Center – New-York-Weihnachten wie aus dem Bilderbuch!

556 DUBLIN, IRLAND

Mit ihrem rustikalen Sinn für Humor haben sich die streng katholischen Iren ein paar neue Wege einfallen lassen, Weihnachten zu feiern. Der aufsehenerregendste ist am 25. Dezember das morgendliche (zähneklappernde) Schwimmen im Meer am Forty Foot. Vor dem großen Tag ist auf den Straßen von Dublin jede Menge los (was nur wenig Unterschied zum Rest des Jahres ausmacht). Es gibt den „12 Days of Christmas"-Markt an den Docklands, typisch kitschige Christmas-Pantomime-Aufführungen, Weihnachtsbeleuchtung, Schlittschuhlaufen und eine Fülle von Märkten und viel weihnachtlichen Frohsinn im Stadtteil Temple Bar. Nicht verpassen: Weihnachtsliedersingen in der geschichtsträchtigen St. Patrick's Cathedral.

199

Endlich ist Weihnachten! Der hinreißende Nürnberger Christkindlesmarkt verzaubert in all seiner Pracht.

557 NÜRNBERG, DEUTSCHLAND

Wenn Sie beim Stichwort Geschenke besorgen an Kaufhäuser denken, in denen es vor Menschen nur so wimmelt, sollten Sie vielleicht den voll weihnachtlicher Magie steckenden Christkindlesmarkt auf dem Nürnberger Hauptmarkt erleben. Hier können die Kunden, die sich mit Bratwürsten gestärkt und mit Glühwein gewärmt haben, an 180 Ständen Spielzeug, Schmuck, Kerzen, Lebkuchen und Süßigkeiten kaufen. Besuchen Sie den Markt nach Einbruch der Dunkelheit, wenn die bunten Lichter für märchenhafte Stimmung sorgen. Ein Hoch auf den Weihnachtseinkauf, der noch nie so bezaubernd (oder so funkelnd) war!

MARTIN MOOS / LPI

558 ZÜRICH, SCHWEIZ

All die berühmten Sehenswürdigkeiten (Berge, Schnee, Straßen aus Kopfsteinpflaster), wie man sie von den Pralinenschachteln kennt, machen die Schweiz in der Weihnachtszeit zu einem besonders verlockenden Ziel. Zürich liegt dabei ganz vorne, wegen der vielen Weihnachtsmärkte (verpassen Sie nicht den im Bahnhof), der Stadtführungen zum Thema Weihnachten und dem bezaubernden „Singing Christmas Tree" am Werdmühlplatz: Auf einer pyramidenartig ansteigenden Bühne, die mit Tannenzweigen und Lichterketten verziert ist, singt ein Chor von Jugendlichen Weihnachtslieder – niedlich! Denn mit ihren geröteten Wangen und eingepackt in rote Schals und Wollmützen sehen sie aus wie die Kugeln am Weihnachtsbaum. Glühwein und Honigkuchen vom umliegenden Markt sorgen dafür, dass das Weihnachts-Wohlfühl-Barometer steigt und steigt.

559 TOKIO, JAPAN

Weihnachten in Tokio ist ein von Lichterketten erhelltes, religionsfreies Spektakel, das man so schnell nicht vergisst! Da weniger als 1 Prozent der Bevölkerung Christen sind, ist in Japan traditionell das Neujahrsfest wichtiger als Weihnachten. Und so sieht es eben aus wenn Nichtchristen sich auf Weihnachten einlassen – das sei aber mit voller Begeisterung gesagt! Es gibt spektakulär übertriebene Dekorationen und Lichterschmuck, bei denen sogar den energiebewusstesten Umweltschützern das Herz aufgeht. Die Vorweihnachtszeit ist umwerfend und Heiligabend eine große Sache, die aber eher dem Valentinstag ähnelt (ein Abend für Pärchen und Romanzen). Zu einem Weihnachtsfestessen im japanischen Stil gehört gebratenes Hähnchen gefolgt von einem Biskuitkuchen mit Sahne und Erdbeeren obendrauf. „Merii Kurisumasu"!

560 SAN JUAN, PUERTO RICO

Puerto Rico, die kleine Insel mit viel Charakter, serviert ein warmes Weihnachten im Salsarhythmus mit Spanferkel als Beilage. Die Feierlichkeiten dauern von Anfang Dezember bis zum Dreikönigstag am 6. Januar. Ab Mitte Dezember halten die Kirchen Sonnenuntergangsmessen mit vielen *aguinaldos* (puerto-ricanischen Weihnachtsliedern), während ausgelassene Gruppen von Weihnachtsliedersängern von Haus zu Haus ziehen und feiern. An Heiligabend gibt es erst ein großes Festmahl, dann geht es in die Christmette. Die typischen Weihnachtsdekorationen kann man am besten am Rathaus an die Plaza de Armas und in der von Lichterketten erhellten, von Marktständen gesäumten Promenade Paseo de la Princesa sehen. Die kleinen hölzernen *santos*-Figuren (geschnitzte Heiligenfiguren) sind ein perfektes Mitbringsel.

IM WEIH-NACHTS-WUNDER-LAND

REISEN UND GUTES TUN

VERGESSEN SIE DIE MODERNE ZIVILISATION: AB IN DIE WILDNIS! (ABER BITTE VERANTWORTUNGSBEWUSST).

561 FREIWILLIGER HELFER IM NATIONALPARK, USA

Zu Wolfsgeheul einschlafen und Bären als Nachbarn kann man als ehrenamtlicher Helfer in einem der Nationalparks der USA haben. Aufgaben für *volunteers* reichen von der Arbeit als Tourguide bis hin zu wissenschaftlicher Forschung und bieten viele Möglichkeiten, eine einzigartige Perspektive auf die Natur zu gewinnen. Es gibt auch die Option, an sogenannten *artist-in-residence*-Programmen teilzunehmen, um sich künstlerisch mit der freien Natur auseinanderzusetzen. Mit jeder ehrenamtlichen Arbeitsstunde wird das chronisch unterfinanzierte Nationalparksystem gefördert.

562 KARPATEN-GROSSRAUBTIER-PROJEKT, RUMÄNIEN

Europas größte Population an großen Raubtieren streift über Rumäniens Bergwiesen. Auch wenn Ihnen kein Bär, Luchs oder Wolf über den Weg läuft, unterstützt der mit der „Blauen Schwalbe" für verträgliches Reisen ausgezeichnete Veranstalter CNtours (www.cntours.eu), der in Kooperation mit dem Großraubtier-Projekt entstanden ist, den Schutz des Lebensraums der Tiere. Solch sanfter Tourismus nutzt der lokalen Wirtschaft (weil in örtlichen Gasthäusern übernachtet wird) und zeigt, dass Großraubtiere und Menschen nebeneinander existieren können.

563 ABORIGINAL ROCK-ART SITE AM MOUNT BORRADAILE, AUSTRALIEN

An den wabenartig aussehenden Schichtstufen der Felswände des Mount Borradaile findet sich eine unbekannte Zahl von Felsmalereien, von denen manche bis zu 50 000 Jahre alt sind. Als einer der wenigen Besucher, die hier Zutritt erhalten, nehmen Sie nicht nur an einer bedeutsamen Kunstlehrstunde teil, Sie unterstützen mit Ihrer Teilnahme auch das Auskommen der traditionellen Eigentümer, das Volk der Ulba Bunidj. Davidsons Arnhemland Safaris (www.arnhemland-safaris.com) bietet gut organisierte Touren samt Pause vom Kunstinterpretieren an: der Erforschung des überwältigenden Outbacks im Northern Territory.

564 WANDERN, BHUTAN

Bhutan, das letzte buddhistische Königreich der Welt, misst seinen Erfolg anhand des Bruttonationalglücks (BNG). Diese ethische Einstellung stellt sicher, dass sowohl die Kultur- als auch die Naturlandschaft erhalten bleibt. Wer Bhutan bereist, muss eine Tour bei einem von der Regierung zugelassenen Anbieter (www.tourism.gov.bt) buchen. Wahrscheinlich wird sie eine Wanderung über Yak-Wiesen hoch oben im Himalaya mit einschließen. Das Land ist durch seine geografische Lage vom Rest der Welt abgeschnitten, 70 Prozent der Fläche Bhutans sind immer noch von Wäldern bedeckt.

565 WHALE-WATCHING, NEUSEELAND

Die den Maori gehörende und von ihnen betriebene Whale Watch Company (www.whalewatch.co.nz) unterstützt die indigene Ngai-Tahu-Gemeinde in Kaikoura auf Neuseelands Südinsel. Die Boote des Unternehmens fahren das ganze Jahr hinaus; zu sehen gibt es je nach Saison andere Arten der Ozeanriesen, z. B. Pottwale, Buckelwale, Blauwale und Orcas (wenn auf der Tour keine Wale gesichtet werden, gibt es 80 Prozent des Preises zurück). Die Boote halten respektvoll Abstand zu den Tieren, und bei den Erläuterungen während der Tour liegt der Schwerpunkt auf den Bemühungen zu ihrer Erhaltung und auf gesellschaftlichen Informationen.

566 MIT DEM SEE-KAJAK UNTERWEGS, FIDSCHI

Durch flaches aquamarinblaues Wasser geht es vorbei an perfekten, postkartenreifen Stränden. Die Gewässer sind von Riffen durchzogen, an denen Schulen von winzigen Fischen und urzeitlich aussehende Schildkröten leben, die an die Wasseroberfläche kommen, um Atem zu holen. Das Paddeln mit dem Seekajak um die Pazifikinseln und das Campen in traditionellen Dörfern haben nur geringe Auswirkungen auf die Umwelt in diesem beeindruckenden Lebensraum. Für den neuntägigen Kajaktrip mit Southern Sea Ventures werden Sie etwas Durchhaltevermögen brauchen, und Sie müssen sich an *kava* gewöhnen – ein Getränk, dessen Geschmack durchaus auch schon mit dem von dreckigem Pfützenwasser verglichen wurde.

567 KREUZFAHRT, ANTARKTIS

Wenn man mit dem Schiff durch die weiße Wildnis der Antarktis unterwegs ist, ist es unmöglich, den Planeten nicht mit anderen Augen zu sehen. Wo sonst kann man regelmäßig Wale zwischen den Eisbergen aus dem Wasser auftauchen sehen, Hunderttausende von Pinguinen dabei beobachten, wie sie über die weißen Ebenen aus Eis watscheln, Albatrosse hoch oben am Himmel ihre Kreise ziehen sehen und See-Elefanten ihre typischen Rülpslaute ausstoßen hören? Rund 30 Kreuzfahrtschiffe fahren in den antarktischen Gewässern. Alle müssen sie die strengen Richtlinien der International Association of Antarctica Tour Operators (IAATO) befolgen, um die Auswirkungen auf die Umwelt so gering wie möglich zu halten.

568 CHALALÁN ECOLODGE, BOLIVIEN

Tief im Amazonasgebiet Boliviens verborgen steht eine Ansammlung von Hütten in einer fruchtbaren Gegend, die die Heimat von 11 Prozent der Tier- und Pflanzenarten weltweit ist. Die Chalalán Ecolodge wird von den indigenen Quechua-Tacanan gemanagt. Ein Teil der Erträge fließt in die Finanzierung von Gesundheits- und Bildungseinrichtungen für die Gemeinde. In der Umgebung liegen 14 gut gekennzeichnete Naturwanderwege, und die Mehrheit der Gäste schlendert an den Vormittagen durch den Dschungel, um dann den Rest des Tages nur noch in den Hängematten der Lodge zu schwingen.

569 UNTERWEGS MIT DEN BUSCH-MÄNNERN DER KALAHARI, NAMIBIA

Als Gast der Tsumkwe Lodge können Sie die Buschmänner der Kalahari, die San, begleiten, ihnen bei ihren täglichen Aktivitäten zusehen und selbst daran teilnehmen. Die San halten es seit über 40 000 Jahren in der Kalahari-Wüste aus, sie können einem Stadtmenschen also das ein oder andere über das Leben in der Wildnis beibringen. Bei einem morgendlichen Ausflug können Sie die „Früchte" der Wüste (Beeren und Knollen) probieren oder Sie werden Zeuge der ausgefeilten Jagd auf eine Antilope. Sie können die Lodge direkt oder über verschiedene Veranstalter buchen.

570 BERGGORILLA-SAFARI, RUANDA & UGANDA

Eine Stunde mit Gorillas in der Wildnis zu verbringen, ist eine absolut unvergessliche Erfahrung, für die man einige Anstrengung auf sich nehmen muss. Unter Umständen brauchen Sie und Ihr Machete schwingender Guide fast den ganzen Vormittag, um eine Menschenaffenfamilie an ihrem „Spielplatz" aufzuspüren, sodass die mit der Tour verbundenen Kosten immens hoch werden können. Der Tourismus beschränkt sich auf Ruanda und Uganda und ist streng begrenzt. Wer eine Reise zu den Gorillas plant, sollte darauf achten, dass der Reiseveranstalter nachhaltig arbeitet. Das Pro und Contra der Gorilla-Touren diskutiert die Organisation Berggorilla & Regenwald Direkthilfe e. V. (www.berggorilla.org).

DIE BESTEN ÖKOLODGES

SIE MÖCHTEN IN DIE WILDNIS, DER SCHÖNEN UMGEBUNG ABER NICHT SCHADEN? UND VIELLEICHT DARF ES AUCH EIN BISSCHEN KOMFORT SEIN. HIER IST DIE RICHTIGE LISTE FÜR DIESEN FALL.

571 TURTLE ISLAND RESORT, FIDSCHI

Diese Ökolodge wird regelmäßig unter die besten der Welt gewählt, nicht zuletzt aufgrund des Rundum-Services, der hier geboten wird: Es gibt ungefähr 150 Angestellte für maximal 14 Gästepaare. Kritiker sprechen von „Ökohedonismus", die Gäste der Lodge aber ficht das nicht an, solange auch die Umwelt liebevolle Zuwendung erfährt. Die Insel selbst ist nur etwas über 2 km² groß und besitzt natürliche Quellen, aus denen das Wasser für den Biogarten des Resorts kommt. Sie können hier zwischen schwarzen Klippen aus Vulkangestein wandern oder an den bildschönen Korallenriffen im Wasser planschen. Letztere könnten Ihnen bekannt vorkommen: Brooke Shields höchstpersönlich (oder vielmehr ihr Körperdouble) tollte unter anderem hier in der Hollywood-Romanze „Die blaue Lagune" (1980) nackt herum.

572 HOSTERÍA ALÁNDALUZ, ECUADOR

Wenn diese Herberge noch autarker wäre, könnte sie als Basisstation auf dem Mars fungieren. Die schön am Strand gelegene Hostería Alándaluz ist ein Musterbeispiel für umweltfreundliches Bauen. Sie wurde überwiegend aus erneuerbaren Materialien wie Palmenblättern errichtet und verfügt über mehrere Biogärten, aus denen ein Großteil der benötigten Lebensmittel für die Gäste kommen. Durch Komposttoiletten und Müllaufbereitung kann Alándaluz beeindruckende 90 Prozent des benutzten Wassers wiederaufberein; das so behandelte Nass wird zur Bewässerung genutzt.

573 BASATA, ÄGYPTEN

Basata bedeutet „Einfachheit" auf Arabisch – und die Lodge Basata ist die Einfachheit selbst. Am Roten Meer und in der Nähe von Nuwaiba gelegen, präsentiert sich die von den Bergen des Sinai-Massivs umgebene, wunderschöne Lodge sauber und ökologisch. Abfall wegzuwerfen ist strengstens verboten, alles wird recycelt. Nur Paare müssen sich etwas zurückhalten, öffentliche Liebesbeweise sind nicht gern gesehen, denn man bevorzugt eine gemeinschaftliche, familiäre Atmosphäre. Und die Unterkünfte? Bambushütten und Villen, die maximal 250 Gästen Platz bieten, stehen am Strand, der mit makellosen Korallenriffen und blauem Wasser lockt.

574 NIKITA BENTSCHAROWS CAMP, RUSSLAND

Mitten im Baikalsee liegt Olchon, die weltweit zweitgrößte Insel in einem Süßwassersee. Und ziemlich genau in der Mitte von Olchon liegt Nikita's, ein Camp aus lauter Holzhäusern, die von Holzöfen beheizt werden und neben denen auch eine schöne alte *banja* (Sauna) steht. Die Gastgeber des Camps verraten alles über das fragile Ökosystem Olchons und erklären, wie wichtig es ist, keine Wildblumen zu sammeln, Schmetterlinge zu töten

Machen Sie sich im Restaurant der Daintree Eco Lodge im Regenwald über modernes australisches *bush tucker* her.

oder die Gegend exzessiv mit dem Auto zu erkunden. Stattdessen bieten sie Ökotouren über die Insel an.

576 CHUMBE ISLAND CORAL PARK, TANSANIA

Diese spektakuläre Ökolodge auf Chumbe, einem Ökosystem von Koralleninseln ungefähr 12 km südlich von Sansibar-Stadt, bietet sieben über dem Meer aufragende Bungalows. Der Korallenpark mit seiner 3 km langen Sandbank, seinen wie aus dem Bilderbuch stammenden Ozeanwellen, Affenbrotbäumen und riesigen, Palmendieb genannten Krebsen kommt dem Paradies verdammt nah. Die Bungalows werden mit Sonnenenergie betrieben, es gibt Komposttoiletten und serviert wird eine Küche, die afrikanische, indische und nahöstliche Einflüsse vereint. Einsamkeit ist garantiert, denn die Insel wird privat verwaltet und es werden nur 14 Gäste gleichzeitig aufgenommen.

575 DAINTREE ECO LODGE, AUSTRALIEN

Diese Lodge hat viele Auszeichnungen gewonnen, hauptsächlich wegen ihrer wunderbaren Lage umgeben vom tropischen Regenwald, der mehr als eine Million Jahre alt ist. Sie bietet außerdem 15 rustikale Villen, ein interessantes kulinarisches Angebot (eine Mischung aus *bush tucker* genannten traditionellen australischen Gerichten und anspruchsvoller moderner australischer Küche) und eine tolle Auswahl an Aktivitäten wie Schnorcheln und Tauchen am Great Barrier Reef. Das Rauschen und Rieseln der Wasserfälle liefert obendrein einen angenehmen Soundtrack.

577 ARENAL PARAÍSO HOTEL RESORT & SPA, COSTA RICA

Costa Rica wird immer mehr zum Synonym für Ökotourismus, und das Arenal Hotel hält diesen Standard. Seine Lage ist der Hammer: in den Bergen am Nordpazifik, mit einem vielgepriesenen Ausblick auf den Vulkan Arenal, den Coter- und den Arenalsee. Das Hotel wirbt mit seiner „Strategie der Zusammenarbeit" mit dem einheimischen Maleku-Volk, und so ist die Gelegenheit, von diesen Menschen etwas über die indigene Kultur zu erfahren, tatsächlich ein besonderer Bonus.

205

Abfälle werden zu Gold im Kreislauf des Lebens. ein Prozess, auf den im Thermalbad Bad Blumau besonderes Augenmerk gelegt wird.

578 ROGNER BAD BLUMAU, ÖSTERREICH

Der verstorbene „Bio-Architekt" und Umweltschützer Friedensreich Hundertwasser hatte die ökologischen Notwendigkeiten stets vor Augen, als er das Thermalbad Rogner Bad Blumau in der österreichischen Steiermark gestaltete. Die Komposttoiletten der Anlage liefern Abfälle für die Dachgärten. Hundertwasser selbst hat diesen Prozess in seinem Manifest „Die Heilige Scheiße" erläutert. „Scheiße wird Erde", schrieb er in überaus deutlicher Ausdrucksweise, „die man aufs Dach legt, wird zu Wiese, Wald und Gärten. Scheiße wird zu Gold. Der Kreislauf ist geschlossen. Es gibt keinen Abfall mehr. Die Scheiße ist unsere Seele." Am Ende wurde Hundertwassers Idee gesellschaftsfähig, sodass das Thermalbad Bad Blumau seine Pforten für das begeisterte Publikum öffnen konnte.

579 BAUMHAUS, INDIEN

Diese zum Green Magic Nature Resort in Kerala gehörende, umweltfreundliche Unterkunft ist nichts für Leute mit Höhenangst: Sie liegt 27 m über dem Boden und ist über einen Bambuslift zu erreichen, der ein wassergefülltes Gegengewicht hat. Die Zimmer sind loftartig angelegt und natürlich luftig und leicht gehalten. Es gibt zwei Etagen und auf jeder ist ein Pärchen untergebracht, es herrscht also eine recht ungezwungene Atmosphäre. Egal, in welche Richtung Sie sich wenden, der Ausblick ist toll.

580 CHALALÁN ECOLODGE, BOLIVIEN

Diese Ökolodge im Nationalpark Madidi gehört dem Volk der Quechua und wird auch vollständig von Angehörigen dieser Kultur betrieben. Sie veranstalten Entdeckungstouren und lehren Touristen das reiche Erbe der indigenen Kultur und weihen sie in die Geheimnisse des umliegenden Regenwalds mit seiner Fülle an Lebewesen ein. Die Lodge selbst wurde in traditioneller Bauweise errichtet; das Abwasser wird wiederaufbereitet und es wird Solarenergie eingesetzt.

DIE BESTEN ÖKOLODGES

TOLLSTE UNBEKANNTE STADTVIERTEL

GROSSSTADTVIERTEL, VON DENEN MAN NOCH NIE GEHÖRT HAT – DIE ABER VON DEN EINHEIMISCHEN GELIEBT WERDEN.

Im schwarzen, vulkanischen Sand von Te Henga (Bethells Beach) bei Waitakere bilden sich Gezeitentümpel.

HOLGER LEUE / LPI

581 KOREATOWN, TORONTO, KANADA

In Toronto haben Sie die Wahl – die vielleicht multikulturellste Stadt der Welt besteht aus vielen wenig bekannten Vierteln. Ein Vorschlag wäre auf jeden Fall Koreatown: Wenn Sie die Bloor Street in westlicher Richtung entlanggehen, vorbei am Bloor Cinema, einem beliebten Programmkino, und am fantastisch-kitschigen Kaufhaus Honest Ed's, dann haben Sie Kontinente über-sprungen. Zweisprachige Straßen-schilder helfen Ihnen, die *chobab*-Bars (Sushi-Bars) und Imbissbuden zu finden, die traditionelles *kimchi*-Gemüse servieren. Oder Sie schauen im PAT Central Market vorbei, wo es undefinierbares Gemüse und Fertig-mischungen für *bibimbap* (Reisgericht mit Gemüse und Rindfleisch) gibt. Verpassen Sie den spätabendlichen Ausflug in ein *noraebang* nicht, Kara-okebars mit Kabinen wie in Asien.

582 NAKAMEGURO, TOKIO, JAPAN

Es heißt, während der Luftangriffe im Zweiten Weltkrieg hätten sich verzweifelte Tokioter in den Meguro-Fluss geworfen. Heutzutage stürzen sie sich entlang seiner Ufer nur noch in Cafés, die dreizehn verschiedene Sorten Tee servieren, und in obercoole Klamottenläden. In diesem einst heruntergekommenen Stadtteil im südlichen Zentrum von Tokio mögen noch die Geister aus der Kriegszeit herumspuken, doch die lebenden Bewohner des Viertels blicken nach vorn. Künstler, frisch von der Uni, haben hier günstige Wohnungen gefunden, und mit ihnen siedelte sich eine große Zahl an Ga-lerien und individuelle, herrlich schräge Shops an – wer Pan-Am-Boarding-Pässe aus den 1950ern oder Second-hand-Bikinis sucht, wird hier fündig.

583 WAITAKERE, AUCKLAND, NEUSEELAND

Technisch gesehen ist es ein Teil von Auckland, aber man könnte sich nicht weiter entfernt von der (Groß-)Stadt fühlen: Waitakere, 20 Minuten westlich des Zentrums, bietet das Beste Neuseelands in einem Mikrokosmos – schwarzsandige Strände, bei deren Anblick Surfern das Wasser im Mund zusammenläuft, Spaziergänge durch unberührten Regenwald, Hügel, perfekt zum Wandern, und viele kleine Weingüter, damit man auf sein Glück anstoßen kann, dass man überhaupt hierher gefunden hat. Schauen Sie auf dem Titirangi Village Market (immer am letzten Sonntag im Monat) vorbei und durchstöbern Sie das Angebot an Kunsthandwerk oder halten Sie für frisches Obst und Gemüse an einem Straßenstand. Stadt? Welche Stadt?

Lokal gebrautes Bier, eine breite Auswahl an Essen und Kaffee gibt es in Williamsburg..

584 WILLIAMSBURG, NEW YORK, USA

„Billyburg" bringt's! Hier verbrüdern sich langhaarige Musiker, die ihr Helles in den zahlreichen Bars auf der Bedford Avenue herunterstürzen, mit einer Welt der Immigranten – Puerto Ricaner, Italiener, Juden –, wodurch in diesem Teil Brooklyns eine entspannte, multikulturelle Atmosphäre herrscht. Spazieren Sie von Manhattan aus über die Williamsburg Bridge und schlendern Sie zwischen den Galerien (es gibt mindestens 60), Plattenläden und Lokalen verschiedener Esskulturen umher. Lassen Sie es sich nicht entgehen, die Produkte der Brooklyn Brewery zu probieren – in diesem Stadtviertel gab es mal Dutzende Brauereien, aber diese ist eine der letzten. Gelangweilt vom Bier? Ab zum McCarren Pool, wo Open-Air-Konzerte stattfinden, oder zum Streb, für eine Lehrstunde am Trapez.

585 CRYSTAL PALACE, LONDON, ENGLAND

Der an den Eiffelturm erinnernde Sendemast erleichtert die Orientierung: Dieses hoch gelegene Viertel im Südosten ist jede Entdeckung wert. Der namensgebende Palast brannte 1936 nieder, aber im Park befinden sich immer noch ein begehbares Labyrinth, eine Bühne und die ersten Dinosauriermodelle der Welt. In den 1850er-Jahren Auslöser heftiger Debatten, kann man heute gut in ihrer Nähe picknicken. Außerhalb des Parks ist die Gegend moderner, mit herrlich gemütlichen Cafés, vielfältigen Restaurants und ein paar Läden, die sich ihre Individualität bewahrt haben. Aber das Beste ist der Ausblick vom Westow Hill auf die ganze Stadt.

586 BOEDO, BUENOS AIRES, ARGENTINIEN

Während die Tangoshows in La Boca und San Telmo Touristenfallen sind, folgen Sie den *porteños* (Einwohner von Buenos Aires) zwei Viertel weiter für ein authentisches Erlebnis. Das Arbeiterviertel Boedo wurde im Text von „Sur", dem beliebtesten Tango der Stadt, verewigt. Seine Bars beben geradezu während der leidenschaftlichen Auftritte der Künstler, was auch auf die politische Historie zutrifft: Linksgerichtete Schriftsteller kamen in den 1920er-Jahren in den verrauchten Cafés des Viertels zusammen. Spüren Sie dem Flair vergangener Tage nach und schlendern Sie zwischen den charakteristischen, 100 Jahre alten Häuschen umher, bevor Sie im Las Violetas vorbeischauen, einem Café von 1884 mit Buntglasfenstern und Goldverzierungen (wahrscheinlich das bestaussehende Kaffeehaus der Stadt).

587 OBSERVATORY, KAPSTADT, SÜDAFRIKA

In einem Land, das einmal in Schwarz und Weiß getrennt war, galt „Obz" als ein Leuchtfeuer in Grau: Während der Apartheid war dieser Stadtteil einer von wenigen, in denen sich die Rassen mischten – so, wie sie es heute in dem Durcheinander aus Bars und Cafés tun, in denen es von Studierenden der nahe gelegenen University of Cape Town wimmelt. Graffiti und abblätternde Farbe an den Wänden stehen modernen Versionen von *mealie pap* (einer Art Haferbrei) auf den Speisekarten und angesagte Bands auf dem Spielplan gegenüber. Das namensgebende Astronomical Observatory bietet zweimal im Monat tolle Sternbeobachtung an.

588 BELLEVILLE, PARIS, FRANKREICH

Dieses Stadtviertel auf dem zweitgrößten Hügel von Paris ist die Alternative zu Montmartre – nur ohne Touristen, die den weiten Ausblick über die Stadt verstelllen. Stattdessen schlendern Sie über den geräuschvollen Markt (dienstags und freitags) entlang der rue de Belleville, um Leckerbissen für ein Picknick zu besorgen, und begeben sich damit zu dem erfrischend ungestylten Park des Viertel. Statt französisch könnte das Picknick genausogut algerisch oder chinesisch ausfallen, denn das Stadtviertel im Nordosten – der Geburtsort von Edith Piaf, der französischen Sängerin schlechthin – zieht seit den 1920er-Jahren Einwanderer an. In den schmalen Straßen aus Kopfsteinpflaster findet sich so manche Nudelbar oder nordafrikanische Bäckerei, so manches Shisha-Café oder von Künstlern besetzte Haus in fröhlicher Harmonie nebeneinander.

589 BALMAIN, SYDNEY, AUSTRALIEN

Eine zehnminütige Fahrüberfahrt vom Circular Quay einmal unter der Harbour Bridge hindurch, und schon sind Sie in Balmain, weg vom Trubel in der Innenstadt, aber mit ganz eigener Energie. Es ist einer der ältesten Stadtteile Sydneys – georgianische Villen und Häuser aus Eisen und Sandstein säumen immer noch die Straßen, konkurrieren heutzutage allerdings mit unkonventionellen Cafés und Galerien. Das eigenwilligste Shoppingerlebnis bieten die Märkte, die samstags auf dem Gelände der St. Andrew's Church abgehalten werden. Hier können Sie alles kaufen, von asiatischen Kochzutaten bis hin zu Patschuli-Kerzen. Einen anderen Geruch erleben Sie, wenn Sie dem nahe gelegenen Stadtteil Pyrmont vor Tagesanbruch einen Besuch abstatten, um die Krebse, Austern und Lobster zu sehen, die aufs Sydney großem Fischmarkt angeboten werden.

590 NOHO, HONGKONG

SoHo war gestern – NoHo ist das Viertel des nächsten Jahrzehnts. Das Zentrum dieser Enklave nördlich der Hollywood Road und hinter den Ungetümen aus Glas und Stahl, die Hong Kong Island dominieren, bildet die windige Gough Street. Früher waren hier die Druckereien der Stadt und das Viertel hat immer noch ein traditionelles Flair mit modernen Einflüssen. Es ist eine ideale Mischung: Schmuckboutiquen, Läden für Maßschuhe, eine Reihe von Galerien und flippige Fusion-Restaurants, die Weltklassespeisen an Tischen im Freien servieren, befinden sich neben Imbissständen, an denen für wenig Geld volle Schalen herzhafte, nach uraltem Rezept zubereitete Suppen angeboten werden.

TOLLSTE UNBEKANNTE STADTVIERTEL

EINSCHLAFEN MIT GOTTES HILFE

SPIRITUELLER RÜCKZUGSORT, FLUCHT AUS DER STADT ODER EIN GÜNSTIGES BETT? HIER FINDEN SIE FRIEDEN DANK UNBESCHWERTER NACHTRUHE.

591 RENGEJO-IN-TEMPEL, KŌYA-SAN, JAPAN

Japans *shukubo*-Tradition (einfache Unterkünfte in Klöstern und Tempeln) gibt Reisenden die Möglichkeit, dem Gewimmel der Städte zu entfliehen. Der Rengejo-in-Tempel liegt in ruhiger Umgebung auf dem Berg Kōya-san in einer Region, die das Zentrum des japanischen Shingdon-Buddhismus bildet. Er ist seit mehr als 1000 Jahren ein Ort heiliger Pilgerfahrten und wurde 2004 auf die Welterbeliste der Unesco gesetzt. Die Lage ist zwar beeindruckend, Luxus kann man jedoch nicht erwarten: Im Tempel werden zweimal am Tag Meditationen mit dem Ziel der spirituellen Erkenntnis abgehalten.

592 KLOSTER DER SIONS-SCHWESTERN, EN KEREM, ISRAEL

En Kerem kuschelt sich in ein friedliches Tal in den bergigen Außenbezirken von Jerusalem und ist ein wichtiges christliches Pilgerziel. Das Dorf ist bekannt für seine reizvollen Steinhäuser, die frische Luft und das leise Läuten der Kirchenglocken, ganz zu schweigen von seinem berühmten Sohn: Johannes der Täufer. Stätten von religiöser Symbolhaftigkeit sind allgegenwärtig, darunter einer Quelle, an der Maria Wasser geholt haben soll, als sie mit Jesus schwanger war. Das Kloster der Sionsschwestern betreibt hier ein bezauberndes Gästehaus. Die Schlichtheit der Räume passt: In einer Gegend von solcher Schönheit und historischer Bedeutung ist eine luxuriöse Ausstattung völlig unnötig.

593 ST CURIG'S CHURCH, CAPEL CURIG, WALES

Der Snowdonia-Nationalpark in Nordwales strahlt eine Schönheit aus wie nur wenige andere Orte in Großbritannien. Goldene Strände liegen an einer felsigen Küste, die in spektakuläre Täler und majestätisch hoch in den Himmel ragende Berge übergeht. Wenn man vom 1085 m hohen Snowdon hinunter auf die Caernarfon-Bucht blickt, fühlt man sich eins mit den Göttern. Die nahe gelegene St. Curig's Church wurde in ein Juwel von einem Bed & Breakfast umgewandelt: Billard spielt man unterhalb der reich verzierten Kuppel der Apsis, relaxt wird auf gemütlichen Sofas und das Frühstück in einer prächtigen Küche eingenommen. Handgeschnitzte Himmelbetten atmen einen Hauch Romantik, preisbewusste Reisende können aber auch im Gemeinschaftsschlafraum übernachten.

594 MONASTERY OF THE HOLY CROSS, CHICAGO, ILLINOIS, USA

Dass Klöster in Städten Unterkünfte bieten, kommt selten vor. Dass diese wie Loftwohnungen gestaltet sind – und auch noch ein großartiges Frühstück serviert wird –, ist sogar noch ungewöhnlicher. Das Bed & Breakfast des Benediktinerordens liegt versteckt in einem renovierten Teil eines städtischen Klosters und bietet modernen Luxus – Klimaanlage, TV, eigene Parkplätze und eine komplett ausgestattete Küche. Was machen also die Mönche hier? Na ja, sie legen mit Sicherheit nicht die Füße hoch: Sie sind nach Chicago gekommen, um gegen Armut, Kriminalität und Obdachlosigkeit zu kämpfen. Andere spirituelle Herbergen mögen authentischer erscheinen – aber wenige sind so auf die Zivilisationskrankheiten des 21. Jahrhunderts abgestimmt.

595 CONVENTUS OF OUR LADY OF CONSOLATION, NORTH YORK MOORS, ENGLAND

Könnte dies das grünste Kloster der Welt sein? 2009 zogen die Benediktinerinnen des Conventus of our Lady of Consolation von ihrem viktorianischen Heim Stanbrook Abbey in diesen speziell gebauten Rückzugsort in der herrlichen Umgebung der North York Moors. Ausgestattet mit Solarmodulen, Regenwasserauffangsystem und einer

Pflanzenkläranlage mit Schilf ist er ein Ökotraum. Die gut informierten Schwestern legten die Details des Entwurfs fest, nachdem sie ausführlich im Internet recherchiert hatten. Ihre Tradition haben Sie aber nicht aufgegeben: Man mag in einem perfekten Beispiel für moderne Architektur übernachten, aber wer mit den Nonnen in Klausur geht, von dem wird nach wie vor erwartet, dass er sich der geistigen Haltung anpasst.

596 LE SUORE DI LOURDES, ROM, ITALIEN

In Rom, einem der wichtigsten Ziele im Religionstourismus der Welt, kann es Ihnen durchaus passieren, dass Sie um Barmherzigkeit flehen, wenn die Hotelrechnung kommt. Besucher strömen nicht nur zu den Wundern in Michelangelos Sixtinischer Kapelle in der Vatikanstadt, sondern zu einer Fülle von christlichen Stätten, darunter auch die mysteriösen unterirdischen Ebenen der Kirche San Clemente. Wo könnte man in also in einer derart heiligen Stadt besser das Haupt betten, als in einem bezahlbaren Kloster? Die beste Wahl ist Le Suore di Lourdes, eine einfache Unterkunft in Toplage nahe der Spanischen Treppe. Mit einer coolen Dachterrasse, die Panoramablicke bietet, ist dies ein tolles Angebot für den Preis – allerdings sollte man sicherstellen, dass man zum Beginn der Nachtruhe um 22.30 Uhr schön ordentlich im Bett liegt.

597 MOUNT SAINT BERNARD ABBEY, LEICESTER, ENGLAND

Hügeliges Ackerland, Eichen mit ihren breiten Kronen und Felder in Tausenden Schattierungen von Grün – Charnwood Forest ist der himmlische Traum von einer ländlichen Gegend in England. Mount Saint Bernard Abbey, ein wunderschöner Komplex in einer abgeschiedenen Senke dieser friedvollen Landschaft, ist Englands einziges Zisterzienserkloster. Die Mönche führen ein traditionelles Leben in Stille und Einsamkeit. Aber das heißt nicht, dass sie sich vor harter Arbeit scheuen würden, sie halten Milchkühe, betreiben eine Töpferei und bieten Buchbindeservice an. Zudem führen sie ein Gästehaus für alle, die an ihrem spirituellen Leben interessiert sind und mit ihnen für ein paar Tage in Klausur gehen möchten.

598 ORLAGH RETREAT CENTRE, COUNTY DUBLIN, IRLAND

Täuschen Sie sich nicht, Orlagh bietet keinen gemütlichen Urlaub auf dem Land, hier mus man an sich arbeiten. Der einen Steinwurf von Dublins Stadtzentrum entfernt liegende Rückzugsort wird von irischen Augustinermönchen geleitet. Sie bieten bewusste persönliche Entwicklung durch spirituelle Anleitung und theologischen Unterricht an. Wenig überraschend, dass die 23 Zimmer von Orlagh ausschließlich für Singles gedacht sind. Wenn Sie zum Nahdenken über das weitläufige Gelände spazieren, offenbart sich Ihnen ein seltener, wunderbar friedvoller Ausblick auf die Stadt – es sieht aus, als wären die zweifelhaften Versuchungen des berüchtigten Nachtlebens in Dublins Ausgehviertel Temple Bar zum Greifen nah. Sie werden die Selbstdisziplin eines Heiligen brauchen, um zu widerstehen – aber genau darum geht es ja.

599 HOTEL CONVENT DE LA MISSIÓ, PALMA DE MALLORCA, SPANIEN

Wenn Sie bei Konventen und Klöstern an Verzicht, Ausgangssperren und bretthart Betten denken, dann darf's vielleicht ein bisschen moderner Luxus sein? Diese Unterkunft auf Mallorca passt haargenau: Das megastylishe Boutiquehotel im Herzen der eleganten Altstadt von Palma strahlt durch und durch moderne Dekadenz aus. In dem ehemaligen Kloster aus dem 17. Jh. sorgt die weiße Innenausstattung, die an eine Kunstgalerie erinnert, zwar für die passend nüchterne Atmosphäre, aber die Verwöhnung steht im Fokus. Frische weiße Bettlaken, Natursteinbadezimmer, ein üppiges Frühstück und umsichtiger Service machen das Haus zum Juwel, das ehrfürchtige Ruhe ausstrahlt.

600 OLD ST MARY'S CONVENT, BLENHEIM, NEUSEELAND

Wein spielt im Christentum eine herausragende Rolle. Dass dieses renovierte Kloster in einer von Neuseelands führenden Weinanbauregionen steht, macht also Sinn. Das 1901 für die Barmherzigen Schwestern errichtete, hellblaue Kloster ist ein eleganter Bau aus heimischen Hölzern auf einem 24 ha großen, gepflegten Grundstück. Antiquitäten aus der Entstehungszeit verleihen dem Haus ein Flair von Alter Welt, zu dem durch modernen Komfort ein luxuriöser Touch hinzukommt, den die Nonnen nie gekannt haben. Wenn Sie auf dem Balkon vor Ihrem Zimmer einen Schluck Wein genießen, ist es schwer, sich vorzustellen, dass dies hier jemals etwas anderes als ein herrliches Bed & Breakfast war..

DIE BESTEN ROADTRIPS DURCH DIE USA

WÄHLEN SIE DEN RICHTIGEN SOUNDTRACK UND EINEN PASSENDEN COOLEN OLDTIMER. UND DANN GEHT ES LOS, AUF EINE REISE ZU DEN ABSOLUTEN HIGHLIGHTS DER USA.

Packen Sie für die Fahrt entlang des Big Sur, einer Teilstrecke im Norden des Pacific Coast Highway, Ihren Lieblingsroman von Jack Kerouac ein.

601 MOHAWK TRAIL, MASSACHUSETTS

Leaf peepers, „Laubspanner", so nennt man all jene, die im Herbst durch die Kleinstädte Neuenglands ziehen und den sich ständig wechselnden Farben der Bäume hinterherjagen. Saison für diese besondere Art des Reisens ist im September und Oktober, und es warten Unmengen von endlos langen Landstraßen, auf denen man den erstaunlichen Wandteppich der Natur aus Rotbraun, leuchtendem Gold und Tieforange bestaunen kann. Entlang des Mohawk Trail (MA 2), einer 100 km langen Straße durch die Berkshire Mountains im Westen von Massachusetts, begegnet man einer herrlichen Mischung aus kitschigen Touristenfallen, großartiger Kunst, fantastischem Essen und umwerfender Landschaft. Der Weg hinauf zum Mount Greylock ist lang und steil, doch ein Ausblick über gleich vier Bundesstaaten lohnt den Aufstieg.

602 HIGHWAY 61, THE GREAT RIVER ROAD

Der Mississippi bildet sowohl eine buchstäbliche Trennlinie als auch eine gedankliche Ost-West-Grenze. Entlang dieses amerikanischen Rückgrats wird die großartigste Musik des Landes gespielt: Blues, Jazz und Rock and Roll. Der Highway 61 ist die legendäre Route von Minneapolis nach Süden über St. Louis und weiter nach Memphis, das für immer mit dem „King" Elvis Presley verbunden sein wird. Dann folgt das Mississippi-Delta, in dem der Blues zu Hause ist, und schließlich New Orleans, der Geburtsort des Jazz. Entlang diesem, sich über 1930 km ziehenden Abschnitt des Flusses erlebt man die unglaubliche, legendäre Geschichte der amerikanischen Musik, die sogar Revolutionen ausgelöst hat. Ein 650 km langer Abstecher führt nach Nashville, der Hauptstadt der Countrymusik – es ist schlicht die Musikreise eines Lebens.

WITOLD SKRYPCZAK / LPI

603 PACIFIC COAST HIGHWAY, KALIFORNIEN

Der Uropa aller Küstenstraßen und die erste Wahl fürs klassische *california dreamin'*. Der Pacific Coast Highway (kurz PCH, auch bekannt als Highway 1) begleitet die Westküste der USA von der mexikanischen Grenze bis zur äußersten Spitze im Bundesstaat Washington und verläuft dabei nie weit entfernt vom Wasser. Starten Sie im Süden in San Diego und steuern Sie ihren Wagen (vorzugsweise ein offenes Cabrio) den ganzen Weg durch den Golden State nach Norden. Planen Sie genug Zeit ein, um die Annehmlichkeiten der Städte (Wein und stilvolles Essen) und der Natur zu genießen, genauso wie den Augenschmaus, den die Küsten-szenerie hinter jeder Kurve bietet. Lassen Sie es laufen, bestaunen Sie Seeelefanten, entdecken Sie verborgene Strände und berühren Sie die größten Bäume der Erde.

215

604 ROUTE 66

Begeben Sie sich auf die Mutter aller Straßen und knacken Sie den Jackpot für alle Roadtrip-Fans. Jede Autotour durch die USA muss einfach auch über die kultige „Hauptstraße Amerikas" führen, die sich über 4000 km von Chicago bis nach Los Angeles zieht und dabei den Mittleren Westen, die Great Plains und den Südwesten durchquert. 1926 erbaut, ist sie der Original-Highway der Träume, der wie in John Steinbecks „Früchte des Zorns" in das Gelobte Land Kalifornien führt. Und obwohl es die US-66 nicht mehr gibt, können Sie auf dem Weg, den sie einst entlangführte, immer noch Ihren Spaß haben. Es ist eine Safari ins nostalgische Herz und die Seele Amerikas – mit Überbleibseln aus anderen Zeiten, Motels im Stil der 1950er-Jahre und kitschigen Retro-Diners.

605 ALCAN, VON KANADA NACH ALASKA

Dieser Tipp erfüllt nicht ganz die Vorgaben, aber schließlich geht es um einen Roadtrip, von dem jeder Abenteurer träumt: die Fahrt nach Alaska. Es stimmt, der Großteil des Alaska Highway (Alcan) verläuft durch die Wildnis Kanadas, aber er ist so gewaltig und wahnsinnig schön, dass andere Regeln gelten. Der mächtige Alcan startet im Vorland der kanadischen Rocky Mountains in Dawson's Creek, British Columbia. Er schlängelt sich durch die an Berggipfeln reiche äußerste Spitze dieser Provinz, führt durch das weite, flache Land des legendären Yukon Territory und bis ins wilde Herz von Alaska, bevor er in Delta Junction kurz vor Fairbanks nach 2250 wunderbaren Kilometern endet.

606 HIGHWAY 163, ARIZONA

Verständlich, dass Sie bei der vor Felskuppen nur so strotzenden Landschaft ein Déja-vu haben: Die Blockbuster-Szenerie des Monument Valley ist dermaßen bekannt, wird von Hollywood dermaßen geliebt und entspricht dermaßen dem Klischee des Wilden Westens, dass man schon fast erwartet, John Wayne in den Sonnenuntergang reiten zu sehen. Dieses Land mit seinen karmesinroten Sandsteintürmen, schroffen Tafelbergen und spitz aufragenden Felsnadeln, das sich über die Grenzregion von Utah und Arizona erstreckt, bietet eine Sinneserfahrung der Superlative. Vom Highway 163 aus kann man tolle Aussichten genießen, aber um ganz nah heranzukommen, sollte man den Monument Valley Navajo Tribal Park besuchen und den 27 km langen, unbefestigten Rundweg einschlagen, von dem aus sich atemberaubende Ausblicke auftun.

607 YOSEMITE NATIONALPARK, KALIFORNIEN

Yosemite strotzt dermaßen vor Schönheit, das selbst die Schweiz dagegen nur wie ein Probelauf aussieht. Unter dem Namen Tioga Road durchzieht der Highway 120 den Park auf 90 km Länge und verbindet das Yosemite-Tal im Westen über den 3031 m hohen Tioga-Pass mit dem Mono Lake im Osten. Der Pass ist zwar wegen Schnees die meiste Zeit des Jahres geschlossen (meist von Oktober bis Mai oder sogar Juni), doch wenn er befahrbar ist, lässt er das Herz höherschlagen. Hinter jeder Ecke eröffnen sich atemberaubende Panoramen (das beste bietet sich am Olmsted Point), während die Kamera beim saphir-blauen Wasser des Tenaya Lake und den Feldern, Gipfeln und Wildblumen von Tuolumne Meadows nonstop zum Einsatz kommt.

608 HIGHWAY 2

Eine Reise von Küste zu Küste steht meist weit oben auf den Wunschlisten derer, die einen Roadtrip durch die USA unternehmen möchten, und der Highway 2 ist dafür ein echter Bringer. Der Great Northern erstreckt sich über rund 4150 km durch die nördlichen Bundesstaaten (und Teile Kanadas) von Washington bis nach Maine. Großstädter sollten sich auf einen Entzug gefasst machen – hier geht es allein um weite, offene Flächen, von der alpinen Pracht im Westen, über die Prärien der Great Plains und den Charme der Great Lakes. Bei einem Abstecher über die Grenze kann man sich mit französisch inspirierten Köstlichkeiten aus der Großstadt Montreal eindecken, bevor es durch die Berge und Wälder zur Küste von Neuengland geht.

609 BLUE RIDGE PARKWAY

Der große Blue Ridge Parkway bietet 755 der urigsten, dem Nebelgebirge von Mittelerde ähnlichsten Kilometer, die Sie nur bereisen können. Er führt über den Gebirgskamm der Appalachen und verbindet zwei Nationalparks: Shenandoah in Virginia und die Great Smoky Mountains in North Carolina. Im Frühjahr blühen Wildblumen, die Herbstfarben sind spektakulär, aber nehmen Sie sich bei Nebel in Acht: Trotz Leitplanken ist die Fahrt stellenweise recht haarig! Geprägt wird das kleinstädtische Amerika, das Sie hier erkunden, durch bunte, vielschichtige Gemeinden.

Wer legt sich schon mit einem 1959er-Cadillac an? Los, mieten Sie ihn und fahren Sie mit Stil über den Strip in Vegas.

610 ALLE STRASSEN FÜHREN NACH VEGAS

Jeder Roadtrip mit dem Ziel Las Vegas ist ein Klassiker, egal, wo er beginnt. Und wenn man erst einmal dort ist – schon klar, der Strip ist nur 7 km lang, aber mit seinen blendenden Neonlichtern und dieser Alles-geht-Attitüde ist er eine der legendärsten Straßen Amerikas. Für das ultimative Erlebnis (und um so viele Klischees wie möglich auf einmal unter einen Hut zu kriegen) mieten Sie sich ein Cabrio, verkleiden sich als Elvis und fahren (langsam) nach Einbruch der Dunkelheit los, wenn es in der Stadt der Sünde so richtig knistert. Und falls in Vegas etwas vorfallen sollte, von dem Sie sich wünschten, es sei nie passiert, dann mag ein weiterer Roadtrip angebracht sein, nach Reno (700 km), der Stadt der schnellen Scheidungen.

DIE BESTEN ROADTRIPS DURCH DIE USA

BESTE ARTEN, EUROPA ZU SEHEN

AUF VIER RÄDERN, AUF ZWEIEN, PER FÄHRE ODER
ZU FUSS – SO KOMMEN SIE ÜBERALL HIN.

Für die Fahrt über die riesigen Bögen des Viadukts von Morlaix im Nordwesten Frankreichs lohnt es sich, aufzubleiben.

611 MIT DEM TRABANT, BERLIN

Dieses kastenförmige, knatternde Auto mit Zweitakt-Motor war vor 1989 im Ostblock weit verbreitet. Als die Mauer fiel, fuhren viele Ossis mit ihren „Trabis" in den Westen, ihr Transportmittel in eine neue Welt. Jetzt können Sie selbst einige der ergreifendsten Momente Berlins in einem solchen Gefährt nacherleben: Geführte Konvois aufgemotzter Trabants touren durch die Hauptstadt, vom Checkpoint Charlie bis zu den eher unbekannteren Treffpunkten einstiger Kommunisten. Die Moderation wird vom ersten Auto aus direkt eingespielt, während Sie selbst ein Stück Geschichte lenken.

612 MIT DEM POSTAUTO, SCHWEIZ

Ein großer gelber Bus? Das hört sich nicht sonderlich glamourös an, vor allem nicht in einem Land, in dem es von eleganten Dampfschiffen, modernen Zügen und schwindelerregenden Drahtseilbahnen nur so wimmelt. Aber unterschätzen Sie das bescheidene Postauto nicht. Die praktischen Fahrzeuge der Schweizer Post bilden das fehlende Glied in der Kette, wenn es darum geht, in kleine oder schwer erreichbare Gemeinden zu kommen, in die Reisende ohne Auto praktisch nicht gelangen könnten. Nehmen Sie zum Beispiel Meiringen (wo Sir Arthur Conan Doyle seinen Sherlock Holmes in den nahe gelegenen Reichenbachfall stürzen ließ): Im Sommer quetscht sich das Postauto den engen, 2200 m langen Susten-Pass hinauf, um Briefe und Bergfreunde in die Stadt zu bringen, die ein toller Ausgangspunkt für Wandertouren ist.

613 MIT DEM HAUSBOOT, FRANKREICH

Auf den Wasserwegen Frankreichs verläuft das Leben langsamer. Während sie früher überaus wichtig für den Gütertransport waren und Siedlungen miteinander verbanden, sind die Kanäle heute friedvolle Nebenstraßen. Mieten Sie sich ein Hausboot, machen Sie in hübschen Dörfern fest, überwinden Sie eine *écluse* (Schleuse) oder zwei – und kaufen Sie dem geschäftstüchtigen Schleusenwart im Vorbeifahren hausgemachten Senf ab. Am beeindruckendsten ist der 240 km lange Canal du Midi, der das Mittelmeer mit dem Atlantik verbindet und im 17. Jh. gebaut wurde, um Spaniens piratenverseuchte Gewässer zu meiden. Schlemmen Sie in Castelnaudary *cassoulet*, schleichen Sie durch den Malpas-Tunnel und erkunden Sie die mittelalterliche Pracht von Carcassonne, ohne je mehr als 60 km/h zu fahren – gemächlich Reisen *at its best.*

MARTIN MOOS • LPI

614 MIT DEM ZUG, ÜBERALL

Gleise waren nie romantischer: Ein dichtes Schienennetz überzieht den Kontinent, verbindet bedeutende Städte, senkt sich kühn in Bergtäler und trudelt aus an dörflichen Gewässern. Tuckern Sie mit wenigen kurzen Stopps von Pariser Boulevards zu deutschen Schlössern und zur griechischen Akropolis, diskutieren Sie über Pop und Politik mit den Einheimischen – und schauen Sie dabei immer aus dem Fenster. Die ultimative Fahrt ist eine mit dem Orient-Express. Aber nicht die mit dem protzigen (und teuren) Touristenzug, sondern mit dem echten, wenn auch auf einer verkürzten Strecke: Der Orient-Express ist immer noch unter diesem Namen von Straßburg nach Wien unterwegs. Buchen Sie einen Liegewagenplatz für eine geschichtsträchtige (wenn auch rucklige) Übernachtung.

Eine Vespa passt perfekt in die engen Kopfsteinpflastergassen der Toskana.

615 MIT DER VESPA, TOSKANA, ITALIEN

Gewundene, leere Straßen, die an endlosen Weinfeldern und Zypressen vorbeiführen, ein Gewirr aus Häusern und Kirchtürmen auf Hügelkuppen und mittendrin Sie – stilvoll, während Sie mit einer glänzenden Vespa vorbeisausen. Das ist *la dolce vita*. Die toskanischen Nebenstraßen lassen sich ideal mit dem italienischen Nationalfahrzeug erkunden: Im Roller-tempo können Sie im Vorbeifahren mit den Bauern ein *buongiorno* austauschen, die Wildblumen und den reifenden *pecorino* riechen und in die kopfsteingepflasterten Stadtzentren eintauchen, die für Autos verboten, für Reisende auf zwei Rädern aber zugänglich sind. Verbinden Sie tolle Städte wie Siena, Florenz und Lucca mit Abstechern aufs Land; die weniger bekannte Strecke zwischen San Gimigniano und Volterra gehört zu den besten.

616 MIT DER FÄHRE, NORWEGEN

Die norwegische Küste – eine Abfolge von Fjorden, die von Gletschern geformt wurden und sich bis zum Polarkreis ziehen – hat ein Jahrtausend gebraucht, um so gut auszusehen. Begeben Sie sich aufs Wasser, um das Schauspiel richtig zu würdigen: 1300 m hohe Felswände, Wasserfälle und entlegene Fischerdörfer sind per Fähre zu erreichen. Für das Gesamtbild sollten Sie an Bord eines der Schiffe der Hurtigruten-Flotte gehen: Der Küstenexpress bringt rund ums Jahr jeden Tag Reisende, Dorfbewohner, Pakete und eingelegten Hering in die kleinen Gemeinden entlang der gezackten Uferlinie – sei es im herrlichen Mittsommer oder zur Wintersonnenwende, wenn das Polarlicht leuchtet. Steigen Sie aus, um Bergwanderungen zu unternehmen, oder beobachten Sie einfach, wie die Fjorde vorbeiziehen.

617 MIT DEM RAD, NIEDERLANDE

Die Niederlande: 20 000 km an *fietspaden* (Radwegen) und am höchsten Punkt nur 322 m hoch – wahrscheinlich der beste Ort, um aufs Rad zu steigen. Drehen Sie eine Runde entlang Amsterdams Kanälen, bevor Sie raus aufs Land fahren: Schlängeln Sie sich an den miteinander verbundenen Seen von Friesland vorbei, erkunden Sie die Polder und alten Fischerdörfer Nordhollands oder radeln Sie durch die Wälder und entlang der Schafweiden der Provinz Drenthe, wo vereinzelte *hunebedden* (uralte Steingräber) entlang des Wegs liegen. Wenn Sie alles hinter sich lassen möchten (was in diesem dicht besiedelten Land nicht leicht ist), dann steuern Sie Veluwe an: Dörfer sind dort rar gesät, es gibt jede Menge Bäume und Ihre Weggefährten sind Wildschweine und Rehe.

618 MIT DEM WOHN-WAGEN, IRLAND

Es hat was, sich in einen bunt angestrichenen, traditionellen irischen Wohnwagen zu zwängen, ein stämmiges Pferd davor zu spannen und gemächlich mit 6 km/h durch die keltische Landschaft zu rollen. Diese Retro-Gespanne zuckeln bereits seit 150 Jahren umher – auch wenn die nomadisch lebenden „Irish Traveller" inzwischen auf motorbetriebene Fiberglasversionen aufgerüstet haben. Sie können aber immer noch eine hölzerne Nachbildung mit gebogenem Dach mieten. Nach ein paar schnellen Einweisungen in die Pferdepflege (Hafer für das eine Ende, eine Schaufel für das andere) klappern Sie schon die Straßen entlang, bewundern *loughs* (Seen), stoßen auf einsame Strände und halten an Pubs entlang des Wegs – zum geselligen Beisammensein, für ein Guinness und zwecks eines schnellen Laufs zur Toilette (Wohnwagen haben viel Atmosphäre, aber wenig Sanitärausstattung).

619 MIT DEM SEE-KAJAK, KROATIEN

Verstreut vor Kroatiens Adriaküste finden sich über 1000 Inseln, die Olivenhaine, *tavernas* oder unbesiedelte Wildnis bieten. Viele von ihnen liegen für paddelnde Erkunder praktischerweise dicht beisammen, sodass selbst Anfänger die Möglichkeit haben, relativ leicht von einem Eiland zum anderen zu gleiten. Nach einer nur 40-minütigen Fährüberfahrt, die an den Altstadtgemäuern von Dubrovnik beginnt, können Sie um die Inselgruppe der Elaphiten paddeln: Lassen Sie sich weder ein Glas des auf Šipan gekelterten Weins noch die Strände von Lopud entgehen. Oder Sie legen im Kornati-Nationalpark ab, einem Archipel aus 140 zerklüfteten Inseln, in dem es mehr Bussarde als Menschen gibt.

620 ZU FUSS, ÜBERALL

Kostenlos, ökologisch und eine gute Art, sich ein Pizza-, Wurst- oder Tapas-Guthaben zu erlaufen – bei Erkundungstouren zu Fuß erschließen sich einem alle Ecken und Winkel eines Lands. Verlieren Sie sich in den großen Städten: Pariser Alleen, römische Seitenstraßen und Londoner Parks lohnen sich für transportmittelscheue Wanderer alle gleichermaßen. Um es im größeren Stil anzugehen, können Sie einer der richtig langen Wanderrouten des Kontinents folgen: Es gibt elf offizielle Fernwanderwege. Versuchen Sie es mit dem E7, der sich über 4330 km von der spanisch-portugiesischen Grenze bis nach Nagylak in Ungarn schlängelt. Oder vielleicht mit dem E1 – 4900 km durch Schweden, Dänemark, Deutschland und die Schweiz bis nach Italien. Wenn Sie Europa tatsächlich sehen wollen, ist dies der beste Weg zum Ziel. Nur bequeme Schuhe sollten Sie einpacken.

BESTE ARTEN, UM EUROPA ZU SEHEN

DAS LECKERSTE STREET-FOOD

MITTAGESSEN SCHMECKT AM BESTEN AN DER BORDSTEINKANTE: SCHNAPPEN SIE SICH EINE GABEL ODER BENUTZEN SIE EINFACH DIE FINGER UND FUTTERN SIE SICH DURCH DIE BESTEN STRASSENIMBISSE DER WELT.

Die Grundlage für ein perfektes *bánh mì* ist ein Baguette, das außen kross und innen fluffig ist – ganz wie diese goldenen Exemplare in Ho-Chi-Minh-Stadt.

KRAIG LIEB / LPI

621 CHOURIÇOS, GOA, INDIEN

Goas kulinarische Verbeugung vor seinem portugiesischen Erbe manifestiert sich mittags am leckersten in der *chouriço*, einer Wurst, die langsam unter der heißen indischen Sonne an langen Schnüren getrocknet wird. Überall im indischen Bundesstaat wird die rotbraune Ware von Karren aus verkauft, viele der rollenden Imbissbuden haben ansprechende geistliche Namen wie „Virgin Mary Meats" oder „Ave Maria Sausages". Die mit Chili, Essig, Knoblauch und Ingwer gewürzten *chouriços* werden einfach so oder in weichen goanischen *pao*-Brötchen gegessen. Zur besseren Verdauung werden sie mittags gern mit ein oder zwei Gläsern feurigem *feni* heruntergespült, einem aus Cashew- oder Kokosnüssen gebrannten, regionalem Schnaps, dessen Genuss gern ein Nickerchen mit einschließt.

623 KUSHARI, KAIRO, ÄGYPTEN

Sie nehmen den Nachtzug ab Kairo? Dann steigen Sie nicht in Ihr Abteil, ohne ein oder zwei Portionen *kushari* mitzunehmen. Das Kairoer Wohlfühlessen garantiert selbst in den ruckeligsten Zweite-Klasse-Schlafwagen eine angenehme Nachtruhe. Ein gutes *kushari*, eine besänftigende Kombination aus Fadennudeln, Reis, Linsen, Kichererbsen und karamellisierten Zwiebeln mit einer knoblauchlastigen Tomatensoße, hat auf einen Ägypter den gleichen Effekt wie eine gute Tasse Tee auf jemanden, der aus Großbritannien kommt. Die entsprechenden Straßenverkäufer erkennen Sie an den großen Metallkesseln. Lassen Sie sich Ihre Portion schmecken, während die uralte ägyptische Geschichte vor dem Fenster ihres gemütlichen Abteils vorbeizieht.

624 DOSAS, NEW YORK, USA

Im schnelllebigen Manhattan dreht sich nicht alles nur um Lunch auf Kosten dicker Spesenkonten. Wer eine Ruhepause vom Trubel der Stadt braucht, begibt sich in die grüne Oase des Washington Square, wo der gut gelaunte Mr. Thiru Kumar aus Sri Lanka eine köstliche Portion frisch zubereiteter südindischer *dosas* auftischt: ein knuspriger Reispfannkuchen, der mit weichen, zart gewürzten Tomaten gefüllt ist, wird mit würziger *sambar*, einer Linsensoße, und mildem Kokos-Chutney serviert. Und wenn Ihnen Mr. Kumars durch und durch vegetarische Kost so richtig geschmeckt hat, können Sie ihm das zeigen, indem Sie ein T-Shirt seines Lokals NY Dosas als Souvenir kaufen.

622 BÁNH MI, HO-CHI-MINH-STADT, VIETNAM

Wenn Sie in Ho-Chi-Minh-Stadt (Saigon) an den eleganten Überbleibseln aus der französischen Kolonialzeit vorbei-fahren, sollten Sie an einem Straßenstand halten und die vietnamesische Variante des einfachen Sandwiches mit Salat, wie es die ehemaligen Kolonialherren liebten, pro-bieren. Die himmlischen *bánh mi* bestehen aus fluffigem Weißbrot, das mit zarten Stücken gegrillten Schweine-fleischs, vietnamesischer Mayonnaise, grob gehacktem, eingelegten *daikon*-Rettich und Möhren gefüllt wird. Darauf kommt ein Hauch Chilisauce, die einem die Tränen in die Augen treibt – für den besten Ost-trifft-West-Mo-ment, den Sie je erlebt haben. Schließen Sie die Augen, beißen Sie ab und lassen Sie sich in die eindrucksvolle Imperialzeit im alten Saigon zurückversetzen.

625 SABICH, TEL AVIV, ISRAEL

Wenn man Israel und den Irak im selben Satz erwähnt, hat man meist Bilder von unversöhnlichen Generälen und unheilvoll in Stellung gebrachten Raketen im Kopf. Doch selbst die erbittertsten Feinde haben ihre Vorliebe für das irakische *sabich* gemeinsam, einen vegetarischen Snack für unterwegs, den die Einwohner Tel Avivs täglich in Mengen verschlingen. Ein einfaches *pita*-Brot wird randvoll mit einer leckeren Mischung aus gegrillten Auberginen, gekochten Eiern, Salat, *hummus, tahini*, gekochten Kartoffeln, Salzgurken und würzigem *amba*, einer Soße auf der Basis von Mangos, gefüllt. Begeben Sie sich für das beste *sabich* der Stadt in die zentral gelegene Frishman Street und probieren Sie das Rezept für Frieden im Nahen Osten.

223

224

Die Auswahl an Gegrilltem, Aufgespießtem und Frittiertem an einem nächtlichen Imbissstand in Sansibar.

626 SPIESSE, STONE TOWN, SANSIBAR

Sansibars Stone Town ist genauso atmosphärisch wie der Name bildlich ist, und jeden Abend nach Sonnenuntergang wird es zum geschmackvollsten Ziel der gesamten exotischen Insel. Steuern Sie den Nachtmarkt in den Forodhani Gardens an, wo Dutzende von Straßenverkäufern ihre Stände aufbauen, um den ganzen Abend lang zu grillen, zu kochen und zu braten. Schlendern Sie, begleitet von intensivem Barbecue-Duft, an flackernden Gaslampen vorbei, nippen Sie an einem eiskalten Zuckerrohrsaft und wählen Sie aus dem farbenfrohen Fang des Tages das Stück aus, das Sie am meisten anspricht. So ziemlich alles, was schwimmt, lässt sich hier aufgespießt und perfekt gegrillt für – und oft gewürzt mit – *peanuts* kaufen.

627 PATAT OORLOG, AMSTERDAM, NIEDERLANDE

Wen zwischen Kanälen und Coffeeshops der Hunger überfällt, der holt sich in Amsterdam die leckerste Versuchung der Stadt: *patat oorlog*. Übersetzen könnte man den Snack mit „Kriegspommes", und das gibt schon einen Hinweis darauf, welche Aromen bei diesem absolut sättigenden City-Imbiss am Werk – bzw. im Spiel – sind: Knusprige Pommes frites werden in eine Papiertüte geschaufelt, mit einer farbenprächtigen Mischung aus Mayonnaise, Ketchup und Erdnuss-Satésauce bedeckt, und dann kommt ein ordentlicher Schlag gebratene Zwiebeln obendrauf. Besonders kultiviert ist das nicht, aber definitiv zum Finger-Ablecken gut – egal, ob man nun von Rembrandt oder anderen Genüssen der Stadt Hunger bekommen hat.

628 POUTINE, KANADA

Es gibt keine bessere Art, sich vor einer langen und abenteuerlichen Reise quer durch Kanada den Bauch vollzuschlagen, als bei einem Straßenverkäufer eine Schale *poutine* zu kaufen. Diese leicht fiese und pampige, aber köstliche Kombination aus dick geschnittenen Pommes frites mit Frischkäse und Bratensoße, die in den 1950er-Jahren in Québec erfunden wurde, gilt heute im ganzen Land als unverzichtbares Wohlfühlessen und hat praktisch den Status eines Nationalsymbols. Wenn Sie also auf den malerischen kanadischen Highways unterwegs sind, fahren Sie ab, wann immer Sie einen *poutine*-Truck parken sehen. Holen Sie sich zur Vorbereitung auf die lange, kurvige Strecke, die noch vor Ihnen liegt, eine günstige Kohlehydratdröhnung mit Käse.

629 CORNISH PASTIES, SCILLY-INSELN

Im Örtchen Moo Green auf St. Martin's, einer der beschaulichen Scilly-Inseln, die rund 50 km vor der Küste von Cornwall liegen, gibt es die traditionellen Pasteten aus den Lunchpaketen der kornischen Zinnminenarbeiter immer noch. Das halbrunde, mit Fleisch und Kartoffeln gefüllte Päckchen aus der St. Martin's Bakery ist die ideale Wegzehrung für die Erkundung der ruhigen Landstraßen auf der Insel. In den Wintermonaten kann man auch einen Backkurs machen, um sich die auch als *oggies* bekannten Spezialität selbst zu zaubern.

630 AREPAS, BOGOTÁ, KOLUMBIEN

Es ist vielleicht nicht das gesündeste Frühstück vom Straßenrand, aber ein turmhoch beladener Teller mit perfekten *arepas* ist als morgendlicher Genuss kaum zu übertreffen. Die goldbraun gegrillten, mit Eiern oder Käse gefüllten, vor Butter triefenden Maismehlfladen sind kleine Kunstwerke, die den idealen Energieschub für einen Tag in den Straßen der Hauptstadt geben. Holen Sie sich eine Portion von einem Verkäufer in einer Seitengasse und spülen Sie sie mit einem Glas dampfender heißer Schokolade herunter. Danach fühlt man sich nicht gerade leichtfüßig – aber kommt garantiert durch einen verregneten Vormittag in Bogotá.

DAS LECKERSTE STREET-FOOD

ERLEBNISSE, BEI DENEN DIE ZEIT STILL STEHT

AUF DER GANZEN WELT GIBT ES UNZÄHLIGE ORTE UND DINGE ZUM STAUNEN. DIESE ZEHN HIER SIND EINMALIGE ERFAHRUNGEN FÜRS LEBEN.

631 BERGGORILLAS, RUANDA & UGANDA

Wenig lässt sich damit vergleichen, sich nur eine Handbreit entfernt von den größten Menschenaffen hinzukauern und die Luft anzuhalten, weil einen nun mal nichts außer einem ziemlich verworrenen Stammbaum von diesen erstaunlichen Tieren trennt. Das funktioniert natürlich nur, weil die Gorillas im Vulkan-Nationalpark in Ruanda und im Bwindi-Impenetrable-Nationapark sowie in Uganda Menschen so nah an sich heranlassen. Wer sie in ihrer Dschungelheimat aufgespürt hat, darf nur eine Stunde in der Nähe der Primaten verbringen. Aber diese 60 Minuten halten ein Leben lang.

632 BHUTAN

Das Königreich Bhutan, von seinen Bewohnern Druk Yul („Land des Donnerdrachens") genannt, hat bei vielen Ausländern den Ruf, in seiner sehr traditionellen Vergangenheit steckengeblieben zu sein. Das stimmt nicht – vor 40 Jahren wurde hier ein wohlüberlegtes Modernisierungsprogramm gestartet. Bhutans Kultur stützt sich weiterhin auf eine uralte buddhistische Mythologie, die in den zum Himmel strebenden *dzongs* (Klosterburgen) in der Region Bumthang ihren Ausdruck findet. In Verbindung mit der außergewöhnlichen Geografie Bhutans ist es diese Mythologie, die Besucher immer wieder innehalten lässt, wenn sie im Norden zwischen den Gipfeln des Himalaya wandern, in tiefe Täler im Landesinneren eintauchen oder durch die sanft ansteigende Hügellandschaft im Süden streifen.

633 MOSCHEE VON DJENNÉ, MALI

Die Moschee in der auf einer Insel gelegenen malischen Stadt Djenné lockt Reisende mit ihrem lehmputzfarbenen, festungsartigen Äußeren und den vielen hölzernen Stützpfeilern, die aus den Wänden in die strahlende afrikanische Sonne ragen. Dieses irdische Wunder, das größte Lehmgebäude der Welt, ist faszinierend – und es schmälert das Erlebnis nicht, wenn man weiß, dass der heutige Bau erst 1907 errichtet wurde. Er ist der Grande Mosquée nachempfunden, die 1280 an derselben Stelle entstand; das ursprüngliche Bauwerk verfiel im 19. Jh. zur Ruine.

634 ANTARKTIS

Reisen in die Antarktis sind teuer. Eine zweiwöchige Kreuzfahrt kostet durchschnittlich 6000 Euro, man muss per Schiff über Hobart (Australien) oder Punta Arenas (Chile) über das Südpolarmeer anreisen. Doch wer den Ausflug unternimmt, wird mit dem Anblick der atemberaubenden Steilwände des Schelfeises, riesigen Eisbergen, den wilden Tiere auf den Inseln rund umd die Antarktische Halbinsel und glühenden Sonnenuntergängen belohnt, die Stunden dauern können. Trotz vieler anderer Passagiere, erleben Reisende eine eisige Einsamkeit, bei der die Zeit einzufrieren scheint.

635 AMAZONAS, BRASILIEN

Eine langsame Fahrt den zweitlängsten Fluss der Welt entlang ist für manche unerträglich monoton, bedeutet für andere jedoch herrlichen Müßiggang und die Chance, sich ganz in der Zeitlosigkeit der Natur zu verlieren. Um selbst herauszufinden, welcher Typ Sie sind, gehen Sie an Bord eines der *gaiolas* (Flussschiffe), die den brasilianischen Teil des Amazonas zwischen der Stadt Manaus und dem Hafen von Belém befahren. Diese Schiffe sind oft überfüllt und weil sie offen gebaut sind (ihr Name bedeutet „Vogelkäfig"), ist man den heftigen amazonischen Regengüssen ausgesetzt. Aber legen Sie sich einfach in eine Hängematte nahe der Reling und versenken Sie sich in den Anblick des an Ihnen vorbeiziehenden größten Regenwalds der Erde, mit dem Lärm des Schiffslebens als Hintergrundgeräusch.

636 SERENGETI-NATIONALPARK IM BALLON, TANSANIA

Stellen Sie sich vor, bei Tagesanbruch in die Luft zu gehen und gelassen über die weite Savannenebene zu schweben. Sie ist getüpfelt mit den Schatten wilder Tiere, die Sonne wärmt und nur gelegentlich durchbricht das Geräusch des Brenners die Stille. Dieses Erlebnis wartet in Tansanias riesigem, 1,5 Mio. ha großem Serengeti-Nationalpark auf Sie, falls Sie auf die Standard-Safari zu Land verzichten und sich stattdessen für eine Heißluftballonfahrt entscheiden, die über diesen Spielplatz der afrikanischen Wildtiere hinwegführt. Am spektakulärsten ist der Ausflug im Mai und Anfang Juni, wenn riesige Herden von Gnus und Zebras auf ihren jährlichen Herdenwanderungen vor den Raubtieren auszuweichen versuchen.

637 MONT-SAINT-MICHEL, FRANKREICH

Mont-Saint-Michel ist eine faszinierende Mischung aus Stadt, Burg, Insel und Kloster. Das eindrucksvolle gotische Benediktinerkloster wurde im 16. Jh. fertiggestellt und ist von einem Dorf umgeben, das selbst wiederum von einer Befestigungsmauer und Wehrtürmen begrenzt wird – und das auf einer großen, durch einen Damm mit der normannischen Küste verbundenen Granitinsel im Ärmelkanal. Mont-Saint-Michel wird oft als die meistbesuchte Sehenswürdigkeit Frankreichs bezeichnet, deshalb sind die engen Gassen voller Pilger und Besucher. Einige Besucher betrachten die Insel deshalb lieber aus der Entfernung und sinnieren über ihre wunderschöne Silhouette vor der sie umgebenden Bucht.

638 MIT WALEN SCHWIMMEN, TONGA

Zwischen Juni und November kommen Buckelwale in Scharen nach Tonga, um sich zu paaren und ihre Jungtiere auszutragen. Die Wale von einem Boot aus zu beobachten, während sie gemächlich herumtollen und ab und zu mit ihren Fluken aufs Wasser schlagen, ist eine Sache. Doch sich einen Schnorchel zu schnappen und zwischen diesen majestätischen Säugetieren zu schwimmen, ist etwas ganz anderes, besonders wenn eine Mutter und ihr Kalb in der Nähe sind. Das Schwimmen mit den Walen wird hauptsächlich vor den Inselgruppen Vava'u und Ha'apai unternommen. Keine Sorge: In Tonga wird dabei sehr auf das Wohlergehen der Tiere geachtet.

639 PETRA, JORDANIEN

Petra ist eine uralte Stadt, die in der südlichen Wüste Jordaniens aus den Sandsteinfelsen gehauen wurde. Die ehemalige Hauptstadt der Nabatäer, eine Meisterleistung der Steinbearbeitung, wird durch den Siq betreten, eine enge Schlucht mit hohen Wänden, die direkt zu Petras Schatzhaus führt. Die Ansicht der kunstvoll ausgearbeiteten Fassade muss eines der meistfotografierten Motive der Welt sein. Viele Besucher widmen sich ganz den Gräbern am Hang entlang Petras einziger „Straße". Doch zum stillen Nachsinnen und um einen fantastischen Ausblick zu genießen, sollten Sie die mehr als 800 Stufen hinauf zum Kloster in Angriff nehmen.

640 LHASA, TIBET

Der Name der tibetischen Hauptstadt bedeutet „Heilige Stadt" – eine passende Beschreibung für einen Ort, der in 3600 m Höhe im Himalaya liegt und das spirituelle Zentrum des tibetischen Buddhismus ist. Die dünne Luft wird Ihnen dabei ebenso den Atem rauben, wie der unglaublich spektakuläre Anblick des Jokhang-Tempels mit seinem goldenen Dach und der umgebenden der Himalaya-Gipfel. Im Gegensatz zum im Exil lebenden Dalai Lama können Sie auch die Ruhe des Potala-Palasts genießen. Am faszinierendsten ist jedoch die unerschütterliche Fröhlichkeit der Tibeter angesichts der aufgezwungenen chinesischen Verwaltung.

EINMALIGE SEGELTÖRNS

VERTRAUEN SIE AUF IHRE SEEFESTIGKEIT, DENN
ES GEHT AUF DEN TRIP ZU DEN SONNIGSTEN
SEGELSPOTS DER WELT. WER HIER DEN WIND
EINFÄNGT, MUSS IMMER NEUE WEGE FINDEN,
DIE FARBE BLAU ZU BESCHREIBEN ...

641 VIRGIN ISLANDS

Was passiert, wenn beständige Passatwinde auf einen von Inseln durchzogenen Kanal mit schwacher Strömung und Hunderten von geschützten Buchten treffen? Jeder Seemann, der etwas auf sich hält, geht hier vor den Wind – denn die Britischen Jungferninseln sind ein Segelparadies. Es gibt mehr als 40 Eilande und Hunderte von Ankerplätzen, die alle in Sichtweite voneinander liegen. Die Inseln sind einer der angenehmsten Plätze der Welt zum Segeln: Mehr als ein Drittel aller Gäste, von Anfängern bis hin zu alten Hasen, kommen nur aus diesem Grund hierher.

Felucken auf dem Nil vor der Kulisse der ägyptischen Stadt Assuan.

642 BAY OF ISLANDS, NEUSEELAND

Die kleine Inselnation steht in der Tradition, mit die besten Segler der Welt hervorzubringen (man schaue nur auf die Erfolge der Neuseeländer beim „America's Cup"), und sie hat eine der höchsten Raten an Bootsbesitzern in der Welt. Aber wie sollte es auch anders sein, angesichts solcher Gewässer? Die für ihre tolle Küstenlandschaft berühmte Bay of Islands in Neuseelands winterlosem Norden ist mit ihren Dutzenden von Höhlen und klarem Wasser, das in Farben von Türkis- bis Dunkelblau schillert, eine der lohnendsten Sehenswürdigkeiten des Landes. Obwohl sie ein äußerst beliebtes Ziel von Touristen und Seglern sind, blieben die etwa 150 Inseln aber glücklicherweise von der Erschließung verschont, denn die Ortschaften liegen alle auf dem Festland.

644 SANSIBAR

Nach Sansibar im Indischen Ozean vor der Küste Tansanias zu reisen, ist wie ein Trip durch die Jahrhunderte – zurück in die alten Königreiche von Persien, in das Oman längst vergangener Tage mit seinen Kalifen und Sultanen, an die Westküste Indiens mit seinen sinnlichen Rhythmen und schweren Düften. Jeder, der hierher reist, kommt irgendwann ins alte Stone Town, sicher einer der inspirierendsten Orte Afrikas. Das Markenzeichen der Gewürzinseln sind türkisfarbene Gewässer und bildschöne Strände. Ein Segeltörn an Bord einer traditionellen Dau (einem alten arabischen Schiffstyp) eignet sich perfekt, um die Umgebung des Archipels sowie erstklassige Tauch- und Schnorchelreviere zu erkunden.

645 KROATIEN

Das als „neues Griechenland", die „neue Riviera" und „neue Toskana" betitelte Kroatien ist eindeutig zum Muss-Ziel der Schickeria geworden. Doch trotz des Hypes sind die Annehmlichkeiten des Landes eher zeitlos als trendig: Wie eh und je herrscht strahlender Sonnenschein an der kristallklaren Adria, deren Wasser sanft gegen 1778 km Küste und nicht weniger als 1185 Inseln plätschert. Das ist ein langer Küstenstreifen, den es zu erkunden gilt, und es gibt keine bessere Art, als dies per Segelboot zu tun. Der beliebteste Anlegepunkt ist die Schickimicki-Insel Hvar, auf der es von gut betuchten Jachtbesitzern nur so wimmelt. Sie sollten aber auch die versteckten Höhlen, traditionellen Fischerdörfer und entlegeneren Inselgruppen wie die Kornaten oder Elaphiten besuchen.

643 NIL, ÄGYPTEN

Der Nil war jahrtausendelang Ägyptens Haupttransport- weg, heute bietet er Reisenden die perfekte Gelegenheit, abseits der Straße in die Geschichte zurückzusegeln. Für mehrtägige Flusstouren sollte man die kostengünstigen Felucken (kleine, traditionelle Boote mit Tuchsegel) und die *dahabiyyas* (luxuriösere Hausboote, die „Rolls-Royce des Nils") den großen Kreuzfahrtschiffen vorziehen. Man verbringt mehr Zeit auf dem Fluss, da sie statt mit Motoren unter Segel laufen und an kleinen Inseln oder vor antiken Stätten festmachen können, an denen die Kreuzfahrtschiffe nicht halten. Laden Sie nach heißen, geschichtsträchtigen Tagen nachts ihre Batterien wieder auf, indem Sie Sterne gucken und den Geräuschen des Flusses lauschen.

646 FRANZÖSISCHE RIVIERA

Nizza, Cannes, Saint-Tropez, Monaco – um diesen berühmten Küstenstreifen ranken sich jede Menge Legenden, Mythen und Boulevardgeschichten. Vom milliardenteuren Anwesen bis zur Genusssucht an Bord der riesigen Jachten – die Französische Riviera besitzt unbestreitbar Glanz und Glamour. Wenn Sie diesen Lifestyle leben wollen, sollten Sie sich mit einem Rock- oder Hollywoodstar oder einem europäischen Adligen anfreunden. Falls Ihnen das nicht gelingt, fahren Sie nach Antibes oder Cannes (oder Marseilles), um ein Segelboot zu mieten. Selbst wenn es nur ein kleines ist: Füllen Sie den Kühlschrank mit Champagner und Kaviar auf und leben Sie Ihre Fantasie ein bisschen aus.

229

647 GALÁPAGOS-INSELN, ECUADOR

Frischen Sie Ihre Kenntnisse über Darwins Evolutionstheorie auf, während Sie den Vulkanarchipel umsegeln. Schon allein der Name beschwört Bilder einer fremdartigen Tierwelt herauf. Zur Reise Ihres Lebens wird der Aufenthalt, wenn Sie zum Flug einen einwöchigen Törn buchen, während dem Sie an Bord des Boots leben. Tagsüber können Sie schnorcheln, tauchen oder an Land gehen, um umgeben von der erstaunlichen Fauna den Naturforscher und Dokumentarfilmer in sich zu entdecken. Die Publikumslieblinge sind große Horden von Seelöwen, dazu Leguane, Riesenschildkröten und die überreiche Vogelwelt. Bitte bewegen Sie sich mit Vorsicht durch dieses gefährdete Wunderland der Natur.

648 TAHITI & FRANZÖSISCH POLYNESIEN

Es ist unmöglich, über die exotische Landschaft von Tahiti und Französisch-Polynesien zu sprechen und zu schreiben, ohne in Klischees zu verfallen. Von den saftig grünen Hängen des Hochlands bis hin zu den weißsandigen, palmengesäumten Atollen mit Lagunen, die blauer sind als blau – von diesem Ort stammt unser aller Idealbild vom Paradies. Etwa auf halbem Weg zwischen Australien und Kalifornien gelegen, sind die 118 Inseln von Französisch-Polynesien über eine Fläche von rund 2000 km² im Pazifischen Ozean verstreut – ein Gebiet, etwa so groß wie Westeuropa. Wenn Sie sich einen Seglertraum erfüllen möchten, dann sollten Sie ihr Abenteuer auf der Insel Raiatea beginnen, dem Jachtcharterzentrum Französisch-Polynesiens.

649 GRIECHISCHE INSELN

Griechenlands Inseln haben unbestreitbar etwas lockend Sirenenhaftes. Könnten es die großartige Geschichte, die über 1400 in der Ägäis und im Ionischen Meer verstreut liegenden Inseln und die mehr als 300 Sonnenstunden im Jahr sein, die einen locken? Wenn Sie beim Inselhüpfen eine eigene Route abfahren und Stopps einlegen möchten, um sich mit Oktopus und Ouzo zu versorgen oder einen versteckten Ort zum Schwimmen zu suchen, ist Segeln die beste Option. Suchen Sie sich eine Inselgruppe aus, die Sie erkunden möchten – die beliebtesten sind die Kykladen (samt Santorin und Mykonos) oder die Ionischen Inseln westlich des Festlands mit Korfu, Lefkada und Skorpios, der Privatinsel des verstorbenen Reederei-Milliardärs Aristoteles Onassis.

650 WHITSUNDAY ISLANDS, AUSTRALIEN

Als ein Top-Urlaubs-Hotspot vor der Küste von Queensland sind die Whitsunday Islands der Traum eines jeden Postkartendesigners – wolkenloser Himmel, azurblaues Meer und 74 vollkommene Inseln. Ein Großteil dieses halb versunkenen Gebirgszugs gehört zum Great Barrier Reef Marine Park, einem der sieben Weltwunder der Natur. So erwarten Sie eine bunte Abfolge von Korallengärten, Meeresschildkröten und eine irrsinnige Vielfalt an fantastischen Fischen. Es ist unvergleichlich, direkt von der Jacht aus loszutauchen oder zu schnorcheln. Deshalb ist das Segeln auch ein Riesen-Business für die Einheimischen – und passende Touren werden für jedermann angeboten, vom Anfänger bis zum Profi.

HOLGER LEUE /LPI

EINMALIGE SEGELTÖRNS

Unwiderstehlich: das perfekte Aurblau vor den Whitsunday Islands.

EHRFURCHT- GEBIETENDE ALTERTÜMER

JEDE MENGE SCHÖNHEITEN AUS DER ZEIT VOR CHRISTUS, DIE DIE ZEIT ÜBERDAUERT HABEN.

651 PYRAMIDEN VON GIZEH, ÄGYPTEN

Ägypten ist ein Land, das ebenso viel Weltkulturerbe wie Touristenklischees bedient, und die Pyramiden von Gizeh gehören zu beidem. Als einziges noch existierendes der sieben Weltwunder der Antike werden diese Pyramiden seit über 4000 Jahren der Aufregung, die um sie gemacht wird, gerecht. Mit ihrer außergewöhnlichen Form, ihrer Geometrie und ihrem Alter wirken sie wie von einem anderen Stern; sie erheben sich aus der Wüste und bringen die immer wieder spannende Frage auf: „Wie wurden sie nur gebaut – und warum?" Das „Warum" verstehen wir so langsam (es waren riesige Gräber, die auf Befehl der Pharaonen errichtet wurden), doch das „Wie" bleibt nahezu unergründlich.

In Xi'an sind Tausende von Terrakotta-Kriegern bereit, in die Schlacht zu ziehen.

652 TERRAKOTTA-ARMEE VON XI'AN, CHINA

Die Reihen bewegungsloser Terrakotta-Krieger in Xi'an sind einer der berühmtesten archäologischen Funde der Welt. Diese unterirdische, lebensgroße Armee von Tausenden (bei der kein Gesicht dem anderen gleicht!) bewacht seit mehr als 2000 Jahren stumm die Seele von Chinas erstem Kaiser. Entweder hatte Qin Shi Huang Angst vor den Geistern der Geschlagenen, die ihn im Jenseits erwarteten, oder er ging davon aus, dass seine Herrschaft nach dem Tod genauso weitergehen würde wie zu Lebzeiten (was die meisten Archäologen annehmen). Die größte Grube (Grube 1) ist die beeindruckendste. Sie befindet sich in einem Gebäude von der Größe eines Flugzeughangars und enthält 6000 Krieger und Pferde, die alle nach Osten blicken und bereit für den Kampf sind.

653 PETRA, JORDANIEN

Man spürt sie schon, die Vorfreude, wenn man durch den Siq läuft, die spektakuläre, tiefe Schlucht, die die antike Stadt Petra mit der Außenwelt verbindet. Der Blick auf das sogenannte Schatzhaus ist es, die diese Annäherung an die historische Stätte so magisch macht. Genau an dieser Stelle verlieben sich die meisten Besucher in die rosarote Stadt (und verbrauchen ziemlich viel Platz auf der Speicherkarte ihrer Kamera). Während die Sonne ihre tägliche Bahn über die Anlage zieht, leuchten die Fassaden von Petras aus dem rosaroten Stein gehauenen großen Tempeln und Gräbern in immer neuen, für die Kamera interessanten Farben. Verpassen sollte man auch nicht die „Petra bei Nacht"-Tour, bei der man durch den kerzenbeleuchteten Siq zum Schatzhaus geht, wo Minztee und Beduinenmusik warten.

KRZYSZTOF DYDYNSKI / LPI

654 ALTES ROM, ITALIEN

Wenn die Vergangenheit tatsächlich ein fremdes Land sein sollte, dann möge dessen Hauptstadt bitte Rom sein. Sicher, die heutige Stadt ist nicht schlecht, aber was sie zu etwas Besonderem macht, sind die majestätischen Überreste ihrer Geschichte. Schon allein der Name Rom beschwört 2700 Jahre europäischer Zivilisation herauf. Dabei ist die Kuppel des Pantheons genauso ikonenhaft wie die mächtigen bröckelnden, blutbefleckten Wände des Kolosseums, die Ruinen des Forum Romanum oder die Katakomben der Via Appia Antica. Gepriesen werden muss die Stadt aber auch für *la dolce vita*, das einen nach so viel hautnah erlebter Geschichte erwartet.

233

655 HADRIANSWALL, ENGLAND

Nur eine Mauer? Nicht ganz, der Hadrianswall, benannt nach dem römischen Kaiser, der den Befehl gab, ihn zu bauen, verläuft über 117 km im Norden Englands. Er sollte die Römer (bzw. die unterworfenen Briten) ein- und die barbarischen schottischen Pikten ausschließen. Fast 2000 Jahre, nachdem der Grundstein gelegt worden ist (122 n. Chr.), zeugen die bis heute erhaltenen Teile davon, wie beständig die Bauten der Römer waren. Wer einen ausgedehnten Spaziergang auf den Spuren der Legionen machen möchte, wandert auf dem Hadrian's Wall Path: In einer Woche sieht man dabei mehr Wälle, Türme und kleine Festungen als man mit dem Schwert darauf deuten könnte.

656 STONEHENGE, ENGLAND

Pilger, Poeten und Philosophen kommen nicht nur in der Hoffnung nach Stonehenge, ihnen würde sich die Mystik der Stätte erschließen. Sondern auch, um darüber zu spekulieren, mit welcher Technik die riesigen, 4 t schweren Felsblöcke vor rund 5000 Jahren aus einem Steinbruch in Wales hergebracht wurden. Wer hat diesen faszinierenden Steinkreis errichtet und vor allem warum? Es gibt jede Menge Theorien – die großen Steinpfeiler und die spektakulären Trilithen (zwei vertikal stehende Steine, auf denen einer waagerecht aufliegt) könnten eine Himmelsuhr darstellen oder eine kultische Opferstätte sein. Angesichts einer lauten Hauptstraße in Hörweite und im Kreis zahlloser anderer Pilger dürfte es New-Age-Anhängern jedoch schwerfallen, heute hier ihr Chakra auszubalancieren.

657 TEOTIHUACÁN, MEXIKO

Ihnen sind die Pyramiden vor feuchtwarmer lateinamerikanischer Kulisse lieber als in der Wüste? Der beste Ort, um sich aus dem Großstadtdschungel von Mexiko-Stadt in die antike Vergangenheit zu flüchten, ist der überwältigende Komplex von Teotihuacán. Die Anlage steht in dem Gebiet, in dem sich einst die größte Metropole von Meso-Amerika befand, und ist für seine zwei riesigen Pyramiden bekannt: die Pirámide del Sol (die drittgrößte Pyramide der Welt wurde um 100 n. Chr. erbaut und war zu ihrer Entstehungszeit leuchtend rot angestrichen) sowie die Pirámide de la Luna (kleiner und eleganter proportioniert als das „sonnige" Gegenstück). Stadtplaner, aufgepasst: Das Straßennetz von Teotihuacán wurde Anfang des 1. Jhs. n. Chr. entworfen.

658 POMPEJI, ITALIEN

Auch wenn die einstigen Einwohner das wahrscheinlich anders sehen würden, so war die Eruption des Vesuvs im Jahr 79 n. Chr. mit das Beste, was der römischen Archäologie je passiert ist. Am 24. August brach der berühmteste Vulkan der Welt aus und hinterließ faszinierende Ruinen, unter einer 6 m dicken Ascheschicht perfekt konserviert sind und die Einblicke in das Alltagsleben im antiken Rom geben. Die freigelegten Überreste in den alten Straßen von Pompeji sind eine mitleiderregende Mischung aus Monumentalem und Alltäglichem, die einen tiefen Eindruck hinterlässt. Am faszinierendsten und gruseligsten zugleich sind die Abgüsse, die von den Opfern gemacht wurden. Sie sind so lebensecht, dass man sogar die Falten in der Kleidung, ihre Haare und ihre panischen Mienen erkennen kann.

659 UBIRR, AUSTRALIEN

Im Aufsehen erregenden Kakadu-Nationalpark im äußersten Norden Australiens erleben Sie rauschende Wasserfälle und *billabongs* voller Krokodile. Aber neben den Highlights der Natur gibt es auch eine der wichtigsten Felsmalereistätten des Landes zu entdecken. Am Ubirr, einem spektakulären Steilhang, der sich perfekt für die Beobachtung des Sonnenuntergangs eignet, können Sie die zum Teil 20 000 Jahre alte, prähistorische Kunst der Aborigines bewundern und sich im Vergleich dazu wie ein Staubkorn im ewigen Lauf der Geschichte vorkommen. Der natürliche Fels bildet eine Hauptgalerie, an der die im Röntgenstil an die Wände gemalten Wallabys, Opossums, Warane, Schildkröten und Fische ebenso zu sehen sind wie die Zeichnung der Regenbogenschlange, die für die Kultur eine zentrale Rolle spielt.

Diese Felsmalerei der australischen Ureinwohner am Ubirr stellt den Fischer Mabuyu dar.

660 AKROPOLIS, ATHEN, GRIECHENLAND

Athen als Stadt existiert nur wegen der Akropolis, dem vielleicht wichtigsten antiken Monument Europas (wobei wir gutes Geld dafür bezahlen würden, Rom und Athen um diesen Titel beim Armdrücken zu beobachten). Sie thront immer noch wachend über der Stadt und ist von fast jedem Ort in Athen aus sichtbar. Ihr Kronjuwel, der Parthenon, ist in Eleganz und Harmonie unübertroffen – um eine perfekte Form zu erreichen, wurde den horizontalen Bauteilen genialerweise eine Krümmung verpasst und so der optische Effekt ausgeglichen, dass gerade Linien immer leicht gebogen erscheinen. Ob von Nahem oder aus der Ferne, die Säulenreihen leuchten mittags weiß in der Sonne und nehmen einen honigfarbenen Ton an, wenn das Tagesgestirn untergeht. Bei Nacht werden sie dann in Scheinwerferlicht getaucht, um strahlend im Mittelpunkt einer Stadt zu stehen, deren Motor die eigene Geschichte ist.

EHRFURCHT-GEBIETENDE ALTERTÜMER

HIER LOHNT SICH DAS ANSTEHEN

DIE MASSEN KOMMEN AUS GUTEM GRUND: NUR WEIL DIESE ORTE BELIEBT SIND, SOLLTEN SIE IHNEN NICHT MIT ABLEHNUNG BEGEGNEN. SONST VERPASSEN SIE ETWAS.

661 ANGKOR WAT, KAMBODSCHA

Touristen überziehen Angkor wie Ameisen eine Picknickdecke. Es lohnt sich aber, ihnen zu folgen, um einen ersten Blick auf den tollen Haupttempel dieser Stadt voller Schreine zu werfen: Angkor Wat, das größte sakrale Bauwerk der Welt mit seinen lotosblütenförmigen Türmen und außergewöhnlichen Flachreliefs. Das aus Sandstein erbaute Angkor wurde vom 9. bis 13. Jh. von einer Reihe von *devaraja* (Gottkönigen) der Khmer in Auftrag gegeben, die dem uralten Königreich damit die größte nur vorstellbare Hauptstadt bescherten. Die Anlage besteht aus Hunderten weiterer Tempel neben Angkor Wat, und noch immer noch setzt ihr der Dschungel zu, der sie zu überwuchern begann, als sie im 15. Jh. aufgegeben wurde.

662 PRAGS ALTSTADT, TSCHECHISCHE REPUBLIK

Prags Staré Město (Altstadt) ist sowohl tagsüber als auch bei Nacht ein Besuchermagnet. Kein Wunder, dass die Restaurants und Bars um den Altstädter Ring dafür berüchtigt sind, ihre Gäste übers Ohr zu hauen. Wenn man an Regentagen durch die engen Gassen des Viertels läuft, muss man sich ständig ducken, um nicht von einer Regenschirmspitze aufgespießt zu werden. Und nachts begegnet man nicht selten Gruppen betrunkener Männer, die Junggesellenabschiede feiern, bei denen der zukünftige Ehemann traditionell lächerlich gemacht wird. Doch all das ist vergessen, wenn Sie die rauschhaften Barockverzierungen im Inneren der Teyn-Kirche, das in prächtigem Jugendstil gehaltene Gemeindehaus und die großartige Prager Burg am anderen Ufer der Moldau sehen.

663 EIFFELTURM, FRANKREICH

Männer lieben es, Türme zu bauen (was vielleicht etwas mit der Form zu tun hat), und Gustave Eiffel war da keine Ausnahme. Damit beauftragt, ein auffälliges Eingangsportal für die bevorstehende Weltausstellung in Paris zu entwerfen, enthüllte er 1889 letztlich seine 300 m hohe eiserne Ikone. Die Konstruktion sollte eigentlich nur 20 Jahre lang stehen bleiben, doch wegen ihrer wunderschönen Form wurde sie von aller Welt bewundert und konnte sich behaupten – trotz der Zerstörungsversuche von Aliens („Mars Attacks") und Marionetten („Team America: World Police"). Der Turm gehört auf die Liste mit der Überschrift „Unbedingt ansehen" – 6 Mio. Besucher pro Jahr können schließlich nicht irren.

664 FLORENZ, ITALIEN

Die Hauptstadt der *bella toscana* kann die Ausdauer der abgehärtetsten Reisenden auf die Probe stellen. Auf ihren Piazzas wimmelt es von Digitalkameras, Leder- und Schmuckgeschäfte breiten sich auf die Wege aus und Geldgürtel können schneller verschwinden, als Küsse dauern. Aber Florenz ist auch Italiens Renaissance-Juwel, nur wenige Städte können es mit seiner klassischen Schönheit aufnehmen. Hier gerät man ins Schwärmen über Michelangelos David in der Galerie der Kunstakademie, die prächtige Kuppel des von Brunelleschi erbauten Doms und die fantastischen Skulpturen im Boboli-Garten. Oder, im Café sitzend, über die gut aussehenden Passanten.

665 GRAND CANYON, USA

Arizonas verlassenes Hinterland ist wohl einer der letzten Orte, an dem man damit rechnen würde, in einen Stau zu geraten, aber genau das passiert Besuchern des Grand Canyon normalerweise. Doch wenn Sie Ihr Fahrzeug erst einmal geparkt haben, können Sie ein beeindruckendes Erdloch bewundern: eine 446 km lange Rinne, den der Colorado River in die ihn umgebenden Felsen gegraben hat. Der Canyon misst an seiner breitesten Stelle 29 km und 1500 m an seiner tiefsten. Schauen Sie vom Südrand in die erstaunlichen Tiefen oder wandern Sie zum Boden des Canyons und wieder hinauf; wer die Anstrengung scheut, steigt auf ein Maultier.

666 VICTORIA-FÄLLE, SIMBABWE & SAMBIA

Die Victoria-Fälle sind ein fantastischer Anblick und entstehen, weil der 1,7 km breite Fluss Sambesi durch eine Kluft in einem Basaltplateau in eine schmale Schlucht stürzt. 1855 benannte der britische Entdecker David Livingstone den Wasserfall nach Victoria, der Königin seines Heimatlands. Bei den Einheimischen heißt er allerdings Mosi-oa-Tunya („Donnernder Rauch"). Legen Sie Ihren Besuch der 108 m hohen Wasserfälle am besten in die Regenzeit. Doch egal, wann Sie hinfahren, Sie sollten ihre Reise sorgfältig planen, denn die Turbulenzen innerhalb des riesigen Wasserfalls spiegeln das gesellschaftliche Klima in Simbabwe und Sambia wider, den beiden Staaten, von denen aus man zu den Victoria-Fällen gelangt.

667 PYRAMIDEN, ÄGYPTEN

Der Größe der meisten Pyramiden nach zu urteilen, die nahe Kairo in der Wüste stehen, war Bescheidenheit für die ägyptischen Pharaonen ein Fremdwort. Das gilt besonders für Cheops: Er gab um 2560 v. Chr. die Große Pyramide in Auftrag, verglichen mit der die beiden ähnlichen Bauwerke in Gizeh zwerghaft wirken. Cheops' gigantische Grabstätte ist das einzige noch existierende der ursprünglichen sieben Weltwunder – das allein sollte einen reizen, ihre Silhouette vor dem nordafrikanischen Himmel sehen zu wollen. Übrigens stammt der Begriff Pyramide vom griechischen Wort für Weizenkuchen; die Pharaonen scheinen also spitz zulaufende Desserts gemocht zu haben.

668 TAJ MAHAL, INDIEN

Den Tadsch Mahal ließ Großmogul Shah Jahan 1653 in Agra errichten, um der Schönheit seiner (verstorbenen) Lieblingsfrau ein Denkmal zu setzen. Ist dieses von Minaretten umringte Wunder mit seinem von einer Kuppel überdachten Mausoleum, der Kalligrafie auf weißem Marmor und den mit Juwelen ausgeschmückten Kammern im Inneren also ein wahrgewordener romantischer Traum oder ein verschwenderischer Prunkbau, für den 20 000 Menschen mehr als 22 Jahre lang ihre Arbeitskraft gaben? Urteilen Sie selbst. Die Geschichte um den Tadsch Mahal wurde schon von Bollywood-Regisseur Akbar Khan verfilmt; es ist also nur eine Frage der Zeit, wann es eine Version mit Hugh Grant geben wird.

669 MACHU PICCHU, PERU

Die legendären steinernen Ruinen der Inka-Stadt Machu Picchu liegen hoch oben in den peruanischen Anden. Sie ist Mitte des 15. Jhs. erbaut, jedoch schon ein Jahrhundert später zu jener Zeit wieder verlassen worden, als ganz bestimmte spanische Besucher ins Land kamen, die neben ihrer Arglistigkeit auch die Pocken mitbrachten. Der Archäologe Hiram Bingham entdeckte die Anlage 1911 wieder, die peruanische Tourismusbehörde ist ihm bis heute dankbar dafür. Die Ruinen und der Inca Trail, der sie mit der Stadt Cuzco verbindet, versanken bis vor wenigen Jahren angesichts der vielen Touristen im Müll, doch dann wurden Toiletten aufgestellt und die Besucherzahl auf 500 pro Tag beschränkt.

670 ULURU, AUSTRALIEN

Der gewaltige Inselberg Uluru, auch als Ayers Rock bekannt, steht mitten im entlegenen australischen Outback und zieht zu Sonnenauf- und -untergang Hunderte von Besuchern an. Sie beobachten dann, wie der Fels auf magische Weise seine Farbe ändert, wenn die Sonne sich darüber erhebt bzw. dahinter versinkt. Leider gibt es Touristen, die diesen Sandsteinriesen erklimmen, obwohl seine Hüter, die Anangu, die Besucher bitten, den Glauben der Aborigines zu achten und auf dem Boden zu bleiben. Eine respektvollere Art, den geheimnisvollen Uluru zu erkunden, ist, ihn auf dem Base Walk zu umrunden, einem 9,5 km langen Wanderweg, auf dem man oft auch ein wenig für sich sein kann..

DIE VERRÜCKTESTEN FESTIVALS DER WELT

VERGESSEN SIE GLASTONBURY UND FAHREN SIE STATTDESSEN ZU DEN EHER UNGEWÖHNLICHEN FESTIVALS DER WELT – DAS IST VIEL AUFREGENDER, ALS CAMPING, COLDPLAY UND CHEMIETOILETTEN.

Beim Boryeong Mud Festival entkommt niemand dem allgegenwärtigen Schlamm.

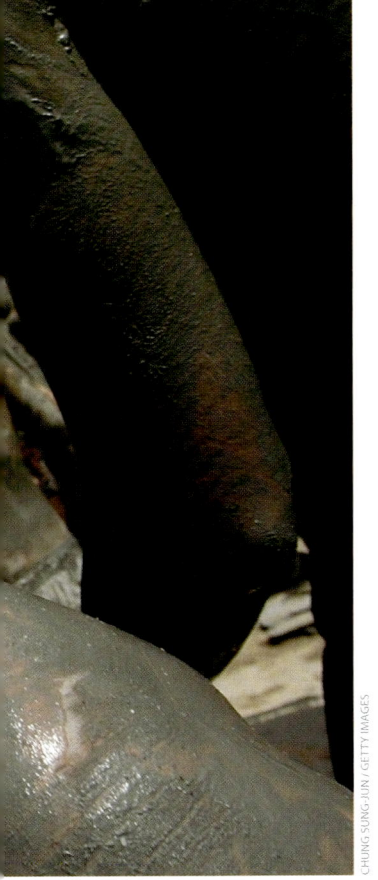

671 LUFTGITARREN-WELTMEISTERSCHAFT, OULU, FINNLAND

Seit 1996 wird in Finnland jedes Jahr im August die Luftgitarrenweltmeisterschaft ausgetragen, die selbst in Teilnehmern, von denen man es am wenigsten erwarten würde, den Jimi Hendrix weckt. Die Regeln sind einfach: Die Gitarre (elektrisch oder akustisch) muss unsichtbar sein und Backgroundbands gibt es keine. In den vergangenen Jahren gehörten Van Halen, The Jets und AC/DC zur beliebtesten Musik der Kandidaten, aber ohne den obligatorischen Deep-Purple-Beitrag wäre der Tag nicht vollkommen. Ziehen Sie Ihr Paisleymuster-Bandana und ihre Lederhose an und feiern Sie das Gefühl von Freiheit mit den stürmischsten, manchmal auch haarigsten aller stummen Rocker.

672 NOCHE DE RÁBANOS, OAXACA, MEXIKO

Eigentlich ist der 23. Dezember ja kein Feiertag, in Oaxaca in Mexiko wird er aber trotzdem begangen, und zwar so ausgefallen wie nirgendwo sonst auf der Welt. Zur „Nacht der Rettiche" schnitzen die Einheimischen aus diesem eher bescheiden daherkommenden Gemüse historische und biblische Szenen. Dabei wird sowohl an die Reise der Heiligen Drei Könige erinnert als auch an entscheidende Ereignisse in Mexikos kriegerischer Geschichte. Die Schnitzer verzieren ihre Werke mit Blumenkohl, Zwiebeln sowie diversem anderen Grünzeug und der beste erhält einen Geldpreis. Zu dem fröhlichen Weihnachtsmarkt kommen scharenweise Einheimische, um mit Essen, Getränken und jeder Menge Stimmung die Festtage zu begehen.

673 SCHLAMMFESTIVAL IN BORYEONG, SÜDKOREA

Wenn Sie sich gern die Hände schmutzig machen, dann quietschen Sie sicher vor Freude, wenn Sie zum Schlammfestival im südkoreanischen Boryeong fahren können, das seit 1998 jedes Jahr im Juli am Strand von Daecheon veranstaltet wird. Mehr als 1 Mio. Teilnehmer strömen nach Boryeong ans Meer, wo tonnenweise Schlamm für die verschiedensten Events wie Schlammmassage-Kurse, Rutschwettbewerbe, die Wahl zum „Schlammkönig" oder für eine schlammige Menschenpyramide zum Einsatz kommt. Sie haben keine Wahl, Sie müssen sich dreckig machen – wenn Sie sauber gesehen werden, steckt man Sie in ein improvisiertes Gefängnis, also machen Sie mit und sauen sich zum Spaß mal so richtig ein.

674 DOMINO DAY, LEEUWARDEN, NIEDERLANDE

Gute Nerven, eine ruhige Hand und unendlich viel Geduld musste haben, wer beim Domino Day in den Niederlanden den ultimativen Spaß haben wollte. Bei der Veranstaltung, die bis 2009 jedes Jahr im November in der holländischen Stadt Leeuwarden stattfand, versuchten die aufgeregten Teilnehmer jeweils den Rekord an umgefallenen Dominosteinen aus dem Vorjahr zu übertreffen. Riesige Felder aus Dominosteinen (vermutlich so um die 4,5 Mio.) kippten Jahr für Jahr um und wurden zu Porträts von Ikonen wie dem Dalai Lama, Martin Luther King Jr. oder Elvis Presley. Das war und ist für viele Zuschauer so spannend, dass der Domino Day immer mal wieder auflebt, und sei es nur im Fernsehen.

675 UFO-FESTIVAL, ROSWELL, NEW MEXICO, USA

Fahren Sie im Juli zum alljährlichen Ufo-Festival nach Roswell in der Wüste von New Mexico. Dort treffen sich Ufologen von überall auf dem Planeten – und womöglich auch von weiter her –, um Vorträge über kleine grüne Männchen mit seltsam hypnotisierenden Augen zu halten. Verkleiden Sie Ihr Haustier für den beliebten Alien-Tierkostüm-Wettbewerb und spielen Sie danach eine Runde Ufo-Schlamm-Volleyball. Verpassen Sie die abschließende Ufo-Parade nicht, bei der die staubtrockene Hauptstraße in allen Regenbogenfarben des Seltsamen schillert. Und genießen Sie jede Menge persönliche Begegnungen mit Alienjägern und Spezialisten für Entführungen durch Außerirdische.

676 HADAKA MATSURI, JAPAN

Falls Sie im Februar in Japan sein sollten, dann erschrecken Sie nicht, falls Sie sich plötzlich selbst dabei ertappen, wie Sie die Unanständigkeit feiern. Das landesweite Hadaka Matsuri („Nacktfest") diente buddhistischen Mönchen früher einmal dazu, den Geist zu reinigen. Heute ziehen sich tausende heißblütige Männer bis auf die Unterhose (oder sogar noch weiter) aus, tauchen in eiskaltes Flusswasser, rennen splitternackt um Tempelanlagen oder mischen sich nackt unter die Menge und wünschen jedem, der sie berührt, ein gesundes neues Jahr. Das ist nichts für Weicheier – schon gar nicht in Anbetracht der kühlen Temperaturen.

677 EL COLACHO, CASTILLO DE MURCIA, SPANIEN

Wenn Sie ein unkonventionelles historisches Fest erleben möchten, gibt es nichts Besseres, als zu Fronleichnam nach Spanien zu fahren. Dann wird in Castillo de Murcia das „Babyspringen" veranstaltet. Bei dem als El Colacho bekannten Event – das seit 1620 jährlich stattfindet – springen Männer als Satan verkleidet über Reihen von Babys. Dem traditionellen Glauben nach nehmen diese Teufel in Menschengestalt beim Sprung das Böse mit sich und die Kinder werden gereinigt. Falls Sie das Ritual nervös macht, lassen Sie Ihren Nachwuchs besser zu Hause.

678 WELTMEISTER-SCHAFT IM GRIMASSENSCHNEIDEN, EGREMONT, ENGLAND

Immer im September ist das verschlafene Städtchen Egremont in Cumbria sowohl Austragungsort der „Weltmeisterschaft im Rutschiger-Pfahl-Hochklettern" als auch für die Grimassenweltmeisterschaft. Für letztere kommen Gesichtsakrobaten aus dem ganzen Land zum Egremont Crab Fair, um ihre übelsten Fratzen zu ziehen. Dabei steckt ihr Kopf in einem Pferdegeschirr, das *braffin* genannt wird. Falls Ihre Grimassen nicht gut genug sind, können Sie immer noch den glitschigen Pfahl hochklettern – Ziel ist es, sich eine Lammkeule schnappen, die obenauf steckt. Schubkarrenrennen, Frettchen-Shows und die „Parade der Apfelkarren" runden das skurrile Bild ab. Seit dem 13. Jh. wird das Fest jährlich in diesem kleinen Teil Britanniens gefeiert.

679 CARNEVALE DI IVREA, ITALIEN

Das Tomatiña-Festival, bei dem Tomaten fliegen, ist in Spanien sehr beliebt. Im Februar werden die Leute in Italien mit Säuerlicherem beworfen: Beim Karneval von Ivrea schießt man sich in saftigen Gefechten gegenseitig mit Tausenden reifer Orangen ab. Das symbolisch für eine Schlacht im 12. Jh. stehende Scharmützel findet in vier „Kampfzonen" nahe der Ponte Vecchio statt, wo die Straßen bald mit Fruchtfleisch und Schalen überzogen sind. Wer nicht scharf darauf ist, eine fliegende Frucht abzubekommen, sollte sich eine rote Mütze kaufen: Sie steht für Freiheit und stellt sicher, dass man keinen Zwischenfall mit einer matschigen Zitrusfrucht hat – was nämlich ganz schön weh tun kann.

680 PHUKET VEGETARIAN FESTIVAL, THAILAND

An Vegetarismus ist grundsätzlich mal nichts seltsam. Was dieses religiöse Festival aber speziell macht, ist der Hang der Teilnehmer – die Ma Song genannt werden und von chinesischen Taoisten abstammen –, statt eines Stücks Schweinefleisch, Hühnchen oder Tofu lieber sich selbst aufzuspießen. Sie verbringen das zehntägige Festival von Ende September bis Anfang Oktober mit solch ungewöhnlichen, qualvollen Kunststücken wie über glühende Kohlen zu laufen, Leitern mit Klingen als Stufen zu erklimmen und ihre Wangen und Kehlen mit langen Metallspießen sowie anderen, noch seltsameren Objekten zu durchbohren. Der vom Anblick des Bluts mitgenommene Zuschauer versteht dann schnell, warum ein vegetarisches Mittagessen einem saftigen Fleisch-Kebab vorzuziehen ist.

Ein taoistisches Geistermedium beim Vegetarian Festival in Phuket trägt seine neuen Piercings.

DIE VER-
RÜCKTESTEN
FESTIVALS
DER WELT

HIER SPIELT DIE MUSIK!

DIE TOP-ADRESSEN, DIE AUF DER WELT SO RICHTIG ROCKEN.

Da überall in Havanna Straßenmusiker spielen, brauchen Sie nach der besten Bar gar nicht erst zu suchen.

681 GRAND OLE OPRY, USA

Bei diesem Countrymusik-Phänomen handelt es sich eigentlich um eine Samstagabend-Livesendung des Radiosenders WSM in Nashville. Es gibt sie schon seit 1925, womit sie die am längsten laufende Radioshow in den USA ist. Aufgezeichnet wird sie im 4400 Zuschauer fassenden Grand Ole Opry House von Nashville. Jedes Jahr kommen Tausende von „good-ole boys and girls" von überall auf der Welt nach Tennessee in die legendäre Show, in der schon zahllose Countrylegenden – Waylon Jennings, Hank Williams, Patsy Cline, Johnny Cash – und ihre Epigonen wie etwa Keith Urban zu Gast waren.

682 BERLINER KABARETT, DEUTSCHLAND

Für viele gehören die Worte „dekadent", „Kabarett" und „Berlin" definitv zusammen. Das deutsche Kabarett nahm seine Anfänge in den 1920er-Jahren und war sehr viel düsterer als seine sinnliche französische Entsprechung – satirischer, politischer, eine Reflexion des Kriegsgrauens. Auch wenn die Szene nicht mehr das ist, was sie einmal war, bietet das Berliner Kabarett noch heute etwas von dieser Kantigkeit (neben Mädchen, die ihre langen Beine hoch in die Luft werfen, natürlich) sowie den schwindelerregenden Nervenkitzel, in eine Zeit zurückversetzt zu werden, in der Kunst *wirklich* wichtig war.

684 READING FESTIVAL, READING, ENGLAND

Mit einigen Jahrzehnten Musikgeschichte auf dem Buckel ist das Reading Festival ein würdiges Pilgerziel für Fans von Alternative-Pop, Rock, Rap und Hip-Hop. Die dreitägige Veranstaltung kann sich wie ein Zuhause auf Zeit anfühlen (falls Sie dort auch Lautsprecher mit 10 Mio. Watt haben). Begeben Sie sich zu einer der Bühnen (es gibt sechs), nachdem, Sie Ihr Zelt aufgebaut haben, und drehen Sie zusammen mit 60 000 anderen Menschen völlig durch. Und wenn es ein Musik-Act einfach nicht bringt, dann bewerfen Sie ihn mit leeren Plastikflaschen, das ist bei dem Festival Tradition. Wenn der Auftritt Ihnen hingegen gefallen hat, fahren Sie ihm am nächsten Tag nach Leeds hinterher: Dort gibt es gleichzeitig ein Schwesterfestival.

685 IBIZA, SPANIEN

Wenn Sie heutzutage die Worte „Ibiza" und „Dance Music" fallen lassen, ernten Sie womöglich die Antwort: „Ein alter Hut." Doch auf der kleinen Insel vor Spaniens Ostküste nahm im Grunde alles seinen Anfang: In den späten 1980ern spielten britische DJs in Ibizas von Ecstasy befeuerten Clubs, bevor sie die hedonistischen Vibes mit zurück nach England nahmen, wo House und Techno dann durch die Decke gingen; der Rest ist Geschichte. Die Clubs auf Ibiza sind heute um einiges kommerzieller und es gibt viele, die über die Stränge schlagen. Aber es herrscht unbestreitbar immer noch eine Atmospäre des Aufruhrs, der Zügellosigkeit und der Vergnügungssucht.

683 HAVANNA, KUBA

Durch den fesselnden Dokumentarfilm „Buena Vista Social Club" (1999) fand die kubanische Musik (und besonders der vorrevolutionäre *son*-Stil) weltweit Beachtung. Und so reisen heute viele Pilger nach Havanna, um zu erleben, wie der *son* die Zeit vor Castro, vor der Kollektivierung und vor der Armut und Isolation, heraufbeschwört. Es heißt, bei *son* gehe es um den Hüftschwung (er ist ein Vorgänger des Salsa), in Havannas Bars und auf den Straßen können Sie aber noch andere Töne hören, die direkt auf die Hüfte zielen: Rumba, (natürlich) Salsa und Latin-Jazz.

686 NEW ORLEANS JAZZ & HERITAGE FESTIVAL, USA

Auch bekannt als „Jazz Fest", verteilt sich das berühmte, zehntägige Event der Extraklasse auf zwölf Bühnen, zieht jedes Jahr 650 000 Besucher an und verkörpert im Grunde

243

nichts anderes als den Geist und das Erbe von New Orleans. In seiner Vielfältigkeit bietet es neben Jazz sowohl Gospel, Funk, Zydeco und Rock als auch karibische Musikstile. Die größte Auszeichnung aber ist die unendliche Liste von Stars, die hier bereits aufgetreten sind, darunter Fats Domino, Dr. John, Allen Toussaint, Aretha Franklin, Miles Davis, Bob Dylan, Ella Fitzgerald, Dizzy Gillespie, Santana, Sarah Vaughan, Paul Simon, BB King, Joni Mitchell, James Brown, Willie Nelson, The Temptations, Van Morrison, LL Cool J, Gladys Knight und Youssou N'Dour.

688 WIEN, ÖSTERREICH

Strauss, Schubert, Haydn, Mozart, Beethoven, Brahms, Schönberg und Mahler … Diese Giganten der klassischen Musik haben alle zu irgendeiner Zeit in Wien gelebt oder dort musiziert. Ihr Erbe wird in der Stadt in der jährlichen Spielzeit von September bis Juli und mit zusätzlichen neun Festivals pro Jahr sowie auf Sonderveranstaltungen und bei einmaligen Auftritten gefeiert. Was könnte für Liebhaber klassischer Musik schöner sein, als eine Weltklassedarbietung der Wiener Philharmoniker im prächtigen Konzerthaus jener Stadt zu erleben, in der alles begann?

687 DAKAR, SENEGAL

Es heißt, Dakar sei das Paris Französisch-Westafrikas, eine kulturelle Schnittstelle mit jeder Menge Intellektuellen und Künstlern. Passenderweise hat es auch eine pulsierende Livemusikszene, angetrieben von *mbalax*, einer Kreuzung aus lateinamerikanischer und karibischer Musik mit afrikanischen Trommeln. Der beliebte senegalesische Musiker Youssou N'Dour ist der bekannteste Vertreter des *mbalax*, aber es gibt viele andere, die seinem Beispiel gefolgt sind, darunter Baaba Maal und Cheikh Lo. *Mbalax*-Darbietungen sind ansteckend: Den Anblick einer zehnköpfigen Band, die sich vollkommen in der Musik verliert, während das ausrastende Publikum Geld in die Münder und Taschen der Musiker stopft, vergisst man so schnell nicht wieder.

689 LONDON, ENGLAND

Viele kommen der Musik wegen nach London. Sei es, weil sie in einem Superclub wie dem Ministry of Sound oder dem Fabric heftig abfeiern wollen, zur Musik eines experimentierfreudigen und wahrscheinlich zugedröhnten DJs in irgendeiner Bar, in der die Leute zu cool für diese Welt sind, chillen oder sich vor einer der unschlagbaren Livebühnen der Stadt die Kante geben wollen (denn alle großen Namen spielen irgendwann in der Hauptstadt). Man muss nur an die Musik denken, die die Metropole hervorgebracht hat – etwa Punk, Rave und Drum 'n' Bass – und an die vielen megaberühmten Londoner Musiker wie Bowie, die Stones, The Clash, die Pistols und und und.

690 AUSTIN, USA

Austin nennt sich selbst „Live Music Capital of the World", was ein bisschen dreist ist, wenn man bedenkt, dass auch Städte wie London diesen Titel für sich beanspruchen könnten. Wie viele Bands aus Austin fallen Ihnen spontan ein? Und wie viele aus London können Sie aufzählen? Schon gut – streiten wir nicht. Einigen wir uns einfach darauf, dass Livemusik für Austin schrecklich wichtig ist, etwa beim einflussreichen Festival South by Southwest (SXSW). Und akzeptieren wir die Tatsache, dass die Stadt im Durchschnitt mehr Livebühnen hat als Nashville, Las Vegas, New York City, Memphis oder Los Angeles.

Die opulente Innenausstattung von Wiens historischer Oper, dem Wiener Konzerthaus.

HIER SPIELT DIE MUSIK!

UNGLAUBLICHE TROPISCHE PARADIESE

ENDLOSER SOMMER, KOKOSPALMEN UND WEISSE STRÄNDE – HIER WIRD DAS POSTKARTENIDYLL ZUR WIRKLICHKEIT.

691 ATIU, COOK-INSEL

Diese Vertreterin der Cook-Inseln hat die tropische Rundumausstattung: einsame Strände, blauestes Wasser und Sand, der weißer als weiß ist. Aber sie bietet auch noch besondere Extras wie jede Menge berühmter, augedehnter Kalksteinhöhlen, die versteckt im dichten Dschungel an der Korallenküste liegen, die die Insel umgibt. Einige der Höhlen wurden für Beerdigungen genutzt, dort gibt es also menschliche Knochen, aber entspannen Sie sich: Die Zeiten, als es auf Atiu grausame Krieger gab, sind längst passé. Heute ist die Insel ein Mekka für Ökotouristen und bietet Flora und Fauna, so weit das Auge reicht.

692 RANGIROA, FRANZÖSISCH-POLYNESIEN

Rangiroa, das zweitgrößte Korallenatoll der Welt, ist der verträumteste und abgelegenste Ort auf der Welt, den man finden

kann und mit nichts vergleichbar. Die meisten Gäste kommen zum Tauchen hierher, aber was in aller Welt soll falsch daran sein, einfach faul am Strand zu liegen und ein oder zwei Cocktails zu schlürfen? Es gibt außerdem eine große Lagune, die eher wie ein riesiger Binnensee wirkt und sowohl Bewusstsein als auch Perspektive erweitert – der Name „Rangiroa" bedeutet schließlich „weiter Himmel".

693 GUNA YALA, PANAMA

Wenn Sie den Begriff „Tropenparadies" nachschlagen, ist dort wahrscheinlich ein Foto des Guna-Yala-Archipels abgebildet. Diese kleinen Inseln (die auch als San Blas bekannt sind) gehören zum semiautonomen Gebiet des Kuna-Volks und bieten neben Palmen, herrlichen Stränden und Strohhütten zeitlosen Charme. Das große Tourismusgeschäft konnte sich nicht etablieren, denn die Kuna haben hier das Sagen, und so existieren eine

Reihe Gesetze zum Schutz der Natur. Es gibt also weder hässliche Hotels, die die Aussicht verschandeln, noch kommerziellen Tourismus, der die Stimmung ruiniert, sondern nur jede Menge unbewohnter Inseln, die es zu entdecken gilt.

694 CAPE TRIBULATION, AUSTRALIEN

Diese zum Unesco-Welterbe zählende, artenreiche Naturlandschaft in Queensland sollte man aus allerhand Gründen auf dem Schirm haben. Traumhafte Strände und ein uralter Regenwald, der sich bis zum Wasser erstreckt, Saumriffe, wilde Tiere und wunderschöne Pflanzen, Felstümpel, Spaziergänge durch Mangrovenwälder und ein Hinterland mit einem atemberaubend schroffen Gebirge sind die Hauptzutaten. Dann gibt es da nur 40 Minuten vor der Küste noch das Great Barrier Reef. Damit ist klar – es ist ein einzigartiger Ort auf dieser Welt.

695 GILI-INSELN, INDONESIEN

Diese Gruppe aus drei beliebten Inseln nordwestlich von Lombok besitzt alles, was für einen Inselurlaub substanziell ist: Korallenriffe, fantastische Strände, kristallklares Wasser, erstklassige Möglichkeiten, zu fischen und zu schnorcheln, und freundliche Einheimische. Einer Legende nach verläuft ein magischer Ring um die Insel, der es Menschen unmöglich macht, sie zu verlassen. Na los, probieren Sie es aus. Falls Sie der Kraft des Rings widerstehen können, richten vielleicht Thunfischsteaks, jede Menge lokal gebrautes Bier und die Tatsache, dass es keinerlei motorisierte Fahrzeuge gibt, das aus, was die Magie nicht konnte.

696 FERNANDO DE NORONHA, BRASILIEN

Dieser spärlich besiedelte Archipel vor der Nordküste Brasiliens ist ein beliebter Tauchspot. Unter Wasser gibt es Delfine, Schiffswracks und berauschende Korallen, über Wasser beherbergt die Insel die größte Kolonie tropischer Seevögel des Westatlantiks. Eine Tatsache, die das Herz eines jeden leidenschaftlichen Vogelbeobachters höherschlagen lässt. Es gibt hier nicht viel Infrastruktur, aber dafür sind die Inseln noch fast so wie vor 500 Jahren, und nur ein paar Ruinen aus der Zeit der portugiesischen Besiedlung erinnern an die Vergangenheit.

697 LALOMANU, SAMOA

Gott sei Dank gibt es den Südpazifik, der mit mehr Wasser, Sand und Sonne aufwartet, als ein Mensch in sein ganzes Leben packen kann. Diesmal geht es um Samoa, wo sich der Strand von Lalomanu auf Upolu als der perfekte Ort zum Schwimmen und Schnorcheln herausstellt. Von dort aus ist die unbewohnte Insel Namua zu sehen. Falls Sie bleiben wollen, können Sie in offenen *beach fales* (Strohhütten) übernachten, die Ihnen das Gefühl geben, so authentisch zu übernachten, wie es sich für eine Tropeninsel gehört. Ist das hier vielleicht eine Art paradiesische virtuelle Realität für abgestumpfte Leute aus der westlichen Welt? Wie auch immer, den Einheimischen ist das piepegal; Lalomanu ist, was es ist. Die Sonnenuntergänge muss man jedenfalls gesehen haben, um glauben zu können, dass sie echt sind.

698 SAN ANDRÉS & PROVIDENCIA, KOLUMBIEN

Wenn Sie Ihre Tropenparadiese mit karibischer Würze mögen, dann sollten Sie diese kaum bekannten Inseln besuchen mit ihrer abenteuerlichen englischen, jamaikanischen und Piratenvergangenheit. Es gibt dort starke Rastafari-Einflüsse – die Schätze dieser Kultur lassen sich entspannt entdecken. Und zu den schönen Stränden, Buchten, Höhlen und Badetümpeln kommen noch die ortstypische Architektur sowie jede Menge Reggae, Rum und Cocktails dazu, die sinnlichen Genuss versprechen.

699 TULUM, MEXIKO

Täuschen Sie sich nicht, Tulum auf der Halbinsel Yucatán im mexikanischen Bundesstaat Quintana Roo besitzt einen der besten Strände der Welt. Auf 7 km Länge finden sich feinster Pudersand, perfekt blaues Wasser wie aus Ihren Träumen und die berühmten Hütten im Cabana-Stil ohne Strom direkt am Wasser. Das reicht Ihnen nicht? (Manche Leute sind aber echt schwer zufriedenzustellen.) Hinter Tulum erstreckt sich noch etwas Großartiges: Die Ruinen einer von Mauern umgebenen Maya-Stadt aus dem 6. Jh. (*tulum* ist das Wort der Maya für Mauer) geben dem Strand eine majestätische Kulisse, wie sie wohl kein anderer Streifen Sand auf der Welt besitzt.

700 KAP VERDE

Diese aus zehn Vulkaninseln bestehende Inselgruppe vor der Küste Senegals war lange ein Synonym für „geheimnisvoll". Kap Verde, eine seltsame Mischung aus westafrikanischem Lebensrhythmus und dem, was die portugiesische Kolonialisierung mit sich gebracht hat, öffnet sich nun endlich dem Tourismus. So plant die Regierung, die ganze sonnenverwöhnte Pracht ziemlich aggressiv zu vermarkten. Aber passen Sie auf, wo Sie hintreten: Unberührte Küstenstreifen und einsame Strände hören sich einladend an, der Archipel ist jedoch ein fragiles Ökosystem; Sie werden sich Ihren Platz mit vielen Tierarten teilen müssen, die es nur auf Kap Verde gibt.

BESTE ORTE, UM IN DER ZEIT ZURÜCKZUREISEN

ENTFLIEHEN SIE DER MODERNEN WELT BEI DIESEN BEGEGNUNGEN MIT DER VERGANGENHEIT. SMARTPHONES ODER MP3-PLAYER NICHT GESTATTET.

701 HAVANNA, KUBA

Spazieren Sie durch La Habana Vieja, ein Viertel wie aus einem grobkörnigen 50er-Jahre-Film. Vor verfallenden Mietshäusern im Kolonialstil spielen Kinder mit einem Stock Baseball, Frauen gehen mit Lockenwicklern einkaufen, amerikanische Oldtimer rollen vorbei. Nirgendwo wird Ihre Fantasie so angeregt; nirgends ist es so filmreif, so romantisch, so hypnotisierend, so ramponiert, so lebendig. Für etwas Action sollten Sie sich zum Casa de la Musica begeben, wo ältere Frauen tanzen und den Jungen zeigen, wie man sich bewegt. Bei einer spätabendlichen Jamsession lernen Sie, mutig von den *mojitos*, wie man Salsa tanzt. Havanna ist kein denkmalgeschützte Freizeitpark, sondern das Geschenk einer rauen Hauptstadt mit Ecken und Kanten, die ihre eigene Zeitrechnung hat.

702 BUCHARA, USBEKISTAN

In der 2000 Jahre alten *shahristan* (Altstadt) von Buchara kann man die Gegenwart vergessen und in die inspirierende, altertümliche Pracht Zentralasiens eintauchen. Schlendern Sie nach Lust und Laune durch die Lehmziegelgassen, vorbei an überdachten Basaren, alten Moscheen mit reich verzierten Innenräumen und *madrasas* (Religionsschulen). Falls Sie einen Teppich oder einen *kirpan* (Dolch) möchten, haben Sie Glück, denn die von Kuppeln überdachten Märkte sind mit die besten Orte zum Shoppen in Usbekistan. Verpassen Sie Bucharas auffälligstes Wahrzeichen nicht: das 70 m hohe Kalyan-Minarett aus dem 13. Jh. Selbst Dschingis Khan war von ihm offenbar so angetan, dass er es stehen ließ, während er alles drumherum in Schutt und Asche legte.

703 HILL CLUB, NUWARA ELIYA, SRI LANKA

Nuwara Eliya, eine *hill station* in Sri Lanka, liegt inmitten des saftigen, leuchtenden Grüns der Teeplantagen an den Hängen. Sie ist mit einem Zug erreichbar, der durch Bahnhöfe aus dem 19. Jh. hinaufzuckelt. Der Hill Club wurde 1858 gegründet, um britische Kolonialoffiziere und Kaffeepflanzer zu bewirten. Das heutige Hotel hat nichts von diesem Snobismus eingebüßt. Nach 19 Uhr wird förmliche Kleidung erwartet – Männer sollten ein Sakko tragen. Wenn man dann in den kühlen Salons einen Tee schlürft, fühlt man sich, als wäre man aus Ceylon – wie Sri Lanka früher hieß – in ein abgelegenes schottisches Anwesen gebeamt worden, samt aller Erhabenheit – und Unbehaglichkeit.

704 BROADSTAIRS, KENT, ENGLAND

Nichts ist unfreiwillig so retro wie englische Badeorte. Broadstairs auf der Isle of Thanet ist als das „Juwel in Thanets Krone" bekannt. Hier gibt es im Sommer immer noch Puppentheater und Eselreiten. Solange es nicht regnet, können Sie schnell ein erfrischendes Bad im kühlen Meer nehmen, bevor Sie eine Portion Fish and Chips verschlingen, deren Rezept eben gerade nicht neu interpretiert wurde. In dem Ferienort scheint man bis in die 1950er-Jahre mit der Zeit gegangen zu sein und dann beschlossen zu haben, nichts mehr zu ändern. Machen Sie sich einen Knoten ins Halstuch, rollen Sie Ihre Hosenbeine hoch und beißen Sie auf einen *stick of rock,* eine Zuckerstange, die an der englischen Küste eine typische Süßigkeit ist.

705 NEVADA JOE'S, NEVADA, USA

An dieser Tankstelle dreht sich alles um Aliens, was wohl in der Wüste von Nevada unausweichlich erscheint. In den 1960ern erbaut, erweckt sie seltsamerweise den Eindruck, als hätten sich die Zeiten seitdem nicht geändert. Sie ist puderrosa gestrichen und wirkt wie ein prima Drehort für David Lynch oder die Coen-Brüder. Mit dem Yucca Mountain als Kulisse liegt dieser Ort mitten im Nirgendwo, wo UFOs angeblich wie Regentropfen vom Himmel fallen. Die Schilder an der Fassade sind in Wild-West-Schrift gehalten und werben für Unterhaltung für Erwachsene und Spielautomaten, alles überschattet von einer riesigen Anzeigetafel. Zwischenzeitlich stand die Tankstelle zum Verkauf – man kann nur hoffen, dass alles beim Alten bleibt.

249

Kaufen Sie handbestickte Seide dort, wo Dschingis Khan einst plünderte – in Buchara in Usbekistan

CHRISTINE OSBORNE / LPI

250

Ein störrischer Esel vor einem Meer aus gefärbten Fellen, die nach dem Gerben in Fez an der Sonne trocknen.

706 FEZ, MAROKKO

Beladene Esel traben durch enge, überdachte Gassen, vorbei an gackernden Hühnern, Bergen von Gewürzen, schaurig aussehenden Fleischwaren, weghuschenden Katzen und Gemüsekarren: Fez ist eine lebendige mittelalterliche Stadt. Sie werden sich fühlen, als wären Sie fast 1000 Jahre zurückkatapultiert worden. In der historischen Medina, durchzogen von Licht und Schatten, scheint es, als wären die Jahrhunderte absolut spurlos vorübergegangen. Am archaischsten sind die riesigen Gerbereien der Stadt mit ihren großen, flachen runden Behältern voller Färbemittel: eine Vision aus vergangenen Tagen samt des beißenden Geruchs von einst.

709 MUTHAIGA COUNTRY CLUB, NAIROBI, KENIA

Als dieser elitäre Club in dem 5 ha großen Garten an Silvester 1913 eröffnete, war er voll alter Oberste und weißer Spitzbuben. Hier bildet man sich gern ein, seitdem hätte sich nichts geändert. So weht immer noch der stickige Wind des frühen 20. Jhs. durch die Räume. Hier dinierten Sir Henry „Jock" Delves Broughton, dessen Frau Diana und der Earl of Erroll an dem Abend, als Letzterer von Delves Broughton erschossen wurde, weil er eifersüchtig auf den Mann war, der eine Affäre mit Diana hatte. Der Film „Die letzten Tage in Kenia" (1988) handelt von dem Verbrechen. Hat irgendwer Lust auf einen Gin Tonic und eine Partie Krocket?

707 OLD DELHI, INDIEN

In Delhi reist man ganz unmittelbar in die Zeit zurück. Nehmen Sie die U-Bahn aus dem 21. Jh., deren Eleganz und reibungslos funktionierende Technik sie zu einem der besten Transportmittel der Welt machen, und steigen Sie am Chandni Chowk aus. Eine Zeitreise. Hier liegt das dicht besiedelte, pulsierende Zentrum von Old Delhi. Es stimmt grob mit Shahjahanabad überein, der Stadt, die der Großmogul Shah Jahan im 17. Jh. erbauen ließ. Chandni Chowk selbst ist ein langer Boulevard, von dem zahllose enge Einkaufsstraßen abzweigen, in denen es nur jeweils ein bestimmtes Produkt oder einen Handelszweig gibt. Sie sind voll winziger Läden, wie sie schon seit Jahrhunderten existieren. Hier herrscht Tumult. Spazieren Sie durch das Viertel zur Straße mit den *paratha*-Verkäufern. Das köstliche gefüllte Brot, das direkt vor Ihren Augen gebacken wird, gibt Ihnen neue Energie, um sich wieder ins Getümmel zu stürzen.

708 SIWA, ÄGYPTEN

Bis in die späten 1980er führte keine asphaltierte Straße ins ägyptische Siwa, bis heute ist die Wüstenoase einer der am schwersten erreichbaren Orte des Landes. In der Libyschen Wüste gelegen, hat Siwa 20 000 Einwohner, vorwiegend Berber, und liegt an einem Netzwerk natürlicher Quellen. Man kann in Wüstenpools schwimmen und durch die Ruinen der antiken Orakelstätte wandern, der schon Alexander der Große einen Besuch abstattete. Über die sandigen Straßen fahren nicht viele Autos, nur Eselskarren. Die Menschen von Siwa haben ihre eigene Sprache und ihre eigenen Sitten – verheiratete Frauen reden nicht mit fremden Männern und werden selten in der Öffentlichkeit gesehen. Und wenn doch, dann sind sie vollkommen verschleiert und nicht einmal ihre Augen sichtbar.

710 COSENZA, KALABRIEN, ITALIEN

Hässliche Gebäude aus den 1960er-Jahren umringen Cosenza in Süditalien: misslungene Stadtplanung, in Beton gegossen. Halten Sie durch, bis Sie ins Stadtzentrum gelangen, einem mittelalterlichen Kern voll heruntergekommener Bauten, von denen die Farbe abblättert. Staubige Buchhandlungen verkaufen Vintage-Postkarten und die Cafés beschwören die Blütezeit der eingetopften Palmen und des Marmors wieder herauf. Übernachten Sie vor Ort im Ostello Re Alarico, einem Hostel voller auf Hochglanz polierter antiquarischer Möbel, das Ausblicke über die geschichtsträchtige Stadt bietet.

BESTE ORTE, UM IN DER ZEIT ZURÜCKZUREISEN

GLAMOU-RÖSESTE TRENDZIELE

FÜR PROMIJÄGER, GLAMOURMIEZEN ODER MÖCHTEGERN-SUPERREICHE: HIER IST EINE AUSWAHL AN URLAUBSORTEN, AN DENEN MAN DEN LIFESTYLE DER SCHÖNEN UND REICHEN AUSLEBEN KANN.

Es geht darum, aufzufallen: Dieser Chevy aus den Fünfzigern wird in Miami alle Blicke auf sich ziehen.

711 TELLURIDE, USA

Könnte Telluride das neue Aspen sein? Megastars wie Tom Cruise und Talkshow-Königin Oprah Winfrey haben hier Villen und, mal ehrlich, die könnten überall auf der Welt leben. Warum also Telluride, das früher Jagdgebiet der amerikanischen Ureinwohner, raues Mekka des Goldbergbaus und am Schluss eine Geisterstadt war? Heute strömen die Menschen wegen der großartigen Festivals und dem grenzenlosen Angebot an Outdoor-Abenteuern in das (sowohl für die Augen als auch von der Stimmung her) angenehme Bergdorf. Im Winter ist Skifahren angesagt, wenn man sich die Hänge hinunter und in die Après-Ski-Szene stürzt; im September findet das Filmfestival statt, für die Promis der natürliche Lebensraum.

712 GSTAAD, SCHWEIZ

Dieser Schweizer Wintersportort, Synonym für den internationalen Jetset, ist kleiner als sein gewaltiger Ruf. Bekannt als Tummelplatz von Bond-Darstellern, europäischen Adeligen, reichen Erben und diversen Mitläufern, ist Gstaad ein malerisches, aber winziges Dorf unterhalb der auf einem Hügel thronenden Türme des prunkvollen Gstaad Palace Hotels. Hier tatsächlich Ski zu fahren, ist enttäuschend – viel besser sind Après-Ski-Aktivitäten wie Sehen und Gesehen werden, Partys in In-Schuppen und der Schaufensterbummel vorbei an den Schickimicki-Boutiquen entlang der Hauptstraße.

MICHAEL TAYLOR / LPI

713 MIAMI, USA

In South Beach (sorry, SoBe), diesem Paradies zum Leute beobachten, muss man sich erst einmal selbst trauen, nackte Haut zu zeigen. Hier kommen Models, Rapper, Yuppies, Starlets, Promi-Köche, Popstars und das „normale" Volk zusammen. Miami ist ein brodelnder, sinnlicher Schmelztiegel und ein Ort zum Sehen und Gesehen werden. In South Beach mangelt es nicht an Menschen mit schönen Körpern, die sich am Strand bräunen. Und hinter ihnen stehen Art-déco-Meisterwerke, die von angesagten Designern aufgemotzt und in Wir-sind-hipper-als-ihr alle-Hotels verwandelt wurden. Dort findet sich der Jetset ein, um zu feiern und sich verwöhnen zu lassen (und von den Paparazzi abgelichtet zu werden), während man sich mit einem *mojito* in der Hand und zu Latinobeats im Glanz der eigenen Klunker sonnt. Seien Sie doch einfach mal verrückt – und machen Sie mit.

714 ST BARTS, KARIBIK

Wenn es um die Inseln in der Karibik geht, klingt die Bezeichnung „Spielplatz der Reichen und Berühmten" ganz schön bemüht. Dies ist nämlich eindeutig kein einfacher Spielplatz, sondern ein einziger riesiger Freizeitpark für die Schickeria. Es überrascht nicht, dass Saint-Barthélemy (oder St. Barts, wie es Freunde nennen) der beliebteste Rückzugsort der Verwöhnten und Selbstbewussten ist – diese Strandschönheit entspricht in jeder Hinsicht der Traumvorstellung vom Urlaub im Paradies. Perfekt gelegene Buchten bilden die Kulisse für Schickimicki-Restaurants, geschwungene Hügel verlangen geradezu nach weitläufigen Villen und der Hafen von Gustavia ist schlichtweg wie gemacht für die ganzen Megajachten. Und welche Promis haben auf St. Barts Urlaub gemacht? Schätzchen, es ist wahrscheinlich leichter, aufzuzählen, wer noch nicht da war ...

715 WAKAYA, FIDSCHI

Jeder Möchtegern-Promi, der etwas auf sich hält, träumt davon, eine eigene Insel zu besitzen. Aber was soll man auf ihr bauen, wenn man den großen Kauf erst mal getätigt hat? Für den kanadischen Unternehmer David Gilmour lag die Antwort auf der Hand: eins der luxuriösesten und exklusivsten Resorts der Welt. Gilmour kaufte 1973 die 8 km² große Fidschi-Insel Wakaya und ist so nett, auch die „kleinen Leute" diesen tropischen Zufluchtsort genießen zu lassen. Na ja, kleine Leute eben, die sich keinen Kopf machen, wenn sie zwischen 1500 Euro für eine Übernachtung in einer *bure* (traditionelles Haus) und 5600 Euro pro Nacht in der Villa Vale O (der 1100 m² großen Königssuite auf Wakaya) verprassen. Und wer könnte so alles auf der Sonnenliege nebenan sitzen? Vielleicht regelmäßige Gäste wie Bill Gates, Keith Richards, Nicole Kidman oder Russell Crowe.

716 GOLDENEYE RESORT, JAMAIKA

Wenn es Sie in den Fingern juckt, einen Spionageroman zu verfassen, sollten Sie zur Inspiration ins Goldeneye fahren. Dort schrieb Autor Ian Fleming in den 1950er- und 1960er-Jahren seine James-Bond-Romane (während er literarische Größen und Leinwand-Stars aus der Zeit zu Gast hatte). Das himmlisch im kristallklaren Wasser der Karibik gelegene ehemalige Feriendomizil Flemings wurde von Island-Records-Gründer Chris Blackwell gekauft und erweitert. So gibt es dort heute neben dem Originalhaus von Fleming mit drei Schlafzimmern auch eine Handvoll kleinerer Villen zu mieten. Trinken Sie Ihren Martini an der Bar des Resorts mit heutigen Gästen, zu denen bereits Johnny Depp, Sting, Scarlett Johansson, Bono und Kate Moss gehörten. Hat jemand etwas dagegen, wenn wir auch Film-007 Daniel Craig auf die Liste packen ...?

717 AMAN SVETI STEFAN, MONTENEGRO

Montenegro wurde 2006 unabhängig und die glitzernde Küste des Landes (stellen Sie sich Kroatien vor, nur ohne den Rummel) ist kein Staatsgeheimnis mehr. Die winzige, unglaublich malerische Insel Sveti Stefan sorgt für den größten Aha-Moment. Jahrhundertelang gab es hier nur einen einfachen Fischerort, bis jemand auf die Idee kam, das ganze Eiland zu kaufen und es in ein Luxushotel zu verwandeln. Es wurde ein Hit bei Hollywood-Stars und europäischen Adligen (zu den Gästen haben schon Sofia Loren und Queen Elizabeth II. gehört), doch in den Neunzigern ließ die Anziehungskraft nach. In den letzten Jahren wurden die Leinwandgöttinnen auf den exklusiven, kopfsteingepflasterten Straßen von Geschäftsleuten abgelöst. 2009 feierte das Resort eine Wiedereröffnung und ist glamouröser denn je.

718 IBIZA

Ibiza steht für Clubbing – diese Insel hat der Welt den Rave gebracht und ihre berühmten Megaclubs (darunter das Space, Pascha und das Café del Mar) ziehen Hedonisten von überall her an. Von Juni bis September ist die Insel definitiv kein Ziel für Leute, die gern früh schlafen gehen. Und so strömt eine junge (bzw. jung gebliebene), Sonne suchende, wild feiernde Klientel hierher – von Leonardo di Caprio über P Diddy, Kate Moss, Kylie Minogue und berühmte DJs (na klar!) bis hin zu europäischen Fußballern und Fashionistas. Doch obwohl das Nachtleben so einen überragenden Ruf hat, gibt es auf der Insel auch beeindruckende Landschaften und einsame Strände, die perfekt sind, um bei Sonnenuntergang Drinks zu genießen oder nach dem Clubben wieder runterzukommen.

So fährt man am Hôtel de Paris in Monte Carlo vor.

720 THE HAMPTONS, USA

Man sei nicht reich genug für die Hamptons, hieß es immer, wenn man am Montag im Büro erscheinen musste. Für das Who-is-Who des Geldadels von New York ist die südliche Spitze von Long Island seit Urzeiten der Sommerspielplatz, doch neuerdings gesellt sich das „neue Geld" hinzu – New Yorker Designer und Börsenmakler ebenso wie Filmstars aus L.A. Die Mega-Anwesen von Leuten wie Ralph Lauren, Steven Spielberg, Jerry Seinfeld, Martha Stewart und Billy Joel liegen verstreut an der Küste, dazwischen finden sich schicke Gemeinden. Wer eine Einladung zu einer Sommerparty in East Hampton bekommen möchte, der muss allerdings schon, sagen wir mal, seine Schwester verkaufen. Ein Kinderspiel dagegen ist, in den Straßen der Hamptons, der Königin aller Vororte, nach Promis Ausschau zu halten (oder einfach nur die Häuser zu bewundern).

719 CÔTE D'AZUR, FRANKREICH

Womit anfangen? Mit Städten wie Saint-Tropez, Cannes, Nizza, Monte Carlo? Mit Orten, die so schön sind, dass sie Künstler wie Renoir, Picasso und Matisse inspiriert haben? Oder mit einer Auflistung von Namen aus Film und Theater, von Literaten und genialen Künstlern, Promis und Aristokraten, die es seit dem 19. Jh. hierher gezogen hat? Mieten Sie eine Jacht, sie ist das Transportmittel der Wahl. Legen Sie sich faul an einen Privatstrand, stürmen Sie an die Blackjack-Tische und dinieren und shoppen Sie nahezu überall an der Küste mit Stil. Weil sie Zugang zu *diesem* Lebensstil haben, beneiden wir die A-Promis …

GLAMOU-RÖSESTE TRENDZIELE

DALLAS STRIBLEY / LPH

VERY BRITISH: DIE TOP-ZIELE DER INSEL

UND BITTE, HIER SIND SIE, DIE INFOS ZU DEN LIEBLINGSZIELEN DER BRITEN, DIE IHRE ANZIEHUNGSKRAFT BEWIESEN HABEN.

721 BRITISH MUSEUM, LONDON

In einer Stadt, die so reich an Sehenswürdigkeiten ist wie London, hat die Auszeichnung „meistbesuchtes" jede Menge Gewicht. Bei freiem Eintritt und über 5,4 Mio. Besuchern jährlich überrascht es nicht, dass das größte Museum des Landes diesen Titel hält. Noch dazu ist es ein echter Knaller: Das moderne architektonische Wunderwerk des Great Court raubt einem schon den Atem, bevor man überhaupt die riesigen Ausstellungsräume voller ägyptischer, etruskischer, griechischer, orientalischer und römischer Schätze bettritt. Nehmen Sie an einer kostenlosen „Eye-Opener"-Führung zu den Highlights des Museums teil: der Stein von Rosetta, die Parthenonskulpturen (die sogenannten Elgin Marbles), über deren Rückgabe an Griechenland kontrovers diskutiert wird, oder der überwältigende, goldene Oxus-Schatz. Sicher ist: Ein einziger Besuch wird nicht ausreichen.

722 EDEN PROJECT

Da Umweltschutzthemen immer mehr in den Mittelpunkt rücken, wird die Bedeutung des Eden Project in Cornwall weiter zunehmen. Falls Sie bei dem wissenschaftlichen Namen an ein lächerliches Schulprojekt denken, sollten Sie sich auf eine Überraschung gefasst machen. An diesem himmlischen Ort stehen die größten Gewächshäuser der Welt – und tatsächlich ist es ein großartiges Bildungsprojekt zum Thema, wie abhängig wir Menschen von der Natur sind. In den riesigen Bauten wurden Ökosysteme mit tropischem, gemäßigtem und Wüstenklima nachgebildet. So kann Sie ein einziger Besuch vom Regenwald in Südamerika bis in die nordafrikanische Wüste führen. Falls Sie glauben, Bildung und Spaß würden sich gegenseitig ausschließen, sollten Sie zu den Eden Session genannten Sommerkonzerten kommen oder zum Winterfestival, wenn es sogar eine Eisbahn gibt.

723 PLEASURE BEACH, BLACKPOOL

Blackpool ist die Königin unter den protzigen, englischen Traditionsseebädern. Wenn Sie Kitsch mögen, Neon oder Freizeitparks (und ganz besonders alles zusammen), wird Ihre Skepsis bald der Begeisterung weichen. Grund für Blackpools Beliebtheit ist Pleasure Beach, eine Ansammlung von mehr als 125 Fahrgeschäften auf 16 ha, die jährlich rund 6 Mio. Besucher anzieht – in einen der besten Freizeitparks in Europa. Dabei gibt es hier nicht nur Hightech-Fahrgeschäfte, bei denen sich einem der Magen umdreht. Testen Sie unbedingt auch die altmodischen hölzernen Schätze, darunter der Big Dipper, eine echte Achterbahnantiquität aus dem Jahr 1923.

Dahinzuckelnde Straßenbahnen tragen zu Blackpools altmodischem Charme bei.

724 KATHEDRALE VON CANTERBURY

Wenn es um Englands Domstädte geht, steht Canterbury an der Spitze der Charts. Die zum Weltkulturerbe zählende Kathedrale gilt als eine der schönsten Europas. Auch die mittelalterlichen Gassen der Stadt, am Flussufer gelegenen Parks und die historischen Stadtmauern tragen viel zum historischen Flair der Stadt bei. Selbst Nicht-Gläubige lassen sich von der außergewöhnlichen frühgotischen Kathedrale, der spannende(n) Geschichte(n), ihrer beeindruckenden Architektur und einer ungebrochen spirituellen Atmosphäre bekehren. Und dann gibt es da ja auch noch faszinierende Legenden von Gewalt und Blut-vergießen. Immerhin pilgern bereits Gläubige zu dem Gotteshaus, seit der Erzbischof Thomas Becket 1170 hier ermordet wurde.

725 TOWER VON LONDON

Der Tower ist Londons beliebteste Sehenswürdigkeit, die Eintritt kostet: Pro Jahr stehen 2 Mio. Besucher bei den im Tudorstil gekleideten Beefeaters an (das sind die in den flotten rot-schwarzen Uniformen), um schaurige Geschichten über die grau-same und faszinierende Geschichte des Tower zu hören. Der 1078 unter William dem Eroberer begonnene Bau erhielt 1285 seine eindrucksvolle heutige Form. Er diente als königliche Residenz, Schatzkammer, Münzanstalt und Waffenarsenal, wurde jedoch als Gefängnis berühmt, als Heinrich VIII. damit begann, seine bevorzugte Bestra-fungsmethode häufiger anzuwenden. Um die Highlights – von Gefangenen-geschichten über Hinrichtungsstätten und die Kronjuwelen bis hin zu den im Tower lebenden Raben – ranken sich jedenfalls Legenden.

257

726 EDINBURGH CASTLE

Schlendern Sie über die geschichtsträchtige Royal Mile hinauf zum Edinburgh Castle, das auf einem düsteren schwarzen Felsen dominant über Schottlands Hauptstadt thront. Ein Mischmasch aus Architekturstilen spiegelt seine vielen unterschiedlichen historischen Nutzungsformen wider, vom Königssitz bis zur militärischen Festung. Innerhalb der imposanten Mauern steht mit der St. Margaret's Chapel aus dem 12. Jh. das älteste Gebäude Edinburghs. In der Burg werden die schottischen Kronjuwelen aufbewahrt, die zu den ältesten Europas gehören, sowie der Stein von Scone, ein schottisches Nationalsymbol. Wo immer Sie sich auch in der Stadt befinden, wenn zur Mittagszeit die One O'Clock Gun donnert, wird Ihnen die Existenz der Burg mit Sicherheit bewusst werden.

In der Winterdämmerung wirkt Edinburgh Castle noch düsterer.

727 LAKE WINDEMERE, LAKE DISTRICT

Mit einer spannungsreichen Landschaft aus Schwindel erregenden Berggraten und riesigen Seen, die durch eiszeitliche Gletscher geformt wurden, ist der Lake District die schönste Ecke Englands (falls Sie uns nicht glauben, fragen Sie einen der über 14 Mio. Touristen pro Jahr). Kein anderer englischer See ist so majestätisch wie der Lake Windemere. Er erstreckt sich über knapp 17 silbrige Kilometer von Ambleside bis nach Newby Bridge und ist seit Mitte des 19. Jhs. ein touristisches Hauptziel in der

NEIL WILSON / LPI

Seenlandschaft. Es gibt ein großes Angebot an Bootstouren über den See – das beliebteste Schiff ist die über 100 Jahre alte „Tern".

728 XSCAPE, MILTON KEYNES

Hier kommt ein Ziel aus der Statistik des Britischen Fremdenverkehrsamtes, bei dem man sich etwas am Kopf kratzt. Man kann sich zwar gut vorstellen, dass es die Massen juckt, aus Milton Keynes herauszukommen. Aber, von wegen: Das dort gelegene Xscape gehört mit fast 7 Mio. Besuchern pro Jahr zu den meistbesuchten kostenlos zugänglichen Sehenswürdigkeiten Englands. Es werden zwar viele Witze über die Stadt gemacht, aber MK hat mit dem Xscape einen echten Trumpf in der Hand. Das „Entertainment-Ziel" bietet eine ganze Liste von Attraktionen: die größte Indoor-Skipiste des Landes, einen vertikalen Lufttunnel, in dem man das Gefühl des Skydivens erlebt, dazu Kletterwände, Bowlingbahnen, ein Kino, Geschäfte, Restaurants und und und. Zugegeben, das macht immer noch ein bisschen baff.

729 TATE MODERN, LONDON

Southbank, ein ehemals eher trostloser Londoner Stadtteil, erfuhr eine Wiederbelebung und wurde zum kulturellen Zentrum der britischen Hauptstadt. Ein stillgelegtes Kraftwerk am Fluss haben Architekten zu einer herausragenden Kunsthalle umgestaltet. Sie eröffnete im Jahr 2000, schoss sofort in die Top Ten von Londons Sehenswürdigkeiten und avancierte zum weltweit beliebtesten Museum für zeitgenössische Kunst. Die Tate Modern konzentriert

sich auf moderne Kunst in all ihren verrückten, wunderbaren Ausdrucksformen und ist extrem erfolgreich darin, anspruchsvolle Arbeiten einem Massenpublikum näherzubringen. Wenn Sie intellektuell nach einem Rundgang durch das Museum so richtig geschafft sind (sehen Sie sich die wechselnden, groß angelegten Ausstellungen in der riesigen Turbinenhalle an), sollten Sie den spektakulären Ausblick über die Stadt vom Restaurant in der obersten Etage genießen.

730 KELVINGROVE ART GALLERY & MUSEUM, GLASGOW

Als große viktorianische Kathedrale der Kultur ist Kelvingrove Schottlands bestes Museum. Noch dazu ist es Schottlands beliebteste Sehenswürdigkeit mit freiem Eintritt und zeigt – wie es die typische Glasgower Art ist – das wahre Gesicht der Stadt, ohne Vorspiegelung falscher Tatsachen. Neben einer großen naturhistorischen Sammlung gibt es ein Spitfire-Jagdflugzeug aus dem Zweiten Weltkrieg in Originalgröße, eine Ausstellung namens „Glasgow Stories", in der Geschichten aus der Stadt erzählt werden (sowohl inspirierende als auch betroffen machende) sowie jede Menge schottische Geschichte. Ein Fest fürs Auge ist die Sammlung erlesener schottischer und europäischer Kunstwerke, darunter Dalís „Der Christus vom Heiligen Johannes vom Kreuz".

VERY BRITISH: DIE TOP-ZIELE DER INSEL

UNBEKANNTE ZIELE, DIE EIN MUSS SIND

SIE LIEGEN IN TEILEN DER WELT, DIE OFT VERGESSEN WERDEN, DOCH VON DIESEN HEISSEN TIPPS SOLLTEN SIE NOTIZ NEHMEN: VERPASSEN SIE DIESE STILLEN WUNDER NICHT.

731 SURINAM

Das an Südamerikas östlicher Schulter gelegene Surinam ist eine ehemalige niederländische Kolonie, die zum ethnischen Schmelztiegel geworden ist: Indigene Kulturen vermischen sich mit britischen, holländischen, chinesischen, indischen und indonesischen Einflüssen. Hier gibt es vieles, was man mögen kann: In der Hauptstadt Paramaribo sind noch einige schöne Beispiele niederländischer Kolonialarchitektur erhalten. Die wahren Juwelen des Landes sind die Naturparks (allerdings mit wenig berauschender Infrastruktur), darunter das Raleighvallen Nature Reserve und der Brownsberg Nature Park. Beide sind für ihre Vielfalt an Vögeln bekannt. Zusammen mit den angrenzenden, ebenso unbekannten Ländern Guyana und Französisch-Guayana ist dies die *last frontier* der Südamerika-Reisen.

732 TOGO

Togo ist auf der Landkarte in etwa so breit wie ein Zigarettenpapier und erobert sofort das Herz derjenigen, die eine Reise in dieses westafrikanische Land unternehmen. Die Hauptstadt Lomé grenzt mit einer Reihe von palmenbestandenen Stränden an den Atlantik, doch von hier aus geht es nur noch ins Landesinnere, durch tiefe Täler und hohe Berge, die in der flachen Savanne auslaufen. Togo kann alles sein: vom Windsurfen auf dem Lake Togo bis zu Lomés Fetischmarkt, wo man nach Voodoo-Medizin wie Affenhoden und Schlangenköpfen Ausschau halten kann.

733 KUWAIT

Das winzige Kuwait, das lediglich dafür bekannt ist, besetzt worden zu sein, steht auf wenigen Reiselisten – zum Teil, weil es ausschließlich an den Irak und Saudi-Arabien grenzt, was eine Einreise auf dem Landweg nahezu unmöglich macht. Für all jene, die überlegen, hierher zu fliegen, gibt es nicht viel, wofür sich der Aufwand lohnen würde, es sei denn, man mag glitzernde Nahost-Einkaufszentren und vierspurige Autobahnen. Fern des auf Hochglanz polierten Kuwait City kann man die 145 m zum höchsten Punkt des Landes auf der Mutla Ridge hinaufsteigen oder sich al-Ahmadi ansehen, wo Kuwaits Ölindustrie ihre Geburtsstunde erlebte. Okay, das ist jetzt der richtige Zeitpunkt, um vor Begeisterung auszuflippen ...

734 SÃO TOMÉ & PRÍNCIPE

Lust auf ein Stück Karibik vor der afrikanischen Küste? Die zwei verschlafenen Inseln, aus denen die kleinste Nation des Kontinents besteht, sind der Gegenentwurf zu allem Afrikanischen. Nur wenige haben schon einmal von ihnen gehört, und noch weniger reisen hin, doch die Kunde von ihrem Charme verbreitet sich. Es gibt dort kilometerlange einsame Strände, kristallblaues Wasser mit tollen, auf keiner Landkarte verzeichneten Tauchgründen, schroffe Felsformationen und üppige Regenwälder. Und es herrscht ein lockerer Lebensstil: Man geht ins Café, genießt richtigen Kaffee, köstliche Früchte und firschen Fisch.

735 KOMOREN

In den ruhmreichen Tagen der Seefahrt machten Schiffe, die das Kap der Guten Hoffnung umrundeten, traditionell auf den Komoren Halt. Durch den Bau des Suez-Kanals gerieten die Inseln in Vergessenheit, so kommen heute nur noch 25 000 Besucher pro Jahr. Die in der Nachbarschaft der Seychellen liegenden und nur ein paar Kraulzüge von Mauritius entfernten Komoren müssten ein Tropenparadies sein, doch der Staat ist so zersplittert wie die Inseln, aus denen er besteht. Seit das Land 1975 die Unabhängigkeit von Frankreich erlangte, hat es 20 Putschversuche erlebt. Schauen Sie auf Mayotte vorbei, einer zum Archipel, aber nicht zum Staat Komoren gehörenden Insel, dort können Sie eine der größten Lagunen der Welt besichtigen.

736 NAURU

Es gab eine Zeit, da gehörte der winzige, kartoffelförmige Inselstaat Nauru zu den Nationen mit dem höchsten Pro-Kopf-Vermögen. Die Einwohner waren durch die reichen Phosphatvorkommen zu Wohlstand gekommen. Heute ist alles Phosphat abgebaut, die Minen sind stillgelegt, doch die Menschen haben sich eine lässige Lebenseinstellung bewahrt, sie spielen Australian Football und singen die unverwechselbaren Harmonien der Pazifikinselbewohner. Naurus kahl gewordene Landschaft besitzt eine melancholisch machende Poesie – mit einer felsigen, baumlosen Mondlandschaft im Inselinnern, einigen verblüffend grünen Klippen und einem windgepeitschten Ozean, zu dem die Seevögel hinabschießen.

737 GUINEA-BISSAU

Seine zu den freundlichsten Menschen Westafrikas zählenden Einwohner machen Guinea-Bissau zu so etwas wie einem seltenen Fund in einem schlecht sortierten Plattenladen. Auf dem Festland gibt es verschlafene Kolonialstädte, ruhige Strände und altehrwürdige Regenwälder. Einzig der Bissagos-Archipel, eine Gruppe rauer, abgelegener Inseln mit einer fantastischen Unterwasser- und Tierwelt, hat es geschafft, zum Ziel des Massentourismus zu werden. Mit ihrer lässigen Kleinstadtatmosphäre unterscheidet sich die Hauptstadt Bissau von ihren meist hektischen westafrikanischen Pendants. Wenn Sie sich allerdings zu den Sehenswürdigkeiten aufmachen, werden Sie vorwiegend auf Bürgerkriegsruinen stoßen.

738 NIUE

Niue, ein kleiner Fleck von einer Insel, der 600 km vom nächsten Nachbarn entfernt liegt, hat so wenige Besucher, dass es nur zwei Flüge pro Woche hierher gibt (jeweils einer von Auckland in Neuseeland und von Apia auf Samoa). Hier handelt es sich nicht um ein klassisches Badeparadies im Pazifik, denn es gibt nur wenige Strände; doch man kann in der Vaikona Chasm und der Togo Chasm einige fantastische Höhlen erkunden. Und da von der Insel keine Flüsse ins Meer fließen, haben Taucher hier hervorragende Sicht. Dass ein Tauchspot vor der Westküste Toilet Bowl („Toilettenschüssel") heißt, spiegelt keineswegs die Qualität der Tauchgründe Niues wider.

739 WEISSRUSSLAND

Während immer mehr Touristen in die anderen ehemaligen Sowjetstaaten strömen, schaut Weißrussland dem ganzen Geschehen nur zu, obwohl es auf direkter Linie zwischen Moskau und Mitteleuropa liegt. Weißrussland, das oft als letzte Diktatur Europas bezeichnet wird, ist das Land, in das Sie reisen sollten, wenn sie in Erinnerungen an alles Sowjetische schwelgen wollen: Die Hauptstadt Minsk wurde im Zweiten Weltkrieg fast vollständig zerstört und nach stalinistischem Muster wiederaufgebaut. Von natürlicher Würde ist der Belavezhskaja-Nationalpark, der sich über die Grenze zu Polen erstreckt. Er ist Europas größter Urwald, ein Unesco-Weltnaturerbe und die Heimat des Wisents, des größten Säugetiers des Kontinents.

740 KIRGISISTAN

Wenn man an großartige Bergländer denkt – Nepal, Peru, Kanada –, wird Kirgisistan unweigerlich übersehen. Das sollte es nicht. In dieser ehemaligen Sowjetrepublik, die während der Besatzungszeit die meiste Zeit nicht für Ausländer zugänglich war, befinden sich die höchsten und spektakulärsten Berge Zentralasiens; der höchste Gipfel liegt fast 7500 m über dem Meeresspiegel. Das Problem ist, dass Kirgisistan ansonsten nicht viel zu bieten hat, es besitzt wenig Ressourcen und kaum touristische Infrastruktur. Da ist es gut, dass die meisten Reisenden direkt in das relativ gut entwickelte Gebiet um den Yssykköl fahren. Er ist der zweithöchst gelegene See der Welt und Ausgangspunkt für die schönsten Trekkingtouren in die Region.

DIE 10 BESTEN ORTE ZUM NACKTBADEN

MACHEN SIE SICH FREI, LÖSEN SIE IHREN GÜRTEL UND LEGEN SIE BEI DIESER AUSWAHL IHRE HEMMUNGEN AB.

Aufwärmen in einem mitten im Schnee gelegenen *onsen* in Nagano.

JOHN BORTHWICK / LPI

741 FORMENTERA, SPANIEN

Bikinistreifen? Was für Bikinistreifen? Als kleinste und südlichste Insel der spanischen Balearen brüstet sich Formentera mit einigen der schönsten Strände am Mittelmeer. An diesen unberührten Sandufern gibt es keinen Grund, sich zu genieren – Nacktheit ist hier die Norm und Sie werden wahrscheinlich mehr Blicke auf sich ziehen, wenn Sie sich bedecken, als wenn Sie alles ablegen. Die Playa de Llevant ist eine sandige Enklave mit Bäumen im Hintergrund, die von geschützten Dünen eingerahmt wird, während sich in der kristallklaren Bucht an der Playa Es Caló großartig schnorcheln lässt. Was astreines Nacktbaden angeht, gibt es wahrscheinlich nichts Besseres.

742 VÍTI-SEE, CALDERA DES ASKJA-VULKANS, ISLAND

In diesem Land voll vulkanischer Wunder ist der Askja das Juwel. Der einsam in Islands abgelegenem Zentralhochland im Schatten des immensen Vatnajökull-Gletschers gelegene Vulkan ist nur über Off-road-Strecken zu erreichen. Sie brauchen Nerven aus Stahl, um mit dem Geländewagen die beängstigenden Gletscherflüsse zu durchqueren, doch die Anstrengung lohnt sich. Nach einer großen Eruption im Jahr 1875 bildete sich eine neue Caldera, die sich mit Wasser füllte. Der so entstandene See Öskjuvatn ist mit 220 m Islands tiefster. Doch die Hauptattraktion ist der benachbarte Víti. Furchtlose Besucher klettern in den steilen Krater, um im wohltuenden Thermalwasser zu baden – Badesachen sind dabei strikt optional.

743 TRADITIONELLE ONSEN, JAPAN

Japans Tradition, in heißen Quellen – *onsen* – zu baden, ist tief in der Kultur der Nation verankert. Das am Pazifischen Feuerring gelegene Land brodelt regelrecht vor vulkanischer Aktivität und es gibt Tausende von Badehäusern, die Touristen genauso offen stehen wie den Einheimischen. Japans Armee von Angestellten betrachtet das *onsen* als das perfekte Stressventil, einen Ort, an dem man sich entspannen und die Fesseln der Stadt abschütteln kann – natürlich nur, wenn man splitterfasernackt ist. Diese Philosophie ist für manche Menschen aus westlichen Ländern schwer zu begreifen, aber für Schamhafte bieten die meisten *onsen* auch nach Geschlechtern getrenntes Baden. Wer die Gelegenheit bekommt, sollte dieses Erfahrung nicht verpassen.

263

STEPHANIE MAZE / CORBIS

Kommen Sie rein, das eiskalte Wasser ist herrlich, man spürt rein gar nichts.

744 EISBADEN, FINNLAND

Im Sommer lieben die Finnen nichts mehr, als in ihren Sommerhäusern abzuhängen, den Grill anzuschmeißen und in einem der, sagen wir, 187 888 kristallklaren Seen des Landes zu planschen. Aber der Sommer ist etwas für Weicheier! Beim Hardcore-Nacktbaden wird die allgegenwärtige finnische Sauna mit Eisschwimmen kombiniert, sodass einem die Zähne klappern. An öffentlichen Schwimmlöchern braucht man für gewöhnlich Badesachen, aber wenn Sie wissen, wie es geht, wird Sie niemand davon abhalten, selbst ein Loch ins Eis zu hacken und ins kalte Wasser zu springen. An einem ruhigen Abend in der Wildnis bei knackiger Kälte und einem sternenübersäten Himmel aus der dampfenden Sauna zum tintenschwarzen Wasser zu flitzen, ist ein Erlebnis, bei dem sich einem alles zusammenzieht.

745 PORCUPINE MOUNTAINS WILDERNESS STATE PARK, MICHIGAN, USA

Bei den Porcupine Mountains in Michigan, bekannt als die „Porkies", handelt es sich um eine Reihe von Bergkämmen, die sich steil am Ufer des Lake Superior erheben. Hier bietet die Natur großes Kino: Panoramablicke, große Weite und den größten Süßwassersee der Erde. Eine tolle Wochenendtour führt einen Rundweg entlang, der drei Wanderpfade miteinander verbindet – Escarpment, Big Carp River und Lake Superior –, sodass man an den schönsten Landschaften vorbeikommt. Lust, schnell mal ins Wasser zu springen? 11 km westlich des Ausgangspunkts liegt ein geschützter Zeltplatz im Hinterland, der zu *dem* Nacktbadeort in den Vereinigten Staaten gewählt wurde. Laufen Sie auf Zehenspitzen über den Teppich aus Kiefernnadeln und genießen Sie dieses perfekte Nacktschwimmerlebnis..

746 PARADISE BEACH, MYKONOS, GRIECHENLAND

In den 1960er-Jahren haben Reisende auf dem Hippietrip Paradise Beach als hedonistischen Zufluchtsort für freie Liebe und zügellose Trinkgelage bekannt gemacht. Noch heute ist es ein Party-Hotspot, an dem sich Rucksack-Reisende in den Strandbars drängen und die Nächte durchfeiern. Täuschen Sie sich nicht, dieser Ort ist so beliebt, dass Sie es vergessen können, den Strand für sich allein zu haben. Am Paradise Beach geht es darum, abzuhängen und sich unter die energiegeladene Menge der Feiernden zu mischen. Und nach so einer Nacht gibt es keine bessere Art, Ihre neu gewonnenen Freunde kennenzulernen, als im Morgengrauen schwimmen zu gehen – natürlich *au naturel*.

747 RADHANAGAR, ANDAMANEN & NIKOBAREN

Die 582 Inseln der Andamen und Nikobaren, die nahe Myanmar und Indonesien im Golf von Begalen verstreut liegen, wurden 2004 schlagartig berühmt, als sie vom Tsunami im Indischen Ozean getroffen wurden. Der Tourismus erholt sich und Radhanagar auf Havelock Island wurde sehr gepriesen – könnte dies wirklich der „beste Strand Asiens" sein? Eine kühne Behauptung, aber sie hält einer genauen Prüfung stand. Makelloser weißer Sand, türkisfarbenes Wasser und Korallenriffe mit tollen Schnorchelgründen sind die großen Pluspunkte, genauso wie die filmreifen Sonnenuntergänge. Es ist ein wunderbarer Ort, um ganz frech nackig baden zu gehen, aber achten Sie auf starke Strömungen.

748 BLACKMOSS POT, LAKE DISTRICT, ENGLAND

Nacktbaden in England? Wildes Campen ist verboten und im Adams-kostüm umherzuspazieren, gehört sich nicht – es ist einfach nicht die feine englische Art. Doch das sollte Sie nicht aufhalten; Sie schlagen einfach heim-lich, still und leise Ihr Zelt im Lake District auf und es wird niemanden stören. Am frühen Morgen hüpfen Sie schnell in den Blackmoss Pot, einen geschützt gelegenen Tümpel mit tollen Felsen, von denen man ins klare Wasser springen kann. Keine noch so große Menge dampfenden Tees und Bacon-Brötchen macht Sie auf einen Schlag so wach.

749 ENGLISCHER GARTEN, MÜN-CHEN, DEUTSCHLAND

Selbst an den liberalen Maßstäben des kontinentalen Europa gemessen werden die Deutschen von vielen für zügellose Nudisten gehalten. Eine Mentalität, die in der Freikörper-kultur des 19. Jhs. ihre Wurzeln hat und heute von den Stadtbewohnern fortgeführt wird. Im Sommer strömen Tausende ganz normale Münchner zu Mittag in den größten Park der Stadt, den Englischen Garten, um sich ein bisschen nackig zu machen, sich auf dem Rasen auszustrecken oder sich in der Isar abzukühlen. Die zahllosen Stapel sauber zusammengefalteter Anzüge und Kostüme bieten ein ungewöhnliches Bild und sind für Touristen immer eine Quelle der Belustigung.

750 TURTLE ISLAND RESORT, FIDSCHI

Das luxuriöse Inselresort, das lediglich 14 Paare zur gleichen Zeit beherbergt, bietet prächtige Villen, Dinner im Freien am Wasser und ein Spa-Angebot, das genauso herrlich ist wie die Location. Es kommt aber noch besser: Es gibt auch 14 Privatstrände. Wer sollte einen davon abhalten, nackt einen Spaziergang über den weißen Sand zu machen, sonnenzubaden oder ein Bad im Mondlicht zu genießen? Die Insel war einer der Drehorte für „Die blaue Lagune" (1980), und es ist schwer, sich einen perfekteren Ort vorzustellen, um sich aus den Klamotten zu schälen.

DIE 10 BESTEN ORTE ZUM NACKTBADEN

SO ISST NEW YORK

BEI MEHR ALS ACHT MILLIONEN MENSCHEN IM BIG APPLE KÖNNEN SIE MIT JEDER MENGE LECKEREIEN RECHNEN. DIE NEW YORKER MACHEN GERICHTE AUS ALLER WELT ZU IHREN EIGENEN.

751 JÜDISCHE DELIS

Diese Institutionen – in denen man gerne mal mit dem Satz: „Sie sollten auf jeden Fall mehr essen!" begrüßt wird – sind eine Mischung aus Lebensmittelgeschäft und einem Café, wo für gewöhnlich koscher oder im „koscheren Stil" gekocht wird. Wenn Sie hier essen, holen Sie sich eine Schüssel Matzeknödelsuppe, die mit *schmaltz* (Hühnerfett) aufgepeppt ist, oder ein dick belegtes Sandwich, z. B. das klassische mit Pastrami oder eins mit Roastbeef auf Roggenbrot. Wenn Sie das Essen mitnehmen möchten, nehmen Sie etwas eingelegtes Gemüse oder eine Portion *kugel*, den berühmten Auflauf aus Eiernudeln. Viele der Gerichte, die in jüdischen Delis angeboten werden, stammen aus Osteuropa, aber heute gehören sie untrennbar zu New York.

752 MEXIKANISCH

Von der südlichen Grenze der USA bis nach New York ist es ein weiter Weg, aber Mexikaner nennen New York inzwischen ihr Zuhause. Der Taco-Truck, der lange der Inbegriff des Straßenimbisses von Los Angeles war, fährt mittlerweile auch regelmäßig an New Yorker Baustellen vorbei und serviert den hart ackernden Bauarbeitern proteinreiches Essen. Tacos sind die offensichtliche Wahl – seien es *norteño* (pures Rindfleisch, das mit scharfer Salsa gewürzt wird), die nicht für Empfindliche geeigneten *sesos* (Hirn) oder New-Age-Kreationen mit Tofu.

753 HOTDOGS

Diese schmale Röhre aus Fleisch unbekannter Herkunft in einem Brötchen mit je nach Gusto wählbaren Beilagen, die von einem Streifen Senf über einen Spritzer Relish oder einer Zange voll Sauerkraut bis hin zu gebratenen Zwiebeln reichen, ist längst ein echter New Yorker. Der Hotdog, ein Cousin der Wurst, wurde der Stadt Anfang des 19. Jhs. von dem Deutschen Charles Feltman, der den ersten Handkarren am Strand von Coney Island entlangschob, geschenkt. Heute steht an jeder Ecke ein Verkäufer, und die New Yorker schlingen die Hotdogs auf dem Weg zur U-Bahn herunter oder genießen einen zum Bier beim Baseball gucken.

754 SOUL FOOD

Das aus dem tiefen Süden der USA stammende Soul Food kam mit den Afro-amerikanern, die diese nicht ganz leichte Kost kreiert haben, bis nach New York. Soul-Food-Läden findet man von Harlem bis in die Bronx, sie sind meist schlicht eingerichtet und servieren gutes Essen, das sich hoch auf den Tellern türmt. Die bevorzugte Zubereitungsart ist das Ausbacken in Fett, also *southern-fried chicken* (paniertes Hühnchen), *country fried steak* (paniertes Rindersteak) und *cracklins* (frittierte Schweineschwarte). Dazu bestellt man Beilagen wie Blattkohl mit dem Aroma von Schweinefleisch oder *grits*, eine Maisgrütze. Makkaroni mit Käse sind ein leckerer Standard – genauso wie das Auftunken der Soße mit *corn bread*, dem in der Bratpfanne gebackenen Maisbrot, von dem viele glauben, dass es von den Ureinwohnern Nordamerikas stammt.

DAN HERRICK / LPI

Bei Miss Mamie's Spoonbread Too in Harlem dreht sich alles um Hausmannskost mit Seele.

RICHARD CUMMINS / LPI

755 KOREANISCH

Kurz hinter dem Herald Square findet sich eine kleine kulinarische Enklave mit Karaokebars und nächtelang geöffneten Grillrestaurants, die die 32nd Street freundlicher aussehen lässt: Little Korea. Die New Yorker nehmen das Do-it-yourself-Konzept von *gogi gui* (koreanischem Barbecue) bereitwillig an. Dabei wird ein kleiner Grill in die Mitte des Tischs gestellt, auf den die Gäste *bulgogi* (mariniertes Rindfleisch) oder *samgyeopsal* legen, dicke Streifen Schweinefleisch ähnlich ungepökeltem Schinken. Vegetarier bestellen *bibimbap*, also verschiedene saisonale Gemüsesorten mit einer hinterhältig pikanten Chilipaste auf einem Reisbett. *Kimchi*, die berüchtigte scharfe Gemüsebeilage, hat so viele Fans unter den New Yorkern gefunden, dass sogar einige Hotdog-Verkäufer sie anbieten.

756 CHINESISCH

Zwischen 150 000 und 250 000 Chinesen nennen NYC ihr Zuhause. Viele von ihnen haben sich in den verwinkelten Straßen südlich der Canal Street angesiedelt, die als Chinatown bekannt sind. Während das chinesische Essen in New York aus allen Teilen Chinas kommt, stammen viele der Chinesen im Big Apple aus Fujian. Damit ist die Stadt der perfekte Ort, um ein Gericht aus dieser Provinz zu probieren, etwa „Buddha springt über die Mauer", eine sehr aufwendige Suppe mit Seegurke, Abalone und Reiswein. Falls das nicht Ihr Fall ist, gibt es jede Menge Lokale, die ihre Interpretationen von traditionellen chinesischen Gerichten wie *kung-pao*-Hähnchen oder die klebrig-süßen *bubble teas* anbieten.

Für einen Pasta-Stopp schauen Sie am besten bei Puglia in Little Italy vorbei.

757 ITALIENISCH

Sie waren in New York noch nicht beim Italiener? Im Ernst? Die Heimat des *autentico* Essens liegt direkt neben Chinatown. Spazieren Sie durch die Mulberry Street, wo traditionelle Feinkostläden und Bäckereien frische Ravioli oder mit Creme gefüllte Cannoli machen. Vielleicht kommen Sie an der Mulberry St. Bar vorbei, dem Lieblingslokal von Frank Sinatra, als es noch Mare Chiaro hieß. Lassen Sie sich an einen Tisch mit rot-weiß karierter Decke plumpsen und verputzen Sie Pasta mit Bolognesesauce, die Sie mit einem der stärksten Espressos der Stadt hinunterspülen. Danach spazieren Sie die Elizabeth Street entlang, wo der junge Martin Scorsese seinen ersten Teller sagenhafte Bolognese genossen hat.

758 PIZZA MIT DÜNNEM BODEN

Okay, Pizza ist definitiv ein italienisches Gericht, aber als sie Anfang des 19. Jhs. den Atlantik überquerte, bekam sie einen dünnen Boden, damit sie in der Stadt, die niemals schläft, schneller zubereitet werden konnte. In anderen Gegenden der USA entwickelte sie sich anders – nehmen wir nur Chicagos berühmte „deep pan"-Pizza oder die leichte, teigige Variante in Kalifornien. In NY allerdings wurde der dünne Boden zu etwas, worauf die ganze Stadt stolz ist. Sie können natürlich in den Pizzerien aller fünf Stadtteile eine ganze Pizza bestellen. Aber der bevorzugte Snack ist das dreieckige Stück, das etwa 2 Dollar kostet (auch wenn manche auf die quadratisch geschnittenen sizilianischen Stücke schwören). Die Beläge reichen von italienischen *basics* (Tomatensoße, Peperoni und Mozzarella) bis hin zu exotischen (halten Sie nach Pfirsich, Ziegenkäse und Pinienkernen Ausschau).

759 KÄSEKUCHEN

Dieser Liebling aller Naschkatzen wird in Europa mindestens seit dem 15. Jh. gebacken. Doch so, wie Lady Liberty die Müden und Armen aufgenommen hat, so stibitzte sie auch deren Desserts. Die Geschichte des New York Cheesecake begann 1921 mit Leo Lindemann, dessen Lokal Lindy's in Midtown als erstes einen Kuchen mit Frischkäse und normaler Sahne sowie einem Hauch Vanille und einem Keksboden servierte – eine Sensation! Es gibt Variationen mit Vollkornkeksen für den Boden sowie solche, bei denen z. B. Mandarinen- oder Zitronenaroma untergerührt oder der Frischkäse durch Hüttenkäse ersetzt wird. Heute taucht der New York Cheesecake nicht nur auf Speisekarten überall in der Stadt auf, sondern ist auf der ganzen Welt ein Dessert, das Maßstäbe setzt.

760 SPANISH HARLEM

Eine der größten ethnischen Gemeinschaften New Yorks ist zwischen der Fifth Avenue und dem East River kurz oberhalb der 96th Street zu Hause, einem Gebiet, das als El Barrio oder Spanish Harlem bekannt ist. Seit dem Zweiten Weltkrieg ist La Maquetta („der Markt") das Zentrum der puerto-ricanischen Gemeinde. Er ist zwar auf weniger als 200 Verkaufsstände zusammengeschrumpft, doch diese verkaufen alles – von exotischen Früchten bis hin zu religiösen Ikonen. Und womöglich auch eine gute Auswahl der *cocina criolla* (kreolischen Küche), die mexikanische, kubanische und puerto-ricanische Einflüsse in sich vereint. Halten Sie nach Verkäufern Ausschau, die *crab empanadillas* (halbrunde Teigtaschen mit Krebsfleisch) oder *piraguas* (Eishütchen mit Tamarinden- oder Guavengeschmack) anbieten.

SO ISST NEW YORK

DIE BESTEN REISEZIELE FÜRS GELD

NICHT BILLIG, SONDERN DIE BESTE QUALITÄT FÜR DEN GEZAHLTEN PREIS: HIER BEKOMMEN SIE DAS MEISTE FÜR IHR HART VERDIENTES GELD.

761 ISLAND

Das kühle Island ist hauptsächlich wegen seiner beeindruckenden Natur ein Touristen-Hotspot: Es gibt majestätische Gletscher, leere schwarzsandige Strände, heiße Quellen, Geysire, aktive Vulkane, bedrohliche Gipfel, Lavawüsten und im Sommer scheint die Sonne nie unterzugehen. Außerdem hat das Land eine sagenumwobene Geschichte und Folkloretradition sowie eine gefeierte, vielseitige Musikszene, deren Zentrum Reykjavík ist – eine dynamische, freundliche Stadt, in der sich einige der besten Bars Nordeuropas befinden. Beliebte Freizeitaktivitäten, die mehr Körpereinsatz erfordern, sind Walbeobachtung, Schwimmen und Fischen, außerdem haben Sie die Möglichkeit – jetzt kommt's! – Tauchen zu gehen.

762 JAPAN

Für die absolute Reizüberflutung sollten Sie Tokios Clubs, Bars, Karaokeräume und Restaurants besuchen. Oder Sie spazieren einfach durch die Straßen: In der Stadt gibt es immer etwas zu erleben, und dazu braucht man nicht immer einen Haufen Bargeld. Schon allein die Dynamik der Konsumkultur kann tagelang unterhaltsam sein. Doch es gibt auch jede Menge Traditionelles zu sehen und zu tun, von Nudelläden in Seitengassen über *onsen* (Badehäuser) bis hin zu den kleinen alten Frauen, die auch heute noch ihre traditionellen Gewänder tragen. In den Straßen und Gassen finden sich lauter eigene Welten, die innerhalb anderer Welten liegen. Und so werden Sie immer etwas zu gucken haben, ob es als Manga-Figur verkleidete Mädchen sind oder Jungs, die als Edward mit den Scherenhänden herumlaufen.

763 COSTA RICA

Im unruhigen Lateinamerika ist Costa Rica einzigartig. Die Umweltschutzpolitik des Landes ist wegweisend, so stehen 27 Prozent seiner Fläche unter Naturschutz. Damit ist sichergestellt, dass die üppigen Dschungelgebiete nur so von Affen, Echsen, Fröschen, allen möglichen Arten von exotischen Vögeln und Insekten wimmeln. Obendrein hat Costa Rica super Surfspots und tolle Strände, einen Haufen riesiger Nationalparks und Vulkane und bietet fantastische Wander- und Raftingmöglichkeiten. Noch dazu sind die Menschen freundlich (Costa Rica hat als einziges lateinamerikanisches Land keine Armee), der Kaffee ist hervorragend und vor der Isla del Coco gibt es einen der weltbesten Tauchgründe.

764 NICARAGUA

Nicaragua ist bis jetzt seltsamerweise von der Masse der Touristen ignoriert worden. Zwar hat sich nicht geändert, wie das Land von außen wahrgenommen wird, aber: Der Krieg ist vorbei. Anspruchsvolle, abenteuerlustige Reisende wissen längst, dass die geschützten Parks und Naturschutzgebiete Nicaraguas, die riesigen schwarzen Vulkane und Regenwaldgebiete perfekt für Trekkingtouren sind. Andere werden einfach die Landschaft genießen, oder die Atmosphäre in den spanischen Kolonialstädten. Auch die Strände sind herrlich und bieten jede Menge Surf- und Tauchspots – und das alles zu Preisen, die eindeutig den Geldbeutel schonen.

765 DOMINIKANISCHE REPUBLIK

Die Dominikanische Republik hat es in sich. Einerseits ist sie ein typisches tropisches Inselparadies mit reinen weißen Stränden, fantastisch blauem Wasser und Unmengen von Palmen. Andererseits kann sie mit einer rauen Bergwelt im Landesinnern aufwarten, die zu erstklassigen Naturerkundungen, zum Rafting und zum Wandern lädt. Und die Einheimischen lassen es ebenfalls gern locker angehen: Sie veranstalten Surfmeisterschaften mit dem ganzen Rummel, der dazugehört, außerdem diverse Straßenfeste und zweimal im Jahr einen opulenten Karneval. Wenn nichts von all dem Sie überzeugt, besichtigen Sie die Hauptstadt Santo Domingo: Mit ihren verblassten Fassaden im spanischen Kolonial- und im Art-déco-Stil wirkt sie wie die Städte in Kuba – nur dass nicht so viel über sie geredet wird.

766 ÄTHIOPIEN

Im wunderschönen Äthiopien kann man in der Zeit zurückreisen – wie es sich für ein Land gehört, das als die „Wiege der Zivilisation" bekannt ist (im Nationalmuseum in Addis Abeba befinden sich die Überreste der 3 Mio. Jahre alten „Lucy", die zu den frühesten Vorfahren der Menschheit gehört). Äthiopien ist ein Land mit einem erstaunlich gut erhaltenen kulturellen Erbe (im Norden stehen lauter christliche Monumente aus dem 4. Jh. n. Chr.), weil es die

einzige afrikanische Nation ist, die der Kolonialisierung entging. Obendrein bietet das Land viele unterschiedliche Ökosysteme – Laub- und Nadelwälder, Wüstensteppe Sumpfgebiete, Grasland – und im rauen Gebirge gibt es jede Menge Wandermöglichkeiten.

767 LAOS

Laos ist einzigartig in der Region, in der es liegt. Das Land ist relativ abgeschottet vor fremden Einflüssen, deshalb erleben Reisende hier einen erstaunlich gut erhaltenen Teil südostasiatischer Kultur – und zwar überall, sowohl in den fruchtbaren Tiefebenen im Mekong-Tal als auch im zerklüfteten Truong-Son-Gebirge. Seit der Öffnung der Grenze zu Zentralvietnam ist es auch leichter denn je, nach Süd-Laos zu fahren, das zuvor der abgelegenste Teil des Landes war. Es strotzt vor uralten Tempeln und Klöstern, und auch Ökotouristen kommen auf ihre Kosten, denn die großen, unberührten Wälder von Laos bieten tolle Möglichkeiten für Höhlenwanderungen und zum Kajaken-Fahren.

768 BULGARIEN

Die billigen Zeiten sind auch in Osteuropa vorüber, Bulgarien dagegen ist noch immer so unbekannt, dass die wenigsten eine Stadt jenseits der Hauptstadt benennen können – und selbst Sofia ist nicht unbedingt allen geläufig. Obwohl das EU-Mitglied zu kämpfen hat, gegen Arbeitslosigkeit, Abwanderung und Korruption, lohnt sich eine Reise. Teuer kann es zwar auch werden, und zwar im Sommer an der Schwarzmeerküste, aber anderswo – auch in Sofia – ist das tägliche Leben bezahlbar. Und was bekommt man? Weltberühmte

Klöster, ganze Orte und Dörfer, die unter Denkmalschutz stehen, quirlige Städte und eine Natur aus fantastischen Gebirgen, dichten Wäldern und verborgenen Seen.

769 PORTUGAL

Die letzten Jahre waren hart für Portugal. Doch im Mai 2014 verließ das Land den Euro-Rettungs-schirm, um wieder auf eigenen Beinen zu stehen. Selbst in der Algarve, der Sonnenhochburg mit seiner beeindruckenden (Steil-) Küste, bieten sich beste Urlaubs-Deals. Aber längst nicht nur hier: Wer immer schon nach Lissabon mit seiner reichen Kultur und Vergangenheit reisen wollte, sollte jetzt die Koffer packen. Ganz zu schweigen von solchen Gegenden wie Portugals einzigem Nationalpark Peneda Gerês, den Hügeln des Alentejo, der Costa Azul, des stürmischen Cabo de São Vicente oder der fast 2000 m hohen Serra da Estrela.

770 URUGUAY

Uruguay, das „Fleisch" im geografischen Sandwich zwischen den lateinamerikanischen Riesen Brasilien und Argentinien, neigt dazu, still und leise seinen Geschäften nachzugehen. Das Land bezaubert seine Besucher mit großartigen Kolonialstädten, herrlichen Stränden und der Schönheit seiner friedvollen, unberührten Natur. Wandern, reiten, fischen, Fahrrad fahren und Wale beobachten sind nur einige der zur Auswahl stehenden Freizeitaktivitäten. Wenn Sie etwas, sagen wir mal, „Kosmopolitischeres" brauchen, gibt es da immer noch Punta del Este: Diese berühmte, auf einer Halbinsel gelegene Stadt mit ihren Stränden ist das ganze Jahr über rund um die Uhr im Partymodus.

DIE TOP 10 IM OUTBACK AUSTRALIENS

ROTE IKONEN UND RAUE, UNBEFESTIGTE STRASSEN, DIE IN DER REGENZEIT ÜBERSPÜLT WERDEN – DAS OUTBACK IST IMMER FÜR EINE ÜBERRASCHUNG GUT. DIE WAHRE HERAUSFORDERUNG IST ES ABER, SICH AUF NUR ZEHN ERLEBNISSE ZU BESCHRÄNKEN.

771 OODNADATTA TRACK

Dieser abenteuerliche australische Roadtrip startet in Port Augusta in Südaustralien. Der Track schlängelt sich die ockerfarbenen Berge der Flinders Range hinauf, bevor er auf die asphaltierten Straßen von Lyndhurst stößt und dann über den unbefestigten Teil bis nach Maree führt. Machen Sie 60 km hinter Maree in Mutonia Zwischenstation, einem Skulpturenpark aus Schrott, zu dem unter anderem „Planehenge" gehört: eine Reihe von Flugzeugen, die aus der Erde ragen und wie Stonehenge in England aussehen sollen. Unterwegs kann man unter dem Sternenhimmel campen, am besten in der Nähe von einem der Wasserlöcher, die von afghanischen Kameltreibern genutzt wurden, als sie hier Handel betrieben. Halten Sie in Oodnadata, bevor Sie sich weiter auf den Weg zum Stuart Highway und ins Northern Territory machen.

772 KAKADU-NATIONALPARK, NORTHERN TERRITORY

Der an der Nordküste gelegene, mehr als 19 000 km² riesige Nationalpark ist ein Synonym für Abenteuer. Auf den Felswänden dieser Weltkulturerbestätte verteilt finden sich mehr als 5000 Beispiele für die Felsmalerei der Aborigines, einige der Kunstwerke sind mehr als 20 000 Jahre alt. Überall in den *billabongs* und Flüsschen leben Krokodile, doch sie halten kaum jemanden davon ab, die 215 m tief hinabstürzenden Jim Jim Falls zu bewundern. Das Gebiet bekam noch mehr Bedeutung für die Australier, als 1998 die Jabiluka-Uranmine im Nationalpark eröffnet werden sollte. Dies wurde letztendlich von Tausenden von Demonstranten verhindert, die den Widerstand des dort lebenden Aborigine-Stamms der Mirarr unterstützten.

773 COOBER PEDY, SOUTH AUSTRALIA

Sie wollen wirklich nach *down under*? Ein Großteil dieser Stadt im Outback – von Privathäusern bis hin zu kunstvoll verzierten Kirchen – wurde unterirdisch gebaut, um den bis auf 50 ° C steigenden Temperaturen zu entgehen. Eine Opalmine lockte die Menschen in diese unwirtliche Gegend und noch heute kann man sich den Spaß machen, die Abfälle anderer Minen durchzusieben (und dabei vielleicht sogar ein Vermögen verdienen). Seit 1915 der erste Opal gefunden wurde, versuchen die Menschen hier, das große Geld zu machen. Alternativ kann man hier Fotos von der Big Winch („Große Winde") oder von fremdartig wirkenden Requisiten aus Filmen wie „Star Wars" oder „Pitch Black – Planet der Finsternis" schießen, die in dieser Gegend gedreht wurden.

Staub und brennende Sonne – das macht die Viehzucht im australischen Outback aus.

774 LONGREACH, QUEENSLAND

An der Kreuzung mehrerer alter Handelsrouten gelegen, hat diese Kleinstadt einen legendären Ruf und ist im ganzen Outback bekannt. Einer der berühmtesten Bushranger des Landes, Captain Starlight, startete in Longreach seine Karriere, indem er 1000 Rinder von hier aus nach Südaustralien trieb, um sie dort zu verkaufen. Longreach war auch eines der Gründungszentren der Airline Qantas. die längst Kultstatus errungen hat. Im Qantas Founders Museum stehen heute einige der ersten Flugzeuge, die zwischen den abgelegenen Gemeinden im Busch hin und her flogen. Wenn Sie sich für die Pioniere und Helden, die im Busch geschuftet haben, interessieren: Das Australian Stockman's Hall of Fame and Outback Heritage Centre zeigt die Outback-Geschichte der Nation samt der Aborigine-Kultur. Auch Reit-Shows und solche, bei denen die Kunst des Peitscheknallens gezeigt wird, finden regelmäßig dort statt.

775 THE KIMBERLEY, WESTERN AUSTRALIA

Dieser große Teil von Western Australia ist und bleibt eines der wirklich abgelegenen Ziele im Land. Schlagen Sie zuerst in Broome Ihr Lager auf, dem beliebten Badeort im Norden mit seiner multikulturellen, von chinesischen und malaiischen Einflüssen geprägten Geschichte. Brechen Sie von dort aus zum Purnululu-(Bungle Bungle) Nationalpark auf. Die Bungle Bungle Range ist eine atemberaubende Ansammlung in Schichten aufgebauter Felstürme, die wie Bienenkörbe aussehen. Vom Parkplatz aus gelangen Sie nach einem einstündigen Spaziergang zu zwei der tollsten Sehenswürdigkeiten: Echidna Chasm und Cathedral Gorge. Bis zur hoch aufragenden Piccaninny Gorge ist es dagegen eine zehnstündige, kräftezehrende Wanderung mit Übernachtung.

273

Felsen, die wie Tiere aussehen, im Broken Hill's Sculpture Symposium im Living-Desert-Schutzgebiet.

776 BROKEN HILL, NEW SOUTH WALES

Die abgelegene „Westernstadt" ist als Silver City bekannt, weil sie als Minenstadt gegründet wurde – Silber, Blei und Zinn werden hier noch immer abgebaut. Wenn es Zeit ist, den Hammer fallen zu lassen, gehen Sie in einen der verschiedenen altmodischen Pubs, z. B. ins berühmte Mario's Palace, das in „Priscilla – Königin der Wüste" vorkam. Direkt vor den Toren der Stadt befindet sich das Sculpture Symposium, das zwölf Kunstwerke vor spektakulärer Kulisse zeigt. Wenn Ihnen Broken Hill zu trubelig ist, fahren Sie in die Geisterstadt Silverton mit ihrem alten Gefängnis und einem Pub, der in „Mad Max II – Der Vollstrecker" und „Der lange Weg nach Alice Springs" zu sehen war.

777 ULURU, NORTHERN TERRITORY

Genau im Herzen Australiens erhebt sich ein 348 m hoher Inselberg aus dem Buschland. Vom früher Ayers Rock genannten Uluru existieren Tausende Postkarten, aber nur, wer ihn aus der Nähe erlebt, wird spüren, warum er dem hier lebenden Volk der Anangu heilig ist. Beim zwei-stündigen Aufstieg würde sich einem der Ausblick auf die umliegende Leere bieten, aber dem Glauben der Anangu nach war dies der Weg, den die Mala (Hasenkänguru-Menschen) nahmen – weshalb der Berg nicht bestiegen werden sollte. Auch am Boden sieht man, wie der Fels lang-sam die Farbe von Orange zu Asch-grau wechselt, wenn der Tag endet.

778 THE GHAN

Nicht bei jedem Outback-Erlebnis muss man unbedingt in Schweiß ausbrechen. Der elegante Ghan gehört zu Australiens großen Eisenbahnabenteuern. Er verkehrt zwischen Darwin und Adelaide und folgt dabei dem Weg der afghanischen Kameltreiber, denen der Zug seinen Namen verdankt. Das Verlegen der Schienen begann 1877 und dauerte Jahrzehnte, hauptsächlich, weil die ursprüngliche Strecke durch ein Überschwemmungsgebiet führte, in dem die Gleise bei Regenwetter zerstört wurden. Heute legt der Ghan die Strecke in zwei Tagen zurück und macht dabei für einen Nachmittag Halt in Alice Springs. Diese Zeit können Sie für einen Kurztrip in den Busch nutzen.

779 HEYSEN TRAIL, SOUTH AUSTRALIA

Dieser 1200 km lange Trail, der im Süden von Adelaide am Cape Jervis beginnt, ist nur etwas für passionierte Wanderer. Er führt durch einige der schönsten Regionen des Bundesstaats, windet sich über den Kamm des Mount Lofty und kreuzt den Ehrfurcht gebietenden Wilpena Pound in der Flinders Range, bevor er sich durch die Parachilna Gorge schlängelt. Der Trail ist nach einem berühmten südaustralischen Landschaftsmaler benannt. Wenn Sie über die ockerfarbenen Hügel der Flinders schlendern, inspiriert Sie das vielleicht selbst zum, Malen. Die Strecke lässt sich auch in eine Reihe von Tages- und Halbtagswanderungen aufteilen.

780 NULLARBOR PLAIN

Auf der nach dem lateinischen Begriff für „keine Bäume" benannten Ebene zwischen Adelaide und Perth führt die Fahrt dermaßen lange geradeaus, dass Sie ein entgegen-kommendes Auto schon aus Kilo-metern Entfernung sehen können. Früher sprangen die Leute auf ein Schwätzchen aus dem Wagen, weil so wenige Menschen auf der Strecke unterwegs waren. Abzweigungen bekämpfen die Langeweile: 20 km in Richtung Süden liegt bei Point Sinclair der Cactus Beach, einer der landesweit besten Strände zum Surfen. Oder Sie steuern das Yalata Roadhouse an, um sich eine Erlaubnis zur Walbeobachtung am Head of Bight zu holen. Nach diesem Abstecher geht es weiter nach Bordertown – von dort aus sind es nur noch einmal 725 km bis nach Norseman in Western Australia.

DIE TOP 10 IM OUTBACK AUSTRALIENS

NEUSEELANDS EXQUISITE ABENTEUER

TREIBEN SIE IHREN ADRENALINSPIEGEL IN DIE HÖHE. ODER BESTAUNEN SIE EINFACH NUR DAS EINDRUCKSVOLLE WERK, DAS DIE NATUR AM GRÖSSTEN FILMSET DER WELT VOLLBRACHT HAT.

Falsch abgebogen! Ein Zorb-Ball ignoriert den korrekten Kurs, während er seine Fracht einen Hügel in Rotorua heruntertransportiert.

781 FALLSCHIRM-SPRINGEN, TAUPO

Jedes Jahr stürzen sich rund 30 000 Menschen aus einem Flugzeug am Himmel über Taupo, der selbst ernannten „Falschirmsprung-Hauptstadt der Welt". Wer den Mut zu einem Tandemsprung (bei dem man zur Sicherheit an einen erfahrenen Springer geschnallt springt) aufbringt, kann den Anblick des Lake Taupo, des größten Sees Neuseelands, ebenso aus der Vogelperspektive genießen wie die Wildnis des Tongariro-Nationalparks rund um die Gipfel von drei aktiven Vulkanen.

JOHN BANAGAN / LPI

782 SEEKAJAK FAHREN, ABEL TASMAN NATIONAL PARK

An der Spitze von Neuseelands Südinsel liegt der Abel-Tasman-Nationalpark, ein himmlischer, Streifen Küste voller Buchten, an dem der goldene Sand von schimmerndem, blaugrünem Wasser umspült wird – und an dem man schlicht nicht vorbeikommt. Sie können auf dem 51 km langen Küstenwanderweg durch den Park wandern, aber wir finden, der „Paddelantrieb" ist hier die beste Option. Kajakanbieter stellen die Ausrüstung sowie Guides zur Verfügung. Ob eine Paddeltour bei Sonnenuntergang oder ein dreitägiger Campingtrip mit Verpflegung – Sie haben die Wahl. Oder Sie verbinden die Paddeltour an der Küste mit einem Ausflug entlang einer Teilstrecke des Wanderwegs. Hier lockt der Traum von versteckten Buchten und einsamen Inseln.

783 MOUNTAINBIKEN, MARLBOROUGH SOUNDS

Der Queen Charlotte Track ist ein 71 km langer Wanderweg, der durch die bildschönen Marlborough Sounds führt, einen Freizeitpark der Natur mit üppigen Wäldern, wunderschönen Buchten, Inseln und Wasserwegen. Immer beliebter wird es, die Strecke in zwei bis drei Tagen mit dem Mountainbike abzufahren, entweder mit einem Guide oder auf eigene Faust. Sie können Ihr Gepäck sogar per Boot zu ihrem nächsten Etappenziel bringen lassen – ganz easy. Und wenn Sie für eine Pause aus dem Sattel wollen, haben Sie die Wahl zwischen zahlreichen am Wasser gelegenen, großartigen „Zufluchtsorten" (von der preiswerten Herberge bis zum Boutique-Hotel) – perfekt für Radler, um die schweren Beine hochzulegen und bei reichlich regionalen Fisch- und Meeresfrüchtegerichten wieder zu Kräften zu kommen.

784 ZORBING, ROTORUA

Einigen abenteuerlustigen Kiwis reichte es nicht, ständig von unbewegten Objekten herunterzuspringen, also erfanden sie das Rad neu – das Hamsterrad (optional mit Schleudergang-Effekt). Zorbing ist ein besonderes Beispiel aus der Kategorie „Made in NZ". Der Kick ist, in einem riesigen Plastikball einen Hügel hinunterzurollen. Wer sich für diesen verrückten Adrenalinrausch anmeldet, kann zwischen einer geraden Strecke und einem Zickzackkurs wählen. Und zwischen: angeschnallt (sodass man sich mit dem Ball dreht) oder unangeschnallt, Wasser in der Kugel oder nicht und allein oder mit Freunden. Ein Abenteuer wie ein einziger Coca-Cola-Werbespot.

785 WANDERN, MILFORD TRACK

Neuseeland hat jede Menge fantastische Wanderpfade zu bieten, deshalb ist es schwer, nur einen davon zu empfehlen. Doch der Milford ist der bekannteste Wanderweg des Landes, und das aus gutem Grund. Die vier Tage dauernde, 54 km lange Strecke durch den Fiordland-Nationalpark ist ein relativ leichter *tramp* (wie die Kiwis Wanderungen nennen) durch üppigen Regenwald und vorbei an kristallklaren Bächen und hinabstürzenden Wasserfällen. Ja, Sie müssen im Voraus buchen, und ja, Sie werden mit *sandflies* und jeder Menge Regen zu kämpfen haben, aber die raue, spektakuläre Landschaft macht das mehr als wett. Die Endstation Milford Sound zieht einen unweigerlich in ihren Bann, auch wenn die Scharen von Touristen Sie auf einen Schlag in die Realität zurückholen.

786 TAUCHEN, GOAT ISLAND

Für alle, die schon einmal ehrfürchtig vor einem Aquarium gestanden sind, dürfte die Insel vor der Küste der Stadt Leigh mit dem ungewöhnlichen Namen Goat Island der Eintritt in eine Wunderwelt sein. Wer in diesem riesigen Unterwasserzoo taucht oder schnorchelt, begegnet dem üppigen marinen Leben Auge in Auge. Goat Island ist seit 1975 ein Schutzgebiet und seine Unterwasserbewohner haben sich reichlich vermehrt – darunter Sandbarsche, Rote Schnapper, Langusten, Stachelrochen, Tintenfische, Seeanemonen, Schwämme und Seescheiden. Die Sichtweite beträgt zwischen 3 und 15 m, und so warten auf Unterwasserfotografen tolle Schnappschüsse.

278

Wo alles begann: Ein Bungespringer stürzt sich von der historischen Kawarau Bridge.

787 BUNGEEJUMPING, QUEENSTOWN

Was hat diese atemberaubenden Landschaft nur, dass die Kiwis sich überall herunterstürzen wollen? Bungeejumping wurde durch den Neuseeländer A.J. Hackett bekannt, der 1986 vom Eiffelturm sprang. Nachdem er erfolgreich alle Aufmerksamkeit auf sich gezogen hatte, eröffnete er die weltweite erste Bungeejumping-Station an der Kawarau Bridge außerhalb von Queenstown. Dieser 43 m tiefe Sprung wirkt heute wie ein Kinderspiel im Vergleich zu den richtig großen Dingern in der Nachbarschaft – der 134 m hohe Sprung vom Nevis Highwire, bei dem man mit dem Kopf voran von einer Plattform, die an Stahlseilen in einer Schlucht hängt, auf einen Fluss zuspringt, verleiht dem Wort Entsetzen eine neue Bedeutung. Sparen Sie sich das Mittagessen für hinterher auf.

788 GLETSCHER-WANDERUNG, SÜDWESTKÜSTE

Touristenschwärme kommen wie die Sprotten (die lokale Delikatesse) hierher, um die größten Sehenswürdigkeiten an der Südwestküste zu sehen: die eisbedeckten Kolosse Franz-Josef-und Fox-Gletscher. Wie wäre es, über sie hinwegzukraxeln, um sie frostig hautnah zu erleben, statt nur sprachlos vor ihren gigantischen Eiswänden zu stehen und ein paar Schnappschüsse zu machen? Es werden Wanderungen in kleinen Gruppen mit erfahrenen Führern (Stiefel, Jacken und Ausrüstung werden gestellt) angeboten. Per Heli-Hikes geht es weiter nach oben auf die Gletscher, wo es eisblaue Höhlen, Türme aus Gletschereis und unberührte Eisformationen zu entdecken gibt. Heli-Hikes sind bedeutend teurer, aber sie bieten unbezahlbares Sightseeing aus der Luft.

789 BLACK-WATER RAFTING, WAITOMO CAVES

Der Ort Waitomo auf der Nordinsel wirkt oberflächlich betrachtet ganz ruhig und beschaulich, doch im Untergrund geht jede Menge Action ab. Durch die Landschaft verlaufen zahlreiche Schächte, die abrupt zu unterirdischen Höhlensystemen und Bächen hin abfallen. Bloß keine Gelegenheit zu einem Abenteuer verpassen: Bei organisierten Touren erkundet man mit Taucheranzug und Helm auf einem großen Gummireifen treibend diese unterirdischen Flüsse. Der Höhepunkt ist ein Sprung einen kleinen Wasserfall hinunter, bevor man durch eine Passage voller Glühwürmchen treibt. Das hört sich zu harmlos an? Dann nehmen Sie die längere, anspruchsvollere Route und verbinden Sie sie noch mit ein paar ordentlichen Abseil-Aktionen.

790 JETBOOT FAHREN, WHANGANUI-NATIONALPARK

Die Kiwis mit ihrem Einfallsreichtum sind immer in der Lage, etwas Alltägliches in etwas Wildes zu verwandeln. In diesem Fall: Jetboot fahren. Vor einem halben Jahrhundert bauten geschickte Einheimische ein Boot für die flachen, schnell fließenden Flüsse in der Gegend, um das Problem zu beheben, dass die Blätter der Schiffsschraube immer gegen die Felsen schlugen. Das Ergebnis – ein Boot, das durch einen Wasserstrahl angetrieben wird – ist mittlerweile natürlich aufgemotzt und zum teuflisch schnellen Touristenfahrzeug gemacht worden. Wo auch immer Sie in Neuseeland einen schön gelegenen Wasserlauf finden, können Sie auch Touristen sehen, die bei 360-Grad-Umdrehungen kreischen und völlig durchnässt werden. Zu unseren Favoriten gehört eine Jetbootfahrt über eine Teilstrecke des unglaublich malerischen, geschichtsträchtigen Whanganui River, an dem die Berghänge von Baumfarnen gesäumt sind und um den sich wichtige Maori-Legenden ranken.

NEUSEELANDS EXQUISITE ABENTEUER

GÜNSTIGE PARTYS WELTWEIT

GEBEN SIE IHR GANZES GELD FÜR DEN FLUG AUS UND GENIESSEN SIE DANN DIESE EVENTS.

791 STREET PARADE, SCHWEIZ

Die Loveparade in Deutschland war die heiß geliebte Techno-Straßenkarneval-Version des Eurovision Song Contests. Es ging wild, kitschig und grell zu – bis 2010 das Ende kam, als bei der Loveparade in Duisburg 21 Menschen starben. Seitdem ist die jährliche Street Parade Anfang August in Zürich die größte Techno-Party der Welt. Auch hier brodelt es vor Energie, wenn fast 1 Mio. in ihre Trillerpfeifen pustende Hardcore-Raver, Partywütige, Freaks und Dragqueens am Ufer des Zürichsees zu Trance-, Dance-, Techno- und House-Beats entlangtanzen.

792 IL PALIO, ITALIEN

Sienas Piazza del Campo ist der Inbegriff eines mittelalterlichen Platzes im Stadtzentrum, ganz besonders, wenn er für das spektakuläre Il Palio in eine Pferderennbahn verwandelt wird. Zweimal jeden Sommer drängen sich Tausende Zuschauer in der Mitte des Platzes, um sich das Rennen um das *palio* (ein geheim angefertigtes Banner) anzuschauen – eine Tradition, die bis ins Mittelalter zurückreicht. Die großartige alte Stadt ist in 17 *contrade* (Stadtteile) unterteilt und jeden Sommer werden zehn davon ausgewählt, die bei Il Palio antreten. Auch wenn das Rennen weniger als zwei Minuten dauert, kann die siegreiche *contrada* für den Rest des Jahres damit angeben. Italienische Leidenschaft in ihrer wildesten Form.

793 HOGMANAY, SCHOTTLAND

In Schottland wird immer noch darüber diskutiert, welche der historischen Traditionen es wert sind, erhalten zu werden. Doch ein Brauch hat unbeschadet überlebt: Die als Hogmanay bekannte Nacht des Hedonismus, die an Silvester gefeiert wird. Woher der Name stammt, ist unklar, doch das Fest selbst soll bis in heidnische Zeiten zurückgehen und wird mit vorchristlichen Feiern zur Wintersonnenwende in Zusammenhang gebracht. In der Eiseskälte zusammen mit 100 000 Leuten um Punkt Mitternacht vor dem beleuchteten Edinburgh Castle zu stehen, ist unvergesslich. Genauso wie die Erfahrung, gemeinsam „Auld Lang Syne" zu singen und danach die Menschen neben einem zu küssen, wie es die Tradition verlangt.

794 CHINESISCHES NEUJAHRSFEST, HONGKONG

Wenn eine der bevölkerungsreichsten Nationen der Welt das neue Mondjahr einleitet, ist es Zeit für ein großangelegtes Fest. Während der zehntägigen Mondphase Ende Januar oder Anfang Februar heißt Hongkong 600 000 zusätzliche Besucher willkommen, die die ausgelassene Karnevalsstimmung erleben möchten. Feurige Drachentänzer führen die legendäre Neujahrsparade an, gefolgt von endlos langen Festwagen, von Musikern und Straßenkünstlern. Die Stadt ist in dieser Zeit von echter Herzlichkeit erfüllt, denn alle wünschen sich gegenseitig ein frohes Neues. Die offiziellen Feierlichkeiten gehen mit einem verschwenderischen Feuerwerk über dem Victoria Harbour zu Ende.

795 KARNEVAL IN RIO, BRASILIEN

Rio de Janeiro, seit Langem die Karnevalshauptstadt der Welt, hält in der Sommerhitze ein Straßenspektakel ab, das offiziell am Samstag nach dem Gründonnerstag beginnt und bis zum darauffolgenden Faschingsdienstag geht. Die Samba-Parade ist der bekannteste Teil der Feierlichkeiten, die oft schon mehrere Wochen vor dem eigentlichen *carnaval* beginnen und auch danach noch wochenlang andauern. Die Parade ist eigentlich ein Wettbewerb, der vor 40 Juroren und 70 000 zahlenden Zuschauern stattfindet. Die Eintrittskarten sind teuer, aber es ist eine einmalige Erfahrung, die aufwendig dekorierten Festwagen und die attraktiven Brasilianerinnen und Brasilianer zu sehen, wie sie sich – bis zu den Haarspitzen herausgeputzt – dem Rhythmus hingeben.

796 CHICAGO'S MILLENNIUM PARK, USA

Seit der 10 ha große Park in Chicago 2004 eröffnet wurde, ist er sowohl berühmt für die Qualität seiner öffentlichen Kunst als auch für seine (Blues-)Konzerte. Der Millenium Park hat bereits Millionen von Besuchern angelockt und ist mit Abstand das beliebteste Ziel der Stadt. Highlights sind der Jay-Pritzker-Pavillion (die raffinierteste Konzertmuschel der USA), ein interaktiver Brunnen mit digitalen Bildern von Chicagoer Bürgern, die Wasser speien, und die faszinierende Skulptur von Anisk Kapoor mit dem Namen Cloud Gate, die jedoch besser als „The Bean" (Die Bohne) bekannt ist. Die Spiegelungen auf dieser glänzenden, 100 t schweren „Kidneybohne" aus hochglanzpoliertem Edelstahl werden Sie stundenlang in ihren Bann ziehen.

797 TATE MODERN, ENGLAND

Die Tate Modern ist das größte – und preisgünstigste – Museum für moderne Kunst (mit Werken aus der Zeit ab 1900) im Vereinigten Königreich. Die inspirierende Lage in einem entkernten Kraftwerk am Ufer der Themse vermittelt ein fantastisches Gefühl von Weite und Offenheit, sodass man sich eher fühlt, als wäre man in einem Park und nicht in einem Museum. Für die Londoner ist es ein Treffpunkt, sie kommen aber auch her, um sich die international renommierte Sammlung mit Werken von Salvador Dalí, Tracey Emin und Henri Rousseau anzusehen. Gehen Sie durch den Haupteingang in die Turbinenhalle und lassen Sie sich von den neuesten Kunstwerken an diesem Tor zur Postmoderne in Erstaunen versetzen.

798 SONNEN- UND MONDFINSTERNIS

Seit Jahrtausenden faszinieren Sonnen- und Mondfinsternisse alle, die Zeuge eines solchen Ereignisses werden. Homer schrieb in seinem antiken griechischen Epos „Odyssee" von einer totalen Sonnenfinsternis. Finsternisse gehören zu den Ehrfurcht gebietendsten Naturschauspielen und sind ein guter Anlass, um zu feiern. Traditionell gibt es zahlreiche Festivals an jenen Orten, von denen aus man die Naturspektakel bei klarer Sicht beobachten kann. Im März 2015 gibt es eine totale Sonnenfinsternis über dem Nordmeer, die einzigen Orte auf festem Land sind allerdings die Färöer-Inseln und Spitzbergen. Im März 2016 verdunkelt sich das Tagesgestirn komplett über Indonesien und Mikronesien.

799 THE BOAT RACE, ENGLAND

2014 feierte das weltberühmte Bootsrennen zwischen den seit jeher konkurrierenden Universitäten Oxford und Cambridge Jubiläum: Seit 160 Jahren veranlasst es die Menschen dazu, einen Nachmittag lang an der Themse zu stehen, egal, ob es regnet, hagelt oder die Sonne scheint. Die Menge versammelt sich, um einen kurzen Blick auf die zwei Teams zu erhaschen, die sich in ihren Achtern auf der 6,8 km langen Strecke von Putney quer durch London nach Mortlake schinden. Das im Frühjahr stattfindende Rennen zieht um die 250 000 Zuschauer an, die entweder die Hellblauen (Cambridge) oder die Dunkelblauen (Oxford) anfeuern. Wenn Sie die Boote sichten, wird von Ihnen erwartet, frenetisch zu jubeln, bis sie wieder verschwunden sind.

800 EID AL-FITR, ÄGYPTEN

Dieses Fest wird am ersten Tag des Shawwal, des zehnten Monats des Mondkalenders, gefeiert und markiert das Ende des *ramadan* (der vierwöchigen Fastenzeit der Muslime). Natürlich hat das Essen dabei einen hohen Stellenwert, wobei selbstgebackene *kakh* (mit Nüssen gefüllte Kekse mit einer Zuckerglasur) besonders beliebt sind. Eid al-Fitr, das Fest des Fastenbrechens, umfasst in Ägypten drei Feiertage und ist eine echte Familienangelegenheit. Man sieht jede Menge Gruppen am Ufer des Nils picknicken, während die Kinder sich um Geschichtenerzähler, Puppenspieler und Zauberer versammeln. Die Einkaufsstraßen sind unterdessen leer, es ist also auch eine gute Zeit, um auf Schnäppchenjagd zu gehen.

PILGERZIELE FÜR KUNSTLIEBHABER

ERLEBEN SIE MEISTERWERKE AUS KUNST UND ARCHITEKTUR, DAZU DIE ORTE, AN DENEN KÜNSTLER LEBTEN, UND JENE, VON DENEN SIE IHRE INSPIRATION BEKAMEN – OHNE DIE ÜBLICHEN MUSEEN BESUCHEN ZU MÜSSEN ...

Das schwelgerische Gesicht des Kommunismus': die Metro-Haltestelle Kievskaya auf Moskaus Ringlinie.

TOM COCKREM, LPI

801 MONET, GIVERNY, FRANKREICH

Das winzige, ländlich gelegene Dorf Giverny in Nordfrankreich ist ein Mekka für Monet-Fans und Anhänger der Schule des Impressionismus. Claude Monet lebte hier von 1883 bis zu seinem Tod im Jahr 1926 in einem großen Haus, umgeben von üppigen Blumengärten. Den nördlichen Teil des Anwesens bildet das Clos Normand, wo Monets pastellrosafarbenes Haus und das Seerosenstudio stehen. Mehr als irgendwo sonst ist im angrenzenden *jardin d'eau* (Wassergarten) zu sehen, wo der Künstler Inspiration fand. Dort hat Monet sein Markenzeichen, den Seerosenteich, sowie das Bild der berühmten japanischen Brücke erschaffen. Das Licht, die Farben, die betörenden Düfte – das wird auch Sie dazu inspirieren, einen Pinsel in die Hand zu nehmen.

802 VAN GOGH, ARLES, FRANKREICH

Wenn die gewundenen Straßen von Arles, die Ruinen aus der Römerzeit und die bunten Häuser Ihnen das Gefühl eine Déjà-vu geben, dann deswegen, weil Vincent van Gogh sie so einprägsam im Bild festgehalten hat. Schade, dass kein einziges der über 200 Gemälde, die van Gogh hier (in nur 15 Monaten!) malte, in Arles geblieben ist! Nichtsdestotrotz hat die Stadt ihn zu einer ihrer Hauptattraktionen gemacht. Von der Nachbildung seines Schlafzimmers bis hin zu Ausstellungen im einstigen Krankenhaus, in dem ihm sein Ohr wieder angenäht wurde, gibt es jede Menge van Gogh zu erleben. Lassen Sie den Van-Gogh-Rundgang nicht aus, einen Spazierweg zu Orten, an denen der Künstler seine Staffelei aufgestellt hat, um Gemälde wie „Sternennacht über der Rhône" zu malen.

803 MOSKAUER METRO, RUSSLAND

Täglich fahren 9 Mio. Menschen in den Zügen durch dieses Fest der Kunst. Die Moskauer Metro ist nicht nur das bequemste, schnellste und günstigste Fortbewegungsmittel in der Megastadt, sie ist außerdem zu Recht berühmt für die Gestaltung der Stationen und die dortigen Kunstwerke. Themenvielfalt ist dabei nicht gefragt, im Allgemeinen geht es um Geschichte, Krieg, das glückliche Leben des sowjetischen Volkes oder alles zusammen. In den Stationen der Ringlinie (Kolzewaya) gibt es so viele pathetische Stücke, dass Sie gar nicht mit der Fahrkarte auf alle zeigen können. Preisgekrönte ist die Haltestelle Majakowskaja auf der Samoskworezkaja-Linie: Sie ist ganz im Art-déco-Stil, aus Edelstahl und rosafarbenem Rhodonit.

804 GAUDÍ, BARCELONA, SPANIEN

Barcelona nimmt seit Ende des 19. Jhs. in Sachen Kunst, Architektur und Gestaltung eine Vorreiterrolle ein, und das exzentrische Genie Antoni Gaudí (1852–1926) deckt gleich alle drei Bereiche ab. Der Architekt und Künstler sowie andere Vertreter des Modernismus haben der Stadt für immer ihren Stempel aufgedrückt. Werke, die man gesehen haben muss, sind das fantastische Casa Battló und das Casa Milà (besser bekannt als La Pedrera) mit seiner gewellten Fassade sowie der lustig-skurrile Park Güell, wo Gaudí sich dem Landschaftsgartenbau gewidmet hat. Doch vor allem ist er für die Sagrada Família bekannt. Die großartige, unvollendete Basilika strebt zum Himmel und lässt ihre Bewunderer ganz ehrfürchtig werden.

805 BANKSY, BRISTOL, ENGLAND

Sacre bleu, Banksy auf einer Liste mit Michelangelo und da Vinci?! Warum eigentlich nicht? Bristol bringt Ihnen den Spezialisten für Schablonenspraybilder, subversive Kunst und Stunts näher: den Guerilla-Graffitikünstler Banksy. Banksys Identität ist ein streng gehütetes Geheimnis, aber es wird gemunkelt, er sei 1974 in der Nähe von Bristol geboren worden. Dort sind auch seine Werke zu sehen. Halten Sie am Ende der Park Street nach seinem berüchtigten Love Triangle – „Liebesdreieck" – Ausschau (mit einem wütenden Ehemann, einer untreuen Gattin und einem nackten Mann, der an einem Fenstersims hängt); weitere Schablonenspraybilder sind am Rumpf des als Club genutzten Schiffs Thekla und in der Straße Stokes Croft gegenüber der Einbiegung zur Jamaica Street zu sehen.

806 KAHLO, MEXIKO-STADT, MEXIKO

Die legendäre mexikanische Künstlerin Frida Kahlo wurde im Casa Azul („Blaues Haus"), dem heutigen Museo Frida Kahlo, geboren, lebte und starb dort. Das Haus ist voller Andenken und persönlicher Gegenstände, die ebenso an ihre oft turbulente Beziehung mit ihrem Ehemann, dem berühmten Wandmaler Diego Rivera erinnern (zwei Künstler-Pilgerstätte zum Preis von einer!), wie an den linksgerichteten Intellektuellenzirkel, den die beiden hier unterhielten. Schmuck, Kleidung, Bücher und andere Gegenstände aus Fridas Alltag wechseln sich mit Kunst, Fotos und Briefen sowie einer Vielzahl an vorspanischem und mexikanischem Kunsthandwerk ab. Es ist, als würde man mal eben bei einem begabten Künstlerfreund vorbeischauen …

807 MICHELANGELO, VATIKANSTADT

Die Idee, ganz ohne Museen auszukommen, greift bei diesem Beitrag nicht. Auf dem Weg zur eindrucksvollen Sixtinischen Kapelle müssen Sie zunächst durch die Vatikanischen Museen irren. Aber mal ehrlich, wir können hier unmöglich das berühmteste Kunstwerk der Welt weglassen: Michelangelos spektakulär detailreiches Fresko an der tonnengewölbten Decke (entstanden 1508–12) wird weithin als Höhepunkt des künstlerischen Schaffens in der westlichen Kultur betrachtet. Sehen Sie sich auch die dramatische Darstellung des Jüngsten Gerichts (1536–41) an der Altarwand an. Vier einsame Jahre lang bemalte der Künstler widerstrebend die 800 m² große Decke. Das Ergebnis bereitet Gänsehaut.

808 DA VINCI, MAILAND, ITALIEN

Wenn Sie mit den irdischen Gelüsten im superschicken Mailand durch sind (das Kreditkartenlimit ist ausgereizt und der Bauch voll), lassen Sie sich vom Himmel einen geistlicheren Genuss bescheren. Mailands allerberühmtestes Kunstwerk ist Leonardo da Vincis „Abendmahl". Das Wandgemälde ziert eine Saalseite des heute als Cenacolo Vinciano bezeichneten Refektoriums, das an die Kirche Santa Maria delle Grazie angrenzt. Es wurde im späten 15. Jh. gemalt und hat einen steinigen Weg der Restauration hinter sich. Buchen Sie ein Ticket und entscheiden Sie selbst, ob der Apostel links von Jesus wirklich Maria Magdalena ist, wie Autor Dan Brown es in seinem Bestseller „Sakrileg" herbeifabuliert.

809 GAUGUIN, FRANZÖSISCH-POLYNESIEN

Der postimpressionistische französische Maler Paul Gauguin (1848-1903) ist zum Synonym für das tropische Tahiti geworden. Gauguin kam 1891 auf die Insel und verbrachte produktive Jahre dort. Sein zweiter Aufenthalt im Pazifikraum führte ihn auf die Insel Hiva Oa, wo er in einem selbst gebauten Haus lebte, das er Maison du Jouir („Haus der Freude") nannte. Heute steht noch eine Rekonstruktion des Gebäudes auf der üppig bewachsenen, von kristallklaren Flüssen durchzogenen und von erhabenen Bergkuppen eingerahmten Insel. Eine Idylle, die selbst die Konservativsten dazu verleitet, zu malen – und sich zu verlieben. Romantiker und Kunstliebhaber sind sich einig: Der von Frangipaniduft erfüllte Friedhof Calvaire ist ein angemessen farbenfroher Ort für Gauguins Grab.

Unverwechselbar Dalí: eine surreale, verdrehte Skulptur steht vor dem Salvador-Dalí-Museum in Figueres.

810 DALÍ, FIGUERES, SPANIEN

Ein rosafarbenes Gebäude mit riesigen gekochten Eiern und stilisierten Oscar-Statuen auf dem Dach inmitten einer unscheinbaren katalanischen Provinzstadt? Das kann in dieser Gegend nur eines bedeuten: Dalí! Salvador Dalí wurde 1904 in Figueres geboren. In den 1960er- und 70er-Jahren entwarf er das unübersehbare Teatre-Museu Dalí, eine mehrdimensionale Reise durch die Fantasiewelt einer der kreativsten (einige würden sagen: gestörtesten) Köpfe des 20. Jhs. Selbst von außen soll das Gebäude überraschen: Die bizarren Skulpturen davor lassen keinen Zweifel daran, dass dieser Mann Fantasie besaß. Etwa 20 km weiter können Sie in dem winzigen Küstenort Portlligat sein stilvoll-verrücktes Wohnhaus und Atelier besichtigen (bei Buchung im Voraus).

PILGERZIELE FÜR KUNSTLIEBHABER

BAUWERKE GENIALER INGENIEURS-KUNST

FÜR DIESE MONUMENTE SIND SIE ALSO UM DEN ERDBALL GEREIST. KLAR, SIE SIND GROSS, ABER SIND SIE AUCH CLEVER KONSTRUIERT? NUN JA, DAS SIND SIE TATSÄCHLICH ...

811 CHEOPS-PYRAMIDE, GIZEH, ÄGYPTEN

Größer mag nicht unbedingt besser sein, doch das hat Pharao Cheops eindeutig niemand gesagt, bevor er 2570 v. Chr. seine Pyramide bauen ließ. Mehr als 2 Mio. Kalksteinblöcke, jeder mehr als 2 t schwer, wurden herangeschleppt und hochgehievt, um dieses Monstrum von Bauwerk zu erschaffen. Mit seinen 146,5 m blieb es 4000 Jahre lang das höchste Bauwerk der Welt. Doch von der Größe zur Qualität: Nicht nur ist die Architektur äußerst akkurat – jede der 230 m langen Seiten weicht nur um wenige Zentimeter ab –, das Bauwerk besitzt obendrein außergewöhnliche Details. So zeigen die innen liegenden Schächte z. B. in Richtung wichtiger Sternenkonstellationen und die Seiten sind nach den vier Himmelsrichtungen ausgerichtet. Ach ja, und phänomenal sieht es auch noch aus.

812 HAGIA SOPHIA, ISTANBUL, TÜRKEI

Nein, sie steht nicht zu Ehren irgendeiner heiligen Sophia – diese erstaunliche Konstruktion wurde nach der göttlichen Weisheit (Griechisch *sophos*) benannt. Und der Name passt, denn das historische Bauwerk, das 537 n. Chr. unter dem byzantinischen Kaiser Justinian errichtet wurde, verdankt seine unglaubliche Schönheit der Cleverness innovativer Architekten: Sie fanden eine Methode, die gewaltige Kuppel mit 30 m Durchmesser scheinbar schweben zu lassen. Während die Hagia Sophia nach der Eroberung Konstantinopels durch die Osmanen 1453 in eine Moschee umgewandelt wurde, ist sie heute ein säkularisiertes Denkmal – doch wenn die Sonne auf die goldenen Mosaiken in ihrem gewölbeartigen Innern fällt, kann man immer noch eine Art religiösen Moment erleben.

813 INDISCHE EISENBAHN

Ein Blick auf die Zahlen vermittelt einen Eindruck davon, was hier geleistet wurde, seit 1853 der erste Zug von Mumbai 33 km nach Thane gezuckelt ist. Heute sind täglich 18 Mio. Reisende auf 63 000 km Schienen unterwegs. Doch damit kratzt man nur an der Oberfläche; die wahre Ingenieurskunst steckt im Detail. Zum Beispiel ließ Major Stanton 1874 einen 88 km langen Streckenabschnitt – von der ersten Begutachtung bis zur Inbetriebnahme – in nur 65 Tagen erbauen. Solche Meisterleistungen wurden überall im Land vollbracht, sodass man heute komfortabel auf Breitspurgleisen fahren oder in sogenannten *toy trains* (kleinen Bergbahnen) die Serpentinen hinauf zu den *hill stations* im Himalaya reisen kann.

Bei den Kirchen von Lalibela steckt die wahre Pracht in den feinen Steinmetzarbeiten und Verzierungen.

815 CHINESISCHE MAUER

Dschingis Khan soll gesagt haben: „Die Stärke einer Mauer hängt vom Mut ihrer Verteidiger ab." Das mag sein, aber sicher hilft es, wenn die Mauer richtig groß ist. Das ursprüngliche Bauwerk wurde im 3. Jh. während der Qin-Dynastie errichtet, als Hunderttausende von Arbeitern dazu gezwungen wurden, geschätzte 180 Mio. m³ an Steinen und Mörtel heranzuschleppen. Bei den späteren Bauanstrengungen in der Zeit der Ming-Dynastie (14.–17. Jh.) wurden 60 Mio. m³ Steine und Ziegelsteine verarbeitet. Insgesamt dauerten die Arbeiten an den verschiedenen Teilen der Mauer, die sich über gut 6500 km zieht, fast 2000 Jahre und kosteten Millionen. Nein, man kann sie nicht vom Mond aus sehen, aber ja, sie ist so beeindruckend, dass einem die Spucke wegbleibt.

816 VIADUKT VON MILLAU, FRANKREICH

206 000 t Beton, 36 000 t Bohlenbelag: Sir Norman Fosters Viadukt ist ein Beispiel für ein praktisches – ja, sogar nüchternes – Bauwerk, das obendrein eine grazile Schönheit besitzt. Vor die Herausforderung gestellt, eine Brücke zu bauen, die das Tarn-Tal in Südfrankreich überspannt, vollbrachten die Ingenieure eine alle Rekorde sprengende technische Meisterleistung: Auf ihren 2400 m Länge vereint die Brücke die höchsten Pylonen, den höchsten Mast und das höchste Fahrbahndeck der Welt. Der wahre Grund warum Autofahrer anhalten und staunen? Weil das Viadukt trotz seiner Ausmaße ein Gefühl von Leichtigkeit und Zerbrechlichkeit vermittelt.

287

814 LALIBELA, ÄTHIOPIEN

Es gab mal eine Zeit, da war es irgendwie in Mode, Gebäude aus dem Fels zu hauen – denken Sie nur an Abu Simbel in Ägypten, Petra in Jordanien oder Ellora in Indien. Aber in Lalibela ist dies auf die Spitze getrieben worden, nicht zuletzt deshalb, weil in den aus Stein gemeißelten Kirchen immer noch einiges los ist. Kommen Sie zu *timkat* (Erscheinung des Herrn, 19. Januar) hierher, um das Getümmel der Pilger zu sehen, wenn gesungen wird, Weihrauchduft durch die Luft wabert und um einen kurzen Blick auf die *tabot* (heilige Gesetzestafeln) zu werfen. Im 12. Jh. schufteten Tausende – einer örtlichen Legende nach sogar auch himmlische – Arbeiter daran, Lalibelas elf Kirchen aus dem Erdreich zu schlagen.

Die ehrfurchtgebietenden Kurven des Guggenheim Museums in Bilbao.

817 FALKIRK WHEEL, SCHOTTLAND

Für Boote gilt hier: Sie sind toll zum Dahintreiben lassen, aber auf dem Weg flussab nicht besonders nützlich. Und sobald es flussaufwärts geht? Komplett unbrauchbar. Wenn Sie ein Boot haben und hinauffahren möchten, sagen wir mal, vom Forth and Clyde Canal in Schottland zum 35 m höher gelegenen Union Canal, dann müssen Sie nämlich entweder eine Reihe von Schleusen nutzen, die sich über 1,5 km hinziehen, oder eine gewaltige Stahlkonstruktion, an der sich mehrere riesige, mit Wasser gefüllte Gondeln drehen. Jede Gondel des Falkirk Wheel bringt ein Boot nach oben oder unten. Im Jahr 2001 wurden 1200 t Stahl, mehr als 15 000 Nieten und ein richtig, richtig großer Kran benötigt, um das Rad zusammenzusetzen. Einzigartig.

819 BURJ KHALIFA, DUBAI, VEREINIGTE ARABISCHE EMIRATE

Okay, bei diesem Eintrag geht es wirklich um Größe: Das höchste Gebäude der Welt ist nicht einfach nur riesig – es ist schlichtweg kolossal. In der Art, wie die Golfstaaten offenbar gern ihre Architekturprojekte angehen (gigantische künstliche Inseln in Form von Bäumen anlegen, das erste Sieben-Sterne-Hotel der Welt bauen usw.), wurde auch das Burj Khalifa so geplant, dass es den früheren Rekordhalter nicht einfach nur übertrifft – nein, es schießt geradezu in den Himmel. Der frühere Rekord-Wolkenkratzer, der Taipei 101 in Taiwan, misst zwergenhafte 509 m, während das Burj Khalifa mehr als geschlagene 300 m höher ist. Bei der Höhe ist die Lufttemperatur oben an der Spitze ganze 6 °C niedriger als am Sockel des Gebäudes.

820 YAXCHILÁN, YUCATÁN, MEXIKO

Maya-Stätten sind faszinierend – Ballplätze, Pyramiden, in Stein gemeißelte Fresken – und Yaxchilán ist noch cooler als die meisten, denn es liegt dramatisch über einer dschungelüberwucherten Flussschleife des Río Usumacinta. Die zu ihrer Blütezeit (680–800 n. Chr.) reiche Stadt hat außergewöhnliche, aufwendig gestaltete Fassaden und Dachkämme zu bieten. Doch die wohl interessanteste Sehenswürdigkeit ist gar nicht mehr da: eine Hängebrücke, die mit 63 m Spannweite über 700 Jahre die längste der Welt war. Die Existenz der Brücke, wie sie Mitte der 1990er-Jahre anhand ärchaologischer Forschung und Computermodellen postuliert wurde, ist noch immer umstritten. Doch schon allein die Vorstellung trägt sicherlich zum Reiz einer der interessantesten antiken Stätten Amerikas bei.

818 GUGGENHEIM MUSEUM, BILBAO, SPAIN

Ist es ein Schiff? Eine Blume? Oder ein Fisch? Frank O. Gehry hatte die einmalige Idee zu dieser schimmernden Kreation. Sie können das Museum als dekonstruktivistisch bezeichnen oder, wie König Juan Carlos, einfach als „das beste Gebäude des 20. Jhs.", jedenfalls versetzt es die Menschen weiterhin in Erstaunen. Für die fließenden, organischen Formen brauchte es ein bahnbrechendes 3-D-Computer-Designprogramm, das es möglich machte, 60 t Titan zu 0,5 mm dicken, geschwungenen Platten zu formen, sowie speziell gehärtetes Glas, das sich sanft um den Korpus aus Kalkstein schmiegt. Seit seiner Eröffnung 1997 waren im Museum Werke von Künstlern wie Warhol, Rothko und Koons zu sehen. Aber es war das Gebäude an sich, das die Renaissance Bilbaos in Gang brachte.

**BAUWERKE
GENIALER
INGENIEURS-
KUNST**

BESTE BRITISCHE SPEZIALITÄTEN

VERGESSEN SIE LANGWEILIGE FISH & CHIPS ODER EIS MIT SCHINKEN-UND-EI-GESCHMACK (DAS EH NUR FÜR TOURISTEN GEDACHT IST). IN GROSSBRITANNIEN GIBT ES JEDE MENGE TRADITIONELLER GERICHTE, DIE WELTWEIT AUF DEN TELLER GEHÖREN SOLLTEN.

Die Nachfrage nach Aal in Aspik scheint in Dorset dieses Jahr gering zu sein – es sei denn, bei diesem Kiosk war gerade alles ausverkauft.

821 CHICKEN TIKKA MASALA, GLASGOW

Dieses Gericht aus Hähnchenstücken, die in einer Marinade mit verschiedenen Gewürzen (masala) und Joghurt im tadur (Ofen) gebacken werden, tauchte in den 1960er-Jahren zum ersten Mal auf britischen Speisekarten auf, als die bangladeschische Gemeinde des Landes den tandur in die örtlichen Restaurants brachte. Der Legende nach musste ein Glasgower Koch mit bengalischen Wurzeln auf einen unleidlichen Gast reagieren, der meinte, im tandur sei das Hähnchen zu trocken geworden, und darauf bestand, Soße dazu zu bekommen. Der einfallsreiche Koch fügte eine Dose Tomatensuppe und Gewürze hinzu, um den Gast zufriedenzustellen. Damit war ein Gericht der Fusionsküche geboren, das sehr beliebt wurde. 2002 nahm der britische Außenminister Robin Cook es als ein Beispiel für den gelungenen Multikulturalismus im Land..

823 BARA BRITH, WALES

Wörtlich übersetzt bedeutet der walisische Begriff bara brith „gesprenkeltes Brot", aber es ist viel mehr als nur Brot. Gespickt mit dicken Rosinen, saftigen Korinthen und kandierten Früchten, ähnelt bara brith eher einem Früchtekuchen als einem einfachen trockenen Laib, deshalb bezeichnet man es oft als walisisches Teebrot. Es wird manchmal ohne Hefe gebacken, damit es sich länger hält, sodass man es gut mit auf Reisen nehmen kann. Walisische Siedler brachten das Rezept nach Argentinien, wo es unter dem geheimnisvolleren Namen torta negra (schwarzer Kuchen) bekannt wurde.

824 SPOTTED DICK, ENGLAND & IRLAND

Spotted dick (gefleckter Schwanz) wird heiß geliebt (und das nicht nur wegen seines doppeldeutigen Namens, ihr kichernden Mädchen dahinten!). In dem reichhaltigen Küchlein stecken jede Menge Trockenfrüchte, die im Teig wie Flecken aussehen. Das Gericht tauchte in Großbritannien zum ersten Mal Anfang des 19. Jhs. auf. Falls Sie jetzt noch immer wegen des Namens grinsen: Es war eine Leibspeise des verwegenen Helden Kapitän Jack Aubrey aus Patrick O'Briens Roman „Kurs auf Spaniens Küste" bzw. der Verfilmung „Master and Commander – Bis ans Ende der Welt". In Irland gibt es eine Variante, die eher an Sodabrot erinnert und fester ist. Sie findet sich oft unter dem Namen spotted dog (gefleckter Hund) oder railway cake (Eisenbahnkuchen). In manchen prüden Kreisen wird spotted dick beschönigend als spotted richard bezeichnet – wie auch immer, es gehört unbedingt die dicke englische Vanillesoße dazu.

825 SCOTCH BROTH, SCHOTTLAND

Verwechseln Sie diese herzhafte Suppe nicht mit einer Vorspeise – sie ist ein Hauptgericht aus dem Topf. Mit der Hauptzutat Gerstengraupen wird die Brühe angedickt, bis sie fast die Konsistenz von Haferbrei hat. Geschmack geben entweder geschmortes Rindfleisch oder Lamm und bewährte Wintergemüse wie Karotten und Steckrüben. Das Gericht ist aus Mangel entstanden, deshalb kann auch Huhn oder anderes Geflügel in den Topf geworfen werden, wenn welches da ist. Scotch broth („schottische Brühe") ist inzwischen so weit verbreitet, dass man sie fertig in der Dose kaufen kann, aber am besten schmeckt Schottlands Nationalsuppe zu Highland Oat Cake (Haferplätzchen).

291

822 RICHMOND EEL PIE, LONDON

Für den wahren Geschmack der Themse werden mindestens zwei Aale gebraucht, die glitschigen Kerlchen werden gehäutet, entgrätet und in einem pie verbacken – üblicherweise mit gekochten Eiern, Sherry und Muskat. In Londons Wasserstraßen wimmelte es einst von diesen für viele leicht ekligen Fischen. Auch heute noch sind südlich des Flusses Schilder von Lokalen zu sehen, die Aalpasteten und Kartoffelbrei anbieten. Falls Sie keinen ganzen pie schaffen: Der bei Londons Arbeiterklasse beliebte Snack Aal in Aspik schmeckt ein bisschen wie eingelegter Hering – vorausgesetzt, Ihnen macht die schleimige Konsistenz nichts aus.

Für die einen ist er der König aller Eintöpfe, für die anderen ekliger Fleischabfall: Haggis, gefüllter Schafsmagen, mit Steckrübenstampf.

826 HAGGIS, TATTIES & NEEPS, SCHOTTLAND

Wer seinen Ekel vor Schafsinnereien (oft Leber und Lunge) überwinden kann, wird Haggis lecker würzig finden. Viele Schotten verputzen die in Fett ausgebackene Variante nach dem Besuch im Pub, am besten schmeckt das Gericht aber mit *tatties* (Kartoffelbrei) und *neeps* (Steck- oder Kohlrüben). Neuerdings gibt es eine gehobenere Variante von Haggis: *highland chicken*. Dazu wird ein Huhn gefüllt oder mit touristenfreundlicheren Haggis-Portionen kombiniert. Historiker streiten über den Ursprung des Haggis, so könnte er aus Skandinavien nach Schottland gelangt sein. Man braucht jedenfalls nur einen Bissen zu probieren, um zu wissen, dass man den *king o' puddens* (König aller Eintöpfe), wie ihn die Schotten nennen, vor sich hat.

829 PARKIN, YORKSHIRE

In Yorkshire im Norden Englands schätzt man üppige Desserts. Diese mit einem Gewürzkuchen vergleichbare Süßspeise wird mit Hafermehl und teerschwarzem Zuckersirup zubereitet. Es heißt, sie sei so schwer, dass man den Bizeps trainiere, wenn man sie zum Abbeißen anhebt. Ursprünglich wurde Parkin in der Resthitze des bäuerlichen Ofens aus den Haferflocken gebacken, die vom Brotmachen übrig waren. Dank des festen Teigs hält sich der Kuchen wochenlang, Liebhaber bewahren ihn erst einige Zeit in einer Blechdose auf, bevor sie ihn essen. Und der Geschmack? Die meisten „Yorkies" sagen, er sei wie ein saftiger Gewürzkuchen und perfekt, wenn es draußen *parky* (kalt) ist.

827 CRAPPIT HEID, SCHOTTISCHE KÜSTE

Das Gericht, das mehr nach einer Beleidigung klingt (zu Deutsch etwa „Kackkopf"), die ein kleines Kind seinen Erziehungsberechtigten zuruft (die Briten scheinen originelle Namen zu lieben), ist ein Kabeljau- oder Schellfischkopf, gefüllt mit einer Mischung aus Zwiebeln, Haferflocken und Rinderbrühe. Manche mögen jetzt sagen, dass sich dagegen selbst Haggis lecker anhört. Crappit heid wurde von Fischern erfunden, die nach dem Motto „Spare in der Zeit, so hast du in der Not" lebten. Sie verkauften die Filets der Fische und behielten die Köpfe für sich. Es ist ein überraschend gesundes Gericht, das das Wundermittel Fischöl und jede Menge Proteine enthält. Am besten schmeckt es, wenn man den Kopf in Meerwasser kocht; sehr gut dazu passt Wurzelgemüse.

828 LONDON PARTICULAR, LONDON

Auch wenn es meistens als *pea soup* (Erbsensuppe) bezeichnet wird, ist der korrekte Name dieses Gerichts London particular. Charles Dickens prägte den Namen als er einst zur Haustür hinausspazierte und fand, der Nebel sei so dick wie Erbsensuppe. In seinem Roman „Bleak House" machte er dann den Ausdruck *London particular* („Londons Echter") für den typischen Nebel in der Stadt populär, nach dem die Suppe benannt ist. Ihre charakteristische Zähflüssigkeit und der intensive Geschmack kommen daher, dass die Erbsen mit einer fettigen Brühe aus Schinkenspeck vermischt werden. Es wird Sie überraschen, wie satt sie machen kann. Spitzenköche wie Jamie Oliver haben ihre eigenen Rezeptvarianten, aber ursprünglich bestand die Suppe nur aus dem, was in Covent Garden oder auf dem Markt von Spitalfields erhältlich war.

830 TOAD IN THE HOLE, ENGLAND

So, wie Walisisches *rarebit* kein Kaninchen *(rabbit)* enthält, ist auch Toad in the hole (Kröte im Loch) frei von Amphibien. Es besteht aus Würstchen, die in einen Yorkshire Pudding kommen, ein fluffiges, typisch nordenglisches Gebäck. Am besten schmeckt es, wenn es in einer Soße mit etwas Wurzelgemüse schwimmt. Der Name mag von einer vagen Ähnlichkeit der Würstchen mit einer Kröte kommen, die den Kopf aus einem Erdloch steckt – auch wenn man schon schielen muss, um ein Würstchen für eine Kröte zu halten.

BESTE BRITISCHE SPEZIALITÄTEN

HEIRATEN ODER TRENNEN?

VON DEN SCHWINDELERREGENDEN HÖHEN DER LIEBE UND EWIGEN BINDUNG BIS HIN ZU DEN BESTEN ORTEN, UM SICH UNGLÜCKLICH UND ALLEIN ZU FÜHLEN ...

831 LEH, INDIEN

Von Leh aus, einer Stadt in der nordindischen Region Ladakh, können Sie (zwischen Mitte Juli und Mitte September) zu einem zweitägigen Trip über das „Dach der Welt" aufbrechen – ein toller Vorbote auf das Zusammenleben unter dem eigenen kleinen Dach. Heiraten Sie am Ende des ersten Tags und stellen Sie diesen Bund am nächsten Tag auf die Probe. Der anstrengende Pass auf 5600 m Höhe wird Ihnen den Atem rauben. Machen Sie sich gegenseitig stolz, indem Sie bedrohliche Hängebrücken zwischen Schluchten überqueren. In der friedvollen Landschaft liegen buddhistische Klöster: Statten Sie ihnen einen Besuch ab, um eine Lektion in Sachen Nächstenliebe und Toleranz zu erhalten.

832 TOSKANA, ITALIEN

Ihre Hochzeit soll für Ihre Freunde genauso unvergesslich sein wie für Sie selbst? Dann planen Sie das Ereignis wie folgt: Mieten Sie eine große Villa für sich und Ihre Freunde sowie eine Reihe zusammenhängender kleiner Ferienhäuser in der Nähe für beide Seiten der Familie. Bringen Sie alle dazu, am Vorabend anzureisen und begeben Sie sich gemeinsam in die gesellige Atmosphäre einer örtlichen Pizzeria – am besten auf einem Hügel und nur zu Fuß erreichbar. Am nächsten Tag verbringen Sie einen entspannten, sonnigen Vormittag damit, sich vorzubereiten, bevor Sie in einer kleinen, mit Fresken ausgemalten Kapelle auf dem Anwesen heiraten. Halten Sie die Feier am Abend im Garten ab – umgeben von Glühwürmchen und den Leuten vom Partyservice, die selbst gekelterten Rotwein literweise aus großen Krügen ausschenken.

833 MANCHESTER, ENGLAND

In Manchesters unzähligen Tanzclubs können Sie jeden Abend eine neue prickelnde Begegnung machen. Meist braucht es gar keiner Worte, um festzustellen, dass Sie im Poptastic oder dem Northern Monkey Music Club einen Seelenverwandten gefunden haben. Intellektuelle trifft man bei der „Best Indie Night in the World", während schlichtere Gemüter im Giggle & Funk das Tanzbein schwingen. Gehen Sie aber nicht davon aus, dass diese Clubs so bleiben, wie sie sind. Denn morgen ist ein neuer Tag.

834 WESTKAP, SÜDAFRIKA

Geben Sie sich das Ja-Wort in einem Haikäfig vor Gansbaai, 175 km südöstlich von Kapstadt. Für alle Paare, die sich beim ersten Date einen Horrorfilm im Kino angesehen haben, ist das der ganz natürliche Lauf der Dinge. Zugegeben, Ihre Trauzeugen müssen die Fähigkeit zu einer gewissen Tiefe besitzen ... und Ihre Eltern werden vielleicht schon lange vor dem eigentlichen Ereignis Reden einüben. Aber wenn die Käfigstäbe so stark sind wie Ihre Liebe, wird alles gutgehen. Der Weiße Hai steht mittlerweile auf der Roten Liste bedrohter Tierarten der IUCN (International Union for Conservation of Nature) – auch wenn Kritiker behaupten, dass der Mensch gefährdeter ist, seit es das Haitauchen im Käfig gibt, da wir die Raubfische dazu ermuntern, uns mit Beute zu assoziieren.

835 ANTARKTIS

Wo könnte man am ehesten ignorieren, dass man kalte Füße bekommt, als in der Antarktis? Gehen Sie mit Ihrem Lebenspartner an Bord der „Aurora" und schließen Sie während einer herrlich langsamen Fahrt zum größten Kontinent der Erde den Bund der Ehe (Sie können hier auch einen Heiratsantrag machen – der perfekte Eisbrecher). Expeditionen auf Ökotourismus-Flitterwochen können so abenteuerliche Polaraktivitäten wie Seekajak fahren, Tauchen und Zelten umfassen, und Sie könnten auf Wale treffen. Lassen Sie sich von den Königspinguinen einen Tipp geben: Bei dem Wetter schmiegt man sich am besten dicht aneinander. Nach diesem Trip wird Ihnen das Alltagsleben gemütlich vorkommen.

836 NIKOBAREN

Dass sich zwei „Morgenmenschen" finden, ist selten. Wie könnten Sie diese praktische Kompatibilität besser zeigen, als im Morgengrauen zu heiraten? Irgendwo entlang einer Linie am Indischen Ozean kriecht die Sonne als erstes über Hunderte von winzigen Inseln, Inselchen und Felsen. Hier auf den idyllischen Nikobaren, einem Unionsterritorium Indiens im Indischen Ozean, sind durch die isolierte Lage üppige Wälder und eine sich prächtig vermehrende Tierwelt erhalten geblieben. Zudem leben hier viele Menschen unterschiedlichen Glaubens, darunter Hindus, Muslime, Christen und Sikhs. Das sollte es noch interessanter machen, hier eine Hochzeit zu gestalten.

837 BUENOS AIRES, ARGENTINIEN

Das Welt-Tango-Festival, das im sommerlichen Buenos Aires an verschiedenen Veranstaltungsorten stattfindet, ist die perfekte Gelegenheit, um einen Partner zu finden, der Sie genau so hält, wie Sie es mögen. Die Workshops hier werden von den Großmeistern des Tangos gegeben, den *milongueros*. Sie finden in den besten Tanzsälen und Sportclubs der Stadt statt, werden von sechs *orchestras* begleitet und gipfeln im größten Ballsaal der Stadt, dem Palais Rouge. Darüberhinaus ist dieser Tanz auch ein körperbetontes Vorstellungsgespräch mit Blick auf ein Grundprinzip von Partnerschaft: Hingabe. Kann er die Führung übernehmen und ist sie in der Lage, ihm zu folgen? Hat er große Füße? Wird er sie fallen lassen? Probieren Sie es aus.

838 ELORA, KANADA

Eine gute Stunde von Toronto entfernt liegt diese rustikale Stadt mit ihrer Mühle aus Sandstein. Hier werden die frommen Sitten früherer Zeiten gewahrt, als sich Paare während heftiger kanadischer Schneestürme aneinanderschmiegten. Die örtliche Mennonitengemeinde lehrt kochen und nähen. Sie werden lernen, ohne Fernsehen, Fast Food, Computerspiele, neurotisches Schuhekaufen, Friseurbesuche oder Therapeuten auszukommen (kein Strom bedeutet, dass man jetzt mit den Menschen um einen herum zu reden beginnt). Und das Beste: Sie können essen, was Sie wollen. Probieren Sie den lokalen Ahornsirup zu jeder Mahlzeit oder biologisch angebautes Gemüse – Sie haben die Wahl. Bei einem Date mit potenziellen Heiratskandidaten können Sie in einer Pferdekutsche fahren.

839 HUSTADVIKA, NORWAY

Wild, salzgerändert, aber frei – wenn es an diesem Teil des Meeres stürmt, ist das eine perfekte Metapher für Ihr aufgewühltes Herz. Starren Sie hinaus auf die fantastisch heftigen Wellen und sinnen Sie darüber nach, wie Sie abserviert wurden. Oder Sie machen sich Gedanken über die berüchtigte Geschichte dieser Küste: Seit dem Mittelalter sind hier Schiffe gesunken. Dann springen Sie in ein passendes skandinavisches Auto und fahren die Atlantikstraße entlang zu den Fjorden im Westen und in das Fischerdorf Kristiansund. Auf dieser kurvenreichen Strecke überqueren Sie nicht weniger als zwölf Brücken – *bridges over troubled water.*

840 AITUTAKI, COOK-INSELN

Mal ehrlich: Ihre Rückkehr zur blauen Lagune von Aitutake, nur eine Flugstunde nördlich von Rarotonga auf den Cook-Inseln, ist längst überfällig. Außerdem sieht die Insel, die von Lonely-Planet-Gründer Tony Wheeler zur schönsten der Welt gekürt wurde, besser aus als Ihr(e) Ex. Die äußerst durchtrainierten Einwohner haben dreimal in Folge die Auszeichnung der Cook-Inseln als „Beste junge Inseltänzer" gewonnen. Sie treten jeden Abend in wechselnden Restaurants am Strand auf. Sehen Sie genau hin und lernen Sie, sich ebenso graziös zu bewegen – und schon befinden Sie sich auf dem besten Weg zur nächsten Romanze. Oder Sie erleben Ihr neues Single-Dasein auf einem gemieteten Moped, mit dem Sie die Insel einmal umrunden und sich den Wind durch die offenen Haare wehen lassen.

DIE BESTEN BLICKE AUF DEN EIFFELTURM

ZEHN KLASSISCHE AUSSICHTSPUNKTE, VON DENEN AUS DIE GRANDE DAME VON PARIS ZU SEHEN IST.

Am Place du Trocadéro sind selbst die Statuen ganz gefesselt vom Blick auf den Turm.

841 VON DER AUS-SICHTSPLATT-FORM AUS, TOUR MONTPARNASSE

Der Montparnasse-Turm mag ein ziemlicher Schandfleck in der Pariser Landschaft sein, aber als solcher wurde auch der Eiffelturm anfangs von den Franzosen betrachtet. Genau genommen wurde La Tour Montparnasse einmal als der einzige Ort in der Stadt gepriesen, von dem aus man den Eiffelturm nicht sehen konnte. Doch das hat sich geändert, heute bietet die Aussichtsplattform im 56. Stock märchenhafte Ausblicke auf ganz Paris. Der Eiffelturm schrumpft zu einem winzigen Juwel in der Ferne zusammen. Wenn Sie den ganzen Abend dort bleiben möchten, bekommen Sie im Ciel de Paris, einem Restaurant mit Bar, Abendessen und Drinks.

843 VOM DACH AUS, CENTRE POMPIDOU

Das Centre Pompidou ist nicht nur ein fantastischer Ort, um sich für einen oder zwei Tage zwischen Kunst, Büchern und Filmen zu verlieren – vom Dach aus bietet es auch einen fantastischen Panoramablick über das zauberhafte Paris. Auch wenn die Urlaubskasse es nicht erlaubt, im dortigen piekfeinen Restaurant Georges zu Abend zu essen, Sie können auf jeden Fall auf den Rolltreppen hinauf in den 6. Stock fahren, wo Sie den Atem anhalten werden, wenn sich die Stadt der Lichter vor Ihren Augen ausbreitet. Sowohl am Abend als auch tagsüber ist der Blick über die Sehenswürdigkeiten und die Dächer der Stadt außergewöhnlich. Da könnte der Eiffelturm in der Ferne fast ein Schlüsselanhänger sein, den es an einem Straßenstand zu kaufen gibt..

842 VON DER TERRASSE, CAFÉ DE L'HOMME, TROCADÉRO

Der Trocadéro ist traditionell der „beste Aussichtspunkt", um sich den Eiffelturm anzusehen. Scharen von Touristen spazieren jeden Tag tratschend und knipsend am Palais de Chaillot vorbei, während sie Crêpes mit warmer Schokoladensoße schnabulieren. Wer sich hinsetzen und den Eiffelturm erleben möchte, während er einen Cocktail trinkt oder ein romantisches Dinner genießt, sollte es mit dem Café de l'Homme versuchen, das zum berühmten Musée de l'Homme gehört. Von den Tischen am Fenster aus bieten sich ebenso atemberaubende Blicke auf den Turm wie von der Terrasse, die im Sommer perfekt ist, um bei einem Cocktail zuzuschauen, wie die Sonne untergeht und die Lichter zu funkeln beginnen.

297

844 VOM FLUSS AUS, BATEAUX MOUCHES

Ob touristisch oder nicht, von einem *bateau-mouche* aus bieten sich Blicke auf Paris aus einer Perspektive, wie man sie nirgendwo sonst erlebt. Und ist man einmal auf dem Boot, hat man seinen Teil der Arbeit erledigt. Lehnen Sie sich eine Stunde lang entspannt zurück und genießen Sie die einzigartige Aussicht auf Notre Dame, den Louvre, das Musée d'Orsay, den Invalidendom und die großartigen Brücken. Was den Eiffelturm angeht, so ist der Blick unter seinen Rock atemberaubend und Sie werden nicht einmal um einen guten Platz rangeln müssen, um ein Foto zu knipsen. Am Abend ist der Turm am schönsten, wenn sich seine Silhouette gerade noch vor dem Himmel abzeichnet oder die ersten Lichter angehen.

845 VON DER RENN-BAHN AUS, HIPPODROME D'AUTEUIL

Graubraun, still und schön – von der verfallenden alten Haupttribüne an der Porte d'Auteuil aus ist der Ausblick auf den Eiffelturm unerwartet und einzigartig. Die großen alten Stadien am Stadtrand von Paris zu besuchen, ist an sich schon ein Erlebnis, und das Hippodrome d'Auteuil ist da ein Klassiker. Setzen Sie sich mit Ihrem *sandwich mixte* und einer Dose „1664" oder einem dampfenden Kaffee sowie der Zeitung „Paris-Turf" hin und schauen Sie zu, wie Ihr Gewinner auf die Zielgerade zugaloppiert, während der Eiffelturm in der Ferne aufragt. Keine Frage: Sie haben gerade ein authentisches Paris-Erlebnis. Sie könnten Hemingway sein.

846 VOM FENSTER AUS, LES OMBRES, MUSÉE QUAI BRANLY

Das Restaurant Les Ombres („Die Schatten") im interessanten Musée du quai Branly bietet eine magische Frontalansicht des Eiffelturms. Wie der Name schon sagt, findet Ihr Abendessen im wahrsten Sinne des Wortes im Schatten des Turms statt. Er ragt vor dem Fenster wie ein prächtiges Klettergerüst auf, auf das Sie einfach hinaussteigen könnten. Dieses Restaurant, dessen Einrichtung ganz aus Glas und Mahagoni besteht, ist perfekt für einen besonderen Anlass und bietet ein üppiges Dinner im Licht der größten Sehenswürdigkeit von Paris. Wenn Sie etwas Ungezwungeneres suchen, das nicht gleich das Budget sprengt, bietet sich alternativ das Café Branly im Erdgeschoss an, von dem aus der Eiffelturm ebenfalls zu sehen ist.

847 VOM RIESENRAD AUS, LA GRANDE ROUE

Von welchem Ort aus könnte man besser auf Paris und den Eiffelturm blicken als von einem Riesenrad? Das Roue de Paris wurde 1999 für die Jahrtausendfeier errichtet und sollte nur ein Jahr lang an der Place de la Concorde stehenbleiben, doch nun scheint es in unregelmäßigen Zeitabständen wieder aufzutauchen und erneut zu verschwinden. Wenn es gerade da ist, dann nutzen Sie die Gelegenheit. Eine Fahrt ist für Kinder wie für Erwachsene eine lustige, romantische Art, sich die Stadt anzuschauen. Und aus 60 m Höhe bietet sich eine einzigartige Perspektive auf den Eiffelturm, der Sie direkt von der anderen Seite der Seine aus grüßt.

848 VON DER KIRCHE AUS, ÉGLISE DU SACRÉ-COEUR

Sacré-Cœur oder „das Baiser", auch eines dieser Objekt, das die Franzosen zunächst hassten, rückt den Eiffelturm in einen interessanten Blickwinkel. Von vielen Orten in Montmartre aus ist er schwer zu sehen, doch beim Verlassen von Sacré-Cœur können Sie ihn ganz hinten rechts entdecken. Wenn Sie nach einem Rundgang durch den dunklen, gotisch ausgestalteten Innenraum der riesigen Kirche auf den Ausgang zugehen, werden Sie sich fühlen, als würden Sie hinauf zu den Wolken schweben. Der Blick auf den Eiffelturm dort in der Ferne macht die Aussicht nur noch magischer und unverwechselbar parisisch.

849 VOM HÜGEL AUS, RUE DE BELLEVILLE

Wenn Sie die Rue de Belleville entlanggehen oder -fahren, werden Sie sich plötzlich wie Edith Piaf vorkommen, die „heruntergeflogen kommt", um in einer der Bars unten zu singen. Der Eiffelturm steht da wie ein winziger Topf voll Gold am Ende des Regenbogens, um Sie daran zu erinnern, wo Sie sich befinden, falls der herüberwehende Geruch nach chinesischem Essen Sie verwirrt. Doch hier ist Paris am authentischsten – vielfältig, überraschend, berauschend. Wenn der Eiffelturm dann außer Sicht ist, essen Sie ein paar *nem* (Frühlingsrollen) und einen *bobun* (Salat mit Fleisch in einer großen Schale) in einem der fabelhaften Restaurants von Belleville.

Nehmen Sie ein Picknick oder ein Buch mit und entspannen Sie sich nachmittags im Parc du Champ de Mars vor der Kulisse des Eiffelturms.

850 VOM PARK AUS, PARC DU CHAMP DE MARS

Ein *pique-nique* auf dem Champ de Mars direkt vor dem Eiffelturm ist eine der tollsten Arten, die Pariser Ikone zu genießen. Diese ellenlange Grünfläche umfasst nahezu 25 ha Parklandschaft, Gärten, Denkmäler und jede Menge Bäume, unter die man sich setzen kann. Der Eiffelturm steht an dem Ende, wo der Park an den Fluss grenzt – ein lebhafter, stattlicher Gast auf Ihrer Lunch-Party. Der Park ist toll für Kinder, für Gruppentreffen oder ein romantisches Mittagessen mit einem *baguette,* etwas Käse und einer guten Flasche Rosé aus einer *épicerie* in der Nähe.

DIE BESTEN BLICKE AUF DEN EIFFELTURM

NORD-AMERIKAS BESTE SKIGEBIETE

DIE ZEHN BESTEN ORTE, UM HÜFTTIEF IM SCHNEE ZU VERSINKEN.

851 WHISTLER BLACKCOMB, BRITISH COLUMBIA, KANADA

Dieses Ski-Resort von der Größe einer Kleinstadt bietet Skifahren vom Feinsten im großen Gebirge. Dank der neuesten Lifts, einem unvergleichlichen Gelände und einer langen Liste an Après-Ski-Optionen bleibt kein Raum für Enttäuschungen. Die Fahrt von Vancouver ist genauso malerisch wie die Berge: Die Strecke windet sich über Küstenstraßen und vorbei an vereisten Felswänden, an denen Kletterer ihre Äxte in die kristallenen Eistürme rammen. Ob man dann nach Blackcomb oder nach Whistler fährt, ist letztendlich egal. Bald werden Sie die Waldabfahrten hinab sausen und sich gelegentlich auf die riesigen präparierten Pisten verirren, um von dort direkt an die Bar zu pesen.

852 JACKSON HOLE, WYOMING, USA

Hoch, schnell, steil – dieser Ort ist nichts für Anfänger. Er bietet lange

853 ASPEN, COLORADO, USA

Aspen besteht aus vier erstklassigen Skiegebieten (Aspen, Buttermilk, Highlands und Snowmass). Es ist kein Ort für Après-Ski-Fans, auch wenn viele von ihnen hier Bier zapfen. Aspen hat seinen Ruhm jenen prägenden Charakterköpfen zu verdanken, die hier auf den Pisten unterwegs sind. Hunter S. Thompson, der Lesungen in den örtlichen Bars abhielt, war ein Liebling der Stadt, und natürlich kommt auch „Jack the Joker" (Nicholson) immer wieder her. Wenn man einmal von den Villen und den bodenlangen Fellmänteln absieht, ist dieses Skigebiet wie eine umwerfende Wandtapete mit kleinen Birken, die sich unter den 7 m Schnee im Jahr biegen.

Schussfahrten, die sich auf Pulverschnee zwischen schneebeladenen Kiefern hindurchschlängeln. Lehnen Sie sich vor und kurven Sie endlos die weiten, schüsselförmigen Pisten hinunter: Ihre Beinmuskeln werden vor Anstrengung brennen, aber das kann Sie nicht bremsen. Dies ist das Land der Cowboys: Hüte und weite Jacken sind an den steilen Abhängen ein typischer Anblick. Versuchen Sie ruhig mal abzuheben, denn Sie landen wie auf Marshmallows, die jeden Fehler sanft dämpfen. Jackson Hole gehört zu den Orten, von denen Sie solange träumen, bis Sie endlich hinfahren – also warten Sie nicht länger.

854 WHITEWATER, NELSON, BRITISH COLUMBIA, KANADA

Die Hauptstraße ist voller Biocafés und ständig sind die Räummaschinen zu hören, die versuchen, gegen den unaufhörlichen Schneefall anzukommen. Whitewater ist eher eine Kleinstadt, in deren Nähe zufälligerweise ein Skihang ist, als ein echter Skiort, doch das verstärkt den Zauber dieses unglaublichen Gebiets in British Columbia nur noch. Der Pulverschnee ist einer der feinsten der Welt, mit ihm kann sich wahrscheinlich nur noch der japanische messen. Aber man kommt vor allem wegen der Umgebung hierher. Beim Blick aus der Skihütte beherrscht der tief im Selkirk-Massiv gelegene Ymir Mountain die Silhouette am Horizont. Zwei wackelige Sessellifte ziehen sich den moderaten 427 m hohen Hang hinauf, doch das macht nur noch mehr Lust auf die Abhänge und Kessel hoch oben.

855 MAMMOTH MOUNTAIN, KALIFORNIEN, USA

Der Name dieses Bergs ist gewaltig – wie seine Erscheinung. Neue Highways führen bis vor die Eingangstüren nobler Lodges, und die örtlich verkehrenden Busse bringen Sie ruckzuck zum Anfangspunkt eines beeindruckend abwechslungsreichen Skiabenteuers. Aber eigentlich kommen die Leute wegen des Schnees: Mengen von 9 m im Jahr bedecken das Urlaubsgebiet von November bis zum 4. Juli. Mit seinen Buckelpisten, Steilhängen, Schneeraupen und einem aufregenden Nachtleben ist Mammoth typisch „SoCal" (Südkalifornien). Es ist *fast & furious* und hat jede Menge Sex-Appeal.

301

Traumhaftes Skifahren im Kreise schöner Birken (und Menschen): Aspen.

302

Halten Sie hin und wieder mal an, um den Blick auf den Mount Baker zu genießen.

856 MOUNT BAKER, WASHINGTON, USA

In der Wintersaison 1999 fielen in diesem Skigebiet 29 m reinster Schnee wie ein dichter Vorhang – ein Weltrekord. Für die meisten Skiurlauber ist das schon Anreiz genug. Bei so viel Schnee veränderte der Berg seine Form: Aus imposanten, 46 m hohen Klippenreihen wurden Sprungpisten, von denen aus man im weichen Schnee landete. Die Kleinstadt-Atmosphäre ist trotz des Booms im letzten Jahrzehnt nicht verlorengegangen. So kann man immer noch in preiswerten Unterkünften übernachten und allein abseits der Pisten fahren. Aber beachten Sie die extrem hohe Lawinengefahr!

859 STEAMBOAT SPRINGS, COLORADO, USA

Dieser Skiort erhält seine einzigartige Atmosphäre durch die 150 natürlichen Quellen in der Region. Seit 1932 hat er bereits 69 Athleten zu den Olympischen Winterspielen entsandt, mehr als jede andere Stadt. Außerdem gibt es hier fast 12 km² an Skipisten, über die Sie brettern können. Steamboat Springs ist für vieles berühmt, doch vor allem möchten alle Besucher, den legendären *champagne powder* (Pulverschnee, der so locker perlt wie Champagner) erleben. Die über 100 Jahre alte, von Viehzüchtern gegründetet Stadt im Yampa Valley, bildet die Kulisse, die das Skierlebnis abrundet.

857 BANFF, ALBERTA, KANADA

Banff ist genau genommen kein Skigebiet, doch man kann den nahe gelegenen Lake Louise nicht erwähnen, ohne auch über das Sunshine Village zu reden, und dann ist da noch das Mount Norquay Resort. Die Gebiete sind unglaublich unterschiedlich, obwohl beide vom Bergmassiv der Rocky Mountains geprägt sind und in der Umgebung der schönen, eleganten Stadt Banff liegen, in der sich alles auf das Lake Louise Hotel konzentriert. Während man sich auf der Flaniermeile des Orts in Pelzmänteln und kniehohen Stiefeln zeigt, herrscht in den kleinen Seitenstraßen eine betriebsame Atmosphäre künstlerischen Schaffens. Während in den Kesseln und Senken der Rockies, die sich bis zum Winterhorizont erstrecken, die Wölfe umherstreifen. Das fühlt sich dann an, als lebe man am Rand der Zivilisation.

858 ALTA, UTAH, USA

Als in den frühen Achtzigern Snowboarder in den traditionellen Skiorten für Aufruhr sorgten, wurden sie aus vielen Resorts verbannt, denn man fürchtete, sie könnten den guten Ruf der Skibranche ruinieren. Fast überall wurde diese Entscheidung kurze Zeit später wieder aufgehoben, um mit dem neuen Sport Profit zu machen, doch in Alta blieb man standhaft. Es ist als Skiort der Puristen bekannt und hat eine Menge Dinge, für die es sich feiern lassen kann. Der trockene Pulverschnee von Utah etwa ist legendär, und Alta bekommt durch die Wasatch-Kette einen ordentlichen Teil davon ab: 13 m fallen jährlich. Hier gibt es keine Anfänger, die auf den Kanten der Skier fahren und damit die jungfräulichen Pisten ruinieren. Günstige Tickets und sein Charme haben diesen Ort zu einer amerikanischen Legende gemacht.

860 BIG SKY, MONTANA, USA

Der riesige, spärlich besiedelte Bundesstaat wird von imposanten Gebirgsketten zergliedert und liegt so weit im Norden, dass man den arktischen Winter spürt. Das gilt auch für das bis auf 3658 m hinaufreichende Skigebiet Big Sky. Es kann sich sehr kalt und einsam anfühlen, wenn die Gondel des Lifts ganz oben ankommt und 1372 m Abfahrt zwischen Ihnen und der Behaglichkeit Ihrer Skihütte liegen. Abfahrten durch unberührten Tiefschnee erstrecken sich vor Ihnen und wenn Sie über den Rand spähen, lässt sich das Ende der Strecke schwer ausmachen – das ist in der Tat eine sehr spezielle Erfahrung..

NORD-AMERIKAS BESTE SKIGEBIETE

DIE SKURRILSTEN ESSERFAHRUNGEN

EINIGE DIESER GERICHTE MÖGEN EHER AUFREGEND ALS LECKER SEIN – STÜRZEN SIE SICH IN EIN ABENTEUER DER KULINARISCHEN ART.

861 FUGU, JAPAN

Die Japaner sind so gut in Sachen sonderbares Essen, dass Sie gleich zwei Einträge bekommen. Beim ersten geht es um den berühmt-berüchtigten *fugu* (Kugelfisch). Er ist so giftig und wirkt so schnell tödlich, dass er den überlieferten Spitznamen „die Pistole" trägt. Der Kugelfisch enthält Tetrodotoxin, eine Substanz, die 13-mal stärker als Arsen ist. Wenn Köche das Gift entfernt und die Delikatesse zubereitet haben, erwartet Sie allerdings ein eher fades Gericht, das nur die Lippen betäubt ... oder serviert im Gläschen als *hirezake* (gegrillter Fuguschwanz in heißem Sake), der traditionellen Beigabe zum Essen. Nur die Betuchteren leisten es sich, bei einem gehobenen Dinner mit dem Tod zu flirten: Ein *fugu*-Gericht macht Sie etwa 70 Euro ärmer.

862 BUSH TUCKER, AUSTRALIEN

In den eindrucksvollen Tälern der südlichen Flinders Range in Südaustralien können Sie die australischen Wappentiere verspeisen (eine leckere Kombination aus Känguru und Emu). Im winzigen Ort Parachilna, einer Siedlung mit sechs Einwohnern, hat sich das erstklassige Prairie Hotel auf *bush tucker* (Buschessen) spezialisiert. Auf der Speisekarte stehen Rührei aus Emu-Eiern zum Frühstück und zarte Kängu-Steaks als Hauptgericht. Ein Aborigine-Koch verarbeitet regionale Zutaten, die das Volk der Kaurna bereits seit Jahrtausenden kennt, zu tollen Gerichten mit einem modernen australischen Twist.

863 INSEKTEN, MYANMAR

„Alles, was über den Boden läuft, ist essbar", heißt es bei den Einheimischen. Mit anderen Worten: Es herrscht das große Krabbeln. Auf den Nachtmärkten von Yangon (Rangun) sowie überall im Land gibt es *thǎye za* (wörtlich übersetzt „köstliche Snacks") in Form von frittierten Grillen, Käfern und Larven. Grillen werden am Spieß verkauft, zehn Stück für um die 30 Cent, während Larven kurz auf den Grill kommen und sich dann noch winden, wenn sie serviert werden. Falls Sie Käfer essen: Der Trick ist, erst den Magen herauszusaugen und dann den Kopf zu zerkauen..

864 BUAH KELUAK, INDONESIEN

Noch ein Land, das zwei Einträge auf dieser Liste verdient hat. *Buah keluak* bedeutet „die Frucht, die Übelkeit verursacht". Tatsächlich handelt es sich aber weder um eine Frucht noch um eine Nuss, wie viele ihrer Fans glauben, sondern um das weiche Innere einer eigroßen, harten Samenhülle. Diese steckt in der Frucht des großen Kepayang-Baums. Mit der ungekochten Masse werden im indonesischen Dschungel Speere, Pfeile und Blasrohrpfeile überzogen, was schon einen Hinweis auf die Giftigkeit gibt. *Buah keluak* enthält Glucoside, die schnell in Blausäure umgewandelt werden. Zum Glück lässt sich der Prozess durch Einweichen in Wasser unterbrechen.

865 ARKTISCHE MENÜS, NORWEGEN

Hoch oben im Norden haben Sie die Gelegenheit, „arktische Menüs" zu probieren, bei denen versucht wird, regionale Zutaten aus den eisigen Gewässern zu verwenden. Dazu gehören Robbe und der allgegenwärtige Kabeljau, von dem absolut nichts weggeworfen wird. Die Locals essen Kabejaubacke, -rogen, -leber und -magen. Besonders die Kabeljauzunge ist eine echte Delikatesse; Kinder trennen sie heraus und bekommen einen Stückpreis dafür. Der Rogen wird in riesigen Weinfässern gepökelt. Und die Lebern? Diese werden in einem Kessel dampfgegart, in einem Fass geräuchert und dann das schmackhafte Öl herausgepresst, das im arktischen Winter gegen Depressionen hilft. Rentierfleisch ist ein weiterer üblicher Verdächtiger auf den örtlichen Speisekarten.

866 FLEISCHERSATZ, CHINA

Angesichts der irrsinnig großen Auswahl an regionalen Spezialitäten könnte man Jahre damit verbringen, alles zu probieren, was die chinesische Küche zu bieten hat. Testen Sie aus, ob Sie sich mit den aufwendigen „Fleischersatz"-Gerichten selbst reinlegen können. Einige davon sehen ziemlich unglaublich – und gruselig – aus. Typische Speisen sind falscher Fisch, gedünstete vegetarische „Garnelen" und vegetarischer „Schinken". Die Zutaten (aus Tofu, Weizengluten und Gemüse) werden zum Teil so geformt, dass sie wie Spareribs oder gebratenes Hühnchen aussehen. Manchmal machen sich die Köche sogar die Mühe, „Knochen" aus Karotten und Lotoswurzeln zu schnitzen.

867 HÁKARL, ISLAND

Frisches Fleisch vom Grönlandhai ist giftig. Deshalb haben die Isländer eine Methode entwickelt, bei der das Fleisch fermentiert und für mehrere Monate zum Trocknen aufgehängt wird. So wird daraus *hákarl*, das zur Wintersonnenwende zusammen mit einer Auswahl anderer traditioneller isländischer Speisen aufgetischt wird. Da die Spezialität stark nach Ammoniak riecht und sehr fischig und damit äußerst gewöhnungsbedürftig schmeckt, erfreut sie sich nicht einmal in ihrem Heimatland großer Beliebtheit. Aber keine Sorge, wenn sie trotzdem mal probieren wollen: Überall im Land verkaufen Läden das ganze Jahr über *hákarl*. Es gibt eine rote (*glerhákarl* – Bauchfleisch) sowie eine weiße (*skyrhákarl* – Fleisch vom restlichen Körper) Variante und man kann sie mit einem Gläschen *brennivin*, einem landestypischen Schnaps, genießen (bzw. ertragen).

868 LEBENDE TENTAKEL, JAPAN

Wenn Sie zu den Menschen gehören, die sich vom Verzehr potenziell tödlicher Meerestiere nicht schocken lassen, dann sind Sie vielleicht auch ein Kandidat für ein Essen, das noch vor Leben strotzt. Sushi-Köche sind dafür bekannt, dass sie unschuldigen Tintenfischen einen Tentakel abhacken, ihn mit Sojasoße auf einen Teller legen und ihn servieren, während er sich noch krümmt und windet. Die Saugnäpfe am Gaumen zu spüren, ist nur wenig mehr irritierend, als das Wissen, dass Sie gerade (theoretisch) in Ihrem Mund etwas umbringen.

869 FUFU, WESTAFRIKA

Viele Menschen in dieser Region hängen sehr an ihrem *fufu*. Um ihn zuzubereiten, wird Jams-Wurzel in einem großen Holzmörser zu einem zähen Brei zerstoßen und zerstampft. In den ländlichen Gegenden Westafrikas werden Sie das Klopfen jeden Morgen hören, wenn das Essen für den Tag zubereitet wird. *Fufu* wird dann in Form schleimiger Bällchen gegessen, ohne dass man kaut. Normalerweise gibt es eine würzige Erdnusssoße dazu. Besonders in Ghana ist dieses Gericht eine identitätsstiftende Nationalspeise.

870 AFFENHIRN, INDONESIEN

Durch einen gewissen Indiana-Jones-Film hat sich bei vielen Kindern in den 1980er-Jahren der Anblick von Affenhirn unauslöschlich eingebrannt. Wie auch immer, in Indonesien jedenfalls gab es Proteste wegen der Praktiken einiger Lokale, die Affen servieren: Nachdem die Schädeldecke mit einem scharfen Messer vom Kopf abgetrennt wird, wurde dieser in einem Loch in der Mitte des Tisches platziert. Dann gab man den lokalen „Raketenbrennstoff" *arrak* (Reiswein) darüber. Meistens sind es Langschwanzmakaken, die dieses Schicksal erleiden.

ULTIMATIVE WASSERSPORT-ABENTEUER

DIE ERDOBERFLÄCHE BESTEHT ZU ZWEI DRITTELN AUS WASSER – GENAU WIE WIR. KEIN WUNDER, DASS MENSCH UND WASSER SO GUT ZUSAMMENPASSEN.

871 HYDROSPEEDEN, QUEENSTOWN, NEUSEELAND

In der Adrenalinhaupstadt Queenstown gibt es verrückte Aktivität en masse. Schließlich ist der Ort die Heimat des Bungeejumpings, ganz zu schweigen vom Skyswing, von Jetbootfahrten und Rodelbahnen. Beim Hydrospeeden – auf einem Stück Schaumstoff die Stromschnellen des Kawarau River hinunter – wird der Anblick der spektakulären Steilhänge und Gipfel im Kawarau-Tal (bekannt aus den „Herr-der-Ringe"-Filmen) mit jeder Menge Wasserspaß vereint. Auf dem 800 m langen Chinese Dogleg, einer der längsten Stromschnellen des Landes, werden Sie im Schleudergang herumgewirbelt. Aber dank Eskimorolle und guter Surfhaltung, wird Sie das kein bisschen jucken.

872 KITESURFEN, TARIFA, SPAIN

In Tarifa, wo der aus Osten kommende Levanter und der Westwind Poniente peitschen, jammert man nicht über das stürmische Wetter – sondern nutzt es. Die Stadt mit ihren römischen Straßen, islamischen Burgen und weiß getünchten Häusern, die so typisch für Andalusien sind, ist der Ort, um Wasser und Wind mit Adrenalin zu kombinieren. Kitesurfen ist hier angesagt: Den Trick, wie man sich auf einem Fiberglasbrett mit Hilfe des Winds und eines riesengroßen Lenkdrachens fortbewegt, zu lernen, ist nicht ganz leicht. Nach ein paar Stunden werden Sie aber süchtig danach sein – wenn nicht nach dem Sport, dann doch nach der entspannten Cafékultur und der lässigen Surferatmosphäre, die hier dazugehört.

873 GEZEITEN-WELLEN SURFEN, AMAZONAS, BRASILIEN

An der Mündung des Amazonas überrollt – in der richtigen Mondphase – zeitweilig die Flut des Atlantiks den ins Meer fließenden Fluss. Das Ergebnis: Eine 4 m hohe Tidenwelle brandet flussaufwärts und spühlt neben allerhand Ufergeröll einige unerschrockene Surfer mit sich. Um die *pororoca* („großer Lärm") zu surfen, muss man entweder sehr geschickt oder sehr verrückt sein – aber dann ist es der Wahnsinn. Der aktuelle Rekord liegt bei einer 12,5 km langen Surf-Fahrt über 37 Minuten. Aber auch Nicht-Surfer können das Spektakel genießen, im März bei den alljährlich stattfindenden „National Pororoca Surfing Championships" in São Domingos do Capim.

So geht elegantes Reisen: mit dem Stocherkahn auf dem Cam am King's College vorbei.

874 SEEKAJAK FAHREN, JOHNSTONE STRAIT, KANADA

Jeden Sommer wird das glasklare Wasser an der nordöstlichen Spitze von Vancouver Island zur Heimat von 300 Orcas mit Hunger auf Lachs. Dazu kommen noch Zwergwale und eine Herde kauziger Buckelwale, die alle an der spektakulären Landschaft aus Gletschern geformten Tälern, schmalen Meeresarmen und Buchten vorbeiziehen. Hier gibt es viele dichte, ursprüngliche Wälder – und wenige Menschen. Diesen abgelegenen Ort erkundet man am besten im Seekajak. In einem der tief im Wasser liegenden Boote befinden Sie sich auf einer Höhe mit den Walen. Das Platschen Ihres Paddels und vielleicht noch das gelegentliche Schnauben eines Orcas werden die einzigen Geräusche sein.

875 STOCHERKAHN FAHREN, CAMBRIDGE, ENGLAND

Mit einem *punt* (Stocherkahn) über den Fluss Cam zu gondeln, ist so durch und durch englisch wie eine Tasse Tee. Es wurde zur Zeit König Edwards populär, als der Handelsverkehr vom Fluss verschwand. Das Ganze ist nicht so leicht, wie es aussieht: Die Boote mit dem flachen Rumpf kommen leicht ins Trudeln, wenn man die Technik nicht beherrscht, den Kahn so mit dem Staken in Bewegung zu setzen, dass man an den Trauerweiden und großartigen Collegegebäude am Flussufer vorbeigleitet. Leihen Sie sich einen Stocherkahn und brechen Sie vom Stadtzentrum aus zu dem hübschen Dorf Grantchester auf – hin und zurück dauert die Tour vier Stunden, aber Anfänger sollten sehr viel mehr Zeit einplanen.

307

Die Seelöwen wundern sich über die Spezies der Schnorchler, die sich auf den Galápagos-Inseln im Wasser tummelt.

876 SCHNORCHELN, GALÁPAGOS-INSELN

Nirgendwo sonst ist ein „Tauchbad" vielfältiger als hier: Man kann mit Seelöwen tanzen, einen Blick auf Pinguine erhaschen und einer prähistorischen Meerechse begegnen. Der einzigartige südamerikanische Archipel, der Darwin auf seine Evolutionstheorie brachte, ist berühmt für die Vielfalt und Zutraulichkeit der dort lebenden Tiere. Unter Wasser sind Begegnungen mit diesen Wesen sogar noch magischer. Tauchen ist hier nur etwas für erfahrene Sportler, aber schnorcheln kann jeder. Die Tierarten und das Terrain unterscheiden sich auf den einzelnen Inseln, aber mit etwas Glück werden Sie sich zwischen Fischschwärmen in allen Regenbogenfarben, Rochen und – allen voran – einem Pulk neugieriger Seelöwen wiederfinden.

877 SCHWIMMEND INSELHÜPFEN, GRIECHENLAND

In griechischen Gewässern liegen über 6000 Inseln. Körpereigenen Antrieb benötigen Sie für ein Inselhüpf-Erlebnis der individuellen Art: Da das Meer idyllisch ist – aquamarinblau und so flach wie ein Pfannkuchen –, ist es perfekt geeignet zum Langstreckenschwimmen. Die zergliederten Küsten entlang der Ufer sind ideal für entdeckungsreiche „Paddeltouren". Ein guter Ausgangspunkt sind die Kykladen: Sie liegen dicht beieinander, sodass eine Überquerung nicht zu anstrengend ist, trotzdem kommen nur wenige Touristen her. Man gleitet vorbei an kleinen Buchten, die nur für Schwimmer erreichbar sind, und sieht Mönchsrobben und Delfine vom Wasser aus. Am Ende des Tages können Sie in geruhsamen Tavernen auf Ihre müden Knochen anstoßen.

878 KANU FAHREN, BOUNDARY WATERS, MINNESOTA, USA

Der Name sagt schon alles: Boundary Waters Canoe Area Wilderness. Dieses 4000 km² große Naturschutzgebiet an der Grenze zu Kanada mit Seen und Wäldern, in denen es von Bären wimmelt, ist genau richtig für Erkundungstouren im Stil des Trappers Davy Crockett. Kanus sind stabil und relativ einfach zu beherrschen. Bald werden Sie selbstsicher an Ottern, Elchen und Weißkopfseeadlern vorbeipaddeln und nur anhalten, um Ihr Kanu auf dem Kopf balancierend von einem See zum anderen zu schleppen und Ihr Zelt auf einer einfachen Lichtung aufzuschlagen. Nachts geht man hier mit den Rufen des Seetauchers schlafen, sieht die Sterne am Himmel funkeln – und hofft, dass kein Bär das Frühstück klaut.

879 WILDWASSER-RAFTING, SAMBESI, SAMBIA

Schwer zu sagen, was an einer Raftingtour auf Afrikas wildestem Fluss am beängstigendsten ist: die Stromschnellen mit Namen wie „Verwüstung" und „Knirschende Kiefer des Todes" oder die Krokodile. Trotz fleischfressender Tiere und Wildwasser der Kategorie V kann erstaunlicherweise jeder, begleitet von einem guten Guide, den Sambesi in Angriff nehmen. Legen Sie unterhalb der Victoria-Fälle in Livingstone ab und verbringen Sie einen Tag damit, die spektakuläre Batoka-Schlucht zu bezwingen. Oder Sie gehen auf eine mehrtägige Expedition: Flussabwärts können Sie an einsamen Stränden zelten und vorbeiziehenden Flusspferden mit dem Paddel zuwinken.

880 SURFEN, MENTAWAI-INSELN, INDONESIEN

Dieses Tropenidyll bietet krasse Surfspots. An die weißsandigen, palmenbestandenen Strände branden verlässlich warme *barrels* und *breaks*. Während Sie auf Ihre Welle warten, kann es gut sein, dass Ihnen ein Einheimischer im Einbaumkanu Kunsthandwerk anzudrehen versucht. Da die Inseln jahrhundertelang isoliert waren, ist die Kultur der Mentawai noch intakt: Bei einer Pause vom Surfen kann man mit einem Guide in den Siberut-Nationalpark wandern und einzigartige Gemeinden besuchen.

ULTIMATIVE WASSERSPORT-ABENTEUER

DIE BESTEN WANDERUNGEN IN ENGLAND

OB ZERKLÜFTETE KÜSTEN, GRÜNE HÜGEL ODER SCHNEEBEDECKTE BERGE –
SCHNAPPEN SIE SICH EINE KARTE, ZIEHEN SIE IHRE STIEFEL AN UND
ENTDECKEN SIE DIE SCHÖNSTEN WANDERWEGE IM VEREINIGTEN KÖNIGREICH.

Das Tal des High Cup Nick bildet ein perfektes U und ist nur eine von vielen idyllischen Aussichten auf dem Pennine Way.

TONY WHEELER / LPI

881 SOUTHERN UPLAND WAY

Mit 340 km ist dieser Wanderweg von Küste zu Küste quer durch Südschottland nicht der längste Großbritanniens, aber er hat den Ruf, einer der anstrengendsten zu sein. Die abgelegene, knallharte Wanderstrecke ist etwas für alle, die gern allein sind, denn da das Gebiet keine besonderen Attraktionen vorzuweisen hat, sind dort nicht viele Tagesausflügler unterwegs. Wir haben Sie gewarnt: Die Berge sind beängstigend, die Wälder imposant und die Moore wunderbar verlassen. Genügsamkeit lautet hier die Devise – die Tour ist das Richtige für Camper und Leute, die gern in der Wildnis unterwegs sind – und es hat definitiv etwas Großartiges, von der Irischen See quer durchs Land bis zur Nordsee zu wandern. Wenn es doch jetzt nur noch zu regnen aufhören würde.

882 PEMBROKESHIRE COAST PATH

Das windumtoste und abgelegene Pembrokeshire liegt an der südwestlichsten Spitze von Wales, die als rundliche Halbinsel in die Irische See hineinragt. Zerklüftete Felsen und malerische Dörfer prägen die Küstenregion und bilden die Kulisse für weite Strände und die tosende Brandung. Am besten lässt sich diese Region auf einer Wanderung entlang des 299 km langen Coast Path von Amroth nach St Dogmaels erkunden. Nehmen Sie sich dafür zwei Wochen Zeit. Als Vorgeschmack sollten Sie in St Davids, der kleinsten Stadt Großbritanniens, Ihr Lager aufschlagen und von dort aus zur St Brides Bay aufbrechen, wo Schwimmer, Strandgutsammler und Surfer die unberührten Strände für sich entdeckt haben.

883 PENNINE WAY

Wanderer von überall auf der Welt wissen die Leistung zu würdigen, wenn man Großbritanniens wichtigsten Fernwanderweg zurückgelegt hat. Er führt entlang des bergigen Rückgrats der Insel von Edale im Peak District von Derbyshire durch die Yorkshire Dales bis nach Kirk Yetholm an der schottischen Grenze – 426 km gnadenlose Wanderung durch drei fantastische Nationalparks. Für die technisch schwierige Strecke braucht man drei Wochen, aber wenn Sie nicht so viel Zeit (oder Energie) haben, bekommen Sie auch auf Tagesausflügen einen Eindruck. Die kleinen Orte in den Yorkshire Dales bieten die klassische Kombination aus einer umwerfenden Landschaft und verlockenden Dorfpubs – mit Füßen voller Blasen werden Sie die heilenden Kräfte eines Pints Real Ale zu schätzen wissen.

884 KINTYRE WAY

Hand hoch, wer kann Schottlands Nationaltier nennen? Der Löwe der schottischen Königsflagge? Vielleicht der majestätische Steinadler? Hat da jemand Rothirsch gesagt? Nein, sorry, alles falsch. Es ist die lästige Mücke, der man im Frühjahr und Sommer in Scharen an Schottlands Küste begegnet. Doch lassen Sie sich deswegen nicht davon abbringen, diese schöne Wanderung über die Halbinsel im äußersten Südwesten des Landes zu unternehmen. Die 165 km von Tarbert Harbour nach Dunaverty bieten eine faszinierende Küstenlandschaft, die schäumende Brandung des Atlantiks und glutrote Sonnenuntergänge. Der Wanderweg wurde 2006 eingeweiht und ist selbst im Vereinigten Königreich relativ unbekannt – fahren Sie hin, bevor sich dies ändert.

886 YORKSHIRE THREE PEAKS

Die landesweite „Three Peaks Challenge", die „Drei Gipfel"-Herausforderung, umfasst die drei höchsten Berge von Schottland, Wales und England – den Ben Nevis (1334 m), den Snowdon (1085 m) und den Scafell Pike (978 m). Um von einem zum anderen zu kommen, brauchen Sie allerdings ein Auto. Yorkshires drei Gipfel sind dagegen zwar kleiner, aber mitnichten ein Kinderspiel. Der Rundwanderweg, der den Whernside (736 m) mit dem Ingleborough (723 m) und dem Pen-y-ghent (694 m) verbindet, ist ein zermürbender 42 km langer Kampf mit 1600 m Steigung. Ziel ist es, ihn in zwölf Stunden zu schaffen, um sich danach in einem Pub auszuruhen – und sich zu freuen, dass keiner ins Auto steigen musste.

885 COTSWOLD WAY

Wenn die englische Tourismus-zentrale eine Wanderung raus-suchen müsste, die alles an diesem grünen, schönen Land zusam-menfasst, dann wäre es der 146 km lange Weg, der sich vom prachtvollen Bath bis ins niedliche Chipping Campden über die sanften Kalksteinhügel der Cotswolds windet. Falls Sie auf Berge kraxeln oder zerklüftete Kämme sehen möchten, sind Sie im falschen Teil der Welt – mit 331 m ist die eher beschauliche Erhebung des Cleve Hill das Höchste der Gefühle. Hier handelt es sich vielmehr um das England der Landsitze und des Fünf-Uhr-Tees. Und das ist auch gut so. Nach der einwöchigen Wanderung haben Sie sich schließlich einen gehaltvollen Scone mit dicker Sahne verdient.

887 SOUTH WEST COAST PATH

Wandern ist in Engalnd eine beliebte Freizeitbeschäftigungen und die Gründe dafür sind offensichtlich: herrliche Landschaften, spektakuläre Küsten und ein Gebiet voller Geschichte. Doch eine Wanderung ist keine, wenn Sie nicht mit schmerzenden Beinen und Blasen an den Füßen nach Hause kommen. Begeben Sie sich also auf den South West Coast Path, einen 1011 km langen Gewaltmarsch entlang der Küsten von Devon, Cornwall, Somerset und Dorset. Vorsichtigen Schätzungen nach braucht man sechs Wochen für die ganze Strecke, aber die meisten Leute nehmen sich nur ein paar Tage Zeit. Wenn Sie zu diesen gehören, dann ist die Burg Tintagel in Cornwall zweifellos eines der Highlights. Der Legende nach wurde König Artus dort geboren.

888 OFFA'S DYKE PATH

In einer Zeit, die von inneren Unruhen und Territorialkämpfen geprägt war, befahl Offa, der damals mächtigste aller angelsächsischen Könige, einen gewaltigen Wall zu errichten, der sein Königreich Mercien von Wales abgrenzen sollte. Heute existieren noch 130 km des durchschnittlich 1,8 m hohen und 18 m breiten Dyke – beeindruckende Zahlen dafür, dass er vor mehr als 1200 Jahren angelegt wurde. Die zwei Wochen dauernde Wanderung ver-läuft entlang der gesamten 286 km langen englisch-walisischen Grenze – von Sedbury im Süden bis nach Pres-tatyn an der walisischen Nordküste. Ein anstrengendes Abenteuer, das unberührte Landschaften und his-torisch Bedeutsames zusammen-bringt. Kein anderer Wanderweg im UK bietet eine solche Vielfalt.

Hübsche Steinmauern durchziehen in North Yorkshire die flachen Felder – nach den steilen Three Peaks ein angenehmer Spaziergang.

889 THAMES PATH

Wenn man die Themse erwähnt, denken die Leute an die prägnante Skyline von London – mit der Tower Bridge, Big Ben usw. Zwar führt dieser sanfte Fernwanderweg zum Finale auch durch die Metropole, doch die 296 km langen Strecke windet sich zum größten Teil durch einige der schönsten Landschaften Englands. Der Wanderweg beginnt an der Quelle des Flusses bei Cirencester in Gloucestershire, durchquert das Herz des klassischen Englands und führt auf dem Weg in die Landeshauptstadt vorbei am elitärem Ruderclub von Henley sowie an den Türmen der Oxford University. Eingefleischte Wanderer machen sich über die vornehme Kulisse lustig, aber sie ist die perfekte Mischung aus großstädtischem London und ländlicher Bilderbuchlandschaft.

890 HADRIAN'S WALL PATH

Als die Römer beschlossen, einen Wall zu bauen, um die plündernden Pikten aus Schottland von Nordengland fernzuhalten, rechneten sie wahrscheinlich nicht damit, dass ihr Werk einmal zur Kulisse einer der schönsten Wanderungen des Landes werden würde. Dieser mäßig anspruchsvolle Fernwanderweg zieht sich über 135 km von Bowness-on-Solway in Cumbria bis zum treffend benannten Wallsend in Tyne and Wear. Er verbindet anspruchsvolles Bergwandern mit dem kulturellen Erbe, für das das Vereinigte Königreich berühmt ist. Große Teile der Mauer sind noch intakt, außerdem gibt es bei dem sorgfältig freigelegten römischen Fort Segedunum ein schönes Museum.

DIE BESTEN WANDERUNGEN IN ENGLAND

DIE BESTEN GIPFELSTÜRME OHNE TRÄGER

DIESE SCHÖNHEITEN SIND ZWAR KEIN GEWALTIGER EVEREST UND KEIN K2, ABER AUCH NICHT GERADE DIE HÜGEL, AUF DENEN SIE SCHON ALS KIND GEZELTET HABEN. SEIEN SIE ALSO GEWARNT.

891 ELBRUS, RUSSLAND

Weit entfernt von den vor Bergsteigerruhm strotzenden Spitzen der Alpen steht der etwas schüchterne Doppelgipfel von Europas höchstem Berg, dem Elbrus (5642 m). Er liegt auf der russisch-georgischen Grenze, ragt über den Hauptkamm des Kaukasus empor und gibt sich ganz schön entmutigend. Der Elbrus ist fast 1000 m höher als alle Gipfel um ihn herum und Gletscher ziehen sich entlang seiner Grate. Dennoch ist er ohne große technische Schwierigkeiten zu schaffen: Es gibt sogar einen Sessellift bis auf 3800 m, von wo aus die meisten Aufstiege beginnen. In geringer Entfernung vom Lift liegt Camp 11; von dort aus ist es noch ein achtstündiger Vorstoß bis zur Bergspitze.

892 OLYMP, GRIECHENLAND

Auf Griechenlands höchstem Massiv kommen Sie den Göttern ganz nah. Der Olymp, das sagenumwobene Zuhause der olympischen Götter, zieht heute eine etwas andere Art von Gläubigen an, wenn Wanderer den zweitägigen Aufstieg auf seinen höchsten Gipfel, den Mytikas (2918 m), unternehmen. Der beliebteste Weg hinauf beginnt beim winzigen Ort Prionia, 18 km von Lithoro entfernt. Von hier aus ist es ein 2,5-stündiger Aufstieg bis zur Haupthütte, zum Gipfel des Mytikas sind es danach noch einmal drei Stunden. Vergessen Sie nicht, sich ins Gipfelbuch einzutragen.

893 GUNUNG BROMO, INDONESIEN

Aus dem Kraterboden des riesigen Tengger auf Java erheben sich drei Vulkangipfel. Die rauchende Spitze des Gunung Bromo (2392 m) ist die kleinste von ihnen und diejenige, die alle Besucher erklimmen. In Cemoro Lawang, einem Dorf am Kraterrand, das man von der Stadt Probolinggo aus erreicht, beginnt die einfachste und beliebteste Route hinauf. Die Strecke führt durch die Sand Sea im Krater, und innerhalb einer Stunde erreicht man dann den Gipfel des Bromo und kann den Blick in den qualmenden Krater genießen. Wie bei allen Bergen der Welt ist es am schönsten, wenn man bei Sonnenaufgang oben ankommt.

894 JEBEL TOUBKAL, MAROKKO

Der höchste Berg (4167 m) Nordafrikas ist erstaunlich leicht zu besteigen. Vom Ausgangspunkt des Pfads im Dorf Imlil, das zwei Autostunden von Marrakesch entfernt liegt, ist es eine fünfstündige Wanderung bis zur Toubkal-Hütte auf rund 3200 m Höhe. Sie steht direkt unterhalb der Westflanke dieses Riesen im Hohen Atlas. Von hier aus hasten die meisten Trekker hinauf und kehren innerhalb eines Tages wieder nach Imlil zurück. Die größte Herausforderung beim Aufstieg sind die berühmten langen Geröllpisten des Toubkal, in denen man sich vorkommt wie beim Gehen in Treibsand.

895 MATTERHORN, SCHWEIZ

Für alle, die wissen, was ein Steigeisen ist, gibt es kaum verlockendere Gipfel als das mächtige Matterhorn. Der Aufstieg auf den wie ein Stück Toblerone geformten Berg ist technisch anspruchsvoll. Während die ersten Alpinkletterer angesichts der unverwechselbaren Felspyramide schwer schlucken mussten, gilt die Route über den Hörnli-Grat – die die meisten Kletterer nehmen – heute als unkompliziert. Der Normalweg beginnt an der Seilbahnstation Schwarzsee. Die Bergsteiger verbringen eine Nacht in der Hörnli-Hütte, bevor sie sich im Morgengrauen dem Gipfel nähern..

896 TAFELBERG, SÜDAFRIKA

Auf dem oben abgeflachten, 1086 m hohen Berg, der Kapstadt eine so prächtige Silhouette verleiht, soll es über 300 Wanderpfade geben. Doch für die meisten Leute geht es allein darum, auf das Plateau zu gelangen, und zwar zackig. Dazu ist der Weg durch die Platteklip-Schlucht der direkteste. Der sanfteste Aufstieg führt über den Jeep Track durch den Black Table, doch das flache Gefälle macht ihn auch zu einem der längsten. Die Route durch die Platteklip-Schlucht hinauf dauert zwei bis drei Stunden. Wenn Sie möchten, sind Sie mit der Seilbahn in vier Minuten wieder unten.

897 BEN NEVIS, SCHOTTLAND

Großbritanniens höchster Berg besitzt eine Anziehungskraft, die über die nüchternen Fakten hinwegtäuscht. Sein Gipfel liegt nur 1344 m über dem Meeresspiegel und seine Wanderwege werden von Scharen von Wanderern und Kletterern platt getreten. Für die meisten bedeutet der Aufstieg, der Masse der Wanderer den Mountain Track hinaufzufolgen. Bergliebhaber bevorzugen dagegen die schwierigere Route über den Nachbargipfel Carn Mór Dearg, eine Klettertour, bei der man sich über den dramatischen Berggrat zwischen den beiden Kuppen hangelt. Falls der Ben Nevis Ihnen Lust auf mehr Berge macht, gibt es noch 238 weitere *munros* – Gipfel in Schottland mit über 914,4 m Höhe –, die Sie erklimmen können.

898 BERG SINAI, ÄGYPTEN

Moses bestieg ihn und brachte ein paar Steintafeln mit herunter. Aber Sie brauchen lediglich einen Schlafsack und warme Kleidung, wenn Sie zur obligatorischen Beobachtung des Sonnenaufgangs an der Spitze des markantesten Bergs der Sinai-Halbinsel sein wollen. Der Aufstieg beginnt beim zum Unesco-Weltkulturerbe gehörenden Katharinenkloster, von wo aus Sie den „Kamelpfad" einschlagen oder für Ihre Sünden auf den „Stufen der Buße" schwitzen können. Der 2285 m hohe Gipfel, der einen atemberaubenden Ausblick auf die umliegenden kahlen, zerklüfteten Berge und die tiefen Täler bietet, ist auf dem Kamelpfad nach ungefähr zwei Stunden erreicht.

899 FUJI, JAPAN

Willkommen an jenem Berg, von dem es manchmal heißt, er sei der meistbestiegene der Welt. Mit Sicherheit gehört er zu den bemerkenswertesten. Von Tokio aus gesehen erhebt sich der Fuji in der Ferne auf 3776 m und ist damit der höchste Berg Japans. Die offizielle Klettersaison dauert von Juli bis Ende August, aber vielleicht möchten Sie lieber außerhalb der Hochsaison kommen, um den Touristenmassen aus dem Weg zu gehen, die fast genauso groß sind wie der Berg selbst. Von den traditionellen Ausgangspunkten aus dauert der Aufstieg etwa 4,5 Stunden. Versuchen Sie, den Gipfel rechtzeitig zum Tagesanbruch zu erreichen, um den Sonnenaufgang mitzuerleben und noch vor den aufsteigenden Wolken oben zu sein.

900 HALF DOME, USA

Der Half Dome, der das Yosemite-Tal wie eine Welle aus Stein überragt, ist eines der atemberaubendsten Felsgebilde der Welt – und für Wanderer eine Riesenverlockung. Der Weg hinauf beginnt in Happy Isles im Tal und führt zu dem mehr als 1000 m höher gelegenen kahlen Gipfel – Stahlkabel geben auf dem letzten Stück entlang der frei liegenden Nordostwand etwas Sicherheit. Oben bildet die Bergkuppe eine 2 ha große Fläche, von der aus sich herrliche Ausblicke über Yosemite bieten, besonders vom nordwestlichen Vorsprung aus. Sie können den Aufstieg in einem Mammuttag zurücklegen oder auf der Nordostschulter zelten.

US-NATIONAL-PARKS ABSEITS DES RUMMELS

STEINALTE FELSENWOHNUNGEN, FESTUNGEN IM MEER UND DAS VIERTGRÖSSTE HÖHLENSYSTEM DER WELT – DIE USA HABEN VIEL MEHR ZU BIETEN ALS NUR DIE GEYSIRE IN YELLOWSTONE.

901 SEQUOIA, KALIFORNIEN

Kein Bundesstaat der USA hat so viele Einwohner wie Kalifornien. Wer hätte also gedacht, dass er ein Geheimnis wie den sogenannten „versteckten Park" birgt? Während die meisten Naturtouristen in Kalifornien Yosemite ansteuern, fahren Eingeweihte nach Sequoia in der südlichen Sierra Nevada. Das dorthin so wenige Besucher kommen, liegt am Gelände – 84 % des Parks sind Wildnisgebiet, in das man nur zu Fuß oder auf dem Pferderücken gelangt. Die Mühe lohnt sich: Zu den Wundern, die Sie dort erwarten, gehören die größten Bäume der Welt, die riesigen Sequoia (Küstenmammutbäume), die bis zu 85 m hoch werden, sowie der höchste Berg der USA außerhalb Alaskas, der Mount Whitney mit seinen 4421 m.

903 BRYCE CANYON, UTAH

Diese 330 km nordöstlich von Las Vegas gelegene, spektakuläre Landschaft könnte sich nicht stärker von dem grellen Kitsch in Nevadas dekadenter Partystadt unterscheiden. Im Bryce Canyon gibt es keine Neonlichter, aber die strahlend roten und orangefarbenen *hoodoos* (Felssäulen und -bögen, die durch Erosion des weichen Sedimentgesteins entstanden) leuchten ebenso. Das Prunkstück des Bryce, der oft wegen des Zion und des Grand Canyon links liegengelassen wird, ist der namensgebende Kessel, eine Art natürliches Amphitheater. Mit 19 km Länge, 5 km Breite, bis zu 240 m Tiefe und jeder Menge zerbrechlicher Felsnadeln, die 60 m hoch vom Talboden aufragen, ist er ein spektakulärer Anblick, mit dem nicht einmal Vegas mithalten kann.

902 GATES OF THE ARCTIC, ALASKA

Alaska ist eines der größten Wildnisgebiete der Welt, und der Gates-of-the-Arctic-Nationalpark ein Favorit auf den Titel „Amerikas schönster Nationalpark". Wild und abgeschieden liegt er komplett oberhalb des nördlichen Polarkreises und ist kolossale 39 460 km² groß. Das entspricht fast der Größe der Niederlande. Der Park ist allerdings kein Ort für Gelegenheitstouristen: Es gibt weder Straßen noch Wanderwege und Toiletten. Das einzige ausgewiesene Besucherzentrum befindet sich am Dalton Highway nahe der Stadt Coldfoot. Angesichts reißender Flüsse, hungriger Grizzlys und der imposanten Berge der Brooks-Kette sollten Sie auf jeden Fall eine Ahnung davon haben, wie man in der Wildnis überlebt, wenn Sie hier loslegen möchten.

Die *hoodoos*, von der Witterung geformte Felssäulen aus Kalkstein, Sandstein und Mergel, im Bryce-Canyon-Nationalpark.

904 SHENANDOAH, VIRGINIA

Vor der Gründung des Shenandoah-Nationalparks Mitte der 1930er-Jahre wurde ein Großteil dieses sehr grünen Teils Virginias landwirtschaftlich genutzt, vor allem für unzählige Apfelplantagen. Entlang des Skyline Drive, der 169 km langen, durch das Herz des Parks führenden Hauptstraße, herrscht immer noch Ruhe und Beschaulichkeit. Und die Blue Ridge Mountains mögen sich imposant anhören, sind für amerikanische Verhältnisse aber bloß Babys – der kleine Hawksbill Mountain mit nur 1235 m ist schon der höchste. Shenandoah ist ein Ort zum Entspannen, wo Sie Wanderungen durch das Hinterland unternehmen und wild auf grünen Wiesen und in Wäldchen mit hoch aufragenden Eichen campen können. Im 21. Jh. ist das ein Genuss, den man würdigen sollte.

905 HAWAI'I VOLCANOES, HAWAII

Hawaii mag ein wohlbekanntes Touristenziel sein, der Hawai'i-Volcanoes-Nationalpark aber verdient besondere Beachtung. Hier gibt es nämlich jede Menge Feuer und Asche spuckende Wunder auf einmal zu sehen. Die Insel Hawaii, Big Island genannt, besteht aus fünf zusammenhängenden, unterschiedlich alten Vulkanen, darunter auch der größte der Welt: Der Mauna Loa erhebt sich 4169 m über dem Meeresspiegel, reicht aber noch 5000 m hinunter bis zum Grund des Ozeans, sodass er insgesamt höher als der Mount Everest ist. Zu den Highlights gehören schwarze Sandstrände, Lavatunnel und Ströme flüssigen Gesteins – damit ist dieser Nationalpark ein ganz heißes Eisen.

906 MESA VERDE, COLORADO

Colorado ist zu Recht berühmt für die Rocky Mountains, doch Reiseführer übersehen oft die große Bedeutung des Mesa-Verde-Nationalparks für die Geschichte der amerikanischen Ureinwohner. Der Park liegt nahe Four Corners (wo die Bundesstaaten Colorado, New Mexiko, Arizona und Utah aneinandergrenzen) und bietet eine erstaunliche Ansammlung archäologischer Stätten, wie sie selten mit den USA in Verbindung gebracht wird. Die Hauptattraktionen sind die beeindruckenden Felswohnungen der Pueblo-Indianer. Sie wurden im 13. Jh. erbaut und erheben sich vier Stockwerke hoch an einer Reihe von spektakulären Canyons. Einige von ihnen kann man besichtigen – die Erfahrung, sich durch enge Spalten und Treppenaufgänge zu quetschen, kann man in keinem anderen amerikanischen Park machen.

Glasklares Wasser umspült die Mauern des nie fertiggestellten Fort Jefferson auf den Dry Tortugas.

907 BIG BEND, TEXAS

Amerikas Nationalparks bieten nicht nur hoch aufragende Berge, Urwälder und sprudelnde Geysire. Tief im Süden liegt der Big-Bend-Nationalpark, der über fast 400 km die texanisch-mexikanischen Grenze bildet – ein Spielplatz für alle Geologen und Paläontologen. Auf einer Höhe zwischen 550 und 2400 m über dem Meeresspiegel herrschen hier extreme klimatische Bedingungen – von der Glutofenhitze in der Wüste und in den tiefen Canyons am Rio Grande bis zu den kühlen Temperaturen in den Höhen der Chisos Mountains. In der Grenzregion wurden jahrtausendealte archäologische Funde gemacht, die zeigen, dass diese Region für den Menschen schon immer von besonderem Interesse, aber auch Schauplatz von Auseinandersetzungen war.

909 WIND CAVE, SOUTH DAKOTA

Dass Höhlen als Nationalparks ausgewiesen sind, gibt es nicht oft, aber nahe der Stadt Hot Springs in South Dakota liegt der Wind-Cave-Nationalpark. Das aktuell viertlängste Höhlensystem der Welt mit über 200 km an erforschten Durchgängen ist wegen seiner honigwabenartigen Kalksteinformationen, den sogenannten *boxworks*, legendär. Auf geführten Touren gelangen Sie tief in das Höhlennetzwerk, das seinen Namen den starken, 100 km/h schnellen Winden verdankt, die an der Einmündung gemessen wurden. Zurück an der Erdoberfläche können Sie nahe der Elk Mountains zelten. Von hier aus erstrecken sich die Prärie und Gelbkiefernwälder, in denen Bisons, Wapitis und Pronghorn-Antilopen leben.

910 CRATER LAKE, OREGON

Amerikas Große Seen, an deren Ufer Städte wie Chicago, Cleveland oder Detroit liegen, sind weltbekannt, aber kaum jemand weiß, dass sich in den USA auch der neunttiefste See der Erde befindet. Der 594 m tief abfallende, leuchtend blaue Crater Lake liegt im Krater des Vulkans Mount Mazama und bildet das Herzstück des Crater-Lake-Nationalparks in Oregon. Andere Naturwunder im Park, die Sie nicht verpassen sollten, sind Mondlandschaften aus Bimsstein und Asche sowie hoch aufragende Felsnadeln, die an früheren Ausbruchsstellen des Vulkans durch Wind und Wetter geformt wurden. Und falls Sie Lust haben, sich ein bisschen die Beine zu vertreten, können Sie den 4260 km langen Pacific Crest Trail entlangwandern. Er verläuft gerade mal von Mexiko bis an die kanadische Grenze ...

908 DRY TORTUGAS, FLORIDA

Floridas Everglades ziehen zwar jährlich mehr als 1 Mio. Besucher an, doch wenn Sie etwas Außergewöhnlicheres erleben wollen, sollten Sie an die Südspitze von Key West fahren und von dort aus zu diesen Inseln übersetzen. Sie bilden eine faszinierende Mischung aus Militärgeschichte und einer reichen Unterwasserwelt. Etwa 110 km vor der Küste liegt Fort Jefferson, eine riesige Festung im Meer, die zwar nie fertiggestellt wurde, durch ihre herrlich abgeschiedene Lage im Golf von Mexiko aber erhalten blieb. Um die sieben Koralleninseln der Dry Tortugas liegen lauter Schiffswracks, die von der Piratenvergangenheit zeugen. Außerdem leben hier an die 300 Vogelarten, darunter der Noddi, der Maskentölpel und der wunderschöne Fregattvogel. Diese ungewöhnliche Mischung rechtfertigt die Anreise.

US-NATIONAL-PARKS ABSEITS DES RUMMELS

DIE BIZARRSTEN RESTAURANTS & BARS

GERADE, WENN SIE GLAUBEN, SIE WÜRDEN ALLE COOLEN NEUEN LOCATIONS KENNEN, STELLT SICH HERAUS, DASS SIE DOCH NOCH NICHT JEDE GESEHEN HABEN ...

„Ich schwöre, einer der Köpfe hat sich gerade bewegt." Gruselige Babys in der Giger Bar in Château St Germain in der Schweiz.

911 HOBBIT HOUSE, MANILA, PHILIPPINEN

Diese Bar mit Restaurant auf den Philippinen, in der sich alles um Tolkien dreht, nennt sich selbst „die einzige Bar der Welt, in der Hobbits arbeiten" – genau genommen ein Team aus Zwergen und Liliputanern. Die Einrichtung ist zauberhaft und urig, mit Holzvertäfelung und folkloristischer Deko. Große Menschen müssen sich bücken, um durch die Tür zu passen. Das Hobbit House ist bekannt für seine sehr gute Livemusik.

912 RED SEA STAR, EILAT, ISRAEL

Das Red Sea Star ist ein bisschen wie das Unterwasserversteck von Stromberg im James-Bond-Streifen „Der Spion, der mich liebte" (1977) – was nicht überrascht, wenn man bedenkt, dass es in 5 m Tiefe im Roten Meer in Israel liegt. Die Innenausstattung dieses Bar-Restaurants erinnert irgendwie an eine Meerjungfrauen-Lounge mit Fantasiemotiven aus der Welt der Fische samt quallenförmiger Barhocker und seesternförmiger Lampen. Durch die großen Fenster beäugen neugierige (oder vielleicht auch rachsüchtige) Fische und andere Meeresbewohner die Gäste, die wiederum ihre Teller mit Meeresfrüchten beäugen. Wenn Sie den Kopf in den Nacken legen, sehen Sie über sich vielleicht ab und zu ein Schiff.

913 LE REFUGE DES FONDUES, PARIS, FRANKREICH

Machen Sie sich keine Gedanken, ob Ihnen der Zutritt zu diesem feinen Pariser Restaurant verwehrt wird – hier ist jeder willkommen (solange noch ein Platz frei ist). Es ist winzig und die Wände sind voller Graffiti. Hier stehen nur Fondues auf der Karte und es gibt bloß zwei Tische, die allerdings sehr lang sind. Die Gäste sitzen dicht beisammen – diejenigen auf den Sitzplätzen an der Wandseite müssen über den Tisch klettern, wenn Sie gehen wollen. Ein Bonus in diesem Restaurant: Sie lernen viele Leute kennen – was genau genommen auch nicht ausbleiben kann, wenn Sie jemandem fast auf sein Essen treten, weil Sie eilig zur Toilette müssen, nachdem Sie ein Babyfläschchen – in denen hier der Wein serviert wird – zu viel getrunken haben.

SIME/BERGAMIN CLAUDIO / 4CORNERS

914 GIGER BAR, CHUR & CHÂTEAU ST GERMAIN, SCHWEIZ

Der Schweizer Grafiker H.R. Giger ist wohl am bekanntesten dafür, die Kreatur aus dem Scifi-/Horrorstreifen „Alien" und die albtraumhafte, beängstigende Atmosphäre des ganzen Films erschaffen zu haben. Giger entwarf das Konzept der „Biomechanoiden", höllischen Verschmelzungen von Maschinen und vollkommener außerirdischer Intelligenz. Das beschreibt exakt die Innengestaltung dieser beiden Bars in der Schweiz. Die Räume sind dunkel und erdrückend – wie in der Höhle, in der die todgeweihten Weltraumreisenden aus „Alien" zum ersten Mal Bekanntschaft mit ihrem dämonischen Erzfeind machen. Wer sich auf einen der Stühle setzt, hat das schreckliche Gefühl, als säße er auf dem Schoß des schleimigen Monsters.

322

Wenn Depeche-Mode-Fans die ganze Welt erobern würden, sähe es überall aus wie in dieser estnischen Bar.

915 DEPECHE MODE BAAR, TALLINN, ESTLAND

Das Bizarrste an dieser Bar ist die Band, für die sie als Hommage gedacht ist. So kommt's, dass in dieser dunklen Ecke Estlands lauter schwarz gekleidete, spindeldürre Depeche-Mode-Fans herumstehen und „Master & Servant"- oder „Personal Jesus"-Cocktails schlürfen, während sie den kühlen, melancholischen Klängen der Band lauschen. An den Wänden hängen signierte Fotos, Depeche-Mode-Artwork und Tourandenken, während auf den Bildschirmen Videos der Band laufen. Eine trostlose Hölle für die einen, der absolute Himmel für die Fans.

916 ALBATROSS, TOKIO, JAPAN

Das winzige Albatross in Tokio liegt in der von Bars gesäumten Shomben Yokocho („Pinkelgasse", denn alle Läden teilen sich dieselben Toiletten). Es wäre schwer, mehr als zehn Personen hier hineinzuquetschen. Der Laden geht über drei Etagen, darunter auch eine Kunstgalerie. Hier ist es so eng, dass die Barleute Ihnen Ihren Drink durch ein Loch im Boden nach oben reichen. Solange Sie nicht ausatmen, sich nicht am Kopf kratzen und aufpassen, wo Sie hintreten (es sollen schon Leute durch die Löcher für die Getränke gefallen sein), werden Sie sich hier gut amüsieren.

917 NASA, BANGALORE, INDIEN

Die Mitarbeiter der Bar erstrahlen in prächtigen Raumanzügen, die Einrichtung sieht aus wie in einer Raumfähre, es finden sich spacige Schilder wie „Treibstofftank" für die Bar und „Humanoide Entsorgungsstation" an den Toiletten, Laser-Shows, Tische, die an Raketenflügeln befestigt sind, und Bullaugen in den Wänden, durch die Bilder der Erde aus dem Orbit zu sehen sind ... Das Einzige, was in dieser indischen Ode an den unendlichen Weltraum fehlt, ist ein Hitzeschutzschild, auch wenn die Cocktails wie ein blendender Feuerblitz sind (von denen man Sterne vor Augen sieht).

918 REGATTA HOTEL, BRISBANE, AUSTRALIEN

Die Herrentoilette dieses australischen Ladens wird als „Klo mit Ausblick" angepriesen. Ein riesiger Einwegspiegel bildet die Rückwand – und viele hat es beim ersten Mal erwischt, als sie betrunken und unaufmerksam ihr Geschäft erledigten und dann erschraken, als sie hochsahen und einen Passanten bemerkten, der auf Sie-wissen-schon-was zu starren schien. Entspannen Sie sich: Sie können die Leute sehen, aber die Sie nicht.

919 ROLF'S BAR & RESTAURANT, NEW YORK, USA

Wer rund um Weihnachten den Big Apple besucht, sollte in diesem deutschen Restaurant – Schnitzel! Hefeweizen! Oktoberfest! – vorbeischauen. Es sieht dann bei Rolf's nämlich aus, als sei eine riesige Kiste mit Weihnachtsdekoration voller mit Kugeln, Kerzen, Lametta und Tannenbäumen explodiert und hätte sich überall im Raum verteilt. Selbst Liebhaber des ganzen festlichen Tamtams rund um den Heiligen Abend sollen in dieser Weihnachtskulisse schon klaustrophobisch geworden sein.

920 MARTON, TAIPEI, TAIWAN

Das Marton in Taiwan ist nichts für Zimperliche, denn thematisch dreht sich hier alles um die Toilette, den Pott, das WC, das Klo, das stille Örtchen, den Thron, den Lokus, den Abort ... Die Teller haben die Form einer Toilettenschüssel (der asiatischen Hock- oder der westlichen Sitzvariante); wenn Sie also mit dem Gedanken spielen, ein zähflüssiges Curry daraus zu essen, dann nur zu! Viel Glück auch mit dem Schokoladeneis. Kann man Zitronenlimo aus einer Kloschüssel trinken? Da würde wohl der Trinkspruch „Hoch die Schüsseln!" passen. Natürlich sind auch die Stühle wie Toiletten geformt und es gibt Urinalkunst (wenn auch kein „Fountain" von Marcel Duchamp).

DIE BIZARRSTEN RESTAURANTS & BARS

DIE BESTEN RENNEN DER WELT

HÖHER, SCHNELLER, WEITER – WETTLÄUFE GEGEN DIE ZEIT UND GEGEN ANDERE TEILNEHMER LIEGEN UNS MENSCHEN IM BLUT. HIER KOMMT EINE AUSWAHL DER BESTEN.

921 ULTIMATE BANGER CHALLENGE, EUROPA/AFRIKA

Machen Sie sich bereit für die Plymouth-Banjul-Challenge, so der offizielle Name des Rennens mit Herz. Die Teilnehmer ruckeln und zuckeln in Autos, die nicht mehr als 100 britische Pfund wert sein dürfen, von Großbritannien bis hinunter nach Afrika, wo die Strecke für gewöhnlich in Gambia endet. Zuvor führt sie durch Marokko, die Westsahara, Mauretanien und Senegal. Die Fahrzeuge, die es ans Ziel schaffen, werden für einen guten Zweck versteigert, während andere sich noch weiter gen Süden bis nach Bamako in Mali durchschlagen. Falls es Ihre Traumvorstellung von Urlaub ist, Ihren alten Fiat Uno aus einer Sanddüne in der Sahara auszubuddeln, irgendwo vor Timbuktu den Wagenheber anzusetzen oder ähnliche Erfahrungen zu machen, dann ist dieses Rennen wie gemacht für Sie.

922 WELTMEISTERSCHAFT IM SCHNECKENRENNEN, ENGLAND

Dies kann zwar nicht als Rennen unter Menschen bezeichnet werden, aber ohne humanes Mitwirken würde man wahrscheinlich nie sehen können, wie zwei Schnecken Fühler an Fühler erbittert um den Sieg kämpfen. Bei der jährlich im Juni in Norfolk stattfindenden Weltmeisterschaft „sprinten" etwa 200 Teilnehmer ganz im Sinne des reizenden Mottos des Events – „Ready, Steady, Slow" – über einen 33 cm großen Rundparcours, die Startnummern als kleine runde Aufkleber auf den Gehäusen. Der aktuelle Weltrekodhalter ist Archie, eine Schnecke, die die Strecke 1995 in zwei Minuten bewältigt hat. Die ehrgeizigen Besitzer und ihre Rennschnecken treten jedes Jahr im Dorf Congham an, um sich an den Rekord heranzu ... ähem ... schleimen.

324

Die jagd ist eröffnet: Das „Wells-Fargo-Häschen" hebt beim „Hare and Hounds" ab.

JUDY BELLAH / LPI

923 GREAT RENO BALLOON RACE, USA

Seit ungefähr 35 Jahren erstrahlt der Himmel über Reno im September in den Farben bunter Heißluft-ballons. An drei Tagen werden Rennen und Vorfüh-rungen abgehalten und Aufgaben bewältigt. Wenn die Piloten bei dem farbenprächtigen Event – dem größten Heißluftballontreffen in den USA – um den ersten Preis in Höhe von 20 000 US-Dollar wetteifern, sind bis zu 140 000 begeisterte Zuschauer dabei. Mit dem Rennen ist der spaßige Höhenflug nicht vorbei: Neben dem „Balloon Blackjack" wird bei Renos berühm-tem „Hare and Hounds" eine traditionelle britische Jagd in der Luft nachgestellt. Dann hetzen 100 Ballons hinter zwei Heißluft-„Hasen" von der Wells-Fargo-Bank her. Der Spruch vom Banker, der nur heiße Luft ablässt, bekommt da eine ganz neue Bedeutung.

924 MIDNIGHT SUN MARATHON, NORWEGEN

Sollten Sie ein begeisterter Mara.-thonläufer sein, dann dürfte es Sie angesichts des alljährlich im Juni im norwegischen Tromsø weit nördlich des Nordpolarkreises stattfindenden Mittsommernacht-Marathons in den Füßen jucken. Dieser landschaftlich schöne Wettlauf beginnt an der 1 km langen Tromsø-Brücke, von der aus sich ein spektakulärer Ausblick auf schneebedeckte Berge bietet. Los geht es um 20.30 Uhr – allerdings bleibt es während des ganzen Events taghell. Falls Sie an der norwegischen Atmosphäre Gefallen finden und eine weitaus kühlere Herausforderung in Angriff nehmen wollen, haben die Organisatoren auch noch den Polarnacht-Halbmarathon im Januar unter dem Schein des Polarlichts im Angebot.

925 CATFORD HILL CLIMB, ENGLAND

Der 1886 gegründete Catford Cycling Club in England bietet Amateuren jeden Oktober die Möglichkeit, ihre Beinmuskeln bis zur Schmerzgrenze zu fordern. Der Hill Climb schmückt sich mit dem Titel „Ältestes Berg-rennen der Welt". Die Radfahrer stehen vor der Aufgabe, eine mör-derische 25-prozentige Steigung zu erklimmen, die sich über eine kurze, heftige Strecke von 646 m durch die herbstlichen Hügel von Kent zieht. Die besten Rennfahrer schaffen diese Herausforderung (irgendwie) in nur zwei Minuten. Bei dem ersten Rennen 1887 wurde ein Maximalgewicht von 20 kg für Dreiräder festgelegt, heute wählen die meisten Teilnehmer aber eine leichtere – und, abgesehen davon, zweirädrige – Rennmaschine.

Reißverschluss hoch, Helm auf: Das Off-Road-Radrennen Cape Epic startet am Tafelberg.

926 GROUSE GRIND MOUNTAIN RUN, KANADA

Der Grouse Grind ist ein anspruchsvoller Wanderweg entlang eines jahrhundertealten Jägerpfads, der hinauf auf einen der schönsten Berge von Vancouver führt, den Grouse Mountain. Auf dem auch als „Mother Nature's Stairmaster" – in Anspielung auf das Stepper-Fitnessgerät gleichen Namens – bekannten Wanderweg wird jedes

Jahr im September ein Rennen auf den Gipfel ausgetragen. Der Grind ist zwar nur 2,9 km lang, wartet jedoch mit 2830 steilen Stufen auf. Während ein durchschnittlicher Wanderer den Trail in rund zwei Stunden schafft, brauchten die bisherigen Gewinner des Rennens weniger als eine halbe Stunde. Ziehen Sie Ihre Wanderstiefel an, beißen Sie die Zähne zusammen und denken Sie an die Aussicht, die sich Ihnen vom Gipfel aus bieten wird.

927 IRONMAN-TRIATHLON, HAWAII, USA

Wenige Rennen sind zermürbender als dieser Test in Sachen Entschlossenheit und Mumm, der im Oktober in der hawaiianischen Stadt Kailua-Kona abgehalten wird. Ironmen und -women müssen in der Bucht von Kailua-Kona 3,86 km durch den Ozean schwimmen, mit dem Rad 180 km durch eine Lavawüste fahren und

928 CAPE EPIC, SÜDAFRIKA

Pedalkraft fürs Cape Epic statt für die Tour de France: Jedes Jahr im März findet das neuntägige Mountainbike-Rennen in Südafrikas Provinz Westkap statt. Die Off-Road-Strecke ändert sich, aber auf die Teilnehmer warten immer fiese Anstiege, haarsträubende Haarnadelkurven und schwierige Abfahrten in abgelegenen, atemberaubend schönen Berglandschaften. Meistens starten die Fahrer am Tafelberg im Kapstadt, fahren vorbei am malerischen Gordon's Bay und dann hinauf nach Villiersdorp mit seinen vielen Weingütern (die sanfte Landschaft als Trostpflaster für die schmerzenden Beine), wo sie (hoffentlich) am Ende ein paar gute Jahrgänge von Kapweinen probieren können.

929 KAMELRENNEN MIT ROBOTER-JOCKEYS, DUBAI, VEREINIGTE ARABISCHE EMIRATE

In den letzten Jahren hat man in Dubai damit aufgehört, Kinder bei den spektakulären Kamelrennen einzusetzen. Heute sind viele der Jockeys Roboter – und keine Vorschüler mehr. In der Rennsaison von Oktober bis April legen einige Dutzend Kamele angetrieben von ihren mechanischen Herren Distanzen zwischen 4 und 10 km zurück. Schätzungen zufolge leben in der Region etwa 14 000 der flinken Passgänger. Aber wer glaubt, auf die Reittiere einen kleinen Tipp abgeben zu können: In Dubai sind Wetten illegal. Statt der Aussicht auf einen Gewinn ist es also vielmehr die Spannung des Rennens, die die Veranstaltungen zu einem echten Muss macht.

930 KÄSERENNEN, COOPER'S HILL, ENGLAND

Cooper's Hill in Gloucestershire ist der Austragungsort, ein Laib Double-Gloucester-Käse das Zielobjekt. Dieser wird einen (sehr steilen) Hügel hinuntergerollt und die Teilnehmer rennen ihm hinterher. Bei dem jahrhundertalten Rennen im Mai kann jeder mitmachen, aber nehmen Sie sich in Acht – das Ganze ist nicht so harmlos, wie es sich anhört (sondern, genau genommen, komplett irre). Noch nicht einmal das Publikum ist sicher: 1997 wurde ein Zuschauer von einem Käse überrollt, der fast 100 km/h schnell war.

zum krönenden Abschluss noch einen Marathon (42,2 km) von Keauhou nach Kailua-Kona entlang der Küste von Hawaiis Big Island laufen. „Schwimmen Sie 2,4 Meilen! Fahren Sie 112 Meilen Fahrrad! Laufen Sie 26,2 Meilen! Prahlen Sie den Rest Ihres Lebens damit!", lautet die Aufforderung im Slogan des Rennens. Vielleicht ziehen Sie es aber auch vor, ins Schwitzen zu kommen, während Sie den Teilnehmern im herrlichen Hawaii von der Seitenlinie aus nur zujubeln.

DIE BESTEN RENNEN DER WELT

DIE SCHÖNSTEN BAUWERKE

SIE SIND ALLE GROSS UND EINIGE SOGAR ATEMBERAUBEND: BEI DIESEN BAUTEN WERDEN SIE NACH IHRER KAMERA GREIFEN, SOBALD SIE MIT DEM STAUNEN FERTIG SIND.

931 GUGGENHEIM-MUSEUM, SPANIEN

Kritiker mögen sagen, dass Frank O. Gehrys Guggenheim-Museum in der nordspanischen Stadt Bilbao aussieht, als wäre es mit einem Dosenöffner bearbeitet worden. Aber es handelt sich um eines der beeindruckendsten und richtungsweisendsten Werke der modernen Architektur. Mit seinen bandartig verlaufenden Titanplatten und den Verbindungselementen verweist das Museum sowohl auf die Industriegeschichte der Stadt als auch auf die untertassenartigen Rundungen von Frank Lloyd Wrights Solomon R. Guggenheim Museum in New York. Ach ja, fast vergessen: Drinnen gibt es auch Kunst zu sehen.

932 POTALA-PALAST, TIBET

Hoch über der heiligen Stadt Lhasa thront der ehemalige Sitz der tibetischen Regierung und die einstige Winterresidenz des Dalai Lama. Heute ist der Palast eher wegen seiner imposanten Erscheinung bemerkenswert als wegen seiner Bewohner. Der riesige, 13 Stockwerke hohe Bau besitzt Tausende von Zimmern und ist im Stil eines traditionellen buddhistischen *gompa* (Tempel) gehalten – allerdings bedeutend aufwendiger gestaltet. Mehr als 7000 Arbeiter sollen im 7. Jh. n. Chr. an seiner Errichtung beteiligt gewesen sein. Der Palast ist heute ein staatliches chinesisches Museum und steht auf der Welterbeliste der Unesco.

933 TAJ MAHAL, INDIEN

Ist das Taj Mahal das berühmteste Bauwerk der Welt? Und das romantischste (sofern man die ausufernde Industriestadt drumherum sowie die Scharen von Rikscha-Fahrern und Anwerbern für Hotels, Restaurants und Clubs ausblendet)? Das vom indischen Dichter Rabindranath Tagore als „Träne auf der Wange der Zeit" bezeichnete Taj Mahal in Agra wurde von Großmogul Shah Jahan als Mausoleum für seine zweite Frau Mumtaz Mahal erbaut, die 1631 bei der Geburt ihres 14. Kindes starb. Es ist ein extravagantes Monument der Liebe aus Marmor – was erklären mag, warum so viele junge, verträumt dreinschauende Paare durch die umgebenden Gärten laufen.

934 SAGRADA FAMÍLIA, SPANIEN

Die mit Sicherheit außergewöhnlichste Kirche des Planeten, die einer der exzentrischsten Künstler der Geschichte konzipiert hat: Antoni Gaudí. Mit dem Bau der Sagrada Família wurde 1882 begonnen, doch Gaudís Vision erwies sich als so komplex, dass die Kirche, mit ihren spitz zulaufenden Türmen, die an die lang gezogenen Arme eines Kraken erinnern, noch immer unvollendet ist. Sie wird letztendlich über drei Fassaden und 18 Türme verfügen, von denen der höchste (170 m) Jesus Christus repräsentiert. Das Wahrzeichen Barcelonas soll 2026 zum 100. Todestag Gaudís fertiggestellt werden. Auch wenn es fast schade ist, die Kathedrale vollendet zu sehen.

935 IMAM-MOSCHEE, IRAN

Die Imam-Moschee in Isfahan steht an einem der größten Plätze der Welt und ist ein gefliestes Wunderwerk. Die beeindruckende Moschee aus dem 17. Jh. ist innen wie außen komplett mit blassblauen und gelben Keramikkacheln (Isfahans Markenzeichen) verkleidet, die je nach Lichteinfall die Farbe zu ändern scheinen. Die Hauptkuppel ist 54 m hoch und mit einem komplizierten stilisierten Blumenmosaik verziert, während das wunderbare 30 m hohe Eingangstor ein erstklassiges Beispiel für die Architekturstile in der Epoche der Safawiden (1502–1772) ist. Die Moschee steht ungefähr im 45-Grad-Winkel versetzt zum Platz, sodass sie nach Mekka zeigt.

936 WINTERPALAST, RUSSLAND

Das pistazienfarbene Juwel am Ufer der Newa in St. Petersburg – besser bekannt als das Gebäude, in dem die weltberühmte Eremitage untergebracht ist – wurde von Francesco Bartolomeo Rastrelli als Winterresidenz der russischen Zaren entworfen. Der Winterpalast nimmt einen ganzen Häuserblock ein und besitzt die launige Verspieltheit und die Ornamentik des Barockstils. Statuen ziehen sich entlang seiner Dachkanten wie Taucher, die dazu ansetzen, in die Newa zu springen. Kein Wunder, dass er als das Punktstück einer Stadt konzipiert wurde, deren Bau zeigen sollte, dass Russland mit der architektonischen Pracht in Europa mithalten kann.

937 KRAC DES CHEVALIERS, SYRIEN

Diese auf einem Hügel stehende Festung der Kreuzritter wurde von T. E. Lawrence als „schönste Burg der Welt" beschrieben. Sie mag 800 Jahre alt sein, doch wie nach einer guten Botox-Behandlung widersetzt sie sich glatt den Spuren der Zeit. Sie ist der klassische Entwurf einer mittelalterlichen Burg: Zwischen den dicken Außenmauern und dem inneren Kern liegt ein Graben, der in den Fels gehauen wurde. Innen gleicht sie einer Mini-Stadt, samt Kapelle, Bädern, einem Rittersaal und einer gotischen Loggia. Das sichtbarste Zeichen ihres Alters sind die Pflanzen, die ihre Mauern überwuchern. Aber das ist nichts, was sich nicht mit einer gründlichen Rasur beheben ließe.

938 OSCAR-NIEMEYER-MUSEUM, BRASILIEN

Das von Oscar Niemeyer, dem gefeierten Architekten der brasilianischen Hauptstadt Brasília, entworfene Museum seines Namens in Curitibia stellt die Ansicht, was ästhetisch ist, auf die Probe. Wie alle großartigen Gebäude hat das Design des Kunstmuseums etwas an sich, das man entweder liebt oder hasst. Die Hauptgalerie ist wie ein reflektierendes Glasauge geformt, das auf einem gelben Pfeiler aufsitzt. Man nähert sich ihr über eine geschwungene Rampe, die über ein Wasserbecken führt. Wenn man sich dann im Gebäude, allgemein „Augenmuseum" genannt, befinden, stellt man fest: Jeder Aspekt des Designs scheint immer auch eine Verbindung des Schönen mit dem Schrägen zu bezeichnen.

939 HAGIA SOPHIA, TÜRKEI

Die Hagia Sophia ist mit ihren vier Minaretten, die sich wie zum Mond gerichtete Raketen erheben, das großartige architektonische Wahrzeichen im Herzen Istanbuls. Sie wurde im 6. Jh. n. Chr. als orthodoxe Kirche erbaut, später zur Moschee umgewandelt und ist seit 1935 ein Museum. Der riesige Bau wurde in nur fünf Jahren fertiggestellt, seine Mauern, in die Moschus eingearbeitet wurde, sind von einer imposanten, 56 m hohen Kuppel mit 31 m Durchmesser gekrönt. Im Sockel der Kuppel befinden sich rundherum Fenster, sodass es von innen fast so aussieht, als würde sie auf überirdische Weise über dem Gebäude schweben.

940 BIBLIOTHECA ALEXANDRINA, ÄGYPTEN

Mit den antiken Pyramiden und der Bibliotheca Alexandrina hat Ägypten heute das Beste aus Altem und Neuem zu bieten. Alexandrias am Wasser stehende Bibliothek ähnelt einem gewaltigen Diskus, der auf der Kante gelandet ist. Oder einem riesigen Lichtschalter. Sie ist wohl das erste große architektonische Werk des neuen Jahrtausends. Das 2002 fertiggestellte Gebäude hat die ursprüngliche Bibliothek von Alexandria zum Vorbild, die im 3. Jh. v. Chr. gegründet und als größte Einrichtung der Antike gefeiert wurde. Mit dem abgeschrägten Design soll es eine zweite Sonne darstellen, die sich am Mittelmeer erhebt. In den gewaltigen Rundbau passen 8 Mio. Bücher.

DIE INTERESSANTESTEN TRADITIONEN

Packen Sie Ihren Sonntagsanzug weg und tauchen Sie bei der Tomatina tief ins Rote, ab.

SIMON GREENWOOD / LPI

941 HIGH TEA, THE RITZ, LONDON, ENGLAND

Einfach *alle* haben schon im Ritz gespeist – von Charlie Chaplin bis Johnny Depp, von Evelyn Waugh bis Hugh Grant. Jetzt sind Sie an der Reihe. Wählen Sie einen der erstklassigen Plätze im Palm Court mit Ausblick auf einen der königlichen Parks und erleben Sie selbst, wie sich die Leute nach Ihnen umdrehen, um herauszufinden, welche Berühmtheit da wohl gerade gekommen ist. Seit der gefeierte Hotelier César Ritz 1906 sein stilvolles Haus eröffnete, besuchen die Schönen und Reichen der Stadt diese Londoner Institution. Zum Tee gibt es Scones mit *cornish clotted cream*, frisches Gebäck und eine Auswahl an Sandwiches – vom Klassiker mit Gurke bis zu welchen mit Räucherlachs. Allerdings: Das Essen spielt hier nach dem Gesehenwerden nur die zweite Geige. Also putzen Sie sich heraus wie ein Pfau, für den Fall, dass Paparazzi Sie ablichten wollen.

943 SINGAPORE SLING, SINGAPUR

Kaum ein anderer Cocktail erinnert so an den opulenten Reichtum der Kolonialzeit wie dieser. Besonders dann, wenn man ihn an der berühmten Long Bar des ebenso berühmten Raffles Hotel (benannt nach dem britischen Staatsmann Sir Thomas Stamford Bingley Raffles) schlürft, die den in der Stadt lebenden Ausländern in der Vergangenheit als Partylocation diente. Im frühen 20. Jh. soll sich der einheimische Barmann Ngiam Tong Boon den Cocktail, einen Mix aus etwa gleich viel Gin, Cherry Brandy und Bénédictine, ausgedacht haben. Um den süßen Geschmack zu verdünnen, wurde manchmal Sodawasser hinzugegeben, doch heute serviert die Long Bar ihre eigene, verfeinerte Variante – zu einem Preis, der Ihnen das Gefühl gibt, Sie sollten wirklich jeden Tropfen auskosten. Wenigstens können Sie dabei das vornehme Ambiente in einem der geschichtsträchtigsten Hotels Südostasiens genießen.

944 WASSERPFEIFE, KAIRO, ÄGYPTEN

Es ist keine großartige Zeremonie nötig, um in einem der vielen Shisha-Cafés von Kairo einen kräftigen Zug aus der Wasserpfeife zu nehmen. Aber es ist die ideale Art, ein Essen abzuschließen oder eine Tasse Tee zu genießen. Da in der Shisha indirekte Hitze entsteht und der Tabak durch das Wasser gefiltert wird, behaupten Genießer, es würde ein reinerer Rauch entstehen. Es kann allerdings schwer sein, den Qualm durch das Schlauchgewirr der Pfeife zu ziehen. Der einfache Tabak ist zwar beliebt, aber oft wird er mit Melasse oder anderen Aromen wie Kaffee, Minze, Ananas oder sogar Kaugummi angereichert. Manchmal werden Aromen auch kombiniert, um seltsame Mischungen und komplexe Geschmackserlebnisse hervorzurufen.

945 BETEN, JERUSALEM, ISRAEL

Egal, welchem Glauben Sie anhängen, die Betenden an der Klagemauer sind ein inspirierender Anblick – andächtig sprechen sie ihre stummen Gebete, während sie im Allerheiligsten stehen. Jüdischen Schriften zufolge befindet sich hier das Tor zum Himmel und es öffnet sich bei Gebeten, es gibt also keinen Grund, laut zu werden. Die Mauer gilt in der jüdischen Religion als Heiligtum, der Zugang zu ihr steht aber auch Nichtgläubigen offen. Es gibt Rabbis, die von wahren Gläubigen erwarten, hier 40 Tage in Folge zu beten, um ihren Glauben zu beweisen. Kabbalistische Rabbis haben sogar die Vermutung aufgestellt, die Klagemauer sei der Ort, an dem alle Gebete der Juden zusammentreffen, um zum Himmel aufzusteigen.

942 LA TOMATINA, BUÑOL, SPANIEN

Nicht jede Tradition manifestiert sich in einem festen Protokoll und in feierlich-ernstem Respekt für die Vorfahren. Diese schwungvolle Feier der Tomatenernte in Spanien etwa ist als eine der größten Lebensmittelschlachten der Welt bekannt. Einheimische und Besucher drängen in eine kleine Stadt in der Provinz Valencia, um sich gegenseitig mit den überreifen roten Früchten zu bewerfen – eine Tradition, die seit 1952 der Stadtreinigung Arbeit beschert. Frauen müssen unpraktisches Weiß tragen, während sich Männer Hemden und Shirts ausziehen, um sich mit mehr als 100 t Tomaten ein Gefecht zu liefern. Es wird so dreckig, dass die örtlichen Einzelhändler inzwischen Plastikplanen vor ihre Schaufenster spannen, um sie vor Flecken zu schützen.

Eine Geisha bei einer Teezeremonie in Kyoto.

946 TEEZEREMONIE, KYOTO, JAPAN

Machen Sie sich auf jede Menge Verbeugungen und Rituale gefasst, bevor Sie Ihre erste Tasse Tee bekommen: Bei dieser altehrwürdigen Zeremonie kann das bis zu vier Stunden dauern. In allem liegt eine zen-mäßige Präzision – von der Anordnung der Schalen bis zur Reihenfolge, in der Sie trinken dürfen. Das alles soll Sie daran erinnern, alles im Leben langsamer zu machen und jede Geste zu würdigen. In der Zeremonie wird *matcha* (grüner Tee) zubereitet. Dazu kann alles gereicht werden – ob *tenshin* (Snacks) oder ein *kaiseki* (viergängiges Menü). Die besten Zeremonien gibt es in den traditionellen Teehäusern des alten Kyoto. Diese können auch Musik- oder Tanzdarbietungen beinhalten.

947 BUZKASHI, ZENTRALASIEN

Falls Ihnen einige der Traditionen in dieser Liste ein bisschen zu einschläfernd vorkommen, dann dürfte das *buzkashi* auf dem Pferderücken eher Ihr Fall sein. Anfangs erscheint es wie ein wildes Polo-Spiel, das die Turkvölker in Afghanistan, Kasachstan, Tadschikistan, Kirgisistan und Usbekistan spielen. Bei näherer Betrachtung aber stellt man fest, dass der „Ball" in Wirklichkeit der kopflose Kadaver einer Ziege ist, der unter den Schreien und Rufen der Spieler von einem Ende des Spielfelds zum anderen geprügelt wird. Für den offiziellen Nationalsport Kirgisistans braucht es sehr gut dressierte Pferde, denn diese müssen sich zwischen den anderen hindurchmanövrieren, während ihre Reiter sich darauf konzentrieren, an den Kadaver heranzukommen.

948 HUNGRIGEN GEISTERN ESSEN GEBEN, CHINA

Dem chinesischen Volksglauben nach steht während des siebten Mondmonats das Tor zur Unterwelt offen, sodass hungrige Geister auf die Erde zurückkehren können. Nein, keine blutgierigen Zombies, sondern überwiegend wohlwollende Ahnen, doch sie suchen etwas zu essen und Unterhaltung (verständlich, angesichts der Umstände). Familien veranstalten üppige Festmahle und Aufführungen, bei denen Plätze für die Geister ihrer Ahnen freigelassen werden. Auch durch das Verbrennen von „Höllengeld" soll den Vorfahren ausgeholfen werden.

949 SAUNA, FINNLAND

Seien Sie nicht überrascht, wenn ein Finne Ihnen als Allererstes vorschlägt, sich nackig zu machen und schwitzen zu gehen. Die Sauna steht im Zentrum des finnischen Lebens, im Dampfbad wird Politik gemacht, werden Geschäfte abgeschlossen und es wird sogar ein bisschen was getrunken. Die besten Saunas werden durch ein Holzfeuer beheizt, was ihnen eine gesunde Note verleiht. Und idealerweise steht das Saunahäuschen an einem See, sodass man zum Nacktbaden hineinspringen kann. Um das Erlebnis noch zu steigern, schlagen die Finnen sich selbst mit *vihta* (gebündelten Birkenzweigen).

950 KAVA-ZEREMONIE, PAZIFISCHE INSELN

Mehrere Kulturen im Südpazifik haben ein Ritual um ein Getränk aus einer Pflanzenwurzel entwickelt, die alles sein soll: ein Wunderheilmittel, ein Narkotikum und sogar ein Gift. Wenn es richtig zubereitet wird, macht einen *kava* leicht berauscht, so als wäre man ein bisschen beschwipst. Bei Zeremonien, die dazu dienten, Besucher willkommen zu heißen oder Friedensgespräche zwischen Inselbewohnern zu beginnen, wurde eine *kava*-Schüssel symbolisch in die Mitte des Kreises gestellt. Heute werden so für gewöhnlich Jamsessions eingeleitet, bei denen von traditionellen Liedern bis hin zu Reggae alles gespielt wird.

DIE INTERESSANTESTEN TRADITIONEN

SPORT-EVENTS MIT KULT-FAKTOR

ES HEISST, DIE BELIEBTESTE SPORTART EINES LANDES WÜRDE DESSEN KULTUR WIDERSPIEGELN: DIE TOP 10 DER KULTIGSTEN NATIONALEN FREIZEITAKTIVITÄTEN.

951 FUSSBALL, SÜDAMERIKA

Die Leidenschaft aller Nationen Südamerikas – nichts vereint die Südamerikaner mehr als der Fußball. Brasilien ist Rekordhalter bei den Weltmeistertiteln und die brasilianischen Fußballfans sind alles andere als schüchtern, wenn sie ihr Team anfeuern – sie trommeln, singen und tanzen auf den Rängen. Eine der Legenden des Sports ist der in Brasilien geborene Edson Arantes Nascimento, besser bekannt als Pélé. Die jährliche Clubmeisterschaft heißt Copa Libertadores und ist ein unter allen Vereinen des Kontinents ausgetragenes Turnier ähnlich der Champions League.

952 BIG-WAVE SURFING, HAWAII

Hawaii liegt mitten im Weg aller großen Strömungen des Pazifiks. Selbst in früheren Zeiten waren die Hawaiianer alle draußen im Wasser, wenn die Wellen hochschlugen. Heute kann der Seegang im Winter aus enormen, bis zu 10 m hohen Wogen bestehen; das sind Bedingungen, die (Surf-)Legenden hervorbringen. Besonders die Insel Oahu ist für ihre mächtigen Wellen berüchtigt. Die mächtige Brandung verlangt einem Respekt ab, und es braucht eine große Portion Können und Mumm, um sich ihr zu stellen.

953 STIERKAMPF, SPANIEN

Es gibt ihn seit dem 18. Jh., womit dem Stierkampf ein Platz in der Galerie des „kulturell Bedeutsamen" garantiert ist – allerdings werden immer vehementere Forderungen laut, die „Kunst" des Stierkampfs gehöre für immer verboten. Fans sehen darüber hinweg, dass es kein wirklicher Wettkampf ist, da die Stiere vor dem Auftritt körperlich geschwächt und manipuliert werden und dann gegen ein Team speertragender Menschen ins Rennen gehen. Sie richten ihre Aufmerksamkeit lieber auf die raffinierte Fußarbeit des Matadors, in der seine Geschicklichkeit und sein Mut zum Ausdruck kommen. In Spanien gibt es 400 Stierkampfarenen – sie bezeugen, wie lebendig diese Tradition noch ist.

954 PFERDERENNEN VON ASCOT, ENGLAND

Die erste Ausgabe der Royal Ascot Races fand 1768 als viertägiges Pferderennen statt. Daraus entwickelte sich dann das international bekannte, fünf Tage umspannende Event, das wir heute kennen: mit eleganten Pferden, Hüten, Kleidern, Anzügen und einer Schar in Seide gekleideter Jockeys. Die Tradition der „Royal Procession" nahm 1825 ihren Anfang, als die Kutsche des Königs zusammen mit vier weiteren, in denen Royals saßen, in die Mitte des Rennparcours gefahren kam. Der kultige, 80 000 Zuschauer fassende Ascot Racecourse war von 2004 bis 2006 geschlossen, da er ein *facelift* verpasst bekommen hat.

334

955 ENDSPIEL DER AUSTRALIAN FOOTBALL LEAGUE, AUSTRALIEN

An diesem „einen Tag im September" (meist dem letzten Samstag), wenn die beiden Topteams die Meisterschaft im Australian Football untereinander ausmachen, herrscht Ausnahmezustand in Melbourne. Die heute zuschauerstärkste Sportart der Nation bekam 1958 die Zustimmung von der tonangebenden Cricket-Gemeinde – Football wurde als Möglichkeit gesehen, die Cricket-Spieler außerhalb der Spielsaison fitzuhalten. Das Finale wird auf dem heiligen Rasen des Melbourne Cricket Ground (MCG) ausgetragen, von wo aus jede Bewegung, jeder Spielzug und jede Entscheidung der Schiedsrichter in die ganze Welt übertragen werden.

956 GROSSER PREIS VON MONACO, MONACO

Im malerischen Monte Carlo, wo die Zuschauer extrem nah am Geschehen sind, herrscht große Spannung beim wichtigsten Autorennzirkus der Welt. Der 263 km lange Kurs, bei dem 78 Runden gefahren werden, gilt wegen seiner vielen Kurven als schwierigster der Welt. Zuschauer säumen die Straßen und beobachten die Boliden beim Vorbeirasen, hören das Röhren der Motoren und atmen den Geruch von verbranntem Gummi ein. Zum ersten Mal wurden 1929 die Motoren für den Großen Preis von Monaco gestartet. Damals wurden Spitzengeschwindigkeiten von 80 km/h erreicht, heute werden auf den Tachos 350 km/h gemessen.

335

Ein Stierkämpfer wartet angespannt auf die „Bestie".

In diesem *muay-thai*-Boxcamp in Thailand spiegelt sich das Leben in der Kunst.

957 THAIBOXEN, THAILAND

Hohe Tritte und Ausweichmanöver gehören beim *muay thai* (Thaiboxen) zum Spektakel dazu, genauso wie die wilden Musikeinlagen am zeremoniellen Beginn eines jeden Fights und die fieberhaft überall im Stadion abgeschlossenen Wetten. Die Boxkämpfe sind auf fünf Runden à drei Minuten beschränkt, zwischen denen zweiminütige Pausen liegen. Übliche Techniken sind Tritte in den Nacken, Ellbogenstöße ins Gesicht und auf den Kopf, Kniehaken in die Rippen und tiefe, gedrehte Tritte gegen die Wade. Erste Berichte über das Thaiboxen stammen aus dem 15. Jh., als es im Krieg zwischen Myanmar (Burma) und Thailand angewandt wurde.

FELIX HUG / LPI

958 TOUR DE FRANCE, FRANKREICH

Das prestigeträchtigste Radrennen der Welt bringt im Juli 198 der weltbesten Radfahrer (22 neunköpfige Teams) und 15 Millionen Zuschauer zu einer sensationellen, über 3000 km langen Tour durchs Land zusammen. Die dreiwöchige Route ändert sich jedes Jahr, die Fahrer quälen sich aber immer durch die Alpen und die Pyrenäen, bevor es zum Zieleinlauf auf die Champs-Élysées in Paris geht. Der französische Journalist und Radfahrer Henri Desgrange hatte 1903 die Idee zur Tour de France, mit der er seine Sportzeitung „L'Auto" (heute „L'Equipe") promoten wollte. Mit zwei Unterbrechungen während der beiden Weltkriege wurde sie seitdem jedes Jahr ausgetragen.

959 BEACH-VOLLEYBALL, BRASILIEN

Volleyball spielende muskulöse Männer in Badehosen und Mädels in Bikinis wurden in den wilden Achtzigern an den Stränden von Ipanema und der Copacabana zum völlig normalen Anblick. Kein Wunder, dass die Beliebtheit des Sports nach seinem Debüt als olympische Disziplin 1996 bei den Spielen von Atlanta kometenartig zunahm, schließlich gewannen die brasilianischen Frauenteams Gold und Silber. Die erste internationale Beachvolleyball-Vorführung fand 1986 in Rio de Janeiro statt. Dort lernten 5000 Zuschauer die für den Sport typischen *dinks* (Lupfen des Balls am Block vorbei), *digs* (Baggern) und *dives* (Hechtsprünge) kennen.

960 SUPER BOWL, USA

Das Finale der National Football League (NFL) der USA, der Super Bowl, ist der Höhepunkt im American Football. Er wird jedes Jahr in einem anderen Stadion ausgetragen, wobei kein NFL-Team je auf dem heimischen Rasen gespielt hat. Schätzungsweise 60 Prozent aller amerikanischen Fernsehzuschauer schalten am letzten Sonntag im Januar oder ersten Sonntag im Februar das Spiel ein. Deshalb ist die Übertragung auch bekannt für die exorbitant teuren, aufwendigen Werbespots in den Pausen – ein 30-sekündiger Spot kostete 2012 3,5 Millionen US-Dollar.

SPORT-EVENTS MIT KULT-FAKTOR

DIE TOP 10 DER RIESENDINGER

DIE GRÖSSE MACHT'S! ERWEISEN SIE DIESEN RIESIGEN, LEICHT SKURRILEN MONUMENTEN IHRE EHRE.

961 DER GRÖSSTE BÜFFEL DER WELT, USA

Diese – anatomisch korrekte! – Skulptur eines Amerikanischen Bison in North Dakota ist 8 m groß, 14 m lang und wiegt mehr als 60 t. Sie ist in all ihrem Detailreichtum von der Interstate 94 aus sehen. Ganze Websites sind diesem Ding gewidmet, darunter auch eine auf der es in großer, bunter Schrift heißt: „JAMESTOWN HAT DIE **MAXIMALE BUFFALOSITY** ERREICHT". Und tatsächlich, Jamestowns Spitzname ist „Buffalo City" und nahe der Statue liegt das National Buffalo Museum, dazu gibt es Herden echter, lebender, erheblich kleinerer Büffel.

962 GROSSE KIWI, NEUSEELAND

Die Stadt Te Puke rühmt sich selbst als „Welthauptstadt der Kiwi" – wie sollte es bei dem dortigen warmen Klima und dem fruchtbaren Boden auch anders sein. Dementsprechend hat man eine riesige Nachbildung der haarigen braunen Beere in Form einer Scheibe errichtet, um es den anderen Städten zu zeigen, die den Titel ebenfalls für sich beanspruchen. Springen Sie auf ein KiwiKart und machen Sie eine Tour über die Kiwi-Plantagen in der Umgebung, bevor Sie zurückkehren, um noch einmal zu bewundern, wie diese gigantische grüne, runde Skulptur in den Himmel strebt. Okay, verstanden – die Kiwi von Te Puke ist die beste.

963 ATOMIUM, BELGIEN

Das Atomium ist optisch sehr viel ansprechender als einige der anderen großen Objekte dieser List (ja, Big Banana, Du bist gemeint!). Es wurde 1958 zur Weltausstellung in Brüssel in Form eines 165-milliardenfach vergrößerten Eisenkristallmoleküls gebaut – und ist schlicht großartig. Die mit Aluminium überzogene Stahlkonstruktion besteht aus neun Kugeln mit 18 m Durchmesser, die mit Röhren von jeweils 3 m Durchmesser verbunden sind. Insgesamt ist das Modell 102 m hoch und wiegt mehr als 2400 t. In der obersten Kugel befindet sich ein Restaurant, während in den anderen wissenschaftliche Ausstellungen zu sehen sind, die sich hauptsächlich um die „friedliche Nutzung von Atomenergie" drehen.

964 BIG BANANA, AUSTRALIEN

Die Banane aus Eisen und Beton in Coff Harbour – 13 m lang, 5 m hoch und 3 m breit – wurde zum einen als Nationalsymbol gefeiert. Und zum anderen zur „bizarrsten und groteskesten Sehenswürdigkeit der Welt" gewählt. Im angrenzenden Park kann man Eislaufen, es gibt einen Rodelhügel und andere „Attraktionen". Kinder werden es lieben und Bananenfans schnurstracks in den vollgestopften Andenkenladen laufen, während Zyniker und Menschen, die sich schnell langweilen, das ganze eher „Banane" finden und verschwinden. Mit dieser Monstrosität begann 1964 der Hype um „große Objekte" in Australien (das Big Merino, ein riesiges Betonschaf, ist ein weiteres Beispiel).

965 RODINA MAT, RUSSLAND

Die Rodina Mat („Mutter-Heimat-Statue") in Wolgograd (ehemals Stalingrad) ist ein Furcht einflößender, Ehrfurcht gebietender Anblick. Die weibliche Figur aus Beton stellt die laufende „Mutter Heimat" dar und wurde 1967 zum Gedenken an die „Helden der Schlacht von Stalingrad" im Zweiten Weltkrieg eingeweiht. Mit ihren gigantischen Ausmaßen gehört sie zu einer der größten Statuen der Welt, sie wiegt stolze 8000 t und ist 85 m hoch. Noch etwas: „Mutter Heimat", deren Mund wutverzerrt ist, schwingt ein 33 m langes Schwert – deshalb würde sie vermutlich der friedlichen Freiheitsstatue in den Hintern treten.

966 SCHWERTER IM FELSEN, NORWEGEN

Diese drei 10 m hohen Bronzeschwerter, die bei Stavanger in Norwegen in den Fels eingelassen sind, geben vor der herrlichen Kulisse des Fjords einen imposanten Anblick ab. Sie sind kein Denkmal für König Artus, sondern erinnern an die Schlacht von Hafrsfjord im Jahr 87. Sie spielt eine große historische Rolle, weil durch sie Norwegen zu einem Königreich unter der Herrschaft des legendären Harald Schönhaar vereint wurde. Das größte Schwert repräsentiert den siegreichen König, während die zwei kleineren für die unterlegenen Regenten stehen. Der Stavanger Künstler Fritz Røed entwarf das Denkmal, die Schwerter wurden in Italien geschmiedet.

967 PADRÃO DOS DESCOBRIMENTOS, PORTUGAL

Das Padrão dos Descobrimentos („Denkmal der Entdeckungen") ist ein weiterer riesiger Betonblock, der volle Aufmerksamkeit verdient. Es steht am Ufer des Tejo in Lissabon, ist 52 m hoch und wie der Bug einer portugiesischen Karavelle geformt. Es ist eine Hommage an die Portugiesen und ihr Zeitalter der Entdeckungen, jene goldene Ära im 15. und 16. Jh., als die portugiesischen Entdecker kühn in See stachen und neue Handelsrouten zu weit entfernten Zielen überall auf dem Globus fanden. An der Spitze des Bugs sind die Gesichter von mehr als 30 portugiesischen Helden aus dieser Zeit in dem Stein gemeißelt, darunter Vasco da Gama, Ferdinand Magellan und König Manuel I.

968 USHIKU DAI-BUTSU, JAPAN

Okay, dieses Schätzchen im japanischen Park Ushiku Arcadia ist mit 120 m Höhe wirklich groß, musste die Spitzenposition aber an den Zhongyuan Buddha im chinesischen Lushan abgeben: Mit Sockel ragt dieser Buddha 208 m in die Höhe, die Statue selbst 108 m. Ihr japanisches Gegenstück bringt es auf ebenfalls stolze 100 m, der Sockel noch einmal auf 10 m und die Plattform ebenfalls. Der Hauptkörper besteht aus 6000 Bronzeplatten und es gibt in 85 m Höhe in der Brust des Buddhas eine Aussichtsplattform. Einer der Finger der Statue ist 7 m lang. Insgesamt sind beide Denkmäler noch einmal deutlich höher als die „mickrige" Freiheitsstatue der USA. Na bitte!

969 DER GRÖSSTE AMISCH-PFERDE-WAGEN DER WELT, USA

Verglichen mit, sagen wir mal, Strandurlauben hat der „Amischen-Tourismus" die Reisebranche nicht gerade im Sturm erobert. Die Stadt Berlin in Ohio – die nebenbei gesagt mitten im Herzen von Amish Country liegt – tut allerdings ihr Bestes, um das zu ändern. Berlin ist die Heimat der „weltgrößten Kuckucksuhr". Hier gab es auch einmal den „größten Käselaib der Welt" – bis dieser aufgegessen wurde. Ein weiteres „großes Ding" ist der weltgrößte Amisch-Pferdewagen: Er wiegt 545 kg, ist 3 m hoch und fast 4 m breit. Mit diesem Teil könnten ganz sicher 'ne ganze Menge Amische mitfahren!

970 RIESENBIBER, KANADA

Das Nagetier, das wir als Biber kennen, hat riesige vorstehende Schneidezähne und einen langen, flachen Schwanz. Jetzt stellen Sie sich einen dieser Kerle 4 m groß und aus Fiberglas vor (oder aus welchem Material sie diese Riesendinger auch immer machen) – das bedeutet viel Zahn und jede Menge Schwanz. Der Riesenbiber steht am Highway 401 in Odessa, Ontario. Dem „Beaver Tales Magazine" (ja, auch solche Publikationen gibt es) zufolge ist er eine „Metapher für Kanada". Leider haben die Biber-Experten nicht erklärt, warum. Man kann also nur vermuten, dass Kanada große Zähne und einen Biberschwanz hat.

ULTIMATIVE PARTY-STÄDTE

SIE MÖCHTEN TERRAIN BETRETEN, AUF DAS NOCH KEINE AUSLÄNDISCHEN JUNGGESELLENABSCHIEDS-EXPEDITIONEN IHREN FUSS GESETZT HABEN? ENTSPANNT IM LUXUS SCHWELGEN ODER SONNENBADEN? BITTESCHÖN ...

Schauen Sie auf ein Bier oder einen Cocktail im Fin del Mundo vorbei, bevor Ihre Tango-Tour durch die Stadt losgeht.

971 BELGRAD, SERBIEN

Dass die Belgrader 1999 während des Bombardements durch die NATO Open-Air-Konzerte veranstalteten, hat viele Außenstehende irritiert. Die Jahre, in denen die pulsierende serbische Hauptstadt auf der Landkarte quasi nicht existierte, weil über das Land nur schlechte Nachrichten zu lesen waren, sind vorbei. So merken Ausländer jetzt, was die Einheimischen schon immer wussten: dass Belgrad wirklich rockt. Die Stadt mit ihren temperamentvollen Einwohnern, die früher ein Treffpunkt der Intellektuellen war, bietet ein fesselndes, vielfältiges Nachtleben – von einer breiten Auswahl an In-Kneipen über betriebsame Restaurants und Bars im Skadarlija-Viertel bis hin zu den Sommerclubs auf schaukelnden Kähnen auf der Save und der Donau. Große internationale Musiker treten in Belgrads Sava Centar auf und das EXIT-Festival, das im Sommer im nahen Novi Sad veranstaltet wird, ist eines der besten Festivals Europas.

972 MONTREAL, KANADA

Es sind nicht allein minderjährige Trinkwillige aus New England, die die dynamische frankophone Großstadt in der Provinz Québec besuchen. Das lässige Montréal lockt auch andere Reisende aus dem Ausland: Sie genießen die Lebensfreude in einer Stadt mit zweisprachigem Flair, gutem, lokal gebrauten Bier und einem Skigebiet am nahe gelegenen Mount Royal. Montréals unverwüstliche Studentenszene und die stimmungsvolle Altstadt verleihen der Metropole eine unbeschwerte, unkonventionelle Atmosphäre. Zur Auswahl stehen europäisch anmutende Cafés, coole Jazzclubs, brechend volle Discos und aufregende, bis spät geöffnete Bars, und jedes Jahr im Juli ein beliebtes Comedyfestival.

MICHAEL TAYLOR/LPI

973 BUENOS AIRES, ARGENTINIEN

Die einzigartige Mischung aus europäischen und südamerikanischen Kulturelementen und die typische Leidenschaft fürs Tanzen (Tango, Baby!) ist der Nährboden für das pulsierende Nachtleben von Buenos Aires. In den *barrios* (Stadtvierteln) dreht sich viel um Mode und es gibt ein breites Spektrum an Unterhaltung: Hängen Sie entspannt in einem swingenden Jazzclub ab oder schwofen Sie die ganze Nacht am Wasser, in Kursen können Sie lernen, wie die Einheimischen Tango und Salsa tanzen. Die Auswahl ist riesig – von Irish Pubs über Auftritte lokaler Folklore-Gruppen bis hin zu krassen House-Partys gibt es alles. Kommen Sie im Oktober, wenn das Welt-Tango-Festival und das internationale Gitarrenfestival stattfinden.

Das opulente Hotel Burj al Arab leuchtet im Schein einer der prächtigen Sonnenuntergänge über Dubai.

MERTEN SNIJDERS/LPI

974 DUBAI, VEREINIGTE ARABISCHE EMIRATE

Für die, die es sich leisten können, ist die Welthauptstadt des demonstrativen Konsums unschlagbar. Dubais Extravaganz ist definitiv komplett übertrieben, mit seinen mega-luxuriösen Hotels auf künstlichen Inseln, herausgeputzten modernen Malls und Tonnen von Edelmetallen, die in den Läden glitzern. Dubai ist aber auch ein überraschend weltoffener Ort mit Beschäftigten aus allen Teilen der Welt. Wenn Sie also nicht zu einer Party auf der Privatjacht eines Promis eingeladen sind, können Sie sich immer noch unter das bunt zusammengewürfelte Publikum in den protzigen Bars und Clubs des dekadentesten Wüstenziels im Nahen Osten mischen.

975 THESSALONIKI, GRIECHENLAND

Griechenlands zweitgrößte Stadt hat Stil: Es gibt jede Menge trendige Läden und Boutiquen und eine 1 Mio. Einwohner zählende Bevölkerung, die vor allem von den mehr als 80 000 Studenten an der großen Universität geprägt wird. Thessaloniki kann selbst in jenen Monaten, in denen bekanntere griechische Reiseziele im tiefen Winterschlaf liegen, mit einem tollen Nachtleben punkten – mit kunstvoll gestalteten Cafés, südländischen Bars mit Diskos, aus denen wummernde Housebeats dringen, und wüsten *bouzoukia* (Clubs, in denen der rasante, von östlichen Einflüssen geprägte griechische Folk-Pop gespielt wird). Es gibt also jede Menge Beschäftigungsmöglichkeiten für Sie, wenn Sie erst die großartigen byzantinischen Kirchen, die Museen und vereinzelten Ruinen der Stadt gesehen haben. Thessaloniki ist nicht günstig, aber keine andere Stadt außer Athen kann mit ihr mithalten.

976 LA PAZ, BOLIVIEN

Denken Sie daran, dass einem der Alkohol in der gut 3000 m über dem Meeresspiegel liegenden bolivianischen Metropole schnell zu Kopf steigt. In einer kühlen Anden-Nacht können Sie gut in einem der vielen durchgestylten Nachtclubs ins Schwitzen geraten, die sich an die schicken Einheimischen sowie die Ausländer der Stadt richten. Die Einwohner sind freundlich und durch den stetigen Strom von Reisenden werden in La Paz viele Sprachen gesprochen. Weltklasse-Bars, mondäne Cafés und Restaurants, in denen traditionelle bolivianische Musik gespielt wird, runden das Angebot ab. Kaufen Sie sich auf dem „Hexenmarkt" (Mercado de las Brujas) ein paar traditionelle Kräuter, um sich vor einem Kater und lästigen Geistern zu schützen.

977 KAPSTADT, SÜDAFRIKA

Wie Kapstadt feiern kann, hat die Fußballweltmeisterschaft 2010 gezeigt, in einer Stadt, die bereits für ihr Nachtleben berühmt war. Aalen Sie sich tagsüber an einigen der schönsten Strände der Welt und entspannen Sie nachts im Mondlicht in eleganten Cocktailbars. Zwei Stunden östlich von Kapstadt liegt der elegante Ferienort Mossel Bay am Indischen Ozean, der noch mehr tolle Strände und ein schickes Ambiente zu bieten hat. Sie sollten unbedingt einige der Weine probieren, die von Südafrikas weltberühmten Winzern kreiert wurden – entweder in einer Bar in Kapstadt oder auf einem der Weingüter in der Umgebung.

978 BAKU, ASERBAIDSCHAN

Seit es in den 1990er-Jahren zu einem Zentrum für Öl und Gas aus dem Kaspischen Meer wurde, hat Baku einen Wandel durchlaufen. Die Stadt hat ihr früheres Dasein als kommunistischer Provinzort abgestreift und ist zu einer geschäftigen Metropole des westlichen Kapitalismus geworden, ohne dabei jedoch die ursprünglichen Annehmlichkeiten ihrer Traditionen aufzugeben. Der neue wirtschaftliche Aufschwung wirkte sich auch auf das städtische Nachtleben aus. Die mit den Ölförderprojekten verbundene Kapitalspritze, deren Effekt noch dadurch verstärkt wurde, dass Tausende internationale Ölarbeiter und wohlhabende Berater in die Stadt kamen, hat Baku in eine Oase des Exzesses in einem ansonsten ziemlich traditionellen muslimischen Land verwandelt.

979 AUCKLAND, NEUSEELAND

Es gibt unzählige Cafés, Bars und Dinnerclubs für ein junges, hippes Publikum. An der glitzernden Waterfront warten schicke Bars und angesagte Clubs (einige sind 24 Stunden am Tag geöffnet). Auch jede Menge Livemusikshows werden geboten – von Folkmusik in Devenport bis hin zu lauteren Klängen am Mount Eden. Wenn Sie sich nicht betrinken, können Sie sich vom Sky Tower stürzen – dem mit 328 m größten Gebäude der Südhalbkugel. Sie hängen dabei an Seilen – und erreichen eine Geschwindigkeit von 85 km/h.

980 TEL AVIV, ISRAEL

Wie anderswo am Mittelmeer auch beginnt der Spaß in der israelischen Großstadt erst spätabends. Die zahllosen Kneipen und Cocktailbars füllen sich gegen Mitternacht, von da an wird in den Nachtclubs aufgedreht und bis zum Morgengrauen getanzt. Heute gesellt sich ein internationales Publikum zu den Israelis, um an den Dutzenden Party-Hotspots der Stadt zu einer bunten Mischung aus Funk, Pop, House und Techno zu feiern (neben dem Angebot an kleinen und großen Livemusikshows). In Tel Aviv herrscht eine entspannte, lebensfrohe Atmosphäre und die Stadt ist stolz darauf, *gay-friendly* und offen zu sein.

ULTIMATIVE PARTY-STÄDTE

DIE BESTEN REISEN MIT DEM SCHIFF

VOM TOBENDEN MEER BIS HIN ZU SEEN MIT SANFT PLÄTSCHERNDEN WELLEN – WÄHLEN SIE IHR ULTIMATIVES MARITIMES ABENTEUER.

981 AMAZONAS, SÜDAMERIKA

Von seiner unscheinbaren Quelle im peruanischen Hochland bis zur Mündung nahe Belém in Brasilien misst der Amazonas mehr als 6200 km. Seine Strömung ist zwölfmal stärker als die des Mississippi und er führt ein Fünftel des weltweiten Süßwasservorkommens mit sich. Spannen Sie eine Hängematte auf einem langsamen Linienschiff (es gibt unterschiedlich gute) zwischen Manaus und Belém in Brasilien oder zwischen Trinidad und Guayaramerín in Bolivien auf. Die Flussufer sind vom Dschungel überwuchert und Ihr Boot ist zwischen vier und sechs Tagen unterwegs.

Zwischen den 3000 Kalkinseln in der Halong-Bucht gibt es immer wieder ein Plätzchen, um ein salziges Bad im smaragdgrünen Wasser zu nehmen.

982 DISKO-BUCHT, GRÖNLAND

Die grönländische Stadt Ilulissat thront an der Mündung eines 40 km langen Eisfjords, dessen Gletscher so schnell fließt, dass er täglich 20 Mio. Tonnen Eis erzeugt. Eine Kreuzfahrt zwischen den Eisbergen hindurch ist ein wirklich erstaunliches Erlebnis. Die blau gestreiften Riesen dümpeln in der Bucht, dabei liegt ihre eigentliche Hauptmasse noch unter der Wasseroberfläche verborgen – etwa sieben Achtel eines größeren Eisbergs sind normalerweise nicht zu sehen. Einige Tourenanbieter bieten Törns um die Eisfjorde und die Bucht in gut ausgestatteten Schiffen an.

983 QUETICO PROVINCIAL PARK, KANADA

Wenn Sie über die spiegelglatte Oberfläche der unberührten Seen im Norden der Provinz Ontario paddeln, gelangen Sie mitten hinein in die typische Naturlandschaft des Landes. Wer mit dem Kanu unterwegs ist und zeltet, kann am Ufer der Gewässer dösende Elche sehen und beim Sportangeln mitmachen. Der 4800 km² große Park ist bekannt für seine entlegenen Kanustrecken (die insgesamt 1500 km lang sind). Sie haben die Möglichkeit, auf eigene Faust im und um den Park loszuziehen oder eine geführte Tour zu machen.

984 BACKWATERS IN KERALA, INDIEN

In dem Netzwerk aus Lagunen, Seen, Flüssen und Kanälen, das die Küste von Kerala umgibt, lassen sich faszinierende Erkundungstouren unternehmen. Kleine Holzboote durchqueren flache, palmengesäumte Seen voller Fischernetze und fahren schattige Kanäle hinauf. Eine beliebte achtstündige Tour führt von Alappuzha nach Kollam und schließt einen Stopp am *ashram* von Mata Amritanandamayi ein, dem Wohnsitz einer der wenigen weiblichen Gurus in Indien.

MARK DAFFEY / LPI

985 HALONG-BUCHT, VIETNAM

Über das smaragdgrüne Wasser der Halong-Bucht zu schaukeln und sich zwischen ihren rund 3000 Kalkstein-inseln hindurchzubewegen, ist unvergleichlich. Auf den winzigen Eilanden finden sich unzählige Strände und Grotten, die Wind und Wellen geformt haben, und von den spärlich bewaldeten Hängen hallt Vogelgezwitscher wider. In der Bai Chay Tourist Wharf liegen mehr als 300 Boote, die darauf warten, mit Ihnen in die zum Unesco-Welterbe gehörenden Gewässer aufzubrechen. Tagesausflüge dauern zwischen vier und acht Stunden, aber es gibt auch ein paar (empfehlenswerte) Touren mit Übernachtung.

345

Eine Jacht schaukelt vor der klassischen blau-weißen Kulisse griechischer Inseln im Meer.

986 INSELHÜPFEN, GRIECHENLAND

Mit mehr als 1400 Inseln hat Griechenland mehr Küste zu bieten als irgendein anderes Land in Europa. Es ist also durchaus sinnvoll, zumindest zwischen einigen von ihnen hin und her zu hüpfen, denn die Landschaft unterscheidet sich extrem – von der subtropischen Üppigkeit der Ionischen Inseln und jenen in der Nordost-Ägäis bis hin zu den nackten, ausgedörrten Felsen der Kykladen. Zu jeder Insel gibt es irgendeine Art von Schiffsverbindung, seien es die riesigen „Superfähren", die die Hauptrouten abfahren, oder die kleineren, älteren offenen Modelle, die durch die Nebengewässer tuckern.

987 GALÁPAGOS-INSELN, ECUADOR

Brechen Sie zu der Naturerfahrung Ihres Lebens auf: Es geht per Boot zu den unvergleichlich schönen Galápagos-Inseln 1000 km vor dem ecuadorianischen Festland. Dort können Sie mit Seelöwen schwimmen, Nase an Schnabel mit einem Pinguin durchs Wasser treiben und neben Blaufußtölpeln stehen. Doch denken Sie daran, sich vorsichtig auf den Inseln zu bewegen – sie gehören zu den gefährdetsten Orten der Welt. Zu den Booten, auf denen Sie übernachten können, gehören kleine Jachten und große Kreuzfahrtschiffe, wobei die häufigste Variante Motorsegler (mittelgroße Motorboote) sind, die bis zu 20 Passagiere mitnehmen und unterschiedlich lange Fahrten machen – zwischen drei Tagen und drei Wochen. Die Route allerdings, das muss Ihnen klar sein, ist von vornherein festgelegt.

988 FJORDE, NORWEGEN

Seit mehr als einem Jahrhundert werden die zahlreichen Küstendörfer und –städte in Norwegen durch die legendären Hurtigruten miteinander verbunden. Das ganze Jahr über fahren elf moderne Fähren von Bergen aus Richtung Norden bis nach Kirkenes und zurück. Auf der elftägigen Rundfahrt wird an 34 Häfen Halt gemacht und es gibt diverse Möglichkeiten zu Abstechern, man kann aber auch nur für einen Tag (oder zwei) auf einer Teilstrecke mitschippern. Die gesamte Reiseroute bietet fantastische Fjorde und Inseln im Glanz der Mitternachtssonne, mittelalterliche Klöster und moderne Städte.

989 MILFORD SOUND, NEUSEELAND

Es wird schnell klar, warum der Milford Sound der meistbesuchte Fjord der Südinsel ist. Blanke, verwitterte Felswände dominieren hier die Stille, in die oft der Regen platzt. Schiffstouren dauern ein bis zwei Stunden und gehen an einem großen Anleger los, der fünf Minuten Fußweg vom Parkplatz entfernt liegt. Suchen Sie sich aus, ob Sie durch die spekaktulären Täler segeln oder mit einem motorisierten Schiff fahren wollen, und halten Sie nach nur in diesem Gebiet heimischen Tieren wie dem *hoiho* (Gelbaugenpinguin) Ausschau. Es lohnt sich, auch eine Tour mit Übernachtung in Betracht zu ziehen, die Boote fahren dann die gesamte Länge (22 km) des Fjords entlang und bieten Kajakfahrten ans Ufer an.

990 FRANKLIN RIVER, AUSTRALIEN

Hier braucht man starke Nerven: Eine Raftingtour im Schlauchboot den wilden Franklin River entlang ist ein anstrengendes und bisweilen tückisches Unterfangen. Die abgeschiedene Tasmanische Wildnis, eine zum Weltnaturerbe zählende Region, bietet uralten Pflanzengattungen und endemischen Tierarten einen geschützten Lebensraum. Nur von März bis Oktober gelangt man mit dem Boot in dieses Gebiet, und es erfordert die Bereitschaft, sich acht bis 14 Tage zu schinden – deshalb dürfen nur erfahrene Rafter teilnehmen. Für gewöhnlich stürzen sie sich – wegen auftretender Sturzfluten – beim Collingwood River (49 km westlich des Orts Derwent Bridge) in das unberechenbare Gewässer und beenden ihre Tour bei der Mündung in den Gordon River, wo sie wieder abgeholt werden.

DIE BESTEN REISEN MIT DEM SCHIFF

KÄLTESTE & HEISSESTE ORTE DER WELT

IN THERMO-UNTERWÄSCHE AN ORTE, AN DENEN DIE QUECKSILBERSÄULE AM TIEFSTEN SINKT. ODER HITZEFREI AUF TOUR ZU DEN HOTSPOTS DER WELT.

991 WOSTOK-STATION, ANTARKTIS

An der russischen Forschungsstation in Wostok nahe des geomagnetischen Südpols in einer luftigen Höhe von 3500 m über dem Meeresspiegel ist es immer kalt. Aber nie war es frostiger als am 21. Juli 1983, als hier die niedrigste je auf unserem Planeten aufgezeichnete Lufttemperatur gemessen wurde: -89,2 °C. Das geografische Schlüsselelement in der Nähe der Station ist der Wostok-See, einer der größten Seen der Erde. Er liegt unter einer etwa 4 km dicken Schicht Gletschereis und ist kälter als alle anderen Seen weltweit. Durch die enormen Eismassen an der Oberfläche friert er auch bei Temperaturen von -3 °C nicht zu.

992 EUREKA, KANADA

Probieren Sie statt einer „Luftver-änderung" mal eine „Eisveränderung": Diese Wetterstation in der Arktis gilt als der kälteste von Menschen bewohn-te Ort der Welt. Die Forschungs-station Eureka auf der im äußersten Norden Kanadas gelegenen Ellesmere-Insel, die sich über den 80. Breitengrad erstreckt, wurde 1947 als Wetter-station gegründet und kann mit einer Jahresdurchschnittstemperatur von um die -20 °C aufwarten. Im Winter ist es noch etwa 20 °C kälter. Für Besucher kommen zu den niedrigen Temperaturen noch die hohen Anreisekosten: Um diesen frostigen Ort im Niemandsland auf die Liste all der Plätze setzen zu können, an denen Sie bereits waren, müssen Sie von Resolute aus einfliegen – rechnen Sie mit ca. 20 000 US-Dollar für den Flug.

993 OIMJAKON, RUSSLAND

Es scheint nur passend, wenn eine Region mit einem so extremen Ruf wie Sibirien auch den zweifelhaften Rekord für sich beanspruchen kann, dass hier die kältesten Lufttemperaturen auf der Nordhalbkugel gemessen wurden. In der Republik Sacha 350 km südlich des Polarkreises fielen die Temperaturen im Dorf Oimjakon 1926 auf eine betäubende Eiseskälte von -71,2 °C. Offenbar erinnert man sich mit ungewöhnlicher Freude an dieses Ereignis zurück, denn im Ort hängt dazu eine Gedenktafel. Rechnen Sie mit einem ganzen Tag Fahrt auf rauer Strecke, wenn Sie vom 800 km weiter westlich gelegenen Jakutsk aufbrechen, um diesem Quecksilbersäulenwunder Ihre Ehre zu erweisen.

994 DENALI, USA

In der Gebirgswelt gehören kalte Witterungsbedingungen, die Frostbeulen verursachen, zum Leben dazu, doch ein Berg hebt sich als der arktischste der Welt von allen anderen ab: Der Denali oder Mount McKinley, der höchste Gipfel Nordamerikas, gilt seit Langem als kältester Berg der Erde, denn hier sinken die Temperaturen im Winter auf um die -40 °C. Um die ganze Frostigkeit dieses Bergs in Alaska zu erleben, müssen Sie sich als Bergsteiger beweisen (der 6194 m hohe Berg lässt sich am besten über den West Buttress erklimmen). Aber Sie können ihn auch von etwas wärmeren Gefilden aus betrachten, wenn Sie den Denali-Nationalpark besuchen oder eine Rucksacktour durch das Gebiet an seinem Fuß unternehmen.

995 ULAN-BATOR, MONGOLEI

Das etwa 1300 m hoch in der mongolischen Steppe gelegene Ulan-Bator wird als die kälteste Hauptstadt der Welt bezeichnet. In der Tat trifft einen der Winter hier hart: Im Januar liegt die durchschnittliche Lufttemperatur in der Stadt bei eisigen -16 °C. Doch da Ulan-Bator in den vergangenen Jahren eine rasante Modernisierung durchlaufen hat, gibt es immer mehr Möglichkeiten, der Kälte in der Stadt zu entfliehen. So können Sie Ihre Hände und Ihren Kopf in Museen aufwärmen, von denen es hier eine beeindruckende Auswahl gibt – sei es das Kamelmuseum oder eines über politische Verfolgung – oder Sie suchen die Körperwärme der 500 Mönche im Gandantegchinlen Khiid, dem größten Kloster der Mongolei.

996 AL-'AZĪZIYAH, LIBYEN

Wer die schwierigen Zustände im Land in Kauf nimmt und von der libyschen Hauptstadt Tripolis aus 40 km nach Süden fährt, gelangt an einen Ort, der vom Klima geadelt wurde. In der Stadt al-'Azīziyah wurde am 13. September 1922 die höchste je auf der Welt aufge-zeichnete Lufttemperatur gemessen: 57,8 °C. Überraschend ist, dass die Sahara das Land zwar wie ein Teppich überzieht, al-'Azīziyah aber nicht im Zentrum der bekanntesten Wüste der Welt liegt. Der Ort ist weniger als eine Autostunde vom Mittelmeer entfernt – das dürfte eine praktische Abkühlungs-möglichkeit sein, wenn das Quecksilber jemals wieder auf ein solches Rekordniveau steigen sollte.

997 DALLOL, ÄTHIOPIEN

In Dallol in der Danakil-Senke in Nordäthiopien sinkt Afrika bis auf 116 m unter den Meeresspiegel ab – und das Quecksilber steigt gen Himmel. Dort herrschen die höchsten durchschnittlichen Lufttemperaturen der Welt – für einen Zeitraum von sechs Jahren in den 1960ern wurde ein Mittel von 34,4 °C errechnet. Wenn Ihnen das noch nicht heiß genug ist, dann durchqueren Sie die Salzebene zum Dallol-Vulkan, dem am niedrigsten gelegenen Vulkan der Erde. Dort könnte es im Falle eines Ausbruchs noch um einige hundert Grad heißer werden.

998 DASHT-E LUT, IRAN

Die Geschichte zeigt, welches die heißesten und kältesten Orte sind, doch für die heutige Zeit steht vor allem die Wüste Dasht-e Lut im Südostiran stark im Verdacht, das Röst-Zentrum der Welt zu sein. Sowohl 2004 als auch 2005 wurden in dieser im Hochland gelegenen Wüste die in diesen Jahren höchsten Oberflächentemperaturen (nicht etwa Lufttemperaturen) der Welt gemessen: Sie knackten die 70-Grad-Marke. Durch die Hitze konkurriert die Dasht-e Lut mit der Atacama-Wüste in Chile um den Titel des trockensten Orts der Erde. In einem großen Gebiet im Herzen des Lut kann keine Kreatur überleben, nicht einmal Bakterien. Der östliche Teil der Wüste lohnt einen Besuch: Dort gibt es ein riesiges Gebiet mit klassischen, vom Wind geformten Sanddünen, die sich bis zu 500 m hoch auftürmen.

999 DEATH VALLEY, USA

Ein wenig einladender Name mit einladender Infrastruktur: Im kalifornischen Death Valley, dem „Tal des Todes", wurde mit 56,7 °C die zweithöchste je auf der Welt aufgezeichnete Lufttemperatur gemessen. Im Sommer liegt die Durchschnittstemperatur bei 47 °C. Zudem ist das Tal der trockenste Ort in den USA. Das ist wohl kaum eine Umgebung, in der man Wanderwege, Ferienanlagen und einen verblüffend grünen, von Palmen umsäumten Golfplatz erwarten würde. Das von Bergen umschlossene Death Valley sinkt bei Badwater 86 m unter dem Meeresspiegel ab. Damit ist dies der tiefste Punkt in der westlichen Hemisphäre – was die Temperaturen ansatzweise erklärt.

1000 BANGKOK, THAILAND

In der von der Weltorganisation für Meteorologie zur heißesten Stadt der Erde gekürten thailändischen Metropole herrscht eine mittlere Jahrestemperatur von 28 °C (zum Vergleich: Das „heiße" Brisbane in Australien hat eine mittlere Jahrestemperatur von etwa 20 °C). Die Monate März, April und Mai sind die heißesten des Jahres. Dann vergeht die smoggesättigte Stadt an 34 °C heißen Tagen fast vor Hitze und zerfließt bei 90 Prozent Luftfeuchtigkeit. Im kühleren Dezember sinkt das Quecksilber auf 31 °C und das Barometer zeigt, ähm, 90 Prozent Luftfeuchtigkeit an. Die Bedingungen in Bangkok lassen sich also selbst an den besten Tagen nur als ziemlich unangenehm beschreiben.

INDEX

SEHENS-WÜRDIG-KEITEN & AKTIVITÄTEN
NACH THEMEN

Verlag

Lonely Planet Publications Pty Ltd
ABN 36 005 607 983
90 Maribyrnong St, Footscray,
Victoria, 3011, Australia
www.lonelyplanet.com

© Lonely Planet 2009
© Fotografen wie angegeben

Dank an

Herausgeber Chris Rennie
Partner-Herausgeber Ben Handicott
Gesamtred. Bearbeitung Ellie Cobb
Projektmanager Kate Morgan
Gestaltung Mik Ruff
Layout Sally Darmody
Projektredaktion Katie Lynch
Gesamtred. Koordination Kirsten Rawlings
Redaktion Daniel Corbett, Penelope Goodes
Produktion Ryan Evans
Druckproduktion Graham Imeson

Autoren

Andrew Bain

Carolyn Bain	Chris Rennie
Sarah Baxter	Craig Scutt
Paul Bloomfield	Simon Sellars
Chris Deliso	Paul Smitz
Belinda Dixon	Amelia Thomas
George Dunford	Sam Trafford
Simone Egger	Jayne Tuttle
Will Gourlay	Nigel Wallis
Abigail Hole	Meg Worby
Scott Kennedy	Karla Zimmerman
Anja Mutić	
Brandon Presser	

MIX
Paper from responsible sources
FSC® C021256

Das Papier in diesem Buch wurde nach den Forest Stewardship Council™-Richtlinien zertifiziert. FSC™ fördert die umweltfreundliche, sozialverträgliche und wirtschaftlich tragfähige Bewirtschaftung des weltweiten Waldbestands.

Deutsche Ausgabe

MAIRDUMONT
Marco-Polo-Straße 1, 73760 Ostfildern
www.mairdumont.com
www.lonelyplanet.de

Projektbetreuung Jens Bey
Übersetzung Diana Hammermeister, Franziska Kahl, Nadia Al Kureischi
Redaktion Jens Bey
Cover-Gestaltung Südgrafik, Stuttgart

Printed in China.

ISBN 978-3-8297-2391-6

1. Auflage November 2014

Deutsche Ausgabe:
© Lonely Planet Publications 2014

Bilder

Umschlag vorne (von li. nach re.)
1: **xxz114** / **iStockimages**, Chinesische Mauer, China
2: **Alex Dissanayake** / **LPI**, Leopard im Serengeti-Nationalpark, Tansania & Kenia
3: **Holger Leue** / **LPI**, Whitsunday Islands, Australien
4: **Mark Daffey** / **LPI,** Halong Bay, Vietnam